왜 사람인가

류용성 지음

왜 사람인가

류용성 지음

n.Book

책머리에

"나의 나 된 것은 하나님의 은혜로 된 것이니"(고린도전서 15:10)라고 고백한 사도 바울처럼 오늘의 나된 것은 오직 하나님의 은혜임을 겸손하게 고백합니다. 시골 농사꾼, 노동자의 아들로 태어나 목회자로 하나님의 부르심을 받아 사역한 지 벌써 33년이 되었고, 어느 덧 내 나이 60이 되어 금년 회갑을 맞이하게 되었습니다. 지금까지 지내 온 모든 세월이 하나님의 특별하신 은혜요 축복임을 깨닫고 감사해 오다가 이번 평소에 번뇌하며 씨름하던 분야를 책으로 엮어 보았습니다.

어린 사춘기 시절 도대체 '인생이란 무엇인가?' 혼자서 생각하며 밤에 공동묘지에 가보기도 하고, 장항에 있는 제련소 산꼭대기까지 올라가서 제련소 굴뚝을 양팔을 벌려 재어보며 심각한 고민 속에 지내던 때가 있었습니다.

그 시절부터 "사람이 어디서 와서 어디로 가는지?" "도대체 사람은 왜 사는 것인지?" "왜 사람을 만물의 영장이라 하는지?" "도대체 왜 우리는 사람인가?" 라는 인생의 문제들과 씨름해 왔습니다. 기나긴 신학교육과

정을 통해 서양철학에 눈을 뜨게 되었고, 동양철학과 한국사상사의 흐름을 비교하며 인생에 대한 질문을 지속해 왔습니다. 한편으로 사람의 존재와 가치를 목회현장에서 실천적으로 배우고 깨닫기 위해 노력해 왔지만 쉬운 길이 아니었습니다.

기원전 6세기 그리스의 유명한 철학자요 수학자, 종교가였던 피타고라스는 "이 세상에서 가장 중요한 일이 무엇이냐?"고 물었습니다. 이 질문에 대한 대답은 각자의 인생관과 가치관에 따라 다를 것입니다. 어떤 이는 돈, 어떤 이는 사랑, 어떤 이는 지혜, 또 어떤 이는 쾌락, 또 어떤 이는 신앙, 또 어떤 이는 덕이라고 대답할 것입니다. 피타고라스는 "이 세상에서 가장 중요한 것은 한번 주어진 이 엄숙한 인생, 이 존귀한 생애를 어떻게 살아야 하느냐 그것을 가르치는 일이다" 라고 답했습니다. 나는 이말에 전적으로 공감하며 지난 33년 동안 하나님과 교회를 섬기며 걸어왔습니다.

60년을 살면서 올바른 인생관과 바람직한 가치관의 모색이 사람에게 가장 중요하다고 생각해온 저는 이제 『왜 사람인가』라는 이 한 권의 책을 여러분 앞에 내어 놓습니다. 이 책을 묶어 내면서 많은 분들의 저서와 논문을 참고하였기에 우선 지면으로 양해를 구합니다. 다만 이 책이 『왜 사람인가』하는 인생의 심각한 질문을 가지고 씨름하는 많은 이들에게 도전이 되길 바랍니다. 또 이 귀중한 질문을 한 번쯤 깊이있게 물으며 인생의 나침반을 찾는 이들에게 하나님이 원하시고 기뻐하시는 새로운 삶을 찾는데 작은 도움이 된다면 글을 엮은 자에게 더할 기쁨이 없을 것입니다.

이 책을 묶어내는 지금 병상에 계신 형수 이애순 권사님의 쾌유를 기도합니다. 형수님은 신앙의 뿌리가 없던 저희 집안에 귀한 믿음의 주춧돌을 놓으며 평생을 기도하며 오신 분입니다. 또 연세대학교 대학원에 재학중인 막내아들 류계무의 자료수집과 정리, 미국에서 미국인교회를 섬기며, 학업을 계속하고 있는 큰 아들 류계환 목사와 며느리 안미숙이 원고를 다듬어 주는 수고를 함께 해 주어 고맙게 생각합니다. 마지막으로 이 책이 나올수 있도록 도와 주신 대은교회 당회와 성도들에게 감사를 드리며, 그 동안 저의 목회 사역에서 빈자리를 늘 채워주며 기도하는 김춘자 사모에게 고마움을 표합니다. 여기까지 이끌어 주신 하나님의 귀한 은혜와 사랑에 다시 감사를 드리며, 인생의 여정을 함께 걸어가는 여러분에게 하나님의 도우시는 손길이 항상 함께 하시기를 기원합니다.

주님 오신 후 2002년 7월
대은성결교회 류 용 성 목사

눈에 보이는 사건 뒤에는 보이지 않는 사연이 있답니다.

늦 가을 맑은 이슬 함초롬히 머금고 청징한 모습으로 한 송이 국화 꽃이 탐스럽게 피어 사람들의 마음을 끌게 되기까지 그 뒤에 숨은 사연이 있습니다. 이른 봄부터 소쩍새가 목놓아 울다가, 통곡하다 목에서 터져 나오는 피를 토하고 그 자리에 쓰러졌습니다. 기나 긴 날 애처로운 소쩍새 울음소리 그치던 이른 아침, 바로 그 자리에 한 송이 국화꽃이 활짝 피었습니다.

이렇듯 한권의 책이 세상에 나오기까지는 저자의 숨겨진 아픔과 몸부림과 씨름이 있어 세상에 피어나게 됩니다.

류용성 목사님이 목회의 현장에서 사람들의 다양한 감성에 괴로워하며, 수많은 사람들의 질문을 접하고, 가르치는 입장에서 자신에게 가혹하게 질문하던 내용에 대한 해답들을 찾아 그것들을 책으로 정리하신 책이 바로 왜 사람인가입니다. 성도를 사랑하는 목회자로 파도처럼 밀려오는 질문들을 답해보기 위해 깊은 기도로 울부짖고 책과 힘겹게 씨름해온 고독한 몸부림이 있었음을 저는 알고 있습니다. 거기서 스며나온 글들은 류목사님의 눈물과 땀, 피가 혼합되어 영적인 겟세마네에서 깨지고 부서지고 짜고 짜여서 참기름으로, 맛있는 포도주로 만들어진 것입니다.

그래서 류목사님의 이번 '왜 사람인가'는 인간에 대한 실존적 질문을 향해 다양한 방향으로 접근하여, 신학적으로 되묻고 균형잡힌 해답을 추구하여 책의 무게를 더했습니다. 그래서 이 책은 우리가 늘상 부딪치는 사람에 대한 질문에 손쉽게 해답을 얻을 수 있는 참고서적이며, 강단의 설교자에게는 인생에 대한 여러 견해를 동시에 살펴볼 수 있는 구체적인 지침서가 될 것입니다. 또 다른 한편으로 이 책은 인생의 목표와 길을 찾기 위해 동분서주하는 영혼을 깨우는 하늘의 소리, 가야할 길을 밝히는 등불이며, 마음의 양식이 됩니다.

'왜 사람인가'를 읽는 독자는 사람에 대한 많은 질문들과 씨름하는 동안 기독교적 인간론을 정리하게 되고, 참된 나, "사람"을 발견하게 될 것입니다. 그래서 이 책은 누구에게나 권하고 싶은 책입니다. 그것은 저자의 희생과 값진 투자 그리고 목회 33년이란 길고 다양한 경험의 삶에서 우러 나온 진실과 영혼의 언어이기 때문입니다.

감사합니다.

서울신학대학교 총장 최 종 진 박사

I
사람에 대하여

제 4 장 기독교가 가르치는 사람

II
"왜 사람인가" 설교 모음

III
부록

I
사람에 대하여

들어가는 글 - 물음자체에 대한 되물음

이미 있는 무엇이든지 오래 전부터 그 이름이 칭한바 되었으며 사람이 무엇인지도 이미 안바 되었나니 자기보다 강한 자와 능히 다툴 수 없느니라. 헛된 것을 더하게 하는 많은 일이 있나니 사람에게 무엇이 유익하랴. 헛된 생명의 모든 날을 그림자 같이 보내는 일평생에 사람에게 무엇이 낙인지 누가 알며 그 신후에 해 아래서 무슨 일이 있을 것을 누가 능히 그에게 고하리요.

(잠언 6:10~12)

사람이란 무엇인가?

이 질문에 대해 아직까지 확실한 답변을 한 사람은 없는 듯 하다. 사실 이 물음의 기원을 더듬으면 사람 존재의 가장 처음까지 거슬러 올라간다. 시편에서는 "너 스스로를 생각하는 너, 사람이란 도대체 무엇인가?" 라고 되묻고 있다. 또 어렸을 때 우스개 수수께끼중의 하나인 이집트의 스핑크스 신화 – '아침에는 네 다리로, 점심에는 두 다리로, 저녁에는 세 다리로 걸어다니는 동물은 무엇인가?' – 이야기에서도 볼 수 있듯이 사람에 대한 물음 자체는 너무도 오래된 것이었다.

사실 '사람이란 무엇인가?' 라는 이 물음은 사람만이 던질 수 있는 자기 자신에 대한 물음이다. 오직 사람만이 자기 자신에 대해 물을 수 있는 존재이며, 사람만이 자기 스스로를 의식할 수 있는 존재이기 때문이다. 하지만 이런 근본적인 문제제기의 성격과 다르게, 정작 사람에 대한 물음의 접근방식도 다양하기 때문에 답을 하기는 더욱 쉽지 않다. 즉 사람은 자기 스스로가 '무엇인가?' 라는 질문을 할 때, 항상 자기 자신을 물음의 대상으로 삼으면서 이 물음에 답변해야 하기 때문이다. 이것은, 곧 묻는 사람과 물음의 대상, 그리고 답하는 사람이 모두 하나의 존재 안에 있다는 것이다.

일반적으로 어떤 물음에 대해 철학적인 방법으로 "문제화"시킬 때, 우리는 대부분 다음과 같은 형식을 거치게 된다. 즉 하나의 인식이 성립하려면, 인식의 주체와 인식의 객체가 먼저 나누어져야 한다. 하지만 사람은 어떤 다른 대상에서 자기를 분리시켜서 자신과 다른 대상을 구분할 수는 있으나, 정작 자기 자신을 객관화시켜 대상으로 취급할 수 없다. 왜냐하면 사람 스스로가 의문에 싸여 있는 존재 자체이기 때문이다. 참으로 답답하기 그지없는 물음이다. 여기에서부터 우리는 여지없이 막히게 되어 어떠한 형태든지 사람을 묻는 질문에 대한 답은 완전하고 궁극적일 수 없다. 끊임없이 묻고 답하고 또 물음으로써 답변들과 물음은 점차 미로의 형태를 띠게 된다. 그래서 답변이 많아지면 많아질수록 사람은 하나의 더 큰 수수께끼가 되면서 비밀이 되고 만다. 해서 한 사람은 이에 대한 문제를 의식하면서 다음과 같이 말하고 있다.

사람이 무엇인지를 묻는 것은 사람이 스스로 생각해 내는 질문 가운데 가장 덧없는 질문일지도 모릅니다. 왜냐하면 사람은 아무도 이 질문에 명쾌

한 대답을 얻을 수 없음을 알게 되었기 때문입니다. 그러나 사람은 이 질문을 포기하고 살 수는 없는 것도 또한 잘 알고 있습니다.

『도대체 사람이란 무엇일까?』 中

위에서 언급한 것처럼 우리는 동서고금을 통해 사람들 스스로가 살고 있는 세계에서, 일개의 필부(匹夫)로부터 대 철학자들까지 이 단 하나의 질문에 대해 무수한 질문과 답변을 해오고 있음을 볼 수 있다. "사람이란 무엇인가?"라는 질문에 대한 답변들 말이다. 이 책을 통해 우리 역시 이 질문에 대한 또 하나의 답변을 시도하려고 한다. 아마도 어떤 사람들은 이 시도에 대해 '무의미하다'거나, 에너지 낭비라고 생각할지 모르겠다. 하지만 그 사람들에게 무례하지만 다시 한번 이런 질문을 하고 싶다. "당신은 누구입니까?", "당신은 무엇을 위해 살고 계십니까?", "당신은 어째서 살고 있습니까?" "당신은 어떻게 살아가기를 원하십니까?" 이런 류의 질문들이 다소 따분하고, 지루한 질문들인 것 같지만, 우리 모두는 이런 질문들을 예전에 한번쯤은 스스로에게 물어보았고, 답을 찾느라 고민했을 것이다. 어떤 이들은 몇 년간을 고민해왔을 수도 있고, 혹 어떤 이들은 단 몇 시간만의 조용한 사색의 시간을 가졌을 수도 있겠다. 하지만 대다수가 이에 대한 답들을 영원한 물음표로 한쪽에 치워놓고 말았을 것이다.

"사람은 어디에서 와서 어디로 가는가?", "사람은 과연 무엇을 위해 살고 있는가?", 이것은 결국 "나는 누구인가?"라는 물음의 연장선들이다. 사람에게 치워놓을 수 없는 화두(話頭), 멀리하고자 달아나 다른 곳으로 가보아도 나보다 먼저 그곳에 와 있어 나를 맞이하는 물음이다. 그래서 반갑고 그래서 또 서럽다. 수천 년 동안 수많은 사람들이 묻고 또 물었지만 아무도 더 이상의 의문의 여지가 없을 만큼 확실하고 궁극적인 답을 제시할 수 없었던 물음, 급기야는 이 물음 자체가 제대로 물어진 것인지 그것조차 분명치 않은 물음, 그럼에도 불구하고 누구나 철들기 시작하면 묻기 시작하고, 누구나 인생의 짐이 무겁고 아프게 느껴질 때 애타게 그 답을 찾아 헤매지만, 끝내 그 답에 이르지 못해서 더 큰 허전함만 갖게 되는 물음, 그것이 바로 "사람이란 무엇인가"라는 물음이다. 이미 다 지나간 구태의연한 질문이겠지만 하나님과 교회 앞에서 말씀을 증거하는 사람들이 가장 먼저 고민하고 씨름해야할 물음이기에 오늘 우리는 이 질문을 다시 시작한다.

제1장
왜 사람인가 – 사람이라는 심연

　사람이란 무엇이옵니까? 사람이란 실로 그윽한 심연이로소이다. 진리여, 그의 머리털을 당신께서는 세어 보실 수 있고 한 올도 틀리지 않으시리이다. 그러나 사람 머리의 터럭이 그의 감정과 마음의 움직임보다 더욱 세기 쉽나이다. 마음이란 무엇이옵니까? 아무도 사람의 속을 알지 못하고 다만 사람 안에 있는 그 정신만이 안다고 하여도 안에 있다는 사람의 정신조차 알지 못하는 그 무엇이 있나이다. 하오나 당신은 그를 창조해 주셨기에 그의 모든 것을 알고 계시나이다.

　나는 힘닿는 데까지 바깥 우주를 감각으로 두루 살피고, 내 육체를 살리는 생명, 그리고 그 감각 자체를 익히 보았습니다. 거기서 내 기억의 그윽한 속으로 들어와서는 넓으나 넓은 구석구석이 묘하게도 무한량 가득 차 있는 것을 보자 나는 깜짝 놀랐습니다. 동시에 님이 없이는 무어가 무언지 하나도 분간할 수 없었고, 그 어느 것도 당신이 아니심을 깨달았습니다. 당신이야말로 항상되신 빛! 내가 온갖 것에 대하여 존재하는지, 그 어떠한 것인지, 얼마나 값진 것인지 물을 때마다 가르치시고 분부하시는 소리를 들은 까닭입니다.

어거스틴, 「고백록」中

1. '사람'의 사전적 의미

'사람'이라는 일반명사는 사람의 자기 이해에서 비교적 늦게 생긴 개념이다. 원시 종족들은 외모, 언어, 풍속 등으로 자기네 종족과 다른 종족을 구별할 수 있었지만, 그 배후에 공통으로 해당되는 인간적인 것이 있다는 사실은 알지 못했다. 대체로 원시 종족들은 사람을 유추해서 세계를 파악하는 의인관(擬人觀)적 사람 이해를 갖고 있었다. 그래서 그들은 동물을 적대시하지도 않았고, 동물보다 우월하다고 느끼지 않았다. 자연스럽게 그들은 종족이나 종교를 중심으로 사람을 이해하기 시작했다.

사람을 지칭하는 영어의 'man'이나 불어의 'homme'는 남성명사에서 유래되었다. 이 말들은 사람과 남자가 구별되지 않는 공통점을 가지고 있다. 독일 언어학자인 봅(Franz Bopp)에 따르면 독일어 'Mensch'는 'mens'에서 유래했는데 이 말은 '생각하는 사람'을 뜻한다고 한다. 그리스어 'anthropos'는 '위를 올려다 볼 수 있는 자'라는 뜻 'anoathron'에서 유래했으며, 라틴어 'homo'는 흙, 대지, 밑바닥의 뜻인 'humus', 히브리어 'adam'도 흙, 땅의 뜻인 'adama'에서 유래했다.

불교에서 흔히 사람을 통칭하는 '중생(衆生)'이라는 말은 '모든 살아있는 존재'라는 'sattva'를 뜻한다. 이것은 우주 창조의 근본 원리, 즉 생명 그 자체인 'sat'에서 유래한다. 또한 사람을 지칭하는 'manusa(人)', 'manu(人類)', 'manuja(人)'는 '생각한다' '측량한다'는 뜻을 가진 'man'이라는 동사를 어근으로 하고 있으며, 'nara(人間住處)', 'jana(태어난 자)'는 각각 'nr(전개된다)', 'jan(태어난다)'에서 파생한 명사이다.

한글에서의 '사람'은 '살 + 암'이다. '살'은 '살다'라는 용언이고, '암'은 존재를 뜻하는 명사형 접미사이다. 즉 '사람'은 '살아가는 존재'라는 뜻이다. 우리 조상들은 생명 현상 속에서 사람 존재의 본질을 포착했다. 살아 있음을 스스로 자각하는 존재는 사람뿐이라는 놀라운 인식이 이 말 안에서 담겨 있는 것이다.

한자에서는 사람을 '人'으로 표기한다. 이는 상형문자의 형태를 본 딴 것으로 추정된다. 중국 최초의 본격적인 어원사전인 허신(許愼)의 『설문해자(設文解字)』에서 그는 이 글자를 "하늘과 땅의 성 가운데 가장 귀한 것, 이것은 주문(籒文)인데 팔과 다리의 형상을 본 뜬 것이다"라고 풀이하고 있다. 이 글자를 청나라때의 뚜안위차이는 『설문해자주(說文解字注)』에서 다음과 같이 해석하였다.

사람이라는 것은 하늘과 땅의 힘이 합쳐진 것이며, 음과 양의 기운이 교합한 것이며, 형체(鬼)와 신령(神)의 만남에서 이루어진 것이며, 하늘과 땅을 이루는 다섯 운행의 가장 빼어난 기를 타고난 것이다. 그러므로 사람이라는 것은 하늘과 땅의 덕성의 핵심을 모은 것이며, 또 하늘과 땅을 이루는 다섯 운행의 모든 단서가 집결된 것이다. 그러므로 하늘과 땅의 다섯 가지 맛을 다 먹을 수 있고, 하늘과 땅의 다섯 가지 소리를 다 구분할 수 있으며, 하늘과 땅의 다섯 가지 색깔을 다 지니고 태어난 것이다. 그러므로 사람 가운데 가장 뛰어난 성인은 모든 법칙을 만들 때 반드시 하늘과 땅을 가지고서 그 근본을 삼는다.

2. 사람을 묻는다는 것은 무엇인가 : 영(靈)과 육(肉)의 통일체로서의 사람

사람의 본질과 본질 구조에 대한 물음은 정신사적으로 볼 때 '육과 영의 문제' 안에 그 뿌리를 내리고 있다. 사람은 영과 육을 '가지고 있다'고 하며, 영과 육으로 '구성되어 있다'고도 한다. 그렇다면 '육'과 '영'은 무엇을 뜻하며, 서로 어떠한 상관 관계를 갖는가 하는 문제가 대두된다.

2.1 문제의 역사

인류의 역사에로 시선을 옮겨보면 항상 모든 시대와 문화에 걸쳐 우리가 육 그리고 영이라는 단어로 표현하고자 하는 그것에 대한 이원성 또는 이차원성이 의식 안에 나타난다. 그 결과 육과 영은 신학적으로나 이념적으로 매우 상이하게 해석되어 왔다. 몇 가지 사례를 들어보면, 고대 이집트나 에트루리아 묘지에 나타나 있는 영의 윤회와 환생이나, 육체적인 죽음 후의 삶에 대한 오래된 사상을 예로 들 수 있을 것이다. 여기서는 죽은 자의 거처는 쇠락하였으나 그의 비석은 영원히 계속될 것처럼 그렇게 세워져 있다. 초기 그리스의 오르페우스로부터 파생되고 있는 '소마(soma)'와 '세마(sema)'에 대한 이론, 즉 영의 무덤으로서의 육체 또는 영의 감옥인 사슬로서의 육체에 대한 이론을 예로 들 수 있다. 여기서 영은 순수하게 정신적인 존재방식을 지니고 있으나, 단지 잠정적으로 이 지상의 육체로 추방당했을 뿐이기에 언젠가는 이 지상의 육체에서 해방되어야 한다고 이해했다. 고대 그리스과 로마, 아프리카와 극동의 문화권에서도 이러한 사상을 발견할 수 있다. 그들은 죽은 자의 영은 계속 살아 있으면서 선한 혼백 또는 악한 혼백으로서 작용하며 현존한다고 믿기에 사자(死者) 예배나 조상 숭배에 커다란 무게를 둔다. 이러한 사상 안에는 사람의 현존재가 지니고 있는 하나의 차원이 존재한다는 사고가 표현되어 있다. 이차원에서는 물질적인 육체와 유기체적 생명이 동일한 존재가 아니다. 그렇기 때문에 영은 육체적인 죽음과 더불어 사멸하지 않으며, 그 대신 부활과 영원한 삶에 대한 기독교의 구원 소식에 이르기까지 어떤 형태로든지 계속 살아서 활동한다고 믿는 것이다.

　　역사 안에 확산되고 있는 이러한 확신은 사람의 기본 체험으로부터, 무엇보다도 삶과 죽음으로부터 연유한다. 살아 있는 유기체와 죽은 육체를 통해 사람은 살아 있는 무엇과 유기체의 물질로 구성되어 있으나, 죽은 자의 시체는 살아있는 유기체와 본질적인 구별이 있다는 것이다. 그러므로 물질적인 육체를 능가하는 생명, 그 자체로서 조건 지우고 작용하는 어떤 무엇이 존재해야만 한다. 아울러 이 지상의 모든 생명은 물론 모든 사람까지도 죽을 것이며, 사람들의 삶을 충족시켜 주고, 삶에 의미와 내용을 부여하는 모든 것이 죽음을 향해 마중 나가고 있다는 보편적인 통찰도 나타난다. 사람은 죽음으로 모든 것이 끝나는가? 이에 저항해서 이른바 실존적인 반항이 제기되기도 한다. 이 실존적인 반항은 죽음에 대한 불안이나 공허한 유토피아 또는 환상으로부터 제기되는 것이 아니라, 오히려 영적이고 정신적인 삶에 대한 인격적인 체험으로부터 제기된다. 진리에 대한 의식과 인식, 선에 대한 추구와 의지, 미에 대한 체험과 조형, 참된 사랑과 윤리적 행위, 몰아적 헌신 그리고 이 모든 것들에 앞서 선재하고, 이 모든 것들을 통해 표현되는 사람의 일회적인 인격 가치 등 이 모든 것들은 물질적인 실재는 물론 유기체의 생명과도 일치하지 않으며, 물질적인 실재에 의해서 설명될 수도 없다. 그 대신 전적으로 다른 무엇으로서 실재의 더 높은 차원에 속한다.

3. 성서가 말하는 영과 육의 관계

일반적으로 교회에서는 '사람의 영은 고상하고 가치 있는 것인 반면 사람의 육은 천하고 무가치한 것'으로 생각하는 경향이 강하다. 이러한 사고에 의하면 사람의 영은 영원하고 무시간적이고 신적인 세계에 속한 것인 반면, 사람의 육은 시간적으로 제약되어 있으며 무가치한 물질의 세계에 속한 것이다. 사람의 영은 거룩하고 구원을 바라지만, 사람은 육은 계속해서 죄의 영향을 받기 때문에 사람의 구원을 불가능하게 한다까지 접근하게 된다. 영과 육에 대한 이러한 이원론적 이해의 성서적 근거를 먼저 사도 바울의 서신에서 발견할 수 있다. 로마서 7장과 8장에 의하면 사람의 육은 죄의 정욕에 사로잡혀 사망의 열매를 맺는다(롬7:5). 육에 속한 사람은 죄에 팔려 있다(롬7:14). 그리하여 사람은 그의 영이 원하는 선

(善)을 행하지 않고 그의 영이 원하지 않는 것, 곧 악(惡)을 행한다.(롬 7:15〜19)

사실 성서에 의하면 육(肉)이란 단어는 사람의 죄된 실존에 대하여 자주 사용되고 있다. 육(肉)안에 있다는 것은 죄 가운데 있음을 의미한다. 그러므로 사도 바울은 "육(肉)의 일"(롬 8:5)과 "육(肉)의 소욕"(갈 5:17)에 대하여 말한다. 이러한 성서의 구절들로 미루어 생각해 볼 때, 바울은 육(肉)을 사람을 지배하고자 하는 악한 세력으로, 하나의 마귀로 생각한다고 가정할 수도 있다.

그러나 여기에서 성서가 사람을 이원론적으로 이해한다고 말하는 것은 성급한 판단이다. 왜냐하면 바울에게 있어서 육(肉)은 사람이 가지고 있는 저질적이고 물질적인 한 부분을 말하는 것이 아니라 "죄(罪) 가운데서 하나님의 의지를 거역하는 존재로서의 사람"을 뜻하고 있기 때문이다. 그것은 "몸"이란 단어와 같이 사람이 반복되어 사용되고 있으며, 여러 성서 구절에서 '육(肉)과 몸'은 구별되지 않고 있다. 물론 육(肉)은 지상의 삶에 제한되어 있는 사람을 표현하는 반면 "몸"은 부활한 그리스도인들의 존재를 표현한다(고전 15:50). 사실 사람이 육(肉)의 몸을 가지고 있다 하여 반드시 죄인인 것은 아니다. 오히려 죄의 원인은 사람의 육(肉) 자체에 있는 것이 아니라 육(肉)을 가진 사람이 하나님으로부터 분리되어 있다는 존재적 조건에서 출발한다. 이와 같이 바울은 흔히 육(肉)과 결부시키는 사람의 죄되고 저질적인 부분에 대해서도 알지 못하지만, 이와 대칭되는 깨끗하고 죄 없는 영적인 부분에 대해서도 알지 못한다. 그는 이러한 이원론을 알지 못한다. 따라서 바울은 "하나님과의 근친성을 가진 어떤 더 높은 육적인 삶을" 인정하지 않는다. 바울에 있어서 육(肉)은 "하나님과의 상이성(相異性) 가운데에 있는 사람에 대한 표현"일 뿐이다.

바울의 경우와 같이 성서는 사람의 영과 육을 나누어서 전자는 영원하고 신적(神的)인 것으로, 후자는 제한된 인간적인 것으로 생각하지 않는다. 물론 우리는 바울과 같이 성서에서 영과 육에 관한 체계적인 서술을 발견할 수 없다. 대신 성서는 필요한 경우에 영과 육에 관하여 부분적으로 언급하고 있다. 그러나 성서는 분명한 인간관을 가지고는 있다. 즉 성서는 사람을 "하나님과의 관계속에서" 파악하며, 이 관계와 함께 그에게 부여된 책임 속에서 파악한다. 사람은 성서에서 플라톤 철학이나 영지주의(靈知主義)와 같이 두 가지 혹은 세 가지 부분으로 단순하게 설명되지 않는다.

이것은 사람의 모습으로 오신 예수 그리스도에게서 발견된다. 신약성서에 나타난 예수는 흔히 생각하듯이 두 가지 부분, 혹은 두 가지 실체가 종합된 가운데에서 실존한 분이 아니라 육(肉) 안에 있는 영으로서의 사람인 동시에 영을 가진 육으로서의 사람이었다. 이러한 의미에서 그는 참 사람이었다. 그의 삶은 단순히 영적인 삶이 아니라, 영과 육이 하나가 되어 있는 총체적 사람의 삶이었다. 따라서 예수의 부르심을 받은 제자들은 단순히 영적인 부르심을 받은 것이 아니라 그들의 육 혹은 육체도 함께 부르심을 받았다. 예수께서는 하나님의 나라에 관한 말씀을 선포하였을 뿐만 아니라, 그의 말씀과 인격과 행위 속에 태동되어 있는 '하나님 나라' 를 눈으로 볼 수 있도록 나타난 것이다.

3.1 하나님의 형상을 담은 질그릇 같은 존재로서의 사람

우리가 이 보배를 질그릇에 가졌으니 이는 능력의 심히 큰 것이 하나님 께 있고 우리에게 있지 아니함을 알게 하려 함이라

(고린도후서 4:7)

인류 문명의 유구한 역사와 그 명맥을 함께 해온 오랜 유물이 있다면 그것은 그릇(항아리) 일 것이다. 그릇은 그 쓰임새에 따라 다양한 이름과 다양한 재료로 제작되어 왔는데 성경에는 흙, 나무, 가죽, 돌, 금속 등이 그 대표적인 재료로 등장한다(창21:14, 출7:19,25:38, 레6:28, 삼하8:10,17:28, 막2:22, 요2:6, 딤후2:20, 히9:4). 성서 시대에는 토기(질그릇)가 가장 흔히 쓰였고, 금속 용기는 성전 성막에서 사용되는 제기나 왕궁의 식기로 사용되곤 했다(왕상7:45, 10:21). 한편 유목민 시절인 아브라함, 이삭, 야곱 시대에는 가죽 물통, 술주머니, 광주리 등이 운반하거나 저장하는 일상적인 그릇으로 사용되기도 했다.

성경은 창조주 하나님과 피조물 사람의 관계를 여러 가지로 표현하고 있는데 목자와 양의 관계(요15:1-7), 토기장이와 질그릇의 관계(롬9:19-26)등이 바로 그것이다. 이 가운데서도 지으신 이와 지음받은 자의 관계, 곧 창조와 피조의 관계를 가장 잘 대변해 주고 있는 관계가 토기장이와 질그릇의 관계이다.

'나 여호와가 이르노라 이스라엘 족속아 이 토기장이의 하는 것같이 내가 능히 너희에게 행하지 못하겠느냐 이스라엘 족속아 진흙이 토기장이의 손에 있음같이 너희가 내 손에 있느니라'   (예레미야 18:6)

하나님은 우리 사람을 흙으로 빚고 그 코에 생기를 불어넣으심으로 생령의 존재가 되게 하셨다(창2:7). 사도 바울은 이 사실을 범죄하여 하나님의 품을 떠난 사람이 중보자 예수 그리스도를 통하여 그 얼굴에 있는 하나님의 영광을 아는 빛이 우리 마음에 채워지게 된다고 설명하면서, 우리 마음 속에 임재하게 되신 하나님의 영광의 빛을 '보배' 라는 말로 표현하고 있다. 흙에서 출발한 땅 차원의 존재가 비로소 하나님을 인식하는 하늘 차원의 존재로 그 위상의 상승을 가져온 것에 대한 해석이다.

인생이 그릇이나 질그릇 등으로 대변된다 함은, '담는 것이 전제가 된 존재'로 해석할 수 있다. 여기서 우리가 한 가지 주목해야 될 사실은 그릇의 용도나 재질은 책임 소재가 우리에게 있지 않음으로 하여 책임 추궁을 당할 염려가 없지만 무엇인가 담는 것이 전제가 된 그릇이 담을 것을 담지 못하고 비어 있다는 사실만큼은 책임 추궁의 원인이 된다는 점이다. 하나님은 사람을 하나님의 형상을 담은 그릇으로 창조하셨다 (창1:27, 5:1, 행9:15, 롬9:24). 불교에서 가르치는 깨달음의 경지가 자기 자신을 철저하게 비운 것을 가르치는 것과 비교하면 많은 차이를 발견할 수 있다. '하나님의 형상'이라는 보배를 담아야 할 질그릇 된 사람은 그러나 타락으로 인해 깨어진 그릇이 되어 버렸다. 토기장이 되신 하나님은 깨어져 버린 이 질그릇을 버리고 능히 새 그릇을 만드실 수 있었지만 깨어진 그릇의 파편을 찾아 원형의 모습을 찾는 작업을 다시 시작하셨다(말2:15). 이것이 하나님의 구원사역인 것이다.

3.2 하나님의 등불인 사람의 영혼

사람의 영혼은 여호와의 등불이라 사람의 깊은 속을 살피느니라.
(잠언 20:27)

등불은 어두워 볼 수 없는 곳을 밝히는 도구이며 빛의 근원이다. 질그릇과 함께 등잔 또한 사람에 대한 이해에서 매우 중요한 개념이다.

성경에서 등불에 대한 첫 언급은 출애굽 후, 성막의 제기를 제작하는 내용에서 발견할 수 있는데 성막의 정금 등대는 한 줄기에 여섯 개의 가지가 좌우로 나와 있고, 살구꽃 모양의 받침을 한 일곱 등잔이었는데 이

등대의 등불은 세상의 빛인 예수 그리스도를 상징하는 것으로 설명되어 있다(요1:4-5). 하나님의 등불은 하나님의 영이며(계5:6), 즉 하나님의 등불은 세상을 감찰하시는 하나님의 눈인 것이다(대하16:9, 시11:4). 따라서 사람이 하나님의 영(등불)을 받으면 영안이 열려 어두운 죄악의 세계를 바로 볼 수 있게 된다. 결과 선과 악을 분별하여 하나님의 뜻을 세우고 죄악된 어둠의 세계를 빛으로 바꾸는 역사를 감당할 수 있으니 빛을 모신 우리의 영혼이 여호와의 등불이 됨은 지극히 당연하다.

마태복음 25장의 열 처녀 비유는 등잔 기름의 준비 여부가 주요한 주제로 다뤄지고 있다. 그 초점은 기름을 준비한 다섯 처녀가 아닌 등잔의 기름이 부족한 미련한 다섯 처녀에게 있다. 열 처녀가 준비한 등은 열 처녀의 마음의 그릇을 의미하며 그들이 밝혀야 할 등불은 그들의 마음에 깃들어 심령과 영혼을 윤택하게 하는 말씀과 성령의 충만함을 의미하는 것이다. 따라서 미련한 다섯 처녀는 경건의 모양은 있으나 능력이 없는 자와 같이(딤후3:5), 잎은 무성하나 열매가 없는 무화과 나무와 같이(마 21:19) 본질적인 것이 구비되지 못한 가라지 같은 성도에 대한 비유의 말씀이라 할 수 있다.

3.3 총체적 사람 이해

사실 우리는 철학적으로 사람을 관찰할 때 육체와 정신을 구분하는 이원론(二元論)을 극복한지 오래다. 그렇다고 해서 정신을 물질에 환원(還元)시키는 유물론이나 혹은 물질이나 육체를 다만 정신의 현상으로 생각하는 관념론(觀念論)을 말하는 것도 아니다. 사람을 육체와 정신으로 분리시킬 수 없는 하나의 살아 있는 통일체로 보아야 한다는 것이다. 그러므로 사람의 육체를 관찰하는 생물학적 인간학과 사람의 정신을 연구하는 철학적 인간학이 따로 따로 있는 것이 아니고 삶을 통해서 나타나는 살아 움직이는 사람을 관찰하는 현상학적 인간학이 필요한 것이다. 그리고 이러한 이해는 우리들에게 다음과 같은 사람 이해를 가져다 준다. 즉, 사람을 늘 동물의 입장에다 가져다 놓고 관찰해서 이성을 가진 우월한 동물이라고 생각하는 것이나, 사람을 하나님의 위치에 가지고 가서 타락한 존재라고 생각하는 것을 반대하는 사람 이해를 의미한다. 곧 사람을 동물이나 혹은 신(神)으로부터 파악하려고 하지말고 사람을 그의 삶을 통해서 이해해야 한다는 것이다.

한편 기독교 신학에서의 영과 육의 관계는 어떠한가? 이에 대한 문제의 해결 지점은 기독교 인간학의 정점인 예수 그리스도에게서 발견할 수 있다. 예수는 두 가지 부분, 혹은 두 가지 실체가 종합된 가운데에서 존재가 아니라 육(肉) 안에 있는 영(靈)으로서의 사람인 동시에 영(靈)을 가진 육(肉)으로서의 사람이었다. 이러한 의미에서 그는 참 하나님인 동시에, 참 사람이기도 하였다. 그의 삶은 단순히 성령이 충만한 영적(靈的)인 삶이 아니라 영과 육이 하나가 되어 있는 총체적 사람의 삶이었다. 예수께서는 하나님의 나라에 관한 말씀을 선포하셨을 뿐만 아니라 그의 말씀과 인격과 행위 속에 태동되어 있는 하나님의 나라를 눈으로 볼 수 있도록 나타내었다.

이와 같이 성서에 있어서 사람은 영(靈)과 육(肉)의 통일체를 뜻하기 때문에 성서는 사람의 영의 활동을 영적 존재 활동으로 기술하기도 하며, 반대로 영의 활동을 신체적 활동의 일부로 기술하기도 한다. 예를 들면, 시편 84편 2절에서는 사람의 육(肉)이 하나님께 기쁜 소리를 지르며, 또 63편 1절에서는 사람의 육(肉)이 하나님을 동경한다.

하나님은 사람의 영(靈)만 사랑하는 것이 아니라, 그의 육(肉)도 사랑하신다. 하나님은 인가의 육(肉)을 입으시고 세계의 물질성 속으로 들어오셨다. 그러므로 "육(肉)으로 된 하나님의 말씀"속에서 하나님을 만나는 사람에게 신체를 경멸하는 일은 불가능하다. 그의 정신적인 부분을 신적(神的)인 것으로 보며 그의 신체적인 부분을 하나님에게 이질적인 것으로 보는 것은 불가능하다. 그래서 성서는 다음과 같이 우리에게 진술한다. 사람의 몸은 "성령(聖靈)의 전(殿)"이라고.(고린도전서 6:19)

제 2 장
사람의 생명에 대해서

1. 사람의 생명- 사람은 어디서 와서 어디로 가는가?

1.1 존재의 시작 – 탄생(生)

(1)"시작함"이란 어떤 의미가 있는가?

모두들 기억하고 있을 것이다. 2000년도를 떠들썩했던 그 날밤을. 이 곳저곳에서의 폭죽소리와 환호성들. 그리고 우리는 이미 새 천년의 시대를 넘어서고 있다. 사실 세기와 천년을 끝맺고 시작하는 일은 인류 역사의 새로운 시간 단위로 진입하는 것뿐만 아니라 인간사에서 반복적으로 발생하는 보편적인 현상이다. 한 개인의 삶 역시도 시작과 끝의 반복성으로 이뤄진다. 출생과 사망에서부터 기초적인 일상 생활에 이르기까지 사람은 시작하고 마감하는 일로 삶을 이어간다. 가장 기초적인 사회적 행위인 '인사'도 타인과의 관계를 열고 닫는 행위이다. "안녕하세요"를 통해 사회적 관계를 열고 "안녕히 계세요"로 그 관계를 닫는다. 이렇듯 시작(열음)과 끝(닫음)은 사람의 삶을 이루는 기본적 근간이다.

열고(열림) 닫는(닫힘) 연속적인 반복 행위는 일상 생활에서만 나타나는 것은 아니다. 특정한 공간과 시간 속으로 등장하거나 거기에서 퇴장할 때에는 항상 그것을 열고 닫는 일정한 의식(儀式)이 존재한다. 그래서 한 사람이 세상을 향해 문을 열고 나온 것을 축하하기 위해 생일 파티가 있고, 한 사람이 세상을 뒤로 하고 문을 닫는 것을 공인하고 기억하기 위해 장례와 제의가 있다. 입학식과 졸업식도 같은 맥락에서 이해할 수 있다. 시작과 끝 또는 열고 닫는 행위는 인류의 출현과 더불어 축제와 제의를 통해 지금까지 독특한 의미를 지니고 이어져 왔다.

시작과 끝은 멀게 우주의 시원(始原)과 종말 그리고 가깝게 사람의 탄생, 죽음과 관련하여 양자를 규정하는 기본 틀이다. 그래서, 어떻게 시작하고 어떻게 끝맺을 것인가 그리고 시작과 끝을 어떻게 규정할 것인가 하는 문제는 인류 역사에서 중대한 과제가 되어 왔다. 이제 인류는 새로운 문 안으로 들어서고 있다. 그러나 사실 이 문 안에는 아무 것도 없다. 아무도 기다리지 않는다. 우리는 과거의 짐을 그대로 짊어지고, 우리에게 익숙한 공간을 그대로 유지하면서 새로운 시간을 향해 진행할 따름이다. 하지만 이 시간과 공간은 밖에서 주어지지 않기 때문에 우리 자신 안에서 새로운 시간과 공간을 만들어야 한다. 여기서 우리는 사람 속에 이미 있었지만 아직 충분히 주목하지 못했던 시간과 공간을 새롭게 발굴/발견해야 한다. "시작한다"는 그래서 복합적인 형식을 띠게 된다.

(2)시작의 의미

사람에게 있어서의 시작함이란, 어쩌면 이미 마지막을 염두에 둔 말이겠다. 무슨 말이냐 하면, 사람이란 존재가 시작함을 논하는데 있어서 많은 경우 '끝남'이라는 단계의 아쉬움으로부터 동기부여가 된다는 말이다. 예를 들면, 학업을 마칠 때쯤 되어서야 비로소 새로운 학업이나, 또 다른 활동에 대해서 고민을 시작한다. 또는 인생의 황혼기에 가서야 자신의 삶을 뒤돌아 보면서 처음 시작에 대해서 후회하기도 하고, 자신의 시작에 의미를 부여하게 된다.

사람이 살아가면서 갖게되는 모든 관계 속에서 생성되는 것들이 모두 그런 것 같다. 하지만 어떤 원리에도 예외가 있듯이, 여기에도 해당되지 않는 부분이 있다. 가장 대표적인 예가 종교의 영역이다. 특히 기독교나 불교의 피안세계에 대한(기독교의 천국과 불교의 극락설, 그리고 둘 모두의 영혼불멸설 등) 이해가 그것들이다. 기독교인이나 불교인에게 시작과 끝은 일반적인 이해와 반대의 의미가 있다. 즉 일반인들은 무언가 끝남에 대해서 아쉬움이나 섭섭함을, 또는 부정적인 의미를 부여하지만, 종교인들은 오히려 기쁘게 받아들이려는 의식적인 행위를 하게 된다. 물론 이들의 세계와 창조에 관한 이해가 각각에게 대단히 중요한 의미를 가지긴 하지만, 이들은 현재의 세계와 존재가 주는 의미보다, 즉 육신의 제한된 시간보다 사후의 시간과 공간에 더 의미를 두고, 때로는 갈망하기 때문이다.

사람의 생명이 시작하는 것은 생물학적으로 다른 유전자를 가진 남녀 이성(異性)들이 만나, 소위 '종족번식행위(성관계)'를 거쳐, 일정 기간(임신)이 지나면 새로운 생명체가 탄생하는 것을 의미한다. 철학적으로는 새로운 것에 대한 두려움, 설레임, 또는 기대감 등의 감정이 동반하는 생명의 시작은 개인에게 나름의 의미를 부여하게 된다. 예를 들면, 진화론적 입장에서 생명을 이해하는 사람들은 인류의 탄생을 사람 이성의 사용, 또는 도구의 이용 정도가 낮은 형태로 규정함으로써 사람의 진화론적 이론을 뒷받침하는 정도가 될 것이다. 그러나 여기에서 더 나아간다면, 세계에 둘러싸인 사람이 자신의 불리한 모든 자연적 조건들을 이성의 진보를 통해 극복함으로써 자신에게 좀더 유리한 세계로 변화, 창조하는 과정으로 새로운 생명의 시작을 설명할 수 있을 것이다.

　사람에게서 "시작한다"란 도대체 무엇을 뜻하는가? 아니면 사람의 생명은 수동적으로 시작 "되는" 것인가? 무엇을 마감하고 무엇을 시작할 수 있는가? 새로운 시작은 앞에서 마감한 것 그리고 앞으로 다가올 것과 어떤 관계를 가지고 있는가? 시작은 끝으로 이르는 과정에서 어떤 의미를 지니는가? 끝이 없는 시작은 가능한가 또는 무의미한가? 가능하다면 사람은 "시작함"에 어떤 의미를 부여할 수 있는가? 사실 이에 대한 답변은 결국 우리가 이제 답하려는 질문, "사람이란 무엇인가?"라는 질문과 다르지 않다. 따라서 우리는 이 글에서 사람 존재에 관한 전반적인 이해와 많은 형태의 답변들을 살펴봄으로써 위의 두 가지 질문에 대한 완전하진 않지만, 아니 결코 완전할 수 없는 답변이지만, 어느 정도의 답변을 얻을 수 있을 것이다.

1.2 존재의 끝 – 죽음(死)

　일반적으로 '죽음'이란 육체적 신진대사인 생명현상의 중단을 말한다. 지상의 모든 생명체에는 '시작'이 있고 '끝'인 '죽음'이 있기 마련이다. 즉 모든 생물은 태어났다가 죽게 되어 있다. 이러한 생명현상이란 생명체를 구성하고 있는 세포내의 원형질이 쉬지 않고 일으키는 연속적인 화학변화를 말한다. 따라서 생물학적인 '죽음'은 세포내의 연속적인 화학변화의 중단을 의미한다. '죽음'이 이와 같이 생명현상의 중단이라면 도대체 '생명(生命)'이란 무엇인가? 라는 질문 역시 해결해야할 문제이다. 생명이 어떤 것 인지의 이해 없이 '죽음'을 논한다는 것은 마치 먹는 음식을 미루어놓고 인체의 에너지를 논함과 같은 것이다.

　지상에는 생물과 무생물이라고 하는 두 종류의 물질이 존재함은 이 사실을 처음으로 기술한 아리스토텔레스가 아니라도 곧 알 수 있다. 그러나 생물이란 무엇인가에 대하여 생명이 있는 물체라고까지는 대답을 할 수 있어도 생명이 무엇이냐고 물으면 대답이 막히게 된다. 생명의 본질에 대해서는 정확한 정의가 실험생물학적에 의해서도 철학자에 의해서도 아직 정리되어 있지 않다고 하여야 할 것이다. 잡아 흔들어 울어도 묵묵부답하는 친족의 시체에서 생명이 깃들어 있을 때와 떠나간 뒤의 냉혹한 차이와 허무한 감정을 인생은 누구나 맛보게 되지만 아무도 눈으로 볼 수도 없고 귀로 들을 수도 없고 하물며 만져 볼 수도 없는 것이 생명이다. 다만 생명이라는 것은 어떤 생물체가 어떤 기간 갖고 있는 성질이라고 정의함이 타당할 것 같다. 따라서 그것은 미(美)와도 같이 일종의 추상(抽象)으로 여겨진다.

모든 생물의 몸은 딴 생물체에서 일종의 생식(生植), 즉 본질적으로는 '어버이'의 생물체에서 생명을 지닌 소량의 물질을 분리시키는 과정에 의해서 생긴다. 중요한 것은 생명이 이제까지 무생물이었던 것에 들어가서 그것을 '살린다'라는 일은 전혀 없고 다만 산 물질은 살아있지 않은 '음식물'을 자기 몸 속에 넣어서 성장한다. 성장한 어른의 생명이 어린 시절에 갖고 있던 생명과 같은 것인지는 모른다. 그리고 아이들의 몸 속 생명의 본질이 신체물질의 성장에 따라서 성장을 한 것인지 아닌지도 모른다. 이것은 생명의 양을 측정할 수 없기 때문이다. 다만 확실한 것은 생명의 현상이 같은 개체 속에 있어서도 다른 개체 속에 있어서 다른 속도로 진행한다는 것뿐이다.

가령 메마른 '콩알'은 전혀 성장하지 않고 극히 서서히 호흡을 하고 있을 뿐이다. 그러나 그것이 눈(芽)을 내면 이들의 기능은 활발하여 진다. 이것은 그 생명의 본질이 어떤 변화를 받았다는 의미는 아니다. 또한 생명의 일시적 정지(停止)도 다시 생각하지 않으면 안 된다. 건조(乾燥)한 부적당한 조건 하에서는 생물체가 생명활동을 전혀 나타내지 않는 상태에 들어가는 수도 있다. 하지만 그 생물체는 아주 죽어있는 것이 아니다. 일정정도 이상의 조건만 회복되면 그 생명활동이 재현된다. 일본의 한 식물학자는 만주에서 40년전 약 1000년 전의 것으로 추정되는 곡물을 지층에서 발견하여 파종, 발아시켜서 훌륭하게 생육시켰다. 이것은 하나의 생명체가 1000년 동안 완전 가사상태에서도 다시 살아나며, 생명은 때로는 한없이 끈질기다는 것을 보여주는 본보기라고 하겠다. 미약하나마 호흡이 장구한 시간 중에 계속되었을 것이라고 생각하고 싶지만 거의 1000년 이상 생명현상이 계속 되었다고는 믿어지지 않는다. 우리는 생명자체의 정의를 내릴 수 없기 때문에 생물, 즉 생명을 이어 받는 물질의 특성으로 만족할 수 밖에 없다. 그것들은 다음과 같다.

① 먹이에서 에너지를 얻는 힘
② 성장과 수복(修復)의 힘
③ 생식(生植)의 힘
④ 자기조절의 힘
⑤ 운동의 힘

생명체는 위의 5개의 힘을 지니고 있는데 언제나 동시에 이들 5개항의 힘을 지니고 있는 것은 아니다. 생식의 힘이 생물에 따라서 계절적으로 다르고 또 때로는 휴면상태(休眠状態)에 들어가서 전혀 운동을 못하는 때도 앞에서 예를 든 곡물의 경우와 같이 있는 것이다. 또 대체로 식물은 운동을 못하는 것으로 알려져 있지만 실은 그렇지 않다. 식물체내의 원형질 운동을 비롯해서 식물체가 생장을 할 때에 식물의 생장점이 있는 부위에서는 소위 생장운동(生長運動)을 하기 마련이다.

이제까지의 생명의 설명을 요약하자면, 결국 생명이란 생물체가 갖는 성질인 것이고 따라서 죽음이란 생물체의 생명현상이라는 성질의 상실이라고 할수 있겠다. 이와같은 기준에 따라서 다시 '죽음'의 분류를 해보면 다음과 같다고 할 수 있겠다.

생물학적 죽음		관념적 죽음	종교적 죽음
개 체 사 (個體死)	계 통 사 (系統死)	명예추락 파산	
자연사 / 질사 전사	고대 동식물 종족의 멸종	학설의 전복 주의주장의 좌절 권력의 박탈 실연 궁지	부활 (기독교) 윤회 (불교)
사고사 / 교통사고사 중독			
가사 / 아사			

생물학적 죽음에는 개체사(個體死)와 계통사(系統死)가 있는데 보통 '죽음'이라면 개체사를 의미하고 계통사는 생물의 한 종(種)이나 속(屬)이 멸망할 때 쓰여진다. 그리고 개체사중의 자연사란 가령 한 생물체가 환경으로부터 받는 영향이 없이 자기의 수명을 다하는 것을 말하고 환경으로부터의 영향 때문에 사망할 때에 이것을 사고사(事故死)라고 한다. 모든 생물에 있어서 자연사는 극히 희소하지만 사람에 있어서 가끔 실존하는 것도 사실이다. 생물학에서는 자연사에 이르기까지의 년수가 그 생물의 수명이라고 하겠는데 동물의 경우는 출생하여 성체(成體)에 이르기까지의 시간의 5배가 그 동물의 수명이라고 한다. 따라서 사람의 수명은 약 백년이라는 것이다.

모든 사람은 자연사를 못하고 대개의 경우 사고사로 끝을 보게 된다. 태고로 인류의 증식을 억제하는 요인이 되어온 병사(病死), 전사(戰死), 아사(餓死)는 물론 사고사인데 병사(病死)만 하더라도 허다한 병명이 있고,

전사에도 넓은 의미로 해서 개인의 타살사까지 포함시켜야 할 것 같다. 아사(餓死)는 그 사인이 가장 단순한 것 같지만 진정한 아사는 표류하는 선박내의 선부라든가 광산(鑛山)내의 광부들의 경우와 같이 단순한 환경에서도 일어날 수 있지만 농사의 흉작으로 인해서 지역적으로 일어날 수도 있다.

가사(假死)란 외관상 생활현상을 인정할 수 없으나 실제로는 살아있는 상태를 말함인데 인사불성으로 호흡이 정지되고 맥박도 거의 느낄 수가 없게 되는 상태이다. 이 때 의사들은 진사(眞死) 여부를 가리기 위해서 눈의 동공반사를 본다. 이러한 가사상태를 그대로 방치하면 아주 사망하는 경우와 저절로 소생하는 경우가 있다.

다음은 관념적 죽음인데 물론 생활현상의 중단인 진정한 사망과는 다르다. 당사자나 제 3자가 죽음이나 다름이 없다고 느끼는 관념상의 죽음이다. 당사자는 때에 따라 자살하는 경우도 많다. 높은 명예의 소지자가 갑자기 그 명예가 추락되는 때, 백만장자는 아니더라도 어떤 기업주가 재기불능의 파산선고를 받았을 때, 고명한 학자가 생명으로 여기던 학설이 전복되었을 때, 또는 어떤 사회지도자의 주의주장이 좌절되었을 때, 또는 높은 권좌에 있다가 그 지위가 박탈되었을 때, 남녀간의 실연이나 기타의 진퇴양난의 궁지에 몰렸을 때 등등 당해자가 죽음과 동일하다고 느낄 수 있고 제 3자가 '그는 죽었다' 라고 평할 수 있으면 이와 같은 사례가 관념적 죽음의 범주에 들어갈 수 있지 않을까? 정신적인 고통면에서는 오히려 육체적 '죽음' 보다 더 참을 수 없는 것이 아닐까 한다.

다음은 종교적 죽음인데, '죽음' 에 있어서 생명의 단절임에는 한가지이지만 '죽음' 뒤에 오는 어떤 사태의 진전을 희구하는 신앙에 기반한 죽음이다. 종교란 어떤 초인간적 실재에 대한 사람의 신앙인 것이다. 사람이란 항상 자신의 약함과 어떠한 한계내에서 살고 있음을 인정하고 있다.

이 세상에 한번 생을 얻은 자는 누구를 막론하고 노쇠하고 병들고 죽음에 이르게 되어 있다. 뿐만 아니라 생존 중에도 행복을 구하여 불행을 얻으며 삶을 아끼면서 죽음에 도달하게 되고 영원을 바라면서 소멸과 공허로 돌아감이 비일비재하니 여기에 사람을 초월한 신앙의 대상을 갖게 된다. 물론 종교에 따라서 각각 이념과 대상이 다를 것이다.

기독교의 사상에서는 부활을 믿고 불교사상에서는 윤회(輪廻)와 극락세계를 믿는다. 부활(復活)이란 문자 그대로 죽었다가 다시 살아난다는 것인데 부활사상은 구약시대 말기에 발생하여 신약시대에 현저한 발달을 보게 된 것이다. 히브리인은 죽음이 존재의 종국이라고는 생각하지 않았다. 한번 생명을 잃고 암흑세계에 떨어졌던 사자(死者)가 다시 세상에 돌아와 생명을 얻고 신(神)과의 교섭을 다시 하는 것이라고 믿었던 것이다. 육체가 다시 생명을 찾게 된다고 믿을 때 죽음에 대한 사람의 마음가짐은 아주 달라진다. 자연과학자들이 사람은 무기물에서 유기물로 형성되고, 그 유기물체에 생명이 지나서 생물체가 되며 생물체는 생명을 잃을 때에 다시 분해되어 본래의 무기물로 돌아간다고 하는 사상과는 근본적으로 다른 개념에 속한다. 윤회(輪廻)란 불교사상의 근본개념의 하나로서 유전(流轉), 윤생(輪生)이라고도 한다. 중생이 성도수업(聖道修業)의 결과, 해방을 얻을 때까지 삶과 죽음을 되풀이한다는 생각이다. 위에서도 언급하였지만 죽음에 대한 견해 즉 사람의 생명에 대한 근본적 관심사는 각 종교에 따라서 다르게 나타난다.

인생에 있어서 '죽음'이란 확실히 가공할 현상인 것이다. 인생은 누구나 죽음을 두려워하고 싫어하고 도피하려고 한다. 그러나 인생은 누구를 막론하고 태어난 이상 죽음을 맞이하여야 되고, 죽으면 육신에서 생명이 이탈되고 육신은 미생물의 먹이가 되며 이 때에 변질 분해되어 곁에 있던 식물들의 양료(養料)가 되기 마련이다. 육체를 화장(火葬)에 처했을 때는 미생물들의 복잡한 과정을 거치지 않고 직접 본래의 원소로 분해되어 일부는 공중으로 일부는 지상에 남게된다. 하지만 두 경우 모두 몇 개의 물질로서 환원되었다는 점에서 매한가지이다.

2. 생태학적 사람 이해

태양계에서 사람이 차지하는 비중은 아주 작다. 지구의 반경은 고작 6,400km인데 생명체는 지구의 주위에 달라붙어서 살고 있다. 생명체가 살고 있는 범위는 기껏해야 높이가 몇 미터밖에 안 되고 심해(深海) 생물이 살고 있는 가장 깊은 곳도 해면에서 10km에 지나지 않는다. 이 범위에 살고 있는 생명체를 온통 모아서 지구 둘레에 균등하게 벌여 놓으면, 그 두께가 놀랄 만큼 얇은 1.5mm밖에 안 된다. 그나마 동물의 대부분은 육지에 사는 동물이고 뭍에 사는 동물은 그 두께의 1/250인 0.006mm밖에 안 된다. 그러나 육상 동물 중에서 지금 가장 번성하는 종족은 사람이다. 200만년 전의 지구 위에는 사람과에 속하는 동물이 겨우 십만쯤 있었고, 25,000년 전의 크로마뇽인의 시대가 되어서도 인구는 300만명에 불과했지만, 사람은 자기들이 편하게 살려고 자연계를 개량함으로써 개체 수효를 급격히 늘리기 시작했다. 그래서 서기 원년에는 2억 5,000만명, 1975년에는 U.N.의 통계에 따르면 36억명으로 사람이 불어났다. 더욱이 요즈음에 와서는 매일 32만명의 새로운 생명이 태어나서 현재 전 지구 인구는 약 62억 명 정도라고 한다. 물론 개체 수효로만 따지면 지구 위에는 박테리아나 미생물같이 사람보다 훨씬 그 수효가 많은 종도 있지만 중량까지 포함해서 생각하면 역시 사람이 일등을 차지한다. 하지만 역시 지구의 반경 6,400km에 견주면 이는 역시 보잘 것 없는 수치로 나타난다. 이 보잘것 없는 존재가 지구의 생태계에 엄청난 영향을 준다고 생각하면 놀라지 않을 수 없다. 그런데도 사람은 아직까지 이 중대한 사실을 충분히 이해하고 있지 못하다.

사람은 옛날부터 자연에 대해서 늘 같은 오해를 계속해 왔다. 그 오해는 "자연이 무한하다"는 생각이다. 곧 자연계에는 값을 치르지 않아도 은혜를 입을 수 있다는 것인데, 자연은 사람에게 아무런 댓가없이 잘 주는 것처럼 보인다. 금강석이나, 금은같은 값비싼 것도 모두 거저 준다. 공기도 무료이고 기압의 항상성이나 기후 규칙의 정연한 반복도 모두 자연이 거저 베푸는 혜택이다. 그러나 이러한 자연도 사람의 손을 거치면 유(有)로 변한다. 이를테면 산의 맑은 물은 거저이지만 수돗물은 값을 치러야 한다. 그래서 인공의 환경인 도시에서 생활하는 사람들은 거의 모든 물질에 값을 치르지 않으면 안 된다. 사람은 자연적인 세계에서 인공적인 세계로 흐르는 것은 무한하게 이용할 수 있다고 줄곧 생각해 왔지만 인공적인 세계에서 자연적인 세계로 흐르는 역과정도 그와 같이 무한한 가능성을 가질 수 있을지는 의심하지 않을 수 없다.

한편 서구 문명이 확대됨에 따라 세계는 하나의 문명권이 되어 간다. 곳곳마다 국가를 형성하고 각자 세계의 폐쇄성을 유지하려고 하지만 그것은 점차 어렵게 되어 간다. 오늘날 한 나라가 다른 나라와 서로 아무런 관계를 가지지 않는 일은 있을 수가 없다. 정보에서나, 경제에서나 세계는 하나가 되고 있다. 통신과 교통의 발달로 정보가 쉽사리 교환되고, 경제는 금이나 달러나 유로 따위의 세계 통화가 매개체가 되어 하나로 엮어지고 있다. 또 강제성은 없지만 국제법이라는 것도 어느 정도 존재한다. 종교와 정치에서는 이런 움직임이 가장 늦었다고 하지만, 적어도 공존하려는 움직임이 있다. 이처럼 인류는 자신들의 인공적인 세계들 사이에서 조정의 노력을 해 왔지만, 그 자신과 자연계와의 관계는 소홀히 해 왔다.

따라서 이제 지구의 문명은 자연과의 관계에 신경을 돌려야 한다. 그리하여 자연과 하나가 되는 문명계가 이루어져야 한다. 다시 말해서 지구의 생태계를 문명권으로 하는 문명을 만들어야 한다는 것이다. 그것이 이루어지지 않으면 고대 도시가 사막으로 변했던 것처럼 지구 전체가 황폐하여 사막이 될지도 모른다.

　　우선 사람이 계속해서 목숨을 이어 가는 것은 사람의 모든 활동의 조건이 된다. 그것은 지금까지 문제삼을 필요가 없을 만큼 당연한 것으로 받아들여져 왔다. 그러나 이제는 그 당연한 명제가 심각한 의문으로 받아들여진다. 사람의 생존은 생태계가 정상으로 움직여야 가능하다. 생태계를 파괴하면 사람의 생존도 불가능해지고 마는데, 그런 위협이 고개를 들기 시작했다. 사람은 자연의 생태계를 구성하는 요소로서 지구 위에 나타났지만, 그 뒤 인류의 생활은 지구 생태계 안에서 절반은 독립하여 부분적인 세계를 이루어 왔으며, 그 방향으로 발전해 왔다. 사람이 밀집하여 살아가는 도시는 본디 자연에 전혀 존재하지 않았다. 그래서 도시는 특유한 물질 대사와 에너지 대사를 가지고 생태계 속에서 거의 독립된 영역으로 성장하고 말았다. 이와 같은 사람의 생태계가 현재 발달하고 있는 방향으로 그대로 나가면 자연 생태계와 잘 어울려 새로운 지구 생태계의 질서를 완성시킬 수 있을지는 전혀 알 수가 없다. 지구 생태계는 이 서로 다른 부분적인 세계들을 감싸안으면서도 아무런 조화를 깨뜨리지 않을 만큼 큰 탄력성을 지녔을지도 모른다. 그러나 만일 자연이 그토록 큰 탄력성을 지니지 못했다면 사람은 자기의 생태계에 손을 대서, 지구 생태계와 모순되는 부분을 고쳐 나가야 한다. 만일 그렇지 못하면 결국 인류의 활동이 있는 지구 생태계의 붕괴를 초래하게 될지 모른다. 지구 생태계의 붕괴가 인류 자신의 멸망을 뜻함은 두말할 나위 없다.

3. 생물학적 사람 이해

우리는 사람이 무엇인가라는 문제를 다루면서 다윈(Darwin)의 진화론(進化論)을 잊을 수 없다. 다윈의 진화론은 결국 사람도 다른 생물들과 마찬가지로 다른 하나의 생물로부터 진화한 것이라고 말한다. 더 명백하게 말하면 사람은 진화된 동물이며, 특히 원숭이와 사람과의 생물학적 유사성으로 인해서 사람은 원숭이의 혈통을 이어받은 동물이라는 것이다. 이러한 일종의 규칙을 가지고 사람을 생각하면, 인간학은 다만 동물학의 하나의 특수한 일부에 지나지 않으며, 사람이 진화를 통해서 동물에게서 분리된 후 오늘날까지 아무리 오랜 세월이 흘렀더라도 그것은 사람이 동물에게서 분리되기 전에 동물로서 지낸 더 오랜 세월에 비교하면 문제도 되지 않을 만치 짧은 기간이 된다. 그러므로 사람과 동물 사이에 차이점이 있다 할지라도 그것은 지나치게 중요한 것이 못 되며, 차이점보다 공통점이 더 근본적이고 더 많다는 것이다.

하지만 이와 같은 다윈의 진화론은 생물학의 이론에만 그치지 않았다. 즉 이 이론은 인과발생적(因果發生的)으로 사회현상을 관찰했던 19세기의 과학정신과 일치되었고, 동시에 당대의 종교와 문화에 대한 반발운동에 편승하면서 하나의 세속적인 종교운동처럼 번져나갔다.

반면 근대를 넘어 현대에 들어서면서, 그 동안의 다윈의 진화론에도 해결하기 힘든 많은 문제들이 발견되었다. 첫째는 이전까지의 원숭이에 대한 사람의 유사성이 상당부분 거부되었다. 즉 사람과 공통점을 많이 가진 것은 아직 덜 자라난 어린 원숭이이고, 자라난 원숭이는 좀더 사람에게서 멀어진다는 것이다. 다시 말하면 원숭이가 사람을 닮은 것은 그의 성숙된 마지막 단계가 아니고, 아직도 완전히 발육되지 못한 중간 단계라는 것이다. 이에 따라 사람이 단순히 진화된 원숭이라는 이론은 성립되지 않게 되었고, 오히려 원숭이와 사람이 서로 전혀 다른 종(種)이라는 견해가 확장되었다.

하지만 여기서 우리는 사람이 원숭이로부터 진화된 것인지 아닌지 혹은 사람과 동물이 어떤 점들에서 하나인지에 관심이 없다. 중요한 것은 현재의 사람이 다른 동물들과 구별되는 점이 무엇인지 곧 사람과 동물의 차이점을 생물학적인 관찰에 의해서 잠깐 살펴보는 것이다.

사람과 다른 동물이 결정적으로 구별되는 점은 동물이 그의 육체적인 구조와 기능에서 사람보다 훨씬 특수화 혹은 전문화되어 있다는 것이다. 예를 들면 사람과 동물의 이(齒)에 있어서, 각각의 동물들은 자신들의 식습관에 알맞게(육식 또는 초식) 그들의 이를 적응시켜 특수화 시켰지만, 사람은 그렇지 않고 오히려 어느 식성에도 알맞지 않게 특이한 형태의 치아구조를 가지고 있다. 한편 수태시기(受胎時期)에 있어서도 사람은 다른 동물들처럼 특수하게 결정되어 있는 것이 아니고, 언제나 가능한 형태를 가지고 있다. 사실 이렇게 특수화 혹은 전문화되어 있지 않다는 것은 생존경쟁에 있어서 불리한 조건일 수도 있다. 하지만 사람의 육체적 기관들이 일정한 환경과 조건에만 알맞도록 완전히 특수화되지 않았기 때문에 여러 가지 환경에 적응할 수 있었다. 뿐만 아니라 동물처럼 일정한 환경 속에서 특수한 조건들 아래서 자연적인 본능의 지시에만 기계적으로 따르도록 되어 있지 않기 때문에 스스로 여러 가지 환경에 따라서 이에 반응하고 적응하기 위해서 생각하고 선택할 수 있는 기능을 발전시켰다.

3.1 창조론 VS 진화론

20세기 초까지의 생물학의 역사는 한마디로 생기론(生氣論)과 기계론(機械論)의 투쟁사라고 할 수 있다. 또 기계론이 생기론을 과학의 세계에서 축출해 나간 역사라고도 할 수 있다. 생기론은 생명 현상이 사람의 능력을 초월한 어떤 초자연적인 힘, 즉 생기에 의해 나타난다는 이론이다.

이 초자연적인 힘은 창조주, 조물주, 신 등의 이름으로 불렸고, 인류 집단에 따라 그 힘의 주체나 해석도 가지각색이었다. 이 생기론은 중세기 서구의 교회 사상과 부합되어 사회에서 당연한 이론으로 수용되었다. 또한 종교, 사회 윤리, 가치관 등의 기저를 이루면서 20세기 초까지 전 인류의 사고를 지배하고 있었다. 이런 생기론에 의하면 사람을 비롯하여 모든 생물은 신이 창조하였고, 따라서 생물의 종은 현존하는 그 모습 그대로 옛날에 창조된 것이어서 종이 변한다는 것은 있을 수 없는 일이었다. 이 생기론은 생명의 신비를 지극히 당연한 귀결로 받아들이게 하였다. 생명 현상 그 자체가 신비스럽기도 하지만, 이 현상이 초인간적인 어떤 절대적인 힘에 의하여 설계되고 창조되었다는 생각은 생명의 신비성을 더욱 심화시키는 결과를 초래했기 때문이다.

그러나 19세기 중엽 다윈이 제창한 '생물 진화론'은 당시를 풍미하고 있던 생기론에 커다란 도전을 가하였다. 다윈은 각 종이 독립적으로 창조되었다는 견해를 반박하면서, 오히려 한 종이 다른 종으로 점진적으로 진화되었다고 설명했다. 각 개체는 생존을 위한 투쟁을 해야 하며, 제한된 자원을 놓고 서로 경쟁해야 한다. 각 개체들이 처한 환경에 가장 잘 적응하는 종만이 살아 남을 수 있으며 많은 후손을 남기게 된다. 같은 종의 개체들이라도 서로 조금씩 다르기 마련이며 이 때문에 자연 도태가 생긴다. 이러한 생존 경쟁으로 말미암아 아무리 미미한 변화라도 진화를 일으키는 변화라면 무엇이나, 그것이 어떤 종의 개체에 조금이나마 이익이 된다면 그 개체의 생존에 기여할 것이고, 대부분 그 후손에게도 유전된다.

그러므로 다윈에 의하면 진화를 통해 후손은 한층 더 유리한 생존의 기회를 맞게 되며, 그에 따라 각 종에게 주어진 환경에 대처하는 능력도 점진적으로 개선된다. 장구한 세월을 거치면서 한 종은 그것의 본성을 완전히 바꿀 수 있으며, 새로운 종이 생겨날 수 있다. 그러나 번식을 하는 것은 종이 아니라 종의 개체이기 때문에, 다윈도 종의 개체를 강조하였다. 그는 그러한 과정을 '자연 도태(natural selection)'라고 불렀다. 또한 진화론은 현존하는 모든 종은 과거 어느 때에는 모두가 공통 조상인 어떤 한 종에서 갈라져 나왔다는 것이다. 사람도 역시 이 진화의 산물이어서 다른 모든 동식물과 마찬가지로 어떤 원시 공통 조상에서 분화되어 온 동물의 한 종에 불과하다는 것이다.

이런 진화론을 반대하는 창조론자들은, 점진적인 변이와 자연 상태에 의한 생물 종의 출현은 필수적으로 중간 형태의 생물체가 역사적으로 존재했었음을 증명해야 함에도 불구하고 중간 형태의 것에 해당되는 화석이 발견되지 않고 있다고 비판한다. 그리고 특히 중간 형태의 화석이 결코 발견된 바가 없다는 사실에 이제 많은 진화론자들도 동의하고 있다. 그러나 일부 진화론자들이 기존의 이론을 대체하기 위하여 '점단식 평행 이론' 또는 '괴물 이론'이라는 새로운 이론을 제안하고 있는데, 이것은 오늘날 유전학이 이해하고 있는 유전의 법칙을 무시한 논리이기도 하다.

다윈은 '진화에 아무 목적이 없으며 정해진 방향도 없다'고 말한다. 개체들은 다음 세대에게 한층 더 풍부하게 자신의 유전자를 전달 하려는 노력을 기울일 뿐이며, 그러면서 환경에 대한 적응력을 높여 나갈 뿐이다. 그러므로 그는 필연적으로 높은 단계로 나아가는 것이 진화라는 관념을 부정하였다. 그리고 그의 저서『사람의 유래』에서 다윈은 사람의 마음과 사람이 아닌 다른 종들의 정신적 삶을 뚜렷이 구분했던 아리스토텔레스의 기본 입장을 완전히 반대한다. 그는 '모든 정신은 그것이 사람의 것이든 동물의 것이든 시간의 흐름에 따라 각자가 처한 환경에 적응하게 된다'고 주장한다.

『다윈 이후 (Ever Since Darwin ; Reflections on Natural History)』를 쓴 굴드(J.S.Gould)에 따르면 다윈은 유물론의 일관된 철학을 그의 자

연 해석에 적용시켰다. 따라서 물질은 모든 존재의 기초이며, 정신과 영혼 그리고 하나님까지도 복잡한 신경 세포의 놀라운 성과를 표현하는 낱말에 불과하다는 것이다. 이런 생각은 서양 사상의 전통을 밑바닥에서부터 뒤엎는 것이다. 그래서 굴드는 서양 세계에서 아직도 진화론을 제대로 받아들이지 않고 있다고 지적한다. 그는 진화론을 받아들이지 못하게 하는 장애물은 과학적인 이론에 있다기보다 메시지에 담겨있는 급진적인 철학 사상에 있다고 생각한다. 왜냐하면 참된 다윈 정신은, 사람은 예정된 과정의 가장 위대한 산물이므로 지구와 그 생물을 지배하고 소유할 운명을 지닌 존재라는 서양인들의 오만한 사상을 부정하는 서양 가치 체계에 대한 중대 도전이기 때문이다.

이와 같이 진화론은 생기론과 정면으로 상치되는 사상이었지만 생물학적으로는 현대 생물학의 분석적 방법론의 기반을 조성했다고 볼 수 있다. 뿐만 아니라 이 사상은 당시의 생물학에 커다란 하나의 과제를 안겨 주었다. 그것은, 그러면 이 최초의 공통 조상은 어떻게 생겨났느냐 하는 문제, 즉 생명의 기원에 관한 문제였다. 이러한 의문에 따라 20세기에 들어오면서 생명의 기원에 관한 연구가 활발하게 이루어지기 시작하였다.

3.2 알 수 없는 생명의 기원

생물의 기원에 관해서는 여러 학설이 있다. 어떤 사람은 포자와 같은 종류의 생명체가 다른 천체로부터 운석에 묻어서 지구로 이동해 왔다고 주장한다. 그러나 이런 외계로부터의 생명 도래설은 그 포자의 원천이 무엇이며, 극심한 외계 공간의 조건과 지구 대기층으로 통과할 때의 뜨거운 악조건에서는 어떤 형태의 생명체도 살아남을 수 없다는 점에서 설득력을 갖기 어렵다.

또한 16세기 전까지는 생물이 자연 발생에 의해 생길 수 있다는 생명의 자연 발생설이 지배적이었다. 그러나 현재의 지구에서 생명의 자연 발생적 기원은 거의 불가능하다고 믿어진다. 1680년경의 의사이자 시인인 이탈리아 피첸체의 레디(Francesco Redi)의 실험은 썩어 가는 고기에서 구더기가 새롭게 생겨나지 않는다는 것을 증명했으며, 동물이 자발적 발생에 의해 생긴다는 오래된 미신을 타파했다. 약 200년 후 파스퇴르(L. Pasteur)는 박테리아 같은 미생물도 자발적으로 생겨나는 것이 아니고 미리 존재하는 박테리아로부터만 생겨난다는 것을 증명하였다. 그후 많은 연구자들이 여과성 바이러스와 같은 매우 작은 생물체라도 비바이러스성의 물질로부터 자발적으로 발생될 수 없다는 것을 증명하였다.

4. 진화론에 기반한 인류학적 사람 이해

4.1 사회적 학습을 하는 동물

사람은 포유동물 가운데 영장류(primates)라는 목(目)에 속한다. 영장류란 불과 7천만 년 동안에 진화를 이룩해 온 1군(群)의 동물이다. 영장류에 속해 있다는 중요한 증거 가운데 하나는 사람의 손가락 끝이다. 포유동물 가운데 영장류만이 손가락 끝에 뾰족한 손톱(발톱) 대신 납작한 손톱(발톱)을 가지고 있다. 영장류는 모두 '무엇을 잡는(쥐는)' 동물이다. 대부분의 영장류(유인원, 원숭이 및 갖가지 하등 영장류)는 나무 위나 또는 그 주변에 산다. 납작한 손톱이 달린, 길고 구부릴 수 있는 손가락은 나뭇가지를 잡거나 주변의 사물을 이용하거나 하는 데에 편리하도록 되어 있다. 팔다리를 가진 다른 포유동물과는 달리 영장류는 냄새를 킁킁 맡는다든지, 코끝으로 무엇을 찾으면서 땅위를 뛰어다닌다든지 하는 행동은 하지 않는다. 오히려 영장류는 일어서거나, 앉거나, 소리를 내거나, 주위를 둘러보거나, '손'으로 무엇인가를 찾거나 하는 경향을 가지고 있다.

한편 사람의 직접적인 조상이라고 알려진 오스트랄로피테쿠스 혹은 그 이전의 유인원이 나뭇가지 사이를 건너뛰어 다녔는지 어떤지는 확실치 않지만, 매우 움직이기 쉬운 어깨와 팔과 손가락과 발가락을 가지고 있는 점은 유인원과 같다. 모든 포유동물 가운데 사람과 고등 영장류만이 물체를 정확히 던지는 능력을 가지고 있다. 사회성을 가진 영장류의 대부분에서 볼 수 있는 또 하나의 중요한 특징은, 동물학자들에 의해 '우열의 순위제' 라는 경향이 있다. 또 영장류 단계의 사람들은 다음의 여러 점들을 공통적으로 지니고 있었다. 즉, 길고 매우 움직이기 쉬운 팔과 손, 그들 손을 조절하는 데에 알맞은 큰 두뇌, 입체적 색채 감각, 다양한 발성 능력, 호기심 그리고 사회 집단 내에 순위를 만들어 내는 경향 등이다. 워시번(S.L Washburn)과 에이비스(V. Avis)는 이러한 자료들을 검토하고 나서 "이족 보행 동물(二足步行動物)이 된 많은 동물 가운데 사람만이 도구 제작자가 된 것은 결코 우연이 아니다"라고 결론지었다. 또한 고등 영장류는 상당히 오랜 유아기를 가지는 경향이 있다. 즉, 기본적 욕구 충족을 위하여 어른에게 의존하는 기간이 길다는 것이다.

동물의 새끼 중에는 태어나서 홀로 남아, 얼마 후 충분한 육체적·사회적 성숙에 도달하여 1년 이내에 자립하는 것이 많다. 실제로 많은 종류의 동물 새끼는 자신의 '부모' 와 상면하는 일이 전혀 없을 정도다. 그러나 포유동물은 태어난 이후에도 서서히 발육하고, 살아 남기 위하여 어미의 존재를 필요로 한다. 이와 같은 오랜 의존 기간은 인류가 식단을 육식으로 발달시킴으로써 더욱 강화되었다. 열대 환경에서는 배고픔을 해결하기 위해서 식물의 뿌리나 야생 식물의 과실 등을 혼자 힘으로도 얼마든지 채취할 수가 있었다. 그런데 수렵 생활 양식은 모든 집단을 성인 남자의 힘과 기교, 그리고 도구 제작의 기능에 의존시킨다. 따라서 사람은 먹을거리를 얻고 또한 지식을 얻기위해 부모에게 의존하게 된다. 즉 먹을거리에 대한 욕구가 집단의 전통에 대한 학습을 강화시키는 것이다.

4.2 도구를 제작하고 사용하는 동물

아직 문화를 갖지 않았던 시대의 조상들은 호기심이 많고 말하기 좋아하며, 동료들끼리 또는 환경과의 복잡한 상호 작용의 능력을 가지고 있었다. 야생의 침팬지에 관한 최근의 연구는, 이들의 영장류가 집단의 다른 동료로부터 습득한 고도의 지적인 방법으로 막대나 그 밖의 사물을 빈번히 사용하고 있었다는 것을 밝혀 주고 있다. 따라서 도구의 사용과 도구의 제작에 관하여는, 유인원과 초기의 인류 사이에 절대적인 단절이 없다.

자연물을 유용한 형태의 것으로 다시 만드는 사람의 능력은 더욱 전진하여, 한층 더 내구력이 있는 재료를 만드는 데까지 이르렀다. 도구의 제작은 인류의 가장 특징적인 활동 가운데 하나이며, 사람이라는 종(種)의 진화에 중요한 결과를 가져다 준 요소이다. 만약에 사람을 '도구를 제작하는 동물'이라고 정의한다면 일관된 도구 제작의 형식을 볼 수 있는 곳에서는 어디든, 모두 그곳에 사람이 존재했다는 것이 된다. 왜냐하면 돌로 만든 도구는 살이나 뼈와 같은 유기 물질에 비하여, 수천 년이 경과하는 동안에도 변화하지 않고 남아 있을 가능성이 훨씬 높기 때문이다. 연대라든가, 고대인에 대한 증거의 대부분은 그들이 남겨 놓은 도구에서 얻어지고 있다.

4.3 사람의 조상은 누구였는가?

1959년 루이스 리키 부부(Dr. and Mrs Louis B. Leakey)는 올두바이 신석기의(현존하는 가장 오래된 것으로 인정된 도구 가운데 하나) 제작과 명백히 관련이 있는, 지금은 이미 멸절한, 사람과 똑닮은 동물을 발견하였다. 리키 박사는 그것을 진잔트로푸스(Zinjanthropus : 동아프리카 사람)라고 명명하였다. 뿐만 아니라 고대 퇴적물의 연대를 측정하는 새로운 기술의 발명(칼륨-알곤법)은, 그들 화석과 석기를 매장하고 있는 지층이 175만 년 전의 것임을 밝혀 내었다. 그리고 이 발견 이후에도 진잔트로푸스와 유사한 더욱 오래된 화석이 아프리카 각지에서 발견되었는데, 오늘날 이들 절멸한 현생 인류의 친척들은 적어도 200만년 이상이나 거슬러 올라가는 것으로 믿어지고 있다.

진화론에 기초한 인류학자들은 아래 표와 같이 30억년 동안 사람의 나무가 자라면서 가지를 치고 싹을 틔웠다고 주장한다. 영장류에 속하는 큰 가지에는 유인원에 속하는 가지가 달려 있다. 그 가지 끝의 싹에는 지금 살아 있는 아프리카의 큰 유인원들(Africa great apes)이 있다. 그 가까운 곳의 어떤 지점에서 유인원 가지는 새로운 가지를 쳐서 인류를 담고 있다. 인류라는 생물종, 호모 사피엔스는 바로 그 가지의 끝에서 피어난 하나의 싹에 불과한 것이다.

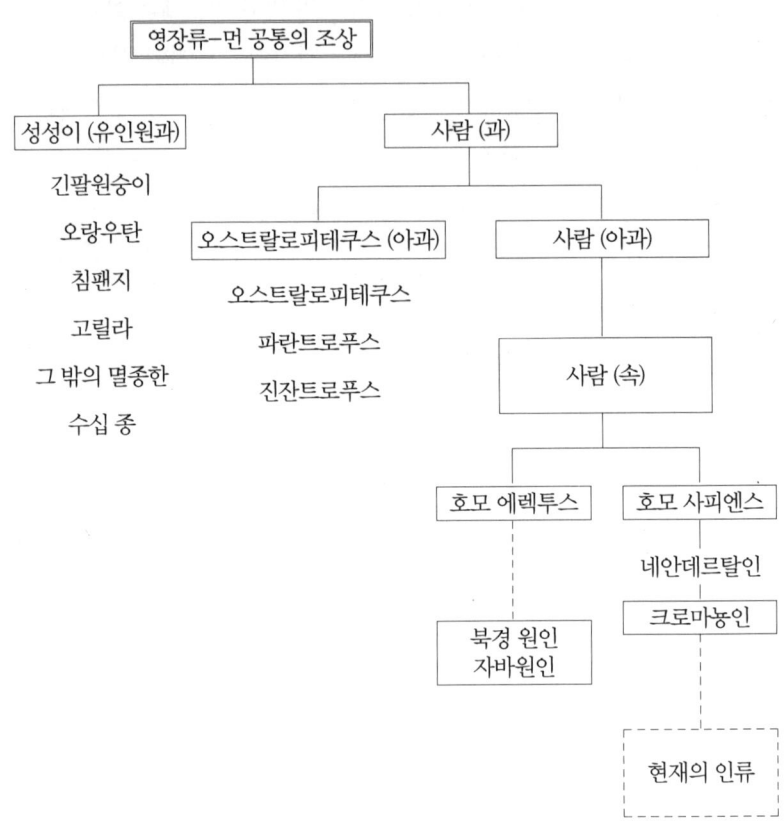

영장류-먼 공통의 조상

성성이 (유인원과)

긴팔원숭이
오랑우탄
침팬지
고릴라
그 밖의 멸종한
수십 종

사람 (과)

오스트랄로피테쿠스 (아과)

오스트랄로피테쿠스
파란트로푸스
진잔트로푸스

사람 (아과)

사람 (속)

호모 에렉투스

호모 사피엔스

네안데르탈인

크로마뇽인

북경 원인
자바원인

현재의 인류

4.4 미래로 향하는 인류학의 사람 이해

인류학자들은 오랫동안 인류 기원의 연구를 진행하면서 혁명적인 연구 결과로 파생된 딜레마와 싸워 왔다. 만일 인류가 동물이라면 인류가 다른 동물과 구별되는 독특한 특징이 있다는 점을 어떻게 설명해야 하는가? 인류는 동물이지만 진화 과정에서 인류만이 지니는 두 개의 특성이 생겨나서 인류를 동물의 세계에서 존귀한 자리에 서게 하였다는 것이 이 문제에 대한 하나의 답이다.

첫 번째 특성으로, 사람은 자신의 마음과 다른 사람의 마음을 들여다볼 수 있게끔 깊은 자기 반성으로 이끌어 가는 자각(自覺)능력이 있다. 진정으로 자각 능력을 지니고 자기 반성을 할 수 있는 존재는 이런 특성이 결여된 동물과 다르게 세상을 살아간다. 자각 능력이 없는 동물은 자기가 살고 있는 세상을 단지 '안다'는 것뿐이다. 그러나 사람은 자신이 '알고 있다는 사실'을 알고 있다.

둘째로, 인류 역사의 예외적인 진행에 결정적인 영향을 미친 진화상의 변화는 세상에 전례가 없었던 정도의 인위성을 나타낸다. 또한 지식이 모여 축적되고 이를 배워 얻어진 경험을 기초로 한 문화는 사람을 문화를 가진 유일한 동물로 만들었다. 문화가 동물에 속한 사람을 비로소 사람으로 만드는 근본적인 계기이다. 이때 문화의 아주 중요한 부분으로 신화(神話)와 관념이라는 형태를 보존하기 위해 그리고 세상에서 실제로 일어나는 사건에 대한 정보를 나누어 갖기 위한 수단으로서 언어가 발생한다. 문화를 통해서 각각의 새로운 세대는 자기 세대가 직접 경험한 내용과 부모들 세대의 경험뿐만 아니라 이전 세대들의 물질과 관념의 양면에서 경험하여 쌓은 모든 지혜를 얻었다. 바로 이것이 문화 유산의 축적이다.

동물의 한 종류인 인류가 자각과 문화를 결합하였으며 그 결과 다른 동물과 현격히 구별되는 존재로 창조되었다는 설명은 다윈의 진화론을 통해 쉽게 설명할 수 없다. 이 존재는 가끔 뛰어난 사회 정치적인 계급조직과 믿음의 행위 그리고 개인적인 창조성으로 건축과 예술적인 표현을 나타내면서 문명을 건설할 수 있었다. 실제로 인류는 그들을 감싸는 인위적 환경인 문명 안에서 존재하는데, 처음으로 인류의 관심사는 식량을 얻는 일로부터 멀어졌으며 직접 맞닿은 주위의 물질 세계를 뛰어넘어서 뻗어나갈 수 있게 되었다. 또한 필요에 의해서 자기 자신과 그들이 살고 있는 세상에 관한 일들을 찾게 되었다.

　사람은 자각 능력과 문화를 통해 생명의 세계 속에서 다른 동물이나 생명체와 구별되는 최상의 존재가 되어 이제 사람은 생명 세계내에서 단순한 하나의 개체 생명에 불과한 존재가 아니라 자신이 속한 생명의 전모를 질문하고 답하는 존재로 서게 된 것이다.

제 3 장
사람에 대한 위대한 질문들을 찾아서

1. 서양중심의 철학사조

1.1 고대 그리스

고대 그리스의 철학은 현저하게 객관적인 사고를 통해 구성되어왔다. 그들의 시선은 주로 세계와 우주를 향하고 있었고, 사물의 본질과 그 본질의 형태와 법칙을 해명하려고 시도했다. 그래서 존재 질서의 위계를 확립하였고, 이 존재 질서는 무생물로부터 생물체를 거쳐 정신의 존재와 작용 방식에 이르기까지 상승한다. 이러한 우주 질서와 중심에 사람이 자리잡고 있다. 사람은 유일한 중심이며, 기원전 5세기에 데모크리토스가 말한 대로 소우주(Microcosmos)이다. 왜냐하면 사람안에는 존재와 삶의 모든 위계가 우주를 반영하는 더 높은 조화를 향해 결합되어 있기 때문이다. 그러나 동시에 사람은 자연의 한 부분으로서 다른 모든 변천하는 사물과 더불어 자연 – 고전적인 의미의 물리학 – 의 영역에 속한다. 사람을 다른 모든 사물에서 구별하여 그 고유한 본질을 규정짓는 것은 오로지 사람의 '영혼' 이다. 사람에 대해 전승되어오는 중요한 개념은 '사람에 대한' 개념이 아니라, 중세기 동안 줄곧 주석(註釋)된 아리스토텔레스의 작품인 '영혼에 대한' 개념이었다. 영혼이라는 개념은 인간상, 더 정확하게는 고대와 그 이후의 전통에 나타나는 영혼설을 규정하는 표제어가 되고 말았다. 즉 인간상은 영혼이라는 개념을 통해 규정되었으며 따라서 그리스철학은 일차적으로 전체 인간, 즉 심리학(Psycho-logie) 또는 인간학(Anthropo-logie)을 중요하게 여긴 것이 아니라 단지 사람의 영혼을 중요하게 여겼던 것이다.

(1) 초기의 그리스사상 : 영혼과 육체의 이분법의 처음

초기의 그리스사상에는 인간학적 요소가 나타난다. 철학적 사고가 시작되기전 신화적이고 종교적인 배경이 먼저 있었고, 사람의 자기 해석은 이미 이 배경의 표상 세계 안에서 발생하기 시작했다. 사람은 자신의 현 존재의 의미를 어떤 신적인 근원으로부터 이해하기 시작했으며, 이를 바탕으로 사람 스스로 자신의 영혼을 세계와 세계의 사건보다 우월한 실재로 여기면서, 이 우월한 실재 안에 사람의 고유한 본질이 존재한다고 생각했다. 바로 여기에서 정신적인 영혼과 물질적인 육체라는 이원론적 그리스사상의 기원을 발견할 수 있다.

(2) 소피스트 (Sophist, B.C. 5c 경의 그리스 철학자들)

흔히 하는 말로 '거참, 사는게 만만치 않네...' 라는 말처럼, 실제로 우리가 사는 세계를 한번 살펴보면, 그것이(세계와 세계안의 사람을 포함한 모든 존재들) 그렇게 객관적이지도, 간단하지도 않다는 것을 알 수 있다. 소피스트 이전까지의 철학자들은 사람을 별다른 의문 없이 객관적인 세계질서·안에 존재하는 것처럼 여겼었다. 하지만 소피스트들은 이러한 현

상에 대해서 다음과 같은 질문을 통해서 처음으로 비판적이고 회의적인 반성을 시도했던 사람들이다. "사람은 참으로 진리를 인식할 능력을 소유하고 있는가?" "사람의 행위를 객관적으로 구속하는 규범이 존재하는가?" "모든 것은 주관적이고 상대적인 것이 아닌가?" "사람 자신이 바로 '만물의 척도(프로타고라스)'가 아닌가?"

즉, 고대에서 '인간학적 전환'에 대한 관심을 갖도록 하는 데 공적을 남긴 것은 바로 소피스트(Sophist)들이다. 왜냐하면 이들은 철학을 진리의 상대성에 기초하고, 개인주의에 주안점을 두어 결국 철저한 회의주의를 거쳐 절대적 진리를 부정하고, 이로 인해 학문의 기능성에 대한 회의를 조장하였다. 물론 이러한 상대주의적 이론과 철저한 개인주의는 종교와 국가, 가정이 갖는 기성권위를 흔들어 놓았다는 점에서 비판받을 수 있다. 그러나 소피스트들의 문화사적 공적, 즉 다시 말해 그리스 철학을 사람 자신에 관한 연구로 방향 전환을 시도하였다는 점에서는 충분히 그 공적을 인정해야 할 것이다. 소크라테스도 소피스트들과 함께 앞선 시대의 철학에 반대했고, 사람을 보는 눈은 소피스트들의 영향을 많이 받았다. 그러나 소크라테스가 사람을 윤리학과 사회철학의 전망에서 보았다면, 소피스트는 사람을 문화철학의 전망에서 보았다.

사람은 자신의 인생의 어느 지점에서는 거의 모두가 자기 삶의 방향을 스스로 결정해야만 하는 존재임을 자각 또는 의문시하게 되는데(이 물음은 '사람이란 무엇인가? 라는 물음과 다르지 않다), 이때 이 사람의 존재 결정 과정에 있어서 그를 둘러싼 문화라는 – 여기에서 '문화'는 총체적 문화, 즉 사회/문화/제도/풍습/관습 등을 통틀어 의미한다 – 요소가 가장 크게 영향을 미치게 된다. 그러므로 소피스트들의 문화철학적 전망이란, 곧 이와 관련된 물음을 던지는 것과 다르지 않다.

예를 들면 소피스트인 프로타고라스(Protagoras, 480~410 B.C)는 사람이 문화창조의 능력이 있음을 사람의 육체와 성질과 관련시켜 설명했다. 그는 사람을 동물과 비교하면서 사람은 대단히 나쁘게 태어났다고 단정한다. 사람은 원래 도피하거나 공격하기 좋은 신체적 기관을 갖지 못하고 있으며, 사람의 감각은 다른 동물의 감각보다 예리하지 못하다. 그러면 어떻게 사람은 자기의 삶을 유지하는 데 성공하는가? 이 점에 대해서 프로타고라스는 다소는 무기력한 주장같지만 '사람이 기술 및 관습적인 힘을 구사하는 것과 예술을 창조하고 수치와 법을 아는 것은 사람의 육체적 허약에 대한 필연적 보상'이라고 주장한다. 이러한 문화의 힘으로 사람은 동물들이 기관과 본능에 있어서 사람보다 훨씬 완전에 가까운 것을 보충하고 만회한다. 흔히 "나중 난 자가 첫째가 된다"는 말처럼 사람은 동물들을 앞지르게 된다는 것이다.

(3) 소크라테스와 플라톤
(Socrates, 469~399 B.C / Platon, 427~347 B.C)

인류학자들은 태고의 사람들이 스스로 동물보다 여러 가지 면에서 우수하다는 생각을 깨닫지 못했다고 주장한다. 그들은 짐승들도 언어를 갖고 있으며, 정글에 그들 자신의 도시를 갖고 있다고 믿었으며, 사람만이 문화를 갖고 있다는 사실을 모르고 있었다. 그들은 거꾸로 동물의 입장에서 사람을 보고 동물이 사람보다 여러 면에서 우월하다고 보았다. 그들은 동물들이 사람과 비슷한 점과 또 다른 점을 가지고 있다는 사실을 전부 경탄해마지 않았다.

이들은 동물과 그들이 친척관계에 있다고 느꼈을지 모르지만, 그렇다고 그들이 동물과 똑같다고 느끼지 않았다. 고대 이집트와 같은 문명 국가에서도 사람이라고 불려지는 것은 특권이었다. 왜냐하면 이집트인들은 그들만을 사람이라고 불렀기 때문이다. 모든 외국인은 '사람'이 아니었다. 그들은 다른 종족을 외모, 언어, 풍속으로 자기네 종족과 구별할 줄 알았지만, 그 배후에 공통적으로 존재하는 인간적인 것이 있다는 것을 알지 못하였다. 다른 종족들도 사람인가하는 문제는 소위 고등(高等) 문화권에서도 불과 몇 백년 전까지도 논의가 되었다. 어떤 특정한 종족에 속하느냐, 어떤 종교에 속하느냐가 사람 존재가 되는 기준이 되었다.

키케로(Cicero, 106~143 B.C.)의 말에 의하면 소크라테스가 철학을 하늘로부터 지상으로 끌어 내렸다고 한다. 왜냐하면 오늘날 소위 '소크라테스 이전 철학'이라고 불리는 고대 그리스 철학은 자연 철학인 형이상학이었다. 사람까지도 자연 속에 포함하여 생각하였다. 그런데 소크라테스는 이와 반대로 사람 문제를 중심으로 생각하기 시작한 철학자였기 때문이다.

사실 플라톤 사상의 근원은 소크라테스이다. 그는 "돌이나 나무들은 나를 가르치지 못하나 거리에 있는 사람들은 나를 가르친다"라고 하여 그가 문제 삼은 것은 자연이 아니라 사람임을 말해주고 있다. 그리스의 델포이 신전의 아폴론에게 헌납되어진 현판에는 "너 자신을 알라"고 쓰여 있는데 이 말은 본래 '네가 사람이지 신이 아님을 인식하라'는 뜻으로 쓰였다고 한다. 그러다가 노예는 노예답게, 시민은 시민답게 너의 신분정도를 분별하라는 뜻이 되었다. 이 잠언은 소크라테스에 이르러 각자의 타고난 사회적 신분을 잘 지키려고 하는 뜻을 초월하게 된다. 소크라테스는 사람은 자기 자신 안에 귀를 기울이면서 잠을 해병해야 한나는 의미로 바꾸어서 이해했다. 사람으로 하여금 사람답게 하는 내면적 궁극적인 원리를 나 자신에게서 발견하여 본래적인 자기로 돌아갈 것을 깨우치려는 것이다. 이는 육체나 재산에서 떠나 순수한 자기 자신의 영혼을 선(善)하게 하라는 뜻으로 심화되었다. 그러나 소크라테스는 거기서 자기의 무지를 고백한다. 무지에 부딪힘을 서슴지 않고 폭로한다. 이것은 다름이 아닌

"무지(無知)의 지(知)"일 것이다. 무지를 꿰뚫고 넘어서는 진통속에서 무지 아닌 참다운 진리를 낳게 하려는 것이요, 이것이 바로 소크라테스의 산파술이다. 자기 자신을 아는데 있어서 무엇보다도 중요한 것은 자기의 무지를 아는데 있다.

한편 소크라테스는 아테네의 모든 사회악을 시민 각자의 마음의 악(惡 : '선에 대한 무지'를 의미)에 기인한다고 생각하여 시민 각자의 마음을 힐문하고 질책하였다. 그에게 있어서 가장 중요한 것은 살아 있는 현재 사람 자신의 생을 알고 좋게 살아가는데 있었다. 그래서 그는 사람의 행위를 문제로 하고 그 원인에 관하여 사색하였다. 이리하여 그는 처음으로 자기 또는 영혼을 사람 행위의 원인으로 보게 되었다. 자기 또는 영혼은 모든 행위의 원인일 뿐만 아니라 동시에 가장 존경 받아야할 원인이라고 생각하였다. 물론 이 '자기'라고 하는 것은 여기서 깨우쳐진 이후 오늘날 우리가 마음 · 정신 · 양심 등으로 부르고 있는 것이며, 소크라테스는 이 자기를 또한 영혼이라고 부르고 있다. 그에 의하면 모든 악의 근원은 각자가 자기를 모르며 자기와 자기 것과의 구별, 우열을 모르는 데 있다. 자기 또는 영혼을 참으로 아는 자는 참다운 지혜가 있는 자이며, 곧 철학자(philosophia)이다.

옥중에서 소크라테스와 그의 제자 플라톤과의 대화를 다룬 플라톤의 저서『파이돈』에서는 "영혼불멸", 즉 불사(不死)의 논증을 보여주기도 한다. 먼저 소크라테스는 "죽음"이란 것은 겁낼 것이 없다는 것을 논증한다. 죽음이란 영혼과 육체가 분리되는 것으로 사람이 죽게 되면 영혼은 육체를 떠나 제 본향에 가는 것이다. 일생동안 선하게 신의 뜻대로 산 사람은 죽은 후에 썩음이 없고 더러움이 없는 곳에 간다. 철학이란 이 영혼의 본향을 목적으로 삼고 노력하고 연구하는 것이다. 즉 죽음의 연습인 것이다. 매일 같이 이렇게 순결하고 착하고 또 진실하게 되려고 애써 온 철학자에게는 죽음이야말로 가장 반가운 때인 것이다. 왜냐하면 죽음은 철학을 완성시켜 주는 것이기 때문이다. 결국 『파이돈』의 중심사상은 '영혼이 육체의 사후에 살아 남는다' 는 것이다. 기독교에서 영혼불멸은 하나의 기본적인 교리가 되어 있다. 한편 사도 바울에게서도 우리는 "날마다 죽는" 마음의 자세, 즉 자기 부정의 정신을 찾아볼 수 있는데, 이것은 철학을 죽음의 연습으로 보는 소크라테스와 플라톤과 유사한 표현이라고 할 수도 있겠다.

> **"만일 육신으로 사는 이것이 내 일의 열매일진대 무엇을 가릴는지 나는 알지 못하노라. 내가 그 두 사이에 끼였으니 떠나서 그리스도와 함께 있을 욕망을 가진 이것이 더욱 좋으나 그러나 내가 육신에 거하는 것이 너희를 위하여 더 유익하리라"** (빌립보서 1:22~24)

(4) 아리스토텔레스 (Aristoteles, 384~322 B.C.)

아리스토텔레스는 고대 그리스의 도시 국가 트라케의 식민지였던 스타기라에서 의사의 아들로 태어났다. 따라서 그는 일찍부터 생물학에 흥미를 가졌다. 어릴 적에 부모를 여읜 그는 17세 때에 아테네로 가서 플라톤의 아카데미아 학원에 들어가 플라톤이 죽을 때까지 20년 동안 그의 가르침을 받았다. 그는 모든 학문의 분야에 걸쳐서 많은 저술을 남겼다. 논리학, 형이상학, 윤리학, 미학, 물리학, 생물학 등은 그에 의하여 체계가 형성되어 서양의 철학 및 과학의 원천을 이루게 되었다. 특히 그는 의사의 아들로 태어났기 때문에 생물학에 흥미가 많았고, 따라서 자연히 그의 세계관은 생물학적 이었다.

아리스토텔레스는 사람의 궁극적 목적을 행복에 있다고 하였다. 행복은 목적 중의 목적이요, 선 중의 선으로써 최고선이다. 그러면 행복이란 무엇인가? 그에 의하면 모든 사물은 그 고유의 목적을 갖고 있는데 그 목적을 달성할 때 행복해진다고 한다. 그러면 그 목적은 어떻게 달성할 수 있을까? 여기에 대하여 그는 각 사물들이 지니고 있는 생명의 기능을 잘 발휘할 때 그 목적이 달성된다고 하였다. 그에 의하면 식물의 기능은 '식욕'으로써, 식물의 행복은 영양을 잘 섭취하여 풍성하고 잘 번식하는데 있다. 동물의 기능은 '식욕'과 '감각'으로써, 동물의 행복은 감각적 욕망을 충족시키는데 있다. 그리고 사람의 기능은 '식욕'과 '감각' 이외에 '이성'이 있다. 여기서 '식욕'과 '감각'을 정욕이라 하면, 행복을 감각적 쾌락에 두는 정욕주의는 동물의 단계에 속하는 것이며, 반면에 이성적 영혼이 순수하게 사유하는 생활은 본래 사람의 수준을 넘는 것이라고 그는 말하였다.

물론 아리스토텔레스 역시 플라톤과 같이 사람은 이성이 있기 때문에 모든 사물보다 우월하다는 것을 인정한다. 그러나 그는 영혼과 육체에 대한 플라톤의 이원론을 극복하고, 사람 본질의 일원화를 파악하려고 시도한다. 사물의 내적인 본질 원리로서의 형상(Forma)과 질료(Materie)에 대한 아리스토텔레스의 가르침에 의하면, 영혼은 육체의 형상이다. 즉 그는 영혼을, 내적으로 형태를 부여하고 본질을 규정하는 원리로 이해하는데, 이 원리에 의해 질료는 사람의 육체를 형성하고(anima forma corporis), 육체에는 영혼과 생명이 부여되며, 살아 있는 육체가 된다. 이러한 사람 이해는 ─ 고전적인 표현으로 "영혼은 육체에 형태를 부여하는 원리"이며, 사람은 영혼과 육체 사이의 본체적 합일이다 ─ 특히 중세기 아리스토텔레스를 연구하던 스콜라 학자들을 통해 중세기독교 사상에 지대한 영향을 미쳤다.

그럼에도 불구하고 아리스토텔레스도 사람에 대한 플라톤의 이원론적인 견해를 완전하게 극복하지 못했다. 그도 전체 그리스의 사고에와 마찬가지로, 사람의 정신적인 본질은 주로 인식 요인에 의해 결정되는 것으로 파악했다. 정신은 이성이며, 동시에 지적 인식의 능력으로 이해되었다. 따라서 정신은 자유, 결단, 책임, 인격적 사랑과 공동체의 능력으로는 아직 이해되지 않았다. 그러므로 역사적인 차원의 의미는 사람이 자신의 역사를 구원의 역사로 파악하기 시작한 기독교 사상에서 처음으로 등장한다. 기독교는 사람의 역사를 하나님과 사람 사이에 발생하는 역사적 대화의 장소 또는 인류에 대한 하나님의 구원 행위가 일어나는 장소로 이해했다. 이로써 사람의 역사는 비로소 영원한 구원의 의미를 지니게 되었던 것이다.

아리스토텔레스는 "국가는 개인이나 가족보다 우위에 있는 것이요, 개인들은 국가라고 하는 한 전체의 우연적인 부분에 지나지 않는다"고 하였다. 그러므로 선의 탐구는 개인의 선의 탐구인 윤리학에서 국가사회의 선의 탐구인 정치학으로 넘어가지 않으면 안된다. 그는 충분한 재산을 가지고 온전한 도덕교육을 받아 국민전체의 보호와 통치의 능력을 가진 사람들이 지배하는 국가가 바람직한 국가라 생각하였다. 그의 정치론 가운데서 사람에 대한 유명한 정의 두 가지를 살펴볼 수 있다. "사람은 이성을 가지 동물"이며 "정치적 동물"이라는 그것이다. 곧 사람은 이성적인 언어의 능력이 있고 공동사회에서 생활하는 동물이라는 정의이며, 동물과 자기를 구별하고 동물에 대하여 우월성을 지닐 수 있는 점은 다름 아닌 이성을 가졌기 때문이라는 것이다. 사람은 이성적 존재로서 언어를 사용하고 사회를 구성하며 생활하는 것이다. 그러므로 그들은 정신을 이성으로 규정하고 그 내용은 언어와 공동생활(정치/경제/사회/문화 공동체)로 이해한 것이다.

1.2 중세 기독교

중세시대에 접어들며 서양의 사람에 대한 이해는 온전하게 기독교의 인간학과 일치를 이루게 된다. 즉 로마 카톨릭의 명칭에서도 볼 수 있듯이 말이다. - "Catholic"이라는 말의 의미 자체가 '보편적인', '일반적인'이라는 뜻으로, 이는 곧 당대의 카톨릭이라는 종교가 전유럽사회를 자신들의 철학과 의식을 바탕으로 보편적 기독교사회 (Universal Christian Society)를 형성했음을 의미한다 - 그리고 사람이 이성적 존재라는 것, 그리고 이성이 사람의 마음에서 가장 높은 것이라는 것, 이러한 그리스 사람들의 생각은 중세철학에 그대로 이어졌다. 중세철학자들이(실은 거의 카톨릭 사제들이자, 신학자들이었다) 사람의 영혼의 구원을 위해서 믿음을 강조하고, 사람이 하나님을 알기 위해선 자신을 나타내시는 하나님의 계시에 의존해야 한다는 것을 주장해도 그것은 사람의 이성을 낮게 평가하는 것이 아니다. 하나님의 계시를 받아들이는 믿음과 이성은 서로 반대되는 것이 아니고 서로 보충하는 것으로 이해했기 때문이다.

그러나 중세철학자들의 태도는 결과적으로 이성의 자율성까지 필연적으로 침해하게 되어 이성보다는 객관적인 권위가(카톨릭 교회와 사제의 권위를 의미한다) 사람을 지배하게 되었다. 이런 의미에서 흔히 사람들이 중세기를 이성이 그 빛을 잃은 "암흑의 시대"라고도 한다.

(1) 어거스틴 (St. Augustine, 354~430)

아리스토텔레스 사후 700년이 경과된 뒤에 진정한 인간학적 물음을 제 1인칭으로서 새롭게 물은 최초의 사람이 바로 어거스틴이었다. 그는 고대가 낳은 가장 위대한 교회의 사람이다. 북아프리카 누미디아의 타가스테란 작은 마을에서 이교도인 아버지와 독실한 기독교 신자인 어머니 사이에서 태어난 그는 어머니 모니카의 영향에 따라 어릴 때에 기독교의 가르침을 받았으며, 또한 돈을 많이 써가면서 인문교육도 받았다. 먼저 마니교에 관계하다가 동시에 타가스테에서 수사학 선생이 되었다. 이 수사학 교사로서 카르타고로 진출하였고 더 나아가서 밀란으로 나아가게 되었다. 오랜 방종한 생활과 사상적인 방랑 끝에 어머니의 감화와 밀란의 주교 암브로시우스(Ambrosius, 340~397)의 설교에 감동하여 극적으로 기독교에 귀의하였다. 특히 그가 그리스도인이 되기까지의 자서전이며 참회록인 『고백록』에서 그 자신의 인간론을 잘 설명하고 있다.

(가) 어거스틴 인간론의 배경

그는 육적 사람으로부터 영적인 사람으로 중생하는 것을 신의 은총에 의한 것이라 설명하며 사람의 본래적 상태를 말하고 다음에 사람의 타락과 결과를 끝으로 사람의 회복을 말한다. 하나님이 처음에 지으신 사람은 선하고 올바르며 정욕의 충동을 이겨낼 수 있었다. 본래의 사람은 의로웠으며 그 의지는 자신과 조화되어 있는 동시에 하나님과도 조화되어 있었다. 의지는 악을 섬기지 않을 때 참으로 자유로웠고 이 선하고 자유로운 의지를 가지고 하나님을 섬기는 사람은 만족함을 얻었다.

사람은 전혀 죄를 지을 수 없는 것(필연)이 아니고 죄를 지을 수도 있고, 또 짓지 않을 수도 있는 자유인이었다. 아담과 하와는 이 자유의지를 가지고 범죄하여 영생을 상실하였다. 처음 사람의 타락은 큰 죄였으며 그 동기는 교만이었다. 사람은 스스로 자신의 지배자가 되기를 원하였으며, 따라서 하나님께 순종하기를 거부하였다.

(나) 어거스틴의 원죄론

어거스틴에게 아담의 죄는 인류 전체의 죄였다. 그는 이러한 견해의 근거로 로마서 5장 12절을 인용하였다. "이러므로 한 사람으로 말미암아 죄가 세상에 들어오고 죄로 말미암아 사망이 왔나니 이와 같이 모든 사람이 죄를 지었으므로 사망이 모든 사람에게 이르렀느니라." 개인적 행위로서 최초의 죄는 우리가 아닌 다른 사람의 행위였다. 그러나 사람을 집단적 존재로 볼 때 그것은 인류의 공통적인 행위였다. 사람은 아담 안에 산다는 것이다. 그리하여 아담의 탈선된 선택에 동참하여 그것에 대한 공동 책임을 지고, 아담의 범죄와 결과인 생명의 제한성과 저주를 가져왔다고 말하였다. 결국 그는 아담의 원죄(original sin)를 강조하였다.

그는 영혼의 기원에 대하여 명확한 입장을 취하지 않으면서 원죄의 유전은 확신한다. 죄가 부모로부터 자녀에게로 전달되는 수단은 불순한 성질의 성적 욕망에서 찾는다. 그는 그러한 성적 욕망을 죄로부터 분리시킬 수 없는 것이라고 보았다. 아담의 타락의 한 결과로 그의 악한 욕망이 생식과정에 따라서 후손에게 소개되었다는 것이므로 죄도 육체적인 요소를 가지게 된다. 즉 인간성이 정신적으로나 육체적으로나 심하게 악화되고 부패하였다는 것이다.

(다) 사람의 회복과 하나님의 은총

타락의 결과로 사람은 처음에 받은 자유의지 즉 범죄를 저지를 수도 있지만 범죄를 저지르지 않을 수도 있던 자유까지 상실하였으므로 이제는 특별한 하나님의 도움 없이 선을 택하거나 행할 수 없게 되었다고 어거스틴은 말한다. 이제 타락 후에 자유의지가 비록 남아 있다고 하더라도 그것만을 가지고는 선한 생활을 할 수 없으며, 또 계명과 율법으로는 악한 의지를 합리화할 수 없다. 그러므로 사람의 회복은 오직 은총을 통해서만 이루어진다. 이러한 은총은 상대적인 의미에서가 아니라 절대적인 의미에서 필요한 것이다. 그것은 구속을 필요로 하고 구원을 받을 수 있는 사람에게 남아 있는 하나님의 형상을 포착한다. 은총은 세례로부터 시작된다. 세례는 은총을 필요로 하는 사람과 하나님 사이의 관계를 맺는 최초의 행위인 것이다. 따라서 유아도 세례를 받지 않으면 구원을 받을 수가 없다. 세례를 통해서 사람의 원죄가 제거된다.

그의 견해에 의하면, 은총은 불가항력적이고 예정된 것이다. 왜냐하면 하나님은 자연에 있어서와 똑같이 사람의 마음속에서도 자기의 의지를 수행하시기 때문이다. 그러나 하나님은 사람의 의지를 무시하고 그렇게 행하시는 것이 아니라, 옛 속박으로부터 해방되어 자유롭게 선을 선택할 수 있도록 회복된 사람의 의지를 통하여 그의 뜻을 수행하시는 것이다. 은총은 마음을 변화시키며 따라서 의지는 자유를 가지고 영적인 것을 선택하게 된다. 마음을 변화시키는 은총의 역사를 사람의 의지는 거역할 수가 없다.

(2) 토마스 아퀴나스(St.Thomas Aquinas, 1225~1274)
(가) 아퀴나스의 배경

기독교도였던 아퀴나스는 아리스토텔레스의 생각처럼 우주의 기원 같은 것은 전혀 없다는 주장을 인정할 수 없었다. 아퀴나스는 철학이 무(無)로부터의 창조를 증명할 수 없다고 생각했다. 그는 세상이 하나님에 의해 창조되었다는 기독교적 견해를 확고히 고수하였다. 그는 지구가 우주의 중심이며, 천체가 그 주위를 일정한 원운동을 하며 움직이고 있다고 생각했다. 하지만 그는 아리스토텔레스의 견해를 반영하여, 천체란 '부패하지 않는(혹은 불멸하는, incorruptible)' 것이라고 생각했다. 그러나 아퀴나스는 기독교도라 해도 단지 사람의 선천적인 성향과 성벽에 관한 지식만을 가지고서는, 이 세계에 존재하는 피조물들의 진정한 복적을 알 수 없으므로 인격적인 신, 즉 창조주의 의지와 섭리를 통해 세계를 이해해야 한다고 주장했다.

(나) 아퀴나스가 바라본 영혼과 육체의 문제

아퀴나스는 인간성에 관한 문제에 있어서 플라톤과 아리스토텔레스의 중용을 취하려했다. 그는 감각이란 영혼의 활동만이 아니라, 육체도 필요로 하는 것이라고 주장했다. 그는 "사람(homo)이란 영혼일 뿐만 아니라, 영과 육으로 구성된 어떤 것이다"라고 말했다. 즉 그는 영혼이 바로 인간성의 일부이기 때문에, 손과 발만으로 사람이 될 수 없듯이, 영혼만으로 사람이 될 수가 없는 것이라는 점을 강조했던 것이다. 사람의 영혼은, 육체와 분리되어 존재할 수 없는, 육체의 형상(이데아)인 것이다. 바로 여기에서 아퀴나스는 딜레마에 빠졌다. 그는 "사람의 영혼은 육체가 파멸했을 때 조차도 자신의 존재양식을 지속한다. 반면에 다른 형상들은 그렇지 못하다. 영혼에 오성 능력이 있다는 것이, 영혼은 육체를 필요로 하지 않는다는 것을 입증하는 것이 아니다. 그것은 오히려, '영혼은 육체와 결합하는 선천적인 능력과 성향을 지니고 있다' 는 것을 보여주는 것이다"라고 주장했다.

(다) 사람이 된다는 것은 무엇인가?

아퀴나스는 사람의 도덕적 오성에 관심이 많았다. 그는 사람이 삶을 마치고 신의 존전(存前)에서 져야 하는 책임이 있음을 확고히 믿고 있었다. 우리는 현세의 삶을 마감하고 육체와 분리되어 영혼이 되었을 때나 대부활이 있을 때, 모두 상을 받거나 벌을 받게 된다. 왜냐하면, 우리가 했던 선택이나 내렸던 결정이 바로 자신의 것이기 때문이다. 아퀴나스는 "이성의 판단에는 다양한 가능성의 세계로 가는 문이 활짝 열려 있다. 그것이 꼭 한 가지 방향으로만 결정되어 있는 것은 아니다"며 사람의 자유는 사람의 이성으로부터 발생하는 것이라고 밝혔다.

기독교인이 자유의지를 강조하는 한 가지 이유는 소위 신앙의 공동체라는 교회에서도 수많은 악이 존재하고 있음을 알고 있기 때문이다. 많은 부분이 사람의 이기심과 사악함의 결과이거나 혹은 '죄' 의 결과인 것이다. 모든 사람이 죄에 물들어 있는 것 같기도 하고, 심지어 날 때부터 죄인인 것 같아 보이기도 하다. 죄가 사람을 '종으로 만드는 것' 설명은 쉽게 수긍이 간다. 아퀴나스는 또 이렇게 말했다. "사람이 죄를 범하게 되면, 덕성(德性), 즉 덕의 선도 약화된다." 나쁜 짓을 저지르면 저지를수록, 우리는 악행에 더욱 물들게 된다. 그는 "두 극단적인 성향 중 어느 한편으로만 치우치게 되면 반드시 다른 한편의 극단적인 성향은 감소된다"고 하였다. 우리가 죄를 범하면 범할수록, 더욱더 그렇게 될 것이다. 하지만 그의 지적대로 죄는 우리가 이성적인 존재가 되는 것을 막을 수 없다. 왜냐하면, 덕을 많이 쌓게 되면 죄를 범할 수 없게 되기 때문이다. 동물은 죄를 범할 수 없다. 왜냐하면, 죄란 자유로운 선택의 결과이기 때문이다. 우리는 스스로를 죄를 회피하기가 더욱 어렵게 만들어왔다. 하지만 그것을 불가능하게 만든 것은 결코 아니다.

(3) 예수의 신성과 인성에 관한 논쟁
(가) 논쟁의 흐름과 두 학파

예수의 신성성(神聖性)과 인간성(人間性)에 관한 논쟁은 중세교회 역사상 또 하나의 중요한 사건이었다. 동방교회내에서 주로 이루어졌던 이 논쟁의 핵심은 과연 "어떻게 예수 그리스도 안에서 신성(神性)과 인성(人性)이 연합되어 있는가?" 하는 문제였다. 곧 근본적 기독론(基督論)의 문제였다.

이 문제에 관하여, 동방 교회 내에는 두 개의 서로 다른 사상의 흐름이 있었다. 이들을 가리켜 역사가들은 각각 "안디옥 학파(Antiochene)", 그리고 "알렉산드리아 학파(Alexandrine)"라 이름붙였다. 양편은 모두 신성(神性)은 불변하며 영원하다는 데에는 합의하였다. 그러나 문제는 과연 어떻게 영원하신 하나님께서 가변적이며 역사적인 사람과 연합하실 수 있었는가 하는 것이었다. 바로 이러한 문제에서 양 학파들은 서로 다른 길을 좇게 되었다. 알렉산드리아 학파에서는 신적(神的)인 진리의 스승으로서의 예수의 중요성을 강조하였다. 이를 위해서는 그의 인성(人性)이 약간 가려지거나 약화되더라도 신성을 보다 강조하고 중요시해야 한다는 것이었다. 반면 안디옥 학파에서는 예수께서 사람의 구세주가 되기 위해서는 완전한 사람이어야 한다고 생각하였다. 물론 그의 속에는 신성이 존재한다. 그러나 이 때문에 그의 인성이 감소되거나 가려진다는 식으로 이해되어서는 안될 것이다. 양 학파는 모두 예수께서 하나님이신 동시에 사람이라는 데에는 동의하고 있었다. 문제는 이러한 연합을 어떻게 이해하는가 하는 것이었다.

(나) 논쟁의 단계들

논쟁의 1단계는 삼위일체 논쟁이 채 정립되기도 전에 이미 싹트고 있었다. 라오디게아의 아폴리나리스(Apollinaris)는 하나님의 영원한 말씀이 어떻게 예수님 안에서 성육할 수 있는가를 설명함으로써 삼위일체의 교리적 입장을 더 잘 납득시킬 수 있다고 생각했다. 그는 예수님안에서 하나님의 말씀, 즉 삼위일체의 제 2격이 합리적 영의 자리를 대체했다고 주장했다. 모든 사람들과 마찬가지로 예수께서는 육체를 가지고 계셨으며, 이 부분은 다른 모든 사람들에게 생명을 주는 것과 동일한 원칙을 통해 이루어졌다. 그러나 그는 사람의 지성(知性)을 소유하지는 않았다. 왜냐하면 그 속에서 하나님의 말씀이, 다른 사람들의 지성 혹은 "합리적 영(rational soul)"의 기능을 담당했기 때문이었다.

한편 이런 이해에 대해 알렉산드리아 학파의 입장에서 볼 때에는, 이를 충분히 받아 들일 수 있었다. 왜냐하면 그들에게 있어서 예수는 하나님으로서 말씀하셨으며, 그는 사람들과의 의사소통을 위한 필요성 때문에 육체를 가지셨기 때문이다. 그러나 안디옥인들은 이로서는 충분치 않다고 주장하였다. 예수께서는 진정한 사람이셔야만 한다. 특히 예수께서는 인류를 구원하기 위하여 인성을 취하셨으므로, 특별히 이 문제가 중요하게 된다. 진실로 사람이 되었을 때에만 그는 진실로 우리들을 구원하실 수 있다. 만약 사람을 구성하는 그 어느 부분이라도 그에 의하여 취함을 받지 못했다면 그 부분은 그에 의하여 구원될 수 없다는 것이다.

다음 단계 논쟁은 안디옥 학파의 대표자이며 428년 콘스탄티노플 대주교가 된 네스토리우스(Nestouius)에 의해 전개되었다. 그는 예수의 어머니인 마리아를 "하나님의 잉태자"가 아니라, "그리스도의 잉태자"라고 불러야 한다고 선포하였고, 이는 사실 마리아에게 어떤 명예를 부여하는 것이 아니라, 예수의 탄생을 어떻게 이해할 것인가하는 문제였다. 네스토리우스가 마리아는 그리스도의 잉태자이지 하나님의 잉태자가 아니라고 선언하였을 때, 그는 성육하신 주님에 관해 말할 때에는 반드시 인성과 신성을 구별하여야 한다는 주장이었다. 이러한 표현은 예수의 인성을 보존하고자 하였던 안디옥 학파의 전형적 입장이다. 이에 반해 당시 알렉산드리아의 감독 키릴(Cyril)은 이러한 견해에 대해서, 그리스도안에 두 위격이 존재한다는 이해 자체를 이단으로 규정함으로써 네스토리우스의 감독직을 박탈했다.

위의 논쟁은 이제 비로소 451년 칼케돈(Chalcedon)에서 열린 제4차 종교회의에서 일단락된다. 이 회의에서는 이미 수세기에 나타났던 "한 위격 안에 두 개의 본성"이 존재한다는 주장을 재확인 하면서 마무리 되었다. 하지만 사실 칼케돈에서는 신성과 인성의 연합이 어떻게 이루어졌는가를 엄밀하게 정의하고자 한 것이 아니라, 오히려 어떠한 경계를 넘어서면 오류를 발생할 수 있는가를 밝히고 그 범위를 제한하고자 한 것이었다. 그러나 이 신앙의 정의는 곧 전체 서방 교회에 있어서 기독론적 정통 신학을 정의하는 표준이 되었다. 또한 대부분의 동방 교회도 이를 받아들였으나 그 중 일부는 이를 배척함으로써 기독교 역사상 처음으로 발생한 영속적 분열의 한 원인이 되었다.

1.3 근대 · 현대 유럽 철학사조

근대 사상이 시작된 이래 사람에 대한 철학적 관심은 주체의 내재성을 토대로 해서 확실한 인식을 획득하고, 그 인식의 근거를 마련하고자 시도했다. 이로써 사람 이해에 대한 철저한 변화가 시작되었다. 객관적인 사고로부터 주관적인 사고로의 전환은 중세에서 근대로 이월되는 과정에 발생했던 변화와 관련되어 있다. 특히 중세 후기의 유명론(唯名論 : Nominalism)의 등장은 비판적이고 경험적인 사고를 강조했고, 인문주의(人文主義 : Humanism)를 통해서는 세계 안에 살고 있는 사람으로 하여금 삶의 방향을 전환시켜 사람의 삶과 정신적 교양을 고양시키도록 해주었다. 이 전환은 동시에 초자연으로부터 자연에로의 전환, 초월에서 내재에로의 전환을 의미하기도 하였다. 특히 "코페르니쿠스의 지동설"을 – 지구가 우주의 중심이 아니라, 태양이 우주의 중심임을 주장하게된 과정, 이는 이전까지 중세교회의 우주이해를 완전히 뒤엎어버린 역사적 사건이었다 – 통해 많은 사람들은 사람이 더 이상 조망할 수 없는 그리고 모든 방향과 안정을 상실한 무한한 우주에로 내던져져 버렸다고 느끼게 되었다.

(1) 데카르트의 인간관 (Rene Descartes, 1596~1650)

데카르트는 인문주의를 통한 새로운 인식의 전환을 경험하면서, 세계와 사람 자신에 대한 고민을 시작한다. 그는 이전까지 사람이 단순한 주체로서 중심점이었지만 사실 사람은 객관적인 존재 질서의 중심이 아니라, 주관적인 인식 세계의 중심이었다고 주장한다. 그리고 그는 이 인식의 세계가 의식의 자아 확실성을 출발점으로 삼고 있다고 역설한다.

(가) 사람은 사유하는 주체(res cogitans)

: 모든 확실성은 '자아의 확실성' 으로부터

데카르트의 사유 방법에 의하면, 사람에게 자기 이해와 세계 인식과 삶을 걸어 볼 근본적 확실성은 고대 세계처럼 이데아의 세계도 아니요, 중세처럼 신과 그분의 계시에 근거하지도 않고, 다름아닌 사람, 그 중에서도 사람의 자아 의식(自我意識)에 근거한다. 다시 말해서, 신의 확실성으로부터 자아의 확실성으로 건너가던 중세적 인간이해가 자아의 확실성으로부터 신의 확실성으로 건너가는 방법으로 교체된 것이다. 이것은 사상적으로 코페르니쿠스적 전환점이었으며, 서구 세계는 오랜 '신중심주의(神中心主義)' 대신에 드디어 '인간중심주의(人間中心主義)'로 시각을 돌린 것이다. 사람은 드디어 우주의 한 가운데 섰고, 자기 두 발로 서게 되었다. 데카르트는 철저한 학문적 방법을 따르면서 사람 주체로부터 사람의 자유와 이성과 확실성을 해명하려고 노력하며, 학문의 자율성을 철학적으로 확립한 최초의 인물로 '근대 철학의 아버지', '근대 사상의 아버지'라고 불리우게 된다. 사실 사람을 하나의 '정신'으로 규정하는 근대의 철학적 인간학이 그에게서 비롯되고, 방법의 이론과 과학 철학이 데카르트에게서 출발한다. 이러한 그의 철학적 방법론에 대해 들어보자.

나는 오랫동안 사회적인 도덕의 문제에 있어서 확실하고 의심할 수 없는 경우에 있어서와 똑같이 불확실한 경우에도 일반적인 여론을 따를 필요성이 있다고 가끔 지적하곤 하였다. 그러나 이제는 내가 진리의 탐구에 종사하려고 함으로 나는 그와 전혀 다르게 일을 해야 한다고 생각하였다. 이리하여 나는 조금이라도 의심할 수 있는 것은 전부 엉터리라고 거절하기로 하였다. 그리하여 마침내 전적으로 의심할 수 없는 것이 나의 신뢰 속에 존재할 수 있는가 함을 보려고 하였다. 이리하여 우리의 감각은 우리를 자주 속이기 때문에, 나는 우리의 감각이 어떤 것을 우리에게 상상하도록 하는 바와 같이 존재하는 어떤 것도 반드시 그대로 실재하지는 않는다고 가정하기로 하였다. 그리고 기하학의 가장 단순한 문제에 관하여 추리를 하면서 잘

못 생각하는 사람들이 있기 때문에 나는 전혀 내가 취했던 모든 논거를 거짓된 것으로 생각하였다. 마지막으로 우리가 깨어 있으면서 가졌던 모든 생각들이 반드시 참이라고 생각되지도 않고, 우리가 잠잘 때에도 올 수 있기 때문에, 나는 나의 정신 안에 들어왔던 모든 것이 나의 꿈이 지니는 환상만큼이나 참되지 못하다고 일부러 생각해보려고 결심하였다. 그러나 이렇게 모든 것이 거짓이라고 내가 생각해 보려고 원하고 있던 동안에, 그렇게 생각하는 나는 반드시 어떤 무엇이어야 한다고 생각하였으며, 그리하여 "나는 생각한다, 그러므로 나는 존재한다"라는 진리가 너무도 견고하고 확실한 것이어서, 가장 과장이 심한 회의론자의 주장도 그런 진리를 흔들어 놓을 수가 없다고 생각하였다. 그리하여 나는 그러한 진리를 조금의 두려움도 없이 내가 탐구하려고 하였던 철학의 제일 원리로 받아들일 수 있다고 생각하였다.

데카르트, 「방법서설」(김형효 역), 1983, p74

하지만 데카르트의 이러한 의도는 영혼과 육체를 너무 지나치게 분리시킴으로써 사람의 합일과 전체를 파악하려는 인간학의 가능성마저도 차단되고 말았다. 이 사실은 그의 생전(生前)에 이미 확인했듯이 영혼과 육체, 정신과 물질의 단절로 인해 괴리가 생긴다는 의미다. 이로써 데카르트가 제기한 사람 합일의 단절은 근대의 정신적이고 관념적인 사고와 유물론적이고 기계적인 사고 사이의 단절을 초래하게 된 것이다.

(2) 칸트 (Immanuel Kant, 1724~1804)

(가) 칸트의 배경

칸트가 살던 18세기는 유럽에서 계몽운동의 회오리 바람이 불던 시대였다. 이성의 밝은 빛에 비추어 모든 문제를 해결하고, 사회의 불합리한 요소를 제거하려는 사상운동이 전개되었다. 이 세기의 철학정신은 인간 이성에 대한 신뢰 및 진보에 대한 낙관적 신념으로 특징 지어질 수 있다.

이러한 사상운동이 정치에까지 번져 마침내 프랑스 대혁명을 가져오게 한 것이다.

(나) 칸트의 인식론적 사람 이해

인식론에 있어서 칸트는 대륙합리론과 영국경험론을 종합하였다. 그는 사람의 이성의 인식능력을 검토함으로써 합리론처럼 형이상학적 독단론에 빠지지도 않고, 또 경험론처럼 주관적 회의론에 흐르지 않게 그것을 종합 통일한 것이었다. "우리의 모든 인식이 경험에서 시작된다고 하는 것은 확실하다." 그러나 "우리의 모든 인식은 경험과 밀접한 관계를 갖고 있다 하더라도 경험에서 모든 인식이 성립되는 것은 아니다." 우리의 주관인 이성 속에 있는 선험적 형식과 경험에서 들어오는 내용과의 결합에서 인식이 성립되는 것으로 보았다. 따라서 경험의 세계를 넘는 사물(物自體 : Ding-an-sich)을 대상으로 하는 형이상학이 성립될 수 없음을 말한다. 칸트는 그의 저서 『순수이성비판』의 마지막 부분에 순수한 이성의 입장에서는 신의 존재가 증명될 수 없고, 자연의 모든 현상을 필연의 법칙아래 있으므로 사람의 의지 역시 필연의 법칙아래 있어서 자유로운 것이 아니며, 불사(不死), 즉 영혼의 불멸도 증명될 수 없음을 밝혔다.

한편 인간인식의 주도권이 어디까지나 주관에 있음을 명백히 한 칸트의 철학은 바로 사람과 세계 또는 자아와 대상의 대립관계에 있어서 사람의 우위를 잃지 않고 있다. 칸트는 자기의 비판철학이 결국은 인간학이 된다는 것을 말한다. 그의 『논리학 상의』 서론에서 사람의 기본문제로 다음 네 가지로 간추렸다.

① 나는 무엇을 알 수 있는가?
② 나는 무엇을 해야 하는가?
③ 나는 무엇을 바랄 수 있는가?

④ 사람이란 무엇인가?

첫째 물음은 형이상학이, 둘째 물음은 윤리학이, 셋째 물음은 종교가, 넷째 물음은 인간학이 해답을 준다." 따라서 "최초의 세 가지 물음은 마지막 물음에 관련되어 있기 때문에 우리는 결국 이 모두를 인간학으로 간주할 수 있다"고 칸트는 부언(附言)하고 있다. 여기에서 우리가 주목하여야 할 것은 칸트 자신의 인간학이 그 자신이 출판한 인간학에 있어서나, 그가 죽은 후에 알려진 사람에 관한 지식을 풍부하게 싣고 있는 그의 강의에서 철학적 인간학은 철저히 실패하였다. 거기에 표현된 그의 의도나, 내용 전체에 있어서, 거의 인간학은 다른 것, 예를 들면 이기주의(利己主義), 정직과 허위, 환상, 점(占), 꿈, 정신병, 기지(機智) 등에 관한 사람의 지식에 대한 귀중한 소견을 제공하고 있을 뿐, 사람이란 무엇인가라는 물음이 전혀 제기되지 않고 있으며, 또한 이 물음과 깊은 관계를 가지고 있는 여러 문제, 예를 들면 우주에서의 사람의 특수한 위치, 운명과 시간의 관계, 사물의 세계와 사람과의 관계, 이웃 사람들에 관한 이해, 죽을 수밖에 없는 존재임을 스스로 알고 있는 사람 자신의 실존, 그의 생을 흠뻑 적시고 있는 신비와의 일상적인, 이상적인 접촉에 있어서 취할 태도 등등에 관해서는 하나도 취급하고 있지 않다. 사람의 전체성과 그의 인간학과는 거의 관계를 찾을 수 없다.

(다) 칸트의 윤리적 인간

칸트는 "사람은 그의 표상에서 자아를 가질 수 있다는 것은 사람을 다른 모든 것, 지구상에 살고 있는 모든 생물을 무한히 능가하는 것이다. 그러므로 사람은 인격이다"라고 그의 책 종교철학에서 말했다. 그의 윤리적 사람은 시종일관 인격의 원리 위에 있다. 그는 『종교철학』 제1편에서 인간성을 세 단계로 나누었다. 제 1단계는 단순한 생물로서의 사람이다. 제 2

단계는 생물이면서 동시에 사유하는 이성적 존재로서의 사람이다. 제 3 단계는 이성적이면서 동시에 책임을 짊어질 수 있는 자, 즉 인격적인 사람이다.

칸트에 따르면 인격은 세 원리를 갖는다.

첫째로 인격은 이성의 원리를 지닌다. 사람은 이성적 존재이다. 사람은 개념적 사고 능력을 갖고 있다는 점에서 동물과 구별된다. 그러나 칸트가 사람을 가리켜 이성적이라고 말할 때는 단순한 개념적 사고 능력 또는 논리적 인식능력만을 의미하는 것이 아니고, 실천적 이성을 의미한다. 동물처럼 본능적 충동으로 행동하는 것이 아니고, 마땅히 해야 할 당위라고 의식하면 사람은 그것을 능히 할 수 있다는 것이다. 칸트의 이성은 단순한 이론이성이 아니고 자율적인 실천이성이다.

둘째로 인격은 자율의 원리를 갖는다. 사람은 자율적 존재이다. 자율이란, 문자 그대로 자기가 스스로를 규율하는 것이다. 근대인의 자율성의 원리를 가장 강조한 것이 칸트이다. 자유의 핵심은 자율에 있다. 자율적 자유가 없이는 도덕이 성립하지 않는다. 내 의지가 남한테 결정되어 타율적으로 행동한다고 하면 우리는 도덕과 책임을 논할 수 없다. 도덕이 자율적 자유를 전제로 한다. 칸트에 의하면 사람은 이성의 존재요, 이성의 존재이기 때문에 자율의 존재이며, 자율의 존재이기 때문에 책임의 존재이다.

셋째로 인격은 책임의 원리를 갖는다. 사람의 사람다움은 책임성에 있다. 인격이란 곧 자기 행동에 대해서 책임을 지고 물을 수 있다. 그러므로 결국 인격은 이성과 자율과 책임의 주체이기 때문에 품위와 존엄을 지니며, 자기 목적이며, 존경의 대상이다.

칸트는 누구보다도 인격존중의 윤리를 강조한다. 사람은 저마다 인격이 있기 때문에 남의 인격이나 나의 인격이나를 막론하고, 인격은 언제나 목적으로서 다루어야지 절대 수단으로서 다루지 말라고 강조한다. 어쨌든 칸트는 르네상스 이래 유럽사상을 종합하여 진정한 의미에 있어서 근대적 인간관을 확립함으로써 계몽사상을 완성하였을 뿐만 아니라, 그것을 극복하여 중세와 근세의 분수령을 이룬 것이다.

(3) 쇼펜하우어 (Arthur Schopenhauer, 1788~1860)
(가) 쇼펜하우어의 근간

쇼펜하우어의 저서 『의지와 표상으로서의 세계』에는 칸트의 난해함도 헤겔의 혼미함도 없다. 모두가 의지로서의, 투쟁으로서의 그리고 고통으로서의 세계라는 근본사상으로 집중되어 있다. 그는 학자 및 사상사가로서 비범함을 지니고 문제를 위한 착상, 사물의 진수를 파악하는 놀라운 직관, 평이하고 유창하게 표현할 수 있는 문장력으로 그의 비범을 보여주었다. 그는 낙천주의자들이 빠지기 쉬운 과오, 즉 펜으로 생계를 이으려는 생각을 갖지 않았으며, 단순히 형이상학적 공상을 잘난 체 하며 말하는 헛소리가 아니라, 현실 생활의 여러 현상에 대해서 알기 쉬운 개념을 일깨워 주는 철학자가 되기를 바랐다. 그의 사상은 당시의 철학자들이 다 그러했듯이 칸트의 연구로부터 출발하였다. 칸트 철학의 위대한 점과 남겨진 난해한 문제가 있었다. 그것은 '사물자체(Ding an sich)는 전연 인식할 수 없다'는 점이다. 쇼펜하우어는 칸트의 '사물자체'는 다름 아닌 '의지'이며, 인식은 이 의지의 특유한 작용이라고 주장한다. 그리고 이 의지의 세계관이야말로 모든 점에서 쇼펜하우어를 대표하는 근본정신인 것이다.

(나) 사람의 인식과 사고작용

우리들이 인식작용을 가진다는 것은 인식과 사고작용에 어떠한 배후가 있다는 것을 의미한다. 이 배후의 실체는 무엇인가? 그것은 자아이다.

그러나 자아란 결코 육체를 떠난 관념이나 추상의 자아는 아니다. 그렇다고 자아가 육체 그 자체인 것도 아니다. 그러면 이 육체와 더불어 사고를 동시에 보여주고 합하여 하나의 사람이 되게 하는 참된 자아는 무엇인가? 쇼펜하우어에게 그것은 바로 '의지' 라는 것이다. 생(生)에의 의욕, 존재에의 의지가 자아의 근원에 있어서 육체로 하여금 새 생명을 존속케 하여 우리들의 사고를 가능케 한다. 지성은 소멸되어도 의지는 남으며, 사고가 끝난 뒤에도 본능은 휴식과 정지가 없이 생명의 원천을 보존한다. 그러므로 큰 일에 있어서나 작은 일에 있어서나 거기에는 일반적인 불행, 쉴 사이 없는 신고, 끊임없는 경쟁, 계속되는 투쟁, 신심을 다한 극도의 긴장 속에서 수행되는 피치 못할 활동만이 전개된다.

쇼펜하우어는 의지야말로 영원하고 유일한 절대적 실재라고 본다. 우주와 세계의 존재를 지탱하고 있는 의지는 그 자체에 있어서 원인이나 목적이 있는 것이 아니기 때문에 끝없이 스스로를 존속시키면서 비참한 자기 살생을 거듭할 뿐이다. 사람은 스스로 죽음이라는 비참을 가지고 삼키려하며, 스스로의 부분 부분을 서로 살육해 가면서 끝없는 싸움을 계속하며 강자는 언제나 약한 종족을 잡아먹기 마련이며, 타자의 생명을 빼앗지 못하면 살아갈 수 없는 것이 인류의 자화상이라는 것이다. 사람은 나면서부터 악한 존재로 마치 굶주린 이리 떼들과 같아서 서로 해하고 잡아먹지 못하면 생존하지 못하므로, 법을 정하고 윤리규정을 만들어 최후의 범법자들을 선제 사회가 처리하지 못하는 한, 사회는 보존되지 못하므로 보순이 존재의 원리인 것같이 쟁투가 생존의 원칙일 뿐이라는 설명이다.

(다) 운명으로부터의 탈주

이러한 세계에 생을 누려 받은 우리들의 할 일은 무엇이며, 또 어떻게 이러한 운명에서 벗어날 수가 있겠는가? 유일한 대답이 있을 뿐이다. 그것은 의지를 부정함이다. 지성이나 이성의 날카로운 판단을 얻어 의지를 거부하고 부정하는 길밖에 없다. 여기에 육체적인 욕망과 세속적인 탐심을 끊어야 하며, 심지어는 결혼의 반대, 자살의 윤리마저도 등장하게 된다. '자살' 이야말로 자신에게 있어서의 의지의 부정이기 때문이다. 혹은 그것만으로 부족하다. 그것은 생의 패배를 말하는 스스로의 파멸에 그치고 만다. 오히려 지성을 가지고 의지를 극복해야 하며, 이성으로서 본능을 지배하는 데까지 도달하지 않으면 안된다.

쇼펜하우어는 철학적 흐름을 계통 있게 받아들인 사람은 아니었으나, 헤겔 이후 의지와 염세의 철학사상을 새로이 확립한 사람이 되었다. 그 시대에 있어서는 특이한 철학과 사상을 남겨 놓았음에도 불구하고 얼마 동안 그의 철학은 학계에서 용납되지 못하였다. 그 후 니체에게 와서 그의 사상이 제대로 살아나게 된다. 더욱이 오늘날 그를 주목할 필요가 있는 것은 정신분석학과의 관계 때문이다. 결국 쇼펜하우어는 심리학자들의 눈을 뜨게 하여 본능의 미묘한 심층과 곳곳에서 작용하고 있는 그 힘을 보여 주었던 것이다.

(4) 베이컨(Francis Bacon, 1561~1626)

(가) 경험론의 선구자

베이컨은 르네상스의 지대한 영향을 받은 근대 경험론 사조의 선구자였다. 사실 '경험론(經驗論)' 이라는 말은 베이컨의 것은 아니다. 아마 베이컨은 그의 철학적 견지를 경험론이라는 말로 묘사하는 데 찬동하지 않았을 것이다. 그 까닭은 베이컨의 시대에 있어서 '경험주의자' 라고 하면 학식이 있는 사람이라기보다는, 즐거움을 삼아 학문을 만지작거리는 사람, 거의 사이비같은 학자를 가리키는 말이었기 때문이다. 경험론이란 사람의 지식이 관찰과 실험을 통한 경험의 과정 속에서 점차적으로 생긴다고 주장하는 인식론적 방법론을 말한다.

베이컨의 철학적 환상을 그린 『신아틀란티스 섬』은, 큰 폭풍우를 만나 해도(海圖)에도 없는 바다로 떠내려간 영국의 배 한 척이 몰랐던 어느 섬에 피난처를 발견한 이야기를 그린 것이다. 이 섬에서 영국의 선원들은 주민들의 행복을 증진할 여러 가지 방도를 가진 훌륭하게 조직된 사회를 발견한다. 이 섬의 문화의 중심은 '솔로몬의 집'이라는 이름의 거대한 실험 연구소이다. 선원들이 그 연구소의 사명을 물었을 때, 그들에게 주어진 것은 다음과 같은 웅변적인 답변이었다. "우리 연구소의 목적은 사물의 원인과 보이지 않는 운동을 밝히는 것이며, 또 모든 가능한 일을 성취하기까지 인간제국(人間帝國)의 국경을 넓히는 것이외다." 이러한 전형적인 베이컨의 발언은 과학적 지식의 굉장한 진보와 그에 따르는 인간생활의 개선을 꿈꾸는 점에 있어서 정열적이다. 그러나 그것은 사람의 업적을 자연적으로 가능한 범위내에 국한하는 점에 있어서 냉정하다. "사람이 모든 일을 할 것을 기대할 수 없다"고 베이컨은 인정한다. 그러나 만약 우리가 자연의 법칙에 순응할 줄만 안다면 많은 일을 이룩하는 것을 기대할 수 있다는 것이다.

(나) 사람이 세계를 보는 방법 : 마음의 우상들

베이컨은 "사람은 자연의 하인이요 해석자인 까닭에 자연의 실행을 사실에 있어서 또는 사유(思惟)에 있어서 관찰하는 한계 안에서만 행위하고 이해할 수 있다. 이 한계를 넘어서는 사람은 아무 것도 모르고 아무 일도 못한다"고 말한다. 그는 아마도 우리 사람들이 너무 조급한 나머지 사실을 곡해하고 오직 자신의 선입견만을 주장하는 일이 없도록 경고하려고 했던 것 같다.

그가 쓴 비유 가운데에서 가장 유명한 것은 사람의 심성에 대한 설명이라고 할 수 있는 '마음의 우상'을 논한 대목이다. 여기에서 "우상(偶像 : idols)"이라 함은, 그것을 그대로 내버려 두면 사람을 거짓으로 말려들게 하는 마음의 모든 경향을 일컫는다. 베이컨은 그러한 우상을 네 가지로 구별하고 정의하는 동시에, 그 각자에게 독창적이며 재미있는 이름을 붙였다. 그 우상들을 정리하자면 다음과 같다.

① 종족의 우상(the idol of the tribe) : 인류의 온 종족에게 고유한 것으로서 사람을 오류로 이끄는 위험한 충동을 통틀어 일컫는 말이다. 예를 들면 사람들은 자신들이 목적을 추구하고 있다는 사실로 미루어 자연도 궁극의 목적을 추구하고 있는 것처럼 믿는다. 사람들은 자신들의 소원과 공포심이 강한 탓으로, 자신들의 기도가 효과를 보고 대답을 얻을 것이라고 믿는다.

② 동굴의 우상(the idol of the cave) : 어느 정도 각 개인의 특수성에서 오는 오류의 특별한 경향을 말한다. 베이컨의 설명에 의하면, 모든 사람은 자기의 고유한 동굴을 가지고 있다. 그리고 사람이 자기의 동굴에 들어박힐 때에는 자연의 광명이 비쳐 들어가기는 하겠지만, 그 광명은 일정한 모양으로 변색하기 쉽다. 즉 사람이란 각각 자기가 속한 당파가 있고, 읽는 책이 다르며, 또 취미도 가지가지이다. 따라서 각자는 자기 자신을 연구하고 자기 자신의 주관적 경향을 삭제해야 한다.

③ 시장의 우상(the idol of the market) : 우리가 언어에 의하여 기만당하기 쉬운 경향을 말한다. 왜냐하면 사람들은 시장에 가서 사고 팔기만 하는 것이 아니라, 이야기를 주고받고 잡담을 일삼기도 하기 때문이다. 사람이란 모든 언어와 일치하는 실재가 있다고 믿기 쉽다. 그래서 사람들은 때로는 '운명의 여신'을 실재하는 신으로 숭배하기도 한다.

④ 극장의 우상(the idol of the theater) : 사람의 판단을 잘못되게 하고 사람을 당파성에 휩쓸리게 만드는 역사적 전통에 대한 충성을 가리킨다. 극장의 우상의 가장 나쁜 예는 종교적 미신과 신학이 사람의 판단에 미치는 영향에서 볼 수 있다. 다른 예로서는 모든 철학적 사상에서 오

는 비슷한 영향이다.

(다) 베이컨의 한계와 그의 영향

베이컨의 한계는, 그가 과학적 사고에 있어서 수학이 가지는 일정 부분 이상의 소임을 깨닫지 못했으며 근대 물리학의 기본 원리 조차도 모르고 있었다는 점이다. 그는 사물을 바라보기만 함으로써 그것에 관한 지식을 얻을 수 있다고 상상했으며, 또 단편적 사실들을 주워 모아 그것을 일람표로 정리만 하면 거기서 자연의 법칙이 저절로 솟아나올 것으로 기대했으니, 이 점에 있어서 그는 거의 유치했다고 해도 과언이 아니다.

그러나 역사가들은 근대 경험론의 예고를 베이컨에서 찾을수 있다. 그의 경험론은 적극적이기보다 소극적이다. 다시 말하면 그의 경험론은 적극적인 수법을 천명하기보다는 오류를 면하도록 경고함에 있어서 성공하였다. 베이컨 이후 18세기 전반에 걸쳐서, 그리고 19세기에 이르기까지도 경험론의 학파는 세계에 관한 어떤 적극적인 학설을 주장하기보다는 경솔한 신심(信心), 근거 없는 열중, 그리고 조급한 결론을 공격함에 더욱 힘을 기울였다. 한편 진심으로 과학을 시인(是認)한 철학자들은, 과학자들이 제시한 견해를 일반적으로 받아들이기를 가로막던 장애물을 제거함에 있어서 성과를 거두었다.

(5) 홉스 (Thomas Hobbes, 1588~1679)

(가) 홉스의 배경

홉스 시대의 세계는 구교와 신교 사이의 분쟁이 계속됨에 따라 개인의 역할이 더욱 강조되었고, 사회적으로 교권(敎權)에 귀속되느냐 국권(國權)에 귀속되느냐는 사회적 문제로 열병을 앓고 있었다. 그는 이렇게 말했다. "국가의 특성을 이해하기 위해서는 우선 사람들의 성격과 기질 그리고 관습 등을 알아야 한다." 사람을 먼저 사회의 범주 안에 넣고 이해해

서는 안된다. 왜냐하면 사회 자체가 사람들의 행동양식을 통해 설명되어
져야 하는 것이기 때문이다.

홉스는 많은 상이한 사물들에 적용되는 단 한 가지의 이름이 있기 때
문에 그런 이름으로 어떤 특수한 것을 식별해내고, 또 각 사물이 그 이름
을 공유하고 있다는 사상을 신봉하는 자들을 심히 비판했다. 즉 그는 일
반적인 이름들이 실제로 어떤 것을 지칭하고 있다는 의견을 전면적으로
부정했다. 그는 '이름 이외에 보편적인 것은 없다'라고 결론을 내렸다. 이
러한 그의 견해는 흔히 철학적으로 "유명론(唯名論 : nominalism)"이라
고 명명된다. 이를 사람 이해에 적용하여 그의 의견을 조명하면, 곧 "인간
성"같은 것은 없다라는 것과 같다고 할 수 있다. 그는 또한 육체와 분리되
어 존재할 수 있는 실체없는 영혼의 개념을 비판했다. 그는 실체(essence)
라는 개념 자체를 공격했으므로, 분리된 실체라는 개념을 용납할 수 없었
던 것이다. 그에게 사람이란, "살아있는 육체"였다. '육체'와 '사람'은 같
은 사물을 지칭한다.

(나) 세계에서의 사람의 위치

홉스의 유물론적 전제조건은 그의 저서 『리바이어던』의 서문에 명시
되어 있다. 그는 '생명이란 사지의 움직임에 불과하다'고 주장하고, 이어
다음과 같이 말하였다. "왜, 모든 자동기(시계가 움직일 듯 용수철과 바퀴
에 의해 스스로를 움직이게 하는 기계들)들이 인공의 생명을 가지고 있다
고 말해서는 안되는가? '심장'이 '용수철'이고, '신경'이 수많은 '줄'이
며, '관절'이 수많은 '바퀴'가 아닌가 말이다. 바로 이런 것들이 전신을
움직이게 하고 있지 않은가?" 사람이 '기계장치'의 본보기 같다는 그의
주장은 이기적이고 자기주장만 하는 존재라는 사실을 전제하고 있다. 홉
스가 그 당시 테크놀러지의 관점에서 사람의 생명을 표현해보려고 광적
으로 열중한 사례는 아마도 사람의 생명을 컴퓨터와 비교하면서 그와 비

슷한 일을 하려는 현대인들에게도 일종의 경종이 될 것이다.

한편 홉스는 특정한 사회의 법에 구속받지 않는 대체로 평등한 '자연 상태'에서는, 틀림없이 사람들이 최선을 다해 생존하려 할 것이라고 생각하고 있었다. 자기보존이 최우선적인 것이며, 우리의 선천적인 욕망들을 그 자체만으로 좋거나 나쁜 것으로 판단할 수는 없는 일이다. 도덕성은 아무 역할도 못한다. 우리는 모두 자기의 이익에만 관심이 있는 존재라는 홉스의 가정이 과연 옳은 것일까? 그가 어느 정도까지 그런 이기주의 (egoism)를 표현하고자 했는지 분명하지가 않다. 심리학적 개념에서 이기주의는 "사람은 단지 자기의 이익만을 원한다"는 견해이며 상대방을 도울 때도 타인의 복지를 위해서가 아니고 바로 자신만의 이익을 추구한다는 것이다. 아마도 사람들은 내가 관대한 존재로구나 하는 만족감을 느끼길 원하고 있는지도 모른다. 결국 나는 내가 바라던 것을 원하고 있다는 싱거운 순환론으로 끝나버리고 말 수도 있다. 그러나 만일 내가 타인의 이익을 원하고 있다면, 그 목표가 비록 나의 만족감일지라도, 그것을 단순히 이기주의라고 할 수는 없다.

(다) 이기적인 사람과 사회적 관계

홉스의 사회에 대한 견해는, 사람이란 자신에게 이익이 되지 않는다면 남을 돕기 위해 협력하려고 하지 않는 이기적인 존재로 간주하는 관점에 그 이론적 기초가 있었다. 그의 사회계약에 대한 개념은, 타인의 이익에 관심이 없을 때조차도 사회는 만인의 권익을 위해 건설될 수 있다는 것을 보여주려는 시도였다. 무례함이 도덕성의 자리에 들어앉았고 이성은 이미 존재하는 욕망의 부속물이 되었다. 합리성이란 자신이 원하는 것을 무자비하게 추구하는 것이 되고 말았다. 홉스는 경쟁사회를 자본주의 사회와 유사하게 묘사했다. 많은 경제학자들이 개념화한 '순수' 시장경제란 분명히 각기 자신의 이익을 추구하는 개인들의 누적된 선택이 작용하는 곳이다. '합리적인 경제인'이라는 상식적인 정의도 알고보면 기회 있을 때마다 항시 모든 사람을 다 희생시켜서라도 자신의 이익을 추구하는 사람들인 것이다.

사람의 내면에는 이기주의적 성향과, 오직 처벌의 두려움과 동기유발에만 반응하려고 하는 성향이 다분하다. 하지만 많은 사상가들이 사람의 성격에는 매우 고결한 면도 있다고 주장해왔다. 우리는 타인의 이익을 자신의 이익만큼이나 고려할 수도 있다. 만일 사정이 그러하다면, 홉스 류의 정치 이론은 인간성에 대해 너무 부당하게 냉소적인 관점을 취하고 있는 것이다. 국민의 충성심과 헌신을 고무함으로써, 인간성의 비이기적인 면을 개발하지 못하는 국가는 쇠퇴할 뿐만이 아니라, 그런 선천적인 불안정성 때문에 종국에는 반드시 멸망하고 말 것이다.

(6) 흄 (David Hume, 1711~1776)

(가) 흄 사상의 배경

데이비드 흄은 비교적 안정되고 평온한 시기에 생활을 했었고, 심한 변혁을 겪지 않았던 사람들의 철학을 반영하듯 관습과 전통을 강조했다. 그는 '보수주의자'라고 불리워졌다. 그러나 그의 철학은 로크와 버클리의 영국 경험주의 전통을 이어받아 과학의 시대에 훌륭한 조화를 이루었다. 그는 지식 자체를 인간성에 의해 부여받은 사람의 능력에 의존하는 것으로 만들었으며, 그 과정에서 사람의 경험이 중심적인 역할을 한다는 점을 강조했다.

특히 그의 주저 『인성론 (Treatise on Human Nature)』은 두 가지 이유에서 중요한 의미를 지닌다. 이 책은 인간성을 핵심 개념으로 다루며, 이성보다는 물질세계와 개인간의 상호작용 방식을 설명하는 데 도움이 되는, 사람의 열정이나 본능을 더 중요하게 설명한다. 그는 "사람에 대한 과학은 다른 과학의 유일한 초석"이라며 "인간성을 연구하는 데도, 경험과 관찰의 중요성을 강조"했다.

하지만 흄은 홉스 같은 유물론자는 아니었다. 따라서 사람 정신의 인식작용과 사물의 형태를 동일시하지 않았다. 그리고 그는 우리가 사람의 행동 속에서 관찰하는 법칙들과, 물리적인 법칙들 간에는 그 원리상 어떤 차이점도 없다고 생각했다. 흄의 회의주의도 "인간성에 관한 필연적이고도 불변의 원리"를 언급하면서, 곧 그 근본이 흔들리게 되었다. 이후에 정신의 관찰을 통해 인과관계 사상과 필연성을 느끼게 되는 과정을 강조했지만, 사물의 존재방식이 아닌 사람의 정신 작용만을 강조한 셈이 되고 말았다. 즉 아무리 철저한 경험주의자라 하더라도, 사람이 어찌하여 선천적인 성향을 지니고 태어나게 되었는가에 관한 이론 없이, 인간성에 대한 어떤 견해를 가지기란 실로 어려운 일이다. '사람이' 누구인가에 관한 관념없이 '사람의' 경험을 통해서만 사람과 세계의 모든 것을 설명하기란 심히 어려운 일인 것이다.

(나) 세계에서 사람의 위치

물리적 객체의 형태와 사람의 행위를 동일한 방식으로 다루기로 한 흄의 결정은 마치 하나의 당구공이 다른 당구공을 때릴 때 생기는 효과처럼 사람의 행위를 어떤 우연적 필연으로 간주한다는 것을 의미한다. 타인의 행위에 대한 '예측가능성'은 흄 이론에서 빼놓을 수 없는 것이다. 그는 원인 없는 행동은 없으므로, 모든 행동은 예측 가능하다고 주장했다. 그리고 "필연성을 제거당한 자유는 그 원인을 제거당한 것이며, 그렇게 되면, 우연과 다를 바가 없는 것이 되고 만다"고 결론을 내렸다. 그는 사람에 대해 이렇게 말했다. "사람이란 상이한 인식들의 묶음에 불과하다. 그런데 이런 인식이란 상상을 못할 정도로 빠른 속도로 연속적으로 발생하는 것이고, 각 움직임마다 영구히 계속되는 것이다." 사람 내면의 본성을 탐색하는 것은 경험주의자들에게는 영원한 좌절이 되고 말았다. 철학적으로 사람의 경험을 중시하면 할수록, 경험하는 사람 자체는 더욱 그 중요성이 감소하게 되는 것이다.

(다) 경험(관습)으로 형성된 사회 속에 사는 사람

흄은 사회를 연구할 때는 인간성에 불변적 요소들이 있음을 참작해야 한다고 생각했다. 한 사회 속에 참여한다는 것은 만인의 이해관계 속에 동참하는 것이다. 하지만 사람들은 당연히 그렇지 않다. 즉, 한 사회 속에 모여 살면서 만인의 이익을 추구한다는 것은 '인위적인' 미덕이라서, 사회에는 강제력을 가지고 있는 기구가 있어야 한다. 흄은 인간성의 유약한 면과 고집스러운 면을 지적하면서 이렇게 말했다. "치유할 수 없는 것은 약화시키도록 노력해야 한다." 그는 사회 계약 사상과는 전혀 무관했으며, 자연상태라는 개념을 "단지 철학적 허구"라고만 생각했다. 그는 지금까지 정부가 어떠한 계약에 의해 수립되었다고 생각한 사람은 하나도 없었다고 주장했다. 사유재산제 같은 관습은 공동의 이익을 인식하는 것으로부터 발생한다. 그러나 양자(국민과 국가) 중 그 어느 것도 맹백한 합의가 없었음은 물론, 약속의 결과도 아니다. 왜냐하면, 약속은 관습에서부터 발생한 것이기 때문이다. 관습이란 점진적으로 발생했으며, 그것을 위반하면 불이익을 본다는 것을 알게 되자 서서히 확립되어 갔다. 모든 사람들이 관습에 순응하게 되었고 타인의 행위를 예상하면서 자신의 행동을 할 수 있게 되었다. 이런 식으로 우리의 공동생활에 관습과 습관이 배어들게 되었다. 흄은 노를 젓고 있는 두 사람의 비유를 들었다. 그들이 꼭 그렇게 하자고 약속한 것은 아닐지라도, 서로 상대방이 각자의 이익에 합당하게 행동할 것이라고 신뢰하면서 계속 노를 저어나갈 것이다. 이와 마찬가지 방식으로 사회의 가장 기본적인 제도가 발전되어갔다. 금과 은도 이런 식으로 공동의 교환수단이 되었다. 무엇보다도 중요한 언어조차 이런 방식으로 확립되어졌다. 상호협동 또한 점진적인 발전을 통해 생겨나게 되었다. 타인이 나와 비슷하게 행동한다면, 그런 행위가 바로 공동의 이익이라는 것을 알게 된다. 상호의지하며 공존하는 관행도 사람의 관습이 확립되어감에 따라 증진되어갔다.

(7) 니체의 사람 이해 (Friedrich W. Nietzsche, 1844~1900)

(가) 니체 사상의 흔적

니체는 프로이드와 함께 '회의'라고 하는 무기를 사용, 사람의 이성과 관념을 표면상의 가치로만 받아들이지 말 것을 강조했다. 누구도 니체만큼 전력을 다해 인간 이성의 가능성을 통박하고 자기 선조들의 기독교를 그렇게 절대적으로 비난했던 사람은 없었다. 그는 도덕적 · 형이상학적 체계를 세우는 데 작용했던 이해관계들을 드러내 보이려고 시도했다. 특히 니체의 기독교에 대한 공격은 그 무엇과도 견줄 수 없을 만큼 무자비했다. 그는 기독교를 "지금까지 그 유례를 찾아볼 수 없을 만큼 치명적이고, 유혹적인 거짓말이며 가장 거룩하지 못한 거짓말"이라고 표현했다.

어쨌든 그의 건강은 점점 악화되어 35세의 나이로 은퇴하였으며, 그 이후 1900년 사망시까지 약 11년간을 정신병자로 지내야만 했다. 하지만 그의 견해들은 오히려 그의 사후(死後) 더욱 영향력이 있었다. 특히 자신은 비록 독일 민족주의자는 아니었을지라도 그의 저서들은 히틀러 통치하의 제3제국 시절, 가장 많이 읽혔던 철학서적이었다.

(나) 사람은 무의미하게 반복되는 존재

니체의 철학은 신의 입장에서 사람이 중요하다는 기독교인들의 주장과 대비될 때 그 황폐함의 극치를 드러낸다. 하나님이 세상을 이처럼 사랑하사 세상을 구원하기 위해 독생자를 보냈다는 것을 믿는다고 해서 사람이 더 높은 가치의 존재가 되는 것은 아니다. 그러나 그것을 거부하면 사람은 무가치한 것처럼 보이게 될 수도 있다. 니체는 이 문제를 안고 허무주의와 절망 사이에서 동요하며 씨름했다. 그는 이 문제를 '영겁회귀(永劫回歸)' 사상을 주장함으로써 만족스럽게 해결했다. 그는 인생에는 최종 목적지가 없다는 생각으로 감히 인생의 무목적성과 무의미성에 맞선 것이다. 그럼에도 그는 삶을 비난하지 않고, 오히려 긍정하려 했다. 플라톤주의자들과 기독교도들이 평범한 사람의 삶을 영생에 대비시킴으로써 그것의 본질을 훼손하였기 때문이라고 생각했다. 영겁회귀 사상은 어떤 형이상학적인 기준 때문에 삶을 불완전한 것으로 간주하는 대신, 같은 사건들을 거듭 반복해서 일어나게 하므로 자신의 삶의 가치를 부인(否認)하는 것이 아니라 오히려 긍정하는 것임을 드러내게 된다. 그러나 니체는 말한다. "우리, 이런 사상을 가장 소름끼치는 형태, 즉 있는 그대로의 존재로 생각하기로 하자. 그것에 어떤 의미나 목적을 부가해서는 안된다. 단지, 회귀(回歸)하게 하라. 그것은 당연히 어떠한 무(無)의 피날레도 없는 '영겁회귀' 인 것이다. 이것이 바로 허무주의의 가장 극단적인 형태이다. 영원히 반복되는 무(無 : '무의미')인 것이다.

(다) 사람 권력에의 의지

니체는 "우리의 제도화된 삶의 총체는 의지의 오직 한가지 형태에서부터 파생된 것이며 발전한 것이다...... 그 의지란 '권력에의 의지' 이다"라고 정의했다. '권력에의 의지' 는 니체의 사상에 있어 상당히 근본적인 개념임에도 불구하고, 매우 개략적으로 묘사되어 있다. 니체의 이상은 사회의 구속이나 전통적 도덕성에 매이지 않는 영웅적 개인인 것이다. 한 사람의 목적은 외부에서 주어지는 것이 아니라, 자기 자신의 의지에 의해 부과되어야만 하는 것이다. 도덕적 기준에 대한 객관적 근거가 있을 수 없으므로, 스스로의 기준을 창조해내기 위해 노력해야만 한다. 그는 삶에 방향성을 부여하기 위해서는 권력에의 의지가 필요하다고 생각했다. 의지는 타인을 지배하고자 하는 단순한 열망보다도 광의의 개념이다. 또한 그것에는 모든 충동을 자유자재로 다룰 수 없다는 인식도 포함되어 있다. 강자(强者)는 완벽한 자제심을 가질 수 있을 만큼 완전하다. 그럼에도 불구하고, 타인에 대한 지배를 추구하는 이러한 사상은 미완성 작이었다. 전통적 도덕성의 속박이 아니더라도, 약자의 희생을 발판으로 출현하는 강한 사람의 존재는, 그것이 아무리 영웅적인 것이라 할지라도, 끔찍하기 짝이 없는 것일 수밖에 없다.

니체가 있는 그대로의 삶을 모독하는 존재로 플라톤주의(Platonism)와 기독교를 탄핵한 것은 사람 실존의 중심부에서 문제를 제기한 것이다. 사람은 우리 현재의 삶을 인정할 수 있는가? 우리 스스로는 종종 우리가 할 수 있는 최선의 것을 결여하고 있다고 느끼고 있지는 않는가? 우리 모두는 어느 정도 결함이 있는 존재는 아닌가? 우리가 결코 한 번도 도달해보지 못한 목표가 있다는 생각이 들자, 매사가 다 그렇듯 사필귀정(事必歸正)을 바라는 심정으로, 그런 생각이 도덕적인 것으로 급격히 확대되어 갔을 수 있다. 하지만 이런 생각은 삶을 부정했다기 보다는 오히려 삶을 향상시켰다. 왜냐하면 이렇게 살아서는 안되겠다고 느꼈기 때문이다. 그런 생각은 귀중하다. 그리고 이와같은 충동으로부터 구원에 대한 요구가 나타나게 되었던 것이다. 그것이 개인적인 종류의 구원이건, 마르크스시즘에서처럼 정치적인 차원의 구원이건 간에 말이다.

인생에 방향성이 있다는 신념은 지금 우리의 인생에 무인가 잘못이 있다는 견해와 당연히 그 궤를 같이 한다. 니체의 영겁회귀 사상은 이 두 가지 모두를 효과적으로 해결하고 있다. 우리는 어디로도 갈 수가 없고 아무것도 이룰 수가 없다. 그저 영원히 다람쥐 쳇바퀴만 돌리고 있을 뿐이다. 그것은 단지 사람이 빠진 궁지의 황폐한 정경을 묘사한 것에 불과하다. 니체는 아무런 치유책도 내놓을 수가 없었다. 그는 '권력에의 의지'를 주창함으로써 사실상 사람의 지배욕에 대한 충동을 옹호했다. 그리하여 단지 우리의 문제를 가중시켰을 따름이었는지 모른다.

(8) 하이데거의 실존주의적 사람 이해
 (Martin Heidegger, 1889~1976)
 (가) 하이데거의 문제의식
 하이데거의 철학적 문제의식은 '존재한다는 것이 무엇인가' 라는 것이 근본적인 문제였다. 그는 그의 주저 『존재와 시간(Sein und Zeit)』에서 일차적으로 사람존재의 의미를 풀이하였다. 존재의 일반의 의미를 알아보기("존재란 무엇인가?" 라는 질문) 앞서서, 우선 존재의 의미를 알아야 한다는 것이다. 인간존재론은 모든 존재론이 그 위에 정초(定礎)될 수 있는 기초이기 때문에, 사람의 존재에 관한 존재론을 그는 기초적 존재론이라 하였다. 따라서 존재의 의미에 접근하는 가장 좋은 방법은 우선 자신의 존재의 의미를 스스로 물어보는 것이다.
 (나) 의식적 존재의 현실
 우리 사람은 의식적 존재이고, 의식은 그 특유의 지향성이 있으며, 의식의 지향작용은 항상 그리고 필연적으로 그 속에서 태어나고, 양육되고, 교육을 받고, 생활하고, 근무하며, 소속되는 구체적이고 현실적인 생활세계를 향해 있을 뿐만 아니라, 자신의 과거가 아로 새겨진 그리고 미래를 내다보며 품고 있는 현시점에 의도적으로 지향해 있음을 부인할 수 없다. 그러니 사람의 존재는 그 의식의 지향작용으로 인하여, 나의 존재와 나의 세계, 나의 존재와 내가 처해 있는 상황이 결코 분리할 수 없이 긴밀하게 얽힌 현재적 존재이다. 이점이 바로 하이데거를 실존주의자라고 규정할 수 있는 가장 큰 이유가 될 것이다. 다시 말하면, 사람이란 존재는 언제나, 필연적으로 자신이 처한 현실과 본성적으로 뗄 수 없는 그런 존재라는 것이다.

(다) 하이데거의 죽음 이해

하이데거가 중요시하는 죽음은 삶의 종말적 현상, 삶의 마지막에 나타나는 현상, 인생이라는 여정(旅程)의 종착점에서 나를 기다리고 있는 그러한 죽음은 아니다. 우리가 볼 수 있는 것은 옆에서 본 시체이지, 죽음(死) 그 자체를 경험적으로 직접 체험한 사람은 없는 것이다. 따라서 하이데거가 말하는 죽음은 우리가 스스로 불안할 때 자기의 죽음을 앞질러 생각하는 죽음의 의식을 뜻하는 것이다. 죽음의 사실을 말하는 것이 아니라 현재에 작용하는 죽음의 의식(意識)이다. 하이데거가 죽음의 의미를 파헤치는 것은 인생의 유한성을 비관적으로 탄식하는 것도 아니고, 죽음을 낭만적으로 예찬하는 것은 더욱 아니다. 그의 의도는 하나의 엄연한 사실인 '죽음의 삶에 대한 의미'를 자각하고 죽음의 의식을 통해서 삶의 유한성(有限性)과 일회성을 각성함으로써, 공허한 일상생활의 회피주의적 안도감을 탈피하여 실존의 본래성을 되찾자는 데 있는 것이다.

이러한 이해는 "내던져진 존재"로서의 현존이라는 그의 이론과 연결되어 설명된다. 즉 세계에 내던져져, 버려진 존재인 사람이라는 부정적인 색조에서 죽음을 넘어서는 새로운 가능성으로 이끄는 것이다. 이와 함께 그가 강조하는 것은 사람이라는 존재가 이 두 가지의 상황 – 내던져진 인간 실존과 죽음으로 내달려 새로운 가능성을 발견하는 실존의 상황 – 을 상호 분리가 아니라 동본원적(同本原的) 현상으로 가신다는 것이다.

(9) 사르트르의 사람 이해 (Jean-Paul Sartre, 1905~1980)

(가) 풀리지 않는 신비, 사람

지난 날 화려했던 미래에의 약속과 장담이 무위로 끝나고, 거기에 따른 실망과 좌절이 사람에 대한 불신만 가중시킨다. 실증주의적인 진보적 세계관과 관념론적인 역사체계에 대한 무한한 신뢰가 무너져 버린 것이다. 그렇다고 삶을 포기할 수는 없기 때문에 그 무기력을 딛고서 나름의 새로운 삶을 구상하지 않을 수 없다. 그것을 위해 적극적인 자기시도와 실험에 나선 사람은 많은 진통과 희생을 지불했다. 유독 그것은 이데올로기의 싸움에서 노골화되었는데, 그 곳으로부터 벗어나려는 탈이데올로기의 몸부림속에서 그 싸움은 절정에 이른다. 이데올로기가 사람을 위해 있는 것이 아니고, 사람이 이데올로기를 위해 있는 것인가? 사람은 어째서 그처럼 무지하고 어리석은 것인가? 결국 자멸행위인줄 알면서도 태연히 저지르고 있는 이 어리석음, 사람은 정녕 신(神)의 실패작인가? 게다가 이데올로기에 시달린 현대인은 또 다른 위협에 마주 서게 된다. 그것은 생존과 직결된 위협이란 점에서 그 심각성이 대단하다. 핵의 위험, 지하자원의 고갈, 대기와 수질의 오염, 각종 공해, 인구폭발 할 것 없이 자신이 낳은 과학적 소산 앞에서 스스로의 생존이 거부될지도 모르는 위험 앞에 마주 서 있다. 비존재화의 가능성(possible non being)이 거의 현실화되고 있는 것이다. 사르트르의 "실존적 휴머니즘(Existential Humanism)"은 실증주의와 근대철학의 한계를 극복하려는 시도이다.

(나) '존재'만이 존재의 이유

"실존"이란 말은, 사람에게만 붙일 수 있는 명칭이라는 데 그 고유성이 있다. '현실존재'의 준 말로서의 실존이지만, 이건 본래 "Existenz(獨)"의 옮김말이다. 실존이란, 다른 사물마냥 "그저 여기에 있는 존재"가 아니고 "자기의 생존을 의식하면서 그 방식을 스스로 결정할 수 있는 존재"를 뜻한다. 그러한 존재는 사람을 빼놓고는 어디에도 없다. 사람만이 자기의 존재 자체에 관심하고 그의 삶을 독자적으로 결정할 수 있는 유일한 존재라는 뜻의 현실존재이기 때문이다. 이로부터 실존의 기본적 특징은 "독자성"이라는 데서 주어진다.

이 독자성으로 해서 다른 존재와의 대체가 불가능하다. 인간 실존만이 그 어떤 것과도, 또 그 어떤 사람과도 바꿀 수 없는 그 자체의 절대성을 갖는다. 이 점에서 실존은 이미 사람의 존엄성을 내포한다. 때문에, 사람의 존엄성을 드높이기 위하여 구태어 신(神)이 그의 형상대로 사람을 만들었다는 창조론까지 끌어들일 필요가 없다. 사람의 존엄성은 외적 근거를 요청하기 전에 이미 사람 스스로 지니고 있는 셈이다. 이것은 조금도 사람의 자만(自慢)이 아니다. 그건 어떤 변증(辨證)조차 필요하지 않는 자명한 존재론적 실상이다. 이것은 실존의 참뜻이 사람의 "주체성(主體性)"에 있다는 사실을 의미한다.

삶의 이유와 의미에 대한 물음, 여기에 대한 대답은 대체로 "존재의 무상성(無想性)"으로 귀결된다. 존재는 처음부터 여기에 이처럼 있을 만한 근본적인 이유와 목적이 없이 그저 현존한다는 것이다. 왜 있는지도 모르고 있는 존재의 우연성, 삶의 목적도 이유도 없이 그냥 있어진 존재의 우발성(偶發性), 이것이 존재의 실태란 것이다. 그렇기 때문에 사람은 자기 존재를 포기하지 않는 한, 바로 이 점에서 중대한 과제를 걸머진다. 그것은 이유 없이 있는 존재에게 "이유(理由)"를 부여하는 일이다. 그리고 이러한 존재의 이유부여는 바로 존재의 이유와 목적, 가치와 의미를 스스로 쟁취하는 것에서 적극적인 형태를 취한다. 이러한 실존의 정황을 가장 잘 나타낸 명제가 있다. 사람의 "실존은 본질에 앞선다"는 사르트르의 명제이다.

인간존재의 이유와 의미에 대하여 처음부터 신의 절대성을 부여하는 입장이라고 해도, 그건 사람의 주체성을 강화할 뿐이다. 사람의 삶은 살 만한 이유가 있다고 살고, 없다고 안 사는 종류의 것이 아니기 때문이다. 삶은 그 이유와 의미가 있든 없든 그걸 따지기 전에, 살 수 밖에 없는 무조건성과 엄숙성을 지니고 있다.

(다) 세계속에서의 실존적 사람 : 공존적(共存的) 존재로서의 사람

역사적 상황속에서 실존적 사람은 다른 사람과 공존해야 하는 상황에 이르게 되는 하나의 필연성을 만나게 된다. 즉 역사에의 참여를 의미하는 것이다. 사람은 역사적 상황에 어떻게 참여하는 것일까? 이는 책임있는 창조적 행위로서의 참여라고 할수 있겠다. 역사적 상황에서 주체적인 선택을 하고 거기에 대한 책임을 스스로 걸머지려는데 실존의 위대성이 있지만, 그것은 어디까지나 창조적 가치를 지향하는 행동이라는 데로 귀결 지어져야 한다.

그런데 바라지도 않는 상황에서 살아야 하고 자기가 선택하지도 않은 체제를 강요당하고 있는 사람이 할 수 있는 유일한 권리는, 다만 역사의 창조에 있을 따름이다. 거기에 수난이 따른다는 것은 당연하다. 또한 진통이 따르지 않는 창조란 없기 때문이다. 그러기에 사람이란 자기에게 주어진 상황 아래서 스스로 결정한 바를 성취하는 그 가능성을 그 본질로 - 사람에게 본질이 있다면 바로 이것이다 - 삼고 있는 것이다. 실존이란, 미래를 지향하고 있다는 것은, 바로 그것을 뜻하는 것이다.

(라) 사람에 충실한 실존주의

사실 사르트르의 "실존적 휴머니즘"의 의미는 사람을 완성하자는 의도에서 출발한 것이었다. 사람을 새롭게 창조하자는 말이다. 사람의 운명은 결국 그의 손에 달렸기 때문이다. 한편 실존적 휴머니즘에서는 사람을 "목적"자체 또는 "완성"으로 생각하는 휴머니즘 그 자체와는 같지 않다. 대신 사람을 도상(途上)의 존재이며, 미완성의 존재로 이해한다. 사람은 언제나 자기 밖에 있는 존재이다. 사람이 실존한다는 것은 역사의 장에서 그가 스스로 자기 자신을 내던져가는 것이다. 보다 높은 목표를 향하여 자기를 추구하는 것이다. 이것이 실존의 자기초월이다. 다시 이것은 사람 이외에 그 입법자가 따로 없다는 뜻과도 통할 수 있겠다. 그래서 사람은

세계와 역사의 부조리 앞에서도 시지프스처럼 그 수난의 여정을 멈추지 않는다. 아니 멈출 수가 없다. 이것이 비록 무익한 수난의 반복이라 할지라도 사람은 그 노력을 포기할 수가 없다. 그것은 곧 사람이기를 포기하는 것을 의미하기 때문이다. 여기에 사람의 위대성이 있는 것이다.

(10) 실용주의적 사람 이해 : 듀이(John Dewey, 1859 1952)
(가) 미국의 실용주의

대개 실용성과 이익을 최고의 가치로 여기는 사람들은 이기적이며 천박하다는 평가를 듣기 마련이다. 그러나 미국의 경우를 보면 반드시 그런 것만도 아니다. 현재 세계에서 가장 '문명화' 된 국가로 여겨지고 최고의 경제력과 군사력에 못지 않게 대의 민주주의가 발전했을 뿐더러 인권 상황도 그 어느 나라보다 안정되어 있다. 이 점에서 보면 미국은 격식과 예절을 중시여기는 '양반' 문화의 국가는 아닐지라도 돈만 있고 정신과 문화가 없는 천박한 나라 또한 역시 아닌 듯하다. 분명 실용적 가치를 중요하게 생각하지만, 이와 못지 않게 사람존엄의 가치와 도덕성을 깊이 가지고 있다.

황무지에서 시작한 '뿌리 없는 나라' 인 미국이 이러한 가치와 도덕성을 갖추게 된 것은 무엇 때문일까? 물론 그 기원은 처음 정착한 청교도 이주민들에게서 찾을 수 있을 것이다. 그러나 이들의 경건함을 '미국적 합리성' 이라 불리는 이익추구 정신과 결합해낸 미국 철학사들의 역할도 무시할 수 없다. 이들을 보통 실용주의자(Pragmatist)라고 부르곤 하는데, 여기에서는 실용주의의 대표적인 철학자 듀이의 사상을 간략하게 살펴보고자 한다.

듀이는 미국이 아직 세상의 변두리에 지나지 않았던 남북전쟁 직후에 태어나서 1,2차 세계 대전을 그의 조국이 초강대국으로 떠오른 1950년대

까지 살았던 사람이다. 90여 년의 긴 생애동안 듀이의 철학과 교육관은 미국 사회 전체에 널리 영향을 미쳤고, 그의 말과 행동은 곧 미국의 국가 철학이다시피 했다. 그는 지금까지도 "가장 미국적인 철학을 만들었던 기초한 미국의 철학자"로 평가받곤 한다.

(나) 변화하는 지식을 추구하는 실용주의

학자들은 '지식을 위한 지식'을 추구하는 경향이 있다. 그러나 듀이는 생활에 변화를 가져오지 못하고 그 자체로 추구되는 지식은 의미가 없다고 주장한다. 예를 들어, '지구는 태양 주변을 돈다'라는 주장은 그 자체로 중요하지 않다. 이 주장의 가치는 실제로 지구가 태양 주변을 돈다는 사실에 있기보다는, 이 주장이 '태양이 지구 주변을 돈다'라는 견해보다 더 유용한 결과를 낳는 지에 있는 것이다. 실용주의자들에게 지식은 일상생활을 살아가기 위한 '도구'일 때만 가치가 있다. 이처럼 지식을 그 자체로 추구하지 않고 생활에 도움이 되는 수단으로 여기는 듀이의 견해를 학자들은 '도구주의(Instrumentalism)'라고 부른다.

또한, 도구는 시간이 지남에 따라 항상 개선되고 진보하기 마련이다. '지식이라는 도구'도 마찬가지이다. 절대적으로 참되고 변화하지 않는 지식이란 없다. 지식은 끊임없이 변화하고 진화한다. 따라서 절대적인 진리를 추구하는 철학자들의 노력은 무의미하다. 우리는 이런 헛된 노력을 버리고 생활에 더 많은 유용함을 가져오는 '더 나은 지식'을 추구해야 하는 것이다. 이러한 듀이의 견해는 과학지식을 강조하는 교육관에도 잘 나타나 있다.

듀이의 지식관은 도덕 윤리에 대한 견해에도 그대로 적용된다. 철학자들은 선(善)과 윤리적인 사람이란 과연 어떤 것인지에 대해 고민해 왔다. 그러나 윤리가 그 자체로 중요한 것은 아니다. 진정 가치 있는 것은 윤리 자체에 대한 탐구보다는 오히려 사람들을 도덕적으로 행동하게 하고 사회를 발전시키는 것이다. 또한, 절대적으로 윤리적이고 선한 것이란 없다. 윤리란 시대 상황에 따라 변하기 마련이다. 따라서, 중요한 것은 무엇이 윤리적인지를 밝혀내는 것이기보다는 지성을 최대한 발휘하여 각 상황 상황에서 나 자신과 사회를 발전시킬 수 있는 윤리적 판단과 행위를 해 내는 것이다. 이런 듀이의 견해에 대해 그에게 가장 큰 영향을 미쳤던 실용주의자 제임스(W. James)는 그보다 열 일곱 살이나 어린 듀이를 '사상적 영웅'으로 추켜세울 정도로 극찬을 아끼지 않는다.

   (다) 듀이의 인간적 유용성

   미국적 실용주의가 강조하는 물질주의 뒷면에 깔려있는 다른 가치를 놓쳐서는 안 된다. 그것은 무엇이 옳고 최선인지를 판단할 수 있다는 사람의 지성에 대한 믿음과 약자에 대한 배려가 담긴 민주주의에 대한 신념이다. 듀이가 실용성을 내세우면서도 끊임없이 강조하려고 했던 것이 바로 이 점이다. 사람에 대한 배려가 없는 실용주의는 천박한 사상일 뿐이다. 그러나 문제는 전세계적으로 팽창되고 있는 자본주의 시장경제의 물리력앞에 이러한 실용주의의 상황윤리가 사람을 배려하고 있는지는 의문을 가질 수 밖에 없다, 점차 세계화되고 있는 소위 '자본주의적 사고'에 맞서는 – 사람 자신과, 사람을 둘러싼 세계에 대한 균형있는 사고를 미국 실용주의에 기대하는 것이 쉬운일이 아니다.

   (11) 막스 베버의 사람 이해
     : 자본주의적 이해 (Max Weber, 1864~1920)
   (가) 문화와 인간유형
   베버는 '비교종교사회학 시론'이라는 부제가 붙은 『세계 종교의 경제 윤리』라는 논문에서, 종교를 중심으로 세계의 모든 문화 영역들에 눈을 돌려 다양한 문화 영역간에 나타나는 상관과 괴리의 문제를 연구했다. 그는 비교 문화 연구를 통해 역사적이고 사회적 개체라고 불리는 여러 현상이 제각기 전혀 다른 개성을 갖고 있다고 생각했다. 그러나 개성적인 여러 현상을 상호 비교하고, 그 속에서 공통적으로 나타나는 구성 요인을 추출하여, 그것을 법칙론적 지식으로 파악하려고 하였다. 또한 그는 법칙론적 지식을 구사하면서도 다양한 역사적 개체간에 나타나는 동일성과 차이를 분류하고, 그 비교를 통해 역사적 개체가 개체다운 이유를 학문적으로 탐구하였다.

이런 베버의 연구를 인간론에 적용하면 어떻게 될까? 그러면 각 문화권은 개성을 구비하고 역사적 개체로서의 문화 체계를 갖고 있으며, 그것에 따라 어떤 독자적이고 지배적인 사람 유형이 출현하게 된다. 이와 관련하여 『프로테스탄티즘의 윤리와 자본주의의 정신』에서 그는 근대 초기 서유럽에서 자본주의 경제가 자생적으로 발생한 요인은 바로 개신교도들의 청교도 윤리 때문이었다고 밝히면서 상당히 흥미있는 논의를 전개한다.

(나) 자본주의와 인간유형

베버는 동일한 사람의 행동 양식을 유형화하여 포착한다 해도 그것을 단순히 외부적인 사회 현상으로서만 포착하지 않고, 그와 같은 행동 양식을 내면에서 지탱하고 있거나 밀고 나가는 의식 형태 또는 관념 형태, 특히 윤리 의식의 문제를 포함한 인간유형론을 구성하고자 하였다.

베버는 이런 입장에서 근세 초기인 16~17세기로부터 18세기에 걸쳐서 영국이나 미국 그리고 서유럽에서 합리적인 가격 메커니즘 혹은 정상가격 시스템 속에서 이루어지는 시장 기구를 구축하여 그것을 토대로 해서 합리적인 산업 경영과 그 노동 조직을 수립하는 방향으로 사람들의 사고나 행동을 추동시키고 있었던 심리적 원인을 '자본주의의 정신(Spirit of Capitalism)'이라고 부른다. 그리고 이런 자본주의의 정신은 칼빈파나

침례과 계통의 금욕적인 프로테스탄티즘의 종교적 윤리로부터 유래했다고 보고, 그 양자간의 발생사적인 연결을 논증하려고 한다.

그렇다면 베버가 말하는 '자본주의 정신'의 본질은 무엇인가? 베버는 그것이 영리욕이나 최대한의 이윤 추구가 아니고, 근대 자본주의, 특히 그 토대를 구성하는 산업 경영과 그 합리적 조직을 제일 먼저 만들어 낸 사람들, 즉 자본가, 노동자를 막론하고 공통적으로 갖고 있는 하나의 특유한 윤리, 즉 '합리주의적 윤리'라고 말한다. 동시에 베버는 흔히 회자되듯 자본주의의 영리 추구가 자본주의와 동시에 잉태된 것은 아니라고 생각한다. 즉 인류에게 저주스런 황금욕(영리 추구)은 태고적부터 있어 왔기 때문에 그것이 자본주의를 잉태시킨 필요 충분 조건은 아니다. 그러므로 근대 자본주의의 원인은 단순한 영리 추구가 아니라 철두철미하게 합리적인 영리 추구라는 것이다.

(다) 자본주의 정신과 프로테스탄티즘의 윤리

베버는 개신교의 어떤 일정한 해석이 자본주의적 체제 형성에 유리한 여러 동기 가운데 어떤 것을 창출했다고 주장한다. 그는 처음부터, 사회 현상은 사회적 사건이며 바로 이것이 사회학의 주된 연구대상이라고 주장했던 프랑스의 사회학자 뒤르케임(Emil Durkheim)이 『자살론』에서 제시한 것과 비슷한 통계적 분석을 행하고 있다. 그것은 다음과 같은 주장을 뒷받침할 목적을 가졌다고 볼 수 있다.

독일에 있어서 여러 종교가 혼합되어 있는 지역에 개신교도들 – 특히 어떤 일정한 종파에 속한 개신교도들 – 이 엄청나게 불균형한 많은 비율의 부를 소유하고, 경제적으로 가장 중요한 자리를 차지하는 사람들의 비율을 엄청나게 불균형하게 많이 차지하고 있다는 것이다. 이러한 사실은, 사람들과 집단들이 그들의 활동에 임하는 태도에 종교적 사상이 어떤 영향을 주고 있는가 하는 문제를 제기하는 것이다. 사실 베버가 관심을 가진 개신교 윤리는 본질적으로 칼빈주의다. 그는 다음의 다섯 가지로 칼빈주의적 사상을 요약하고 있다.

첫째, 이 세상을 창조하고 그것을 통치하지만, 사람의 유한된 생각으로는 이해할 수 없고 접근할 수 없는 절대적이며 초월적인 하나님이 존재한다.

둘째, 이 전능하고 신비로운 하나님은 사람 개개인을 구원하던가 아니면 영원히 저주를 받도록 미리 예정하셨기 때문에 우리가 탄생하기 전에 이미 내려진 하나님의 명령을 우리의 노력으로서는 변경할 수 없다.

셋째, 하나님은 당신 자신의 영광을 위해 세상을 창조하셨다.

넷째, 사람은 구원을 받건 영원한 저주를 받건 하나님의 영광을 위해서 일을 하며 땅 위에 하나님의 나라를 창조할 의무를 갖는다.

다섯째, 세상사, 인간성 및 육체는 죄와 죽음의 질서에 속하고 구원은 오직 하나님의 은혜를 통해서만 가능하다.

베버에 따르면 이 모든 요소는 다른 종교들 속에는 따로 따로 존재하나 칼빈주의 속에서는 한데 결합되어 있다. 그리고 이 점은 전연 새롭고 독자적이며 중대한 결과를 낳는다는 것이다. 무엇보다도 먼저 이런 질서에 관한 전망은 모든 신비주의를 배제시킨다. 왜냐하면 피조물의 유한된 정신과 창조자이신 하나님의 무한한 정신 사이의 의사 소통은 정의상 불가능하기 때문이다. 이와 똑같은 이유로 이러한 사상은 반의례적(反儀禮的)이다. 그것은 사람으로 하여금 과학이 탐색하여야 할 자연 질서를 인정하게 한다. 따라서 이러한 종교적 철학은 간접적으로 과학적 연구의 발전에 유리하며 모든 형식의 우상 숭배와 의례주의를 반대한다.

그러면 이렇게 해석된 세계에서 칼빈주의자들은 무엇을 할 수 있는가? 대답은 간단하다. 하나님의 일을 해야 하는 것이다. 그러나 하나님의 영광을 위해서 일을 한다는 것이 무엇을 의미하느냐에 대해서는 칼빈주의

자들 사이에서도 다양한 해석이 가능했다. 자본주의의 발달을 가져왔다는 점에 유리한 해석은 가장 독창적인 것이 아니며, 가장 순수하고 바른 것도 아니다. 칼빈주의적 세계관을 기초로 우리는 칼빈 자신과 같이 하나님의 법에 충실한 공화국, 즉 일종의 하나님의 왕국을 건설하려고 노력할 수도 있을 것이다. 그러나 칼빈의 신학 사상에 따른 또 다른 해석은 자기가 구원을 받게 될 것인지 영원한 저주 속에 들어갈 것인지 알 수가 없으며, 이러한 결론은 결국 사람을 견딜 수 없게 만든다.

어쨌든 위와 같은 칼빈주의적 논리와 자본주의적 논리의 어떤 일정한 요구 사이에는 놀랄 만한 일치점이 있다. 개신교 윤리는 이 세상의 일을 경계하도록 명령한다. 육체는 죄에 갇혀 있으니 이 세상에서 금욕주의는 매우 중요하다. 그런데 이윤을 얻기 위해서 합리적으로 일을 하지만 그 이윤을 소비하지 않는 것이 자본주의의 발전에는 필요하다. 왜냐하면 자본주의야말로 이윤을 소비하지 않고 재투자하는 것을 요구하는 체제이기 때문이다. 바로 이 점에서 칼빈주의와 자본주의적 태도간의 정신적 친화성이 명료하게 드러나고 있다.

자본주의를 자생적으로 발전시킨 중산적 생산자층을 지탱시켰던 개신교 윤리는 자연히 두 개의 중심을 갖게 된다. 하나는 세속적 모습을 지닌 '이웃 사랑' 그리고 그 실천을 위해 헌신하고자 하는 태도, 즉 '세속적 금욕'이 바로 그것이다. 다른 하나는 중산적 생산자층의 세속적 삶이 시장 경제를 기반으로 하기 때문에, 그들이 과연 전심전력으로 이웃을 사랑하여 이웃에게 공헌했느냐 안 했느냐의 여부는 시장에서 결정된다는 것이다. 즉 기업 생산자인 그들이 이웃에게 공헌하기 위한 길은 좋은 상품을 생산하여 이웃이 필요한 시기에 싸게 공급하는 일이다. 그래서 시장에서 많은 수요자가 그 상품을 산다면 생산자는 그만큼 이웃에게 공헌한 셈이다. 그 결과로 생산자는 이윤을 많이 남기게 된다. 이제 이윤을 남겼느냐 남기지 않았으냐 하는 문제는 이웃 사랑을 재는 척도가 된다. 이윤을 얻는 일은 선한 일이고, 이윤 추구에 적극적인 윤리적 의미가 부여된 셈이다.

하지만 베버가 이렇게 추론했던 자본주의 정신은 더 이상 개신교 윤리와의 일치점을 갖지 않고, 이를 벗어나게 되었다. 즉 자본주의 정신이 프로테스탄티즘의 윤리로부터 자신의 영리 자체를 위한 성격을 이탈시켜가면서, 자본주의 경제의 발달을 내면으로부터 촉진시켜 결국은 산업혁명이라는 사건을 분출시켰고, 이 산업혁명이 완료될 당시에는 영국의 중산적 생산층은 크게 자본가와 임금 노동자라는 양극으로 분해되어 기본적으로 역사의 무대에서 자취를 감추게 되었다. 자본주의 정신이 사라진 다음의 정신적 상황을 베버는『프로테스탄티즘의 윤리와 자본주의의 정신』의 말미에서 그리고 있다.

(프랭클린의 견해에 따르면) 외물(外物 : 물론 정신이 아니라 물질이다. 돈도 그 가운데 하나이다. 여기서는 그러한 외물을 가리킨다)에 대한 배려는 그저 언제라도 벗어 버릴 수 있는 얇은 외의(外衣)처럼 성도들(따라서 중산적 생산자층들)의 어깨에 슬쩍 걸치는 데 그치지 않으면 안 되었다. 그러나 운명은 불행히도 이 외의를 견고한 쇠우리(iron cage)로 만들어 버렸다. 세속적 금욕은 세속의 생활을 개조하고 세속의 내부에서 성과를 거두려고 시도하였다. 그러나 그 때문에 세속의 외물은 일찍이 역사에서 그 전례를 찾아볼 수 없을 정도로 강력해졌고 마침내 피할 수 없는 힘을 사람에게 휘두르기에 이르렀다. 오늘날 금욕 정신은 – 이것이 최종적인지 아닌지는 아무도 알 수 없지만 – 이 쇠우리로부터 빠져나가 버렸다. 어쨌든 승리를 획득한 자본주의는 기계의 기초 위에 서게 된 뒤로 이러한 (금욕적인 정신이라는) 지주를 더 이상 필요로 하지 않는다. 금욕의 명랑한 후계자인 계몽주의의 장미빛 분위기마저도 오늘날에는 완전히 없어져 버린 것 같고 '직업의무' 의 사상(세속의 직업은 신으로부터 부여받은 사명이라고 고무하는 사

상)은 이전의 종교적 신앙이 타버린 연기가 되어 (지금) 우리들의 생활 속을 떠돌고 있다.

이렇게 말한 베버는 장차 누가 이 쇠우리(iron cage) 속에서 살게 될까 하는 물음을 던지면서 다시 한번 장래에 대한 전망을 시도한다. 자본주의의 거대한 발전이 끝날 때 어떻게 될 것인가? 그는 다음과 같은 세 가지 경우가 가능하다고 전망한다. 하나는 새로운 예언자가 나타나 사람들이 가야 할 한층 더 옳은 길을 제시해 주는 것이다. 이것이 가장 바람직한 길인지 모른다. 또 하나의 가능성은 이전의 사상이나 이상이 강력하게 부활하는 길이다. 이것은 당장은 좋은 결과를 가져올지 모르지만 어떤 점에서 상당한 위험을 내포한 길이다. 제3의 가능성은, 오늘날처럼 계속 이 쇠우리가 점점 더 강화되어 간다면 일종의 기괴한 기계적 화석화가 일어나는 길이다. 결국 자본주의라는 쇠우리가 거대한 자동 기계로 변해 버리는 그러한 가능성을 생각할 수 있다는 것이다.

(12) 공산주의적 인간이해
　(가) 칼 마르크스의 사상적 배경 (Karl Marx, 1818~1883)
　다윈과 마찬가지로 마르크스도 위대한 현대사상가 중의 한 사람이다. 다윈은 과학에만 전념했던 데 반해, 마르크스는 당대의 정치적 사건에 보다 깊이 개입하였다. 그는 항상 이론과 실천의 괴리를 경멸했나. 그의 유명한 말 중에 이런 말이 있다. "지금까지 철학자들은 단지 다양한 방식으로 세계를 해석해 오기만 하였다. 그러나 중요한 것은 세계를 변화시키는 것이다." 마르크스는 사회적 맥락에 관심을 기울였는데 "보수적 사상가들은 한층 인간성의 '주어진' 양상을 강조했고, 또 급진적 사상가들은 사회가 사람을 형성했다"는 견해를 피력했다.

마르크스 역시 사람의 생물학적 요소를 무시할 수는 없었다. 사회가 제아무리 사람과 사회와 역사에 지대한 영향을 끼친다 하더라도, 사람의 창조물은 존재하는 것이다. 사람이 사회를 창조하고 그 다음 사회가 사람을 주형하는 변증법적 과정이 있으며, 그 다음에는 사람이 자신의 사회적 환경을 개조하게 되고 그 개조된 환경은 더욱 큰 영향력을 갖게 되는 것이다. 마르크스주의자들이 사람을 망각할 정도로 사람 행위의 사회적 결정 인자에 지대한 관심을 기울인 것은 부분적으로는 생물학적인 것이기도 한 전반적인 역사과정에 마음이 끌렸기 때문이다. 꼭 한 군데에서 마르크스는 아리스토텔레스의 '정치적 인간'이라는 말을 인용했다. 그는 이렇게 말한다. "사람이란 사회적 동물일 뿐만 아니라 글자 그대로 정치적 인간이기도 하다. 그는 다윈과 동시대의 삶을 살았던 사람으로, 다윈의 이론을 차용하여 자신의 이론을 체계화시키기도 하였다. 즉 그는 다윈의 자연도태 개념을 역사 변혁을 위한 유추론(analogy)으로 활용했다. 사람을 설명하는데 있어서, 경제적인 사람의 특성을 강조함으로써 그의 사상은 발전했다. 그의 저서 『자본(Das Kapital)』의 초판 서문에서 그는 방법론적으로 사람을 오직 '경제적 범주를 의인화한 사람, 즉 특정 계급관계와 이해관계를 가진 자'로서만 다루었다는 점을 분명히 했다. 이러한 강력한 경제결정론은 그 정도가 지나쳐 실패할 수도 있다. 만약 사상이 사실상의 경제적 이해관계에 의해 만들어지는 것이라면, 무슨 수로 혁명적 구호들을 효과적으로 외칠 수 있게 만든다는 말인가?

(나) 사람과 세계와의 관계

마르크스는 변혁을 갈망했다. 그리고 더 나은 사회를 창조하기를 원했다. 그의 이론 중, 종종 '인간주의적'이라고 일컬어지는 경향은 엥겔스와 함께 일하기 전에 썼던 초기 저작에서 분명하게 드러나고 있다. 성숙한 마르크스가 그의 초기 저작들에서 분명하게 드러나고 있다.

그의 가장 중요한 초기 개념은 "소외론"이었다. 그는 노동자들이 자체의 생명력을 가지고 있는 것 같지만 자기 노동의 창조물로부터 소외되었으며 더 많은 물건을 생산하면 할수록, 그것들은 더욱 더 '낯선 객체의 세계'가 되어간다고 지적했다. 상품의 세계는 노동자들에게 적대적이고 그들을 짓밟아버리는 자체의 힘을 가지고 있다. 이제 노동은 원래의 의미였던 자유롭고 창조적인 인간성의 표현이 되지 못하고, 비인간화와 타락의 도구가 되었다. 마르크스는 노동이 소외되면, 노동은 사람 고유의 자유로운 의식적 활동을 수단으로 전락시키고, 사람을 동물과 구별해주는 의식적이고 목적 있는 노동이 왜곡되어 버린다는 것이다. 노동은 이제 더 이상 자유의 표현이 되지 못하고 자신의 창조주를 배반한 세계를 창조하는 수단이 되고 만 것이다. 마르크스는 소외된 노동, 그리하여 사람들을 갈라서게 한 소외된 삶의 중심에 사유재산이 도사리고 있다고 보았다. 마르크스와 엥겔스의 공저인 『공산당 선언』에서 공산주의 이론을 그는 한 줄로 요약해놓고 있다. 그것은 '사유재산의 폐지'였다.

(다) 사람이 된다는 것은 무엇인가?

마르크스는 사람이 자신의 진정한 자아를 발견할 수 있는 이상적인 사회에 대한 비전을 가지고 있었다. 그것은 미래의 공산주의 사회에 대한 그의 비전과 밀접한 관련을 맺고 있다. 더 이상 노동의 분업도 계급의 분열도 없는 사회를, 그래서 이기주의가 사라지고 서로 협동하면서 살게 될 그런 때를 고대했다. 그는 사람의 잠재성이 어느 하나라도 쓸데없이 좌절되어서는 안되는 것이라고 생각하고 우리 모두가 진정한 사람이 될 수 있는 사회를 기대했던 것이다.

무엇보다도 마르크스는 사람의 완전성을 신뢰했다. 그는 자본주의의 사회 구조 때문에 사람답게 살아가지 못했다고 믿었다. 일단 자본주의를 청산하고 나면, 진정한 인간성을 꽃피울 수 있는 기회가 올 것으로 생각했다. 하지만 혁명 이후 사회들의 상황을 조사해보고 제 모습을 갖춘 마르크스주의 국가들이 인간성을 얼마나 번영시켰는지를 살펴보면, 그런 말은 부적절한 것이었음을 알게 된다. 어떤 사회주의 국가도 마르크스가 말한 공산주의의 마지막 단계에 돌입하지 못했기 때문에 이런 평가가 불공정한 것일 수도 있다. 그러나 사람이란 자신의 가르침대로 실천하지 못할 때가 비일비재하다는 평범한 진리는 공산주의 혁명운동에서 예외는 아닌 것 같다.

마르크스의 업적은 사람의 사고와, 사람답게 사는 사회의 꿈이 우리에게 있음을 강조했다는 것이다. 그는 사회란 경제적 요소들에 의해 주형된 것이라는 점을 강조했으나 사회의 경제 구조가 바뀌면, 사람의 본성도 바뀌게 되는 것일까 하는 수없이 반복되어온 질문에 다시 직면하고 만 셈이다.

2. 동양의 철학사조

2.1 유교의 인간론

(1) 유교의 인성론(人性論)

유교에 있어 인간성의 본질은 선(善)하다는 견해가 그 주류를 형성하고 있다. 공자(孔子)이전의 유교 경전을 살펴보면, '사람이 선천적으로 받은 큰 덕(德)을 다시 잘 밝힌다', '하늘이 사람에게 인의예지신(仁義禮智信) 등의 본성을 부여하였다' 또는 '하늘이 사람에게 인륜질서를 주고 또 그것을 주관할 만한 마음의 바탕을 주었다'고 설명하고 있다. 이것은 사람의 본성이 곧 선하다는 것을 의미한다고 할 수 있겠다. 하지만 공자의 논어(論語)에서, 자공(子貢)은 부자(夫子)의 문장(文章 : 용모, 언어, 행동 등을 의미)은 얻어들을 수가 있으나 부자의 성(性)과 천도(天道)에 대한 말씀은 얻어들을 수가 없었다고 술회한 것을 보아 공자의 시대에 있어서 인간성의 문제는 크게 대두되지 않았던 듯하다.

논어에서 공자는 '성상근야 습성원야 (性相近也 習相遠也)'라 하여 사람의 본성은 서로 근사하고 큰 차이가 없으나 환경과 습관에 의하여 서로 큰 차가 생기게 된다고 하였고, 공자의 정통을 계승한 그의 손(孫) 자사(子思)는 중용(中庸)의 첫머리에 하늘(天)이 사람에 명하여 부여한 것이 성(性)이라고 하였다. 중국의 하늘(天)은 형체적천(形體的天), 주재적천(主宰的天) 철리적천(哲理的天) 등으로 쓰이고 있으나 하늘(天)은 대체로 사람과 만물을 창조한 권위와 정의와 사랑의 상징이며 또 선(善)의 표준이라고 볼 때에 하늘이 사람에게 준 인성의 본질은 선하다는 결론이 성립된다.

(2) 맹자의 성선설과 순자의 성악설

자사(子思)의 계통을 이어받은 맹자(孟子)는 인성의 본질은 절대적으로 선하다며 학설의 기초를 성선론(性善論)에 두고 있다. 맹자는 성선(性善)의 실증을 드는 데 있어 시서(詩書)와 자사의 설(說)을 인용하여 연역적(演繹的) 방법으로도 설명하고 사람의 심리작용에 근거하여 귀납적(歸納的) 방법으로도 설명하여 당시 성선악이원론적(性善惡二元論的) 견해에 대하여 반박하고 성선론(性善論)의 기초를 수립하였다.

이에 반하여 맹자보다 4, 50년 후 즉 전국말기에 출현한 순자(荀子)는 같은 유가(儒家)계통의 학자이나 성악론(性惡論)을 주창하여 맹자의 성선설을 반박하였다. 순자는 그의 성악편(性惡篇)에 "人之性惡 其善者 僞也"라 하여 인간성의 본질은 악한 것인데 선(善)하게 됨은 인위(人爲), 즉 후천적 수양 때문이라고 하였다. 위(僞)는 허위라는 뜻이 아니고 인위(人爲)라는 회의문자(會意文字)이다. 사람의 성(性)은 나면서부터 이(利)를 좋아하므로 쟁탈이 생기고, 나면서부터 미워하는 마음이 있으므로 남을 해치는 행위를 하게 되고, 나면서부터 이목(耳目)의 욕심이 있으므로 음란한 행위가 있게 된다고 하여 순자는 사람의 본질을 악한 것이나 후천적으로 수양에 의하여 선하게 된다고 주장하였다.

맹순이자(孟筍二子)의 설을 비교 검토하여 보면 맹자는 공자의 '성상근(性相近)'의 어(語)에 중점을 두어 성선설을 주장하고, 순자는 공자의 '습상원(習相遠)'의 어(語)에 중점을 두어 성악설을 주장하였다. 맹자는 사람의 이타심(利他心)에 주목하고 순자는 사람의 이기심(利己心)에 유의하여 인간성의 본질을 규명하려 하였다. 그런데 맹순이자(孟筍二子)의 글을 보면 어떤 곳은 사람의 본질은 절대로 선하다고 하면서도 그 악한 면을 시인한 데도 있고, 사람의 본질은 절대로 악하다고 하면서도 그 선한 면을 긍정한 데도 있다. 이와 같이 유교(儒敎)에 있어 성선악논의(性善惡論議)는 맹순이자(孟筍二子)때에 성대히 논의된 후에 한대(漢代)의 양웅(揚雄)은 성선악(性善惡)의 이원론을 주장하였고, 이후에는 여러갈래의 인간론(人間論)이 있었으며 당대(唐代)에 이르러 좀더 구체적인 논의들도 있으나 사람의 마음의 작용은 구체적으로 측정할 수 없으며 또 사람의 능력도 기계적으로 일괄 규정할 수가 없으므로 성(性)의 상중하(上中下)의 구분과 그 한계점을 명확히 판정할 수 없다. 따라서 이 세 가지 구분은 막연한 추상론에 불과하다고 본다.

2.2 불교의 인간론

(1) 사람, 그 고통스런 존재

인도에서 '사람이란 무엇인가?' 라는 물음은, 곧 어째서 사람이 이처럼 고통스런 괴로움을 겪어야 하는가 하는 맥락에서 제기된다. 사람이 어떤 상황 속에 있는가는 『비유경(比喩經)』의 '흑백이서(黑白二鼠)' 라는 비유에서 다음과 같이 잘 표현해 주고 있다.

길 잃은 나그네가 넓은 광야를 헤매고 있다. 방향도 잡지 못하고 어디론가 길을 걷고 있는데 난데없이 광폭한 코끼리가 나타나 뒤쫓아 오고 있는 것이 아닌가. 정신없이 도망치던 나그네는 깊은 우물 하나를 발견한다. 우물가에는 칡넝쿨이 우물 속으로 늘어져 있어 나그네는 코끼리를 피하기 위해 칡넝쿨을 붙잡고 우물 속으로 피한다. 그런데 우물 바닥에는 독룡이 혀를 너울거리고 쳐다보고 있고, 우물 벽 사방으로는 네 마리의 독사가 나그네를 잡아먹으려고 한다. 설상가상으로 검은 쥐와 흰쥐가 번갈아 가며 붙잡고 있는 칡넝쿨을 갉아먹고 있다. 그런데 마침 칡넝쿨 위에는 벌꿀이 있어서 한 방울 두 방울 떨어지고 있다. 이런 절박한 상황 속에서도 나그네는 벌꿀 맛에 도취되어 주위의 위기 상황을 잊고 있다.

불교에서는 이것이 사람의 실상이라고 말한다. 여기에서 나그네는 미망(迷妄)한 사람의 생활을, 미친 코끼리는 무상(無常)을, 빈 우물은 생사의 샘을, 독룡은 죽음의 그림자를, 네 마리의 독사는 사람 몸을 구성하고 있는 지(地), 수(水), 화(火), 풍(風) 사대를, 칡넝쿨은 생명선을, 검은 쥐와 흰쥐는 밤과 낮을, 다섯 방울의 꿀물은 재물욕(財物欲), 색사욕(色事欲), 음식욕(飲食欲), 명예욕(名譽欲), 수면욕(睡眠欲)이라는 다섯 가지 욕락(五慾樂)을 비유한 것이다. 이 비유는 사람이 죽을 수밖에 없는 존재지만, 이를 인식하지 못하고, 세속적인 쾌락 속에서 행복을 추구한다고 경고하고 있다. 사람은 무지하여 이렇게 경쟁적으로 재물을 모으는 데서 행복을 추구하는 사람을 범부(凡夫)라고 부른다. 그러나 범부는 신정한 행복을 맛볼 수 없다.

그러므로 불교는 끝없는 마음의 동요와 저급한 행복에서 벗어나기 위해서 다른 길을 제시한다. 그것이 고(苦), 집(集), 멸(滅), 도(道)라는 사성(四聖)제의 진리이다. 사성제란 붓다(Buddha)가 보리수 밑에서 깨달은 후 녹야원(綠野苑)에서 최초로 다섯 비구에게 설법한 내용이다. 이 설법에서 사람의 실존적 모습을 고통으로 파악한 붓다의 견해가 잘 나타나 있다. 인생이란 고통스런 것인데 고통을 여덟 가지로 말할 수 있다는 것이다. 생(生)이 '고(苦)'요, 노(老)가 '고(苦)'요, 병(病)이 '고'요, 사(死)가 '고'라는 것이다. 또한 사랑하는 사람과 헤어진다는 것이 '고(애별리고(愛別離苦))'요, 미워하는 사람과 원수를 꼭 만나게 되어 있다는 것이 '고(원증회고(怨憎會苦))', 갖고자 하나 가질 수 없음이 '고(구부득고(求不得苦)'요, 오온(五蘊)에 집착하는 것이 '고(오취온고(五取蘊苦))'라는 것이다.

요컨대 붓다는 사람의 현실적인 모습을 불만족스런 것으로 보고 이로부터 벗어나는 올바른 사문(沙門)의 길, 즉 해탈(解脫)의 길을 제시한 것이다. 해탈이란 고를 벗어난 니르바나(nirvana : 열반) 상태이다. 불교의 사람 탐구는 마음 속에 어지러움이 없는 자유롭고 평화로운 경지인 니르바나를 이상으로 한다. 그러므로 불교에서는 사람 자체에 대한 질문보다는 실천적 수행이라는 점에 초점이 맞추어진다.

(2) 다섯 가지 요소로 되어 있는 사람

세계는 시간적으로 유한한가 무한한가? 세계는 공간적으로 유한한가 무한한가? 정신과 육체는 같은가 다른가? 여래(如來)는 사후에 존재하는가 존재하지 않는가? 존재하면서도 존재하지 않는가? 존재하는 것도 아니며 존재 안 하는 것도 아닌가? 붓다는 이같은 질문(四類十難)에 대해 아무런 대답도 하지않고, 침묵하는 태도(avyaka, 無記)를 보인다 침묵의 이유는 이러한 문제들에 대한 논의가 인생의 급선무인 행복이나 열반에 드는 것과 직접적인 연관이 없으므로 이 문제를 추구하는 것은 이롭지 못하다는 실용적인 설명을 한다.

인간자아의 구분과 함께 이를 이론적으로 뒷받침하는 오온설(五蘊設)

에 따르면, 사람은 색(色 : 형태가 있는 것으로 파괴될 수밖에 없다는 뜻을 지닌다. 단순히 시각적인 것뿐만 아니라 소리, 냄새, 맛, 촉감을 포괄하는 일체의 감각적인 것을 가리키며, 일반적으로 변화하는 물질적 성질의 전체이다. 이것은 사람의 육체, 즉 물리적 요소를 가리킨다. 그래서 육신을 色身이라고도 한다), 수(受 : 느낌, 감수의 뜻으로 감각 기관이 외부 세계와의 접촉을 통해서, 苦, 樂, 不苦不樂의 느낌을 수용하는 것이다), 상(想 : 생각, 표상의 뜻으로 물질적인 것이나 정신적인 것이나 그것을 표상을 취하는 것이다), 행(行 : 형성, 결합의 뜻으로 감각 기관과 그 대상에 대해서 능동적으로 행위하고, 작용하는 의지를 말한다), 식(識 : 의식, 식별의 뜻으로 대상을 구별하는 판단 이성의 작용을 뜻한다)으로 이름 붙일 수 있는 다섯 가지 부분으로 조직되어 있다.

이러한 분석은 사람 존재를 정신과 육체라는 이원적 실체에 의해 파악하는 서양철학과는 매우 다르다. 이 오온설은 사람의 전체 구성을 문제로 하는 것이 아니라, 사람의 존재 방식을 문제로 하는 것이다. 그런데 여기서 주의할 점은 오온이 사람인 것이 아니라, 오온이 있음에 의해서 사람이라는 이름이 있게 된다는 것이다. 불교에서 사람을 뜻하는 말인 '유정(有情 : sattva)'은 오온에 대해 탐욕하고 집착한다는 의미가 들어있다. 깨닫지 못한 유정자는 오온에 집착해서 그것을 나라고 보는 것이다. 그러나 오온에 대한 집착을 버리고 세상을 보면 색, 수, 상, 행, 식의 오온도 모두 무상(無常)하게 보인다. 그리고 이렇게 무상하게 뇐 사람의 상태를 해탈의 상태라고 명명할 수 있다.

(3) 해탈하는 여덟 가지의 길

해탈에 도달하기 위한 올바른 길을 붓다는 사성제의 진리 가운데 도제에서 제시한다. 그것은 여덟 가지 바른 길(八正道)을 수행하여야 한다는 것이다. 그 여덟 가지 길은 다음과 같다.

① 올바로 보라(正見) : 아침 노을이 해가 뜨는 전조이듯이 올바로 보는 것(바른 통찰)은 행복과 구원에 이르기 위한 선행 조건이다. 인생의 괴로움에 대하여, 사성제에 대하여, 무상함에 대하여, 또는 연기에 대하여 언제나 바르게 통찰해야 한다.

② 올바로 생각하라(正思) : 바른 생각은 정진(征塵)하는 자의 성격을 특징 짓는 기본 자세이다. 사람은 번뇌에서 벗어나고 노여움이 없으며, 해를 끼치지 않는 입장을 취하도록 노력해야 한다.

③ 올바로 말하라(正語) : 이것은 거짓말하지 말라는 윤리적인 기본 요구이다.

④ 올바로 행동하라(正業) : 이것은 윤리적 기본 법칙들의 실현을 포괄한다. 예를 들어 "살생하지 말라"는 금지의 계율은 "몽둥이나 칼 없이 부드러운 감정으로 자비롭게 모든 생물의 행복을 생각하라"는 긍정적 자세를 통해 보완될 수 있다.

⑤ 올바로 생활하라(正命) : 이것은 의식주를 구하는 방식과 관계하는 것으로, 기본적으로 자신의 생활이 다른 사람에게 불이익이 되어서는 안된다는 것을 의미한다.

⑥ 올바로 정진하라(正精進) : 바른 노력에는 네 가지 바른 노력(四正勤)이 있다.

⑦ 올바로 상념하라(正念) : 정념은 바른 기억이다. 특히 신체는 깨끗하지 못하며, 감각은 괴로움이며, 마음은 항상 변화하며, 모든 현상에는 불변하는 실체가 없다는 것을 바르게 기억해야 한다.

⑧ 올바로 선정(禪定)하라(正定) : 바른 집중은 의식의 첨예화로 묘사된다. 이것은 온 주의력을 특정 대상에 집중시키는 것으로, 이를 통해 선(禪)의 과정이 일어난다.

2.3 도교의 인간론

(1) 노자가 바라본 사람

(가) 도(道)를 도(道)라 말하면 도(道)가 아니다

중국의 사상은 유가(儒敎)와 도가(道敎)의 사상이 핵심을 이룬다고 말할 수 있다. 흔히 사람들은 유가의 사상은 현실적인 참여를 바탕으로 하고, 도가의 사상은 은둔적인 성격을 가진다고 한다. 그래서 도가는 현실의 생활을 떠나서 산림에 은거하는 신선과 같은 삶을 이상으로 삼는다고 생각한다. 그러나 노자의 사상은 유가에서와 같이, 우리가 노력하기만 하면 누구나 성인이 될 수 있으며, 현실에서 적극적으로 생활하되 속으로 속세에 물들지 않는 사람을 이상으로 삼고 있다.

그러면 도가에서 말하는 도(道)는 무엇일까? 중국 철학사를 볼 때 노자와 장자에 의해서 도 개념은 기존의 천(天), 제(帝) 개념과는 달리 완전히 비인격화된 궁극적 실재의 개념으로 바뀐다. 즉 도 개념은 그 사용범위가 천과 제 개념보다 더욱 확대되는데, 그 까닭은 도가 세계의 모든 사물을 포함하는 개념으로 변모되기 때문이다. 그러나 다른 한편으로 도는 그 이전의 천과 제의 개념을 계승하는 국면도 지닌다. 왜냐하면 도교가 도와 사람과의 상호 관련성을 주장함에 있어서 도가 사람에게 불가결하다고 생각하고 있기 때문이다. 그렇지만 이때에도 도교의 도는 결코 사람에게 어떤 특수한 은혜를 베풀거나, 사람의 복지에 깊은 관심을 갖는 존재로 나타나는 것은 아니다. 다만 도는 어떤 득정한 사물에 치우침이 없이 만물을 생산, 포용, 변화, 보존하는 것일 따름이다.

> **도를 도라고 말할 수 있는 도는 늘 그러한 도가 아니다. 이름이 이름 붙여질 수 있는 이름이라면 그건 늘 그러한 이름이 아니다.**
> **노자 『도덕경』 1장**

도가 어떤 유사한 특성에 의해서 서술될 수 없다는 말은 도가 어떤 유한한 특성을 지닌 사물과 다르다는 것을 의미한다. 즉 유한한 특성을 지닌 사물을 유(有)라고 한다면, 도는 이러한 유와는 정반대가 되므로 노자는 도를 무(無)라고 부른다. 그러므로 노자는 도를 소극적으로 인정되는 실재가 아닌 제한을 받지 않는 모든 사물의 원천 혹은 본원적 대상이라는 적극적 존재로 파악한다. 노자가 보는 도의 다른 특징은 도가 공(空), 무(無)이면서 동시에 일체 사물을 만든다는 것이다.

이름이 없는 것은 천지의 원시 상태이고, 이름이 있는 것은 만물의 근원이다.　　　　　　　　　　　　　　　　노자 『도덕경』 1장

천하의 만물은 유(有)에서 생기고, 유는 무(無)에서 생긴다.　　　　　　　　　　　　　　　　　　　　노자 『도덕경』 40장

도는 하나를 낳고, 하나는 둘을 낳고, 둘은 셋을 낳고, 셋은 만물을 낳는다.　　　　　　　　　　　　　　　노자 『도덕경 』4장

이런 의미에서 도는 모든 존재의 근원이다. 도는 자연계의 원동자(原動者)이기 때문에 무궁무진한 잠재력과 창조력을 가지고 있다. 그러므로 만물이 태어나고 성장하는 것도 모두 도의 표현에 불과하다. 이런 도가 만물에 작용할 때 어떤 법칙성이 드러난다. 노자는 그것이 우리 사람의 행위 준칙이 될 수 있다고 보았다.

(나) 도는 아무 것도 하지 않는 것인가?

노자는 무위를 우주의 본원인 도의 근본 법칙이며 도의 덕성(德性), 즉 현덕(玄德)의 중요한 내용이라고 말한다.

사람은 땅을 본받고, 땅은 하늘을 본받으며, 하늘은 도를 본받고, 도는 자연을 본받는다.　　　　　　　　　　　　　노자 『도덕경』 25장

여기에서 자연(自然)이란 무위(無爲)를 가리킨다. 무위란 목적도, 의식도, 작위도, 그리고 욕망도 없음을 뜻한다.

> 무위(無爲)란 곧 위(爲)의 부정이 아니라 위(爲)의 긍정이다. 무위(無爲)는 사람의 욕망과 분별과 허위 의식과 교만 의식과 거공(居功)의 집착에서 나오는 작은 위(爲)가 아니라, 그러한 모든 유위(有爲)를 넘어서는 커다란 위(爲)인 것이다. 그것은 위(爲)의 부정으로서의 무위(無爲)가 아니라, 곧 무적(無的)인 위(爲)이다. 위(僞)가 사라진 순수 위(爲)인 것이다.
> 김용옥 「노자와 21세기(上)」

그러므로 도는 무위하며 자연에 순응한다는 말이다. 도가 무위하기 때문에 만물은 비로소 자연안에서 생장할 수 있다. 말하자면 도는 아무것도 하는 바가 없으면서 아무것도 하지 않는 바가 없다.

(다) 최상의 사람, 성인(聖人)

노자는 사람을 세 종류로 나누고 있다. 첫째, 으뜸가는 사람은 도를 듣고 깨달으면 열심히 노력하여 실천하는 자요, 둘째, 중간치의 사람은 도를 들어도 반신반의하므로 있는 듯 없는 듯한 태도를 취하는 자이며, 셋째, 하층의 사람은 도를 들으면 크게 비웃고 전적으로 무시하는 자이다. 여기서 노자가 바라는 첫째가는 사람은 지혜로운 사람이다. 이 사람은 자연적 존재이다. 자연적 존재는 도를 체득하여 일체의 것으로부터 속박되지 않은 성인이다. 자신의 마음에 속박되지 않고 얽매이지 않는 이런 성인은 참된 지혜가 없이는 불가능하다.

(라) 성인이 되는 길

노자가 묘사하고 있는 성인의 모습은 어떠한 욕심에도 얽매이지 않고, 하늘이 부여한 순수함 그 자체를 가지고 도에 따라 살아가는 것이다. 그

러기 위해서 노자는 사람이 가지고 있는 소유욕(所有慾)과 명예욕(名譽
慾)을 버리라고 강조한다. 소유욕과 명예욕을 버려야만 진정한 자유인인
성인이 될 수 있다는 것이다. 노자는 무엇이나 조금 덜 찬 것, 조금 부족
한 듯한 것, 겸허한 것이 좋다고 한다. 그리고 어느 정도의 한계에서 만족
할 줄 알아야 하며, 조금은 부족한 듯한 위치에 머물러야 하며, 물러가야
할 시기에 미련없이 물러설 줄 알아야 한다는 것이다. 이로써 마음은 항
상 겸허한 것이 좋고, 더 나아가 근심하고 두려워할 줄 알아야 한다. 그래
서 지혜로운 사람은 소유하고 욕심을 부리되 그것에 매달리지 않는다.

노자는 명예를 그리 중하게 생각하지 않는다. 그렇다고 명예를 무조건
버리라고도 하지 않는다. 명예를 추구하고 있는 세상 사람들의 방법을 비
판하고 있는 것이다. 그는 세상 사람들이 추구하는 방법과 정반대로 하면
명예가 드높여질 것이라고 가르친다. 즉 명예를 추구하지 않을 때, 명예
에 매달리지 않을 때 오히려 명예롭게 된다. 명예에 구속되지 않는 삶, 명
예로부터 자유로울 것을 요구한 것이다.

(2) 장자가 바라본 사람
(가) 스스로 움직이는 도
장자의 정신 세계는 매우 웅대하여 사람 중심적인 편협한 세계관을 멀
리 뛰어넘었다. 그러나 단지 현실을 도피하고 초월적 경지에 안주하는 것
을 구경(究竟)-깨달음-의 이상으로 삼은 것은 아니다. 그는 이상(理想)
상태를 양행(兩行)이라고 표현한다.

**성인은 시비를 조화시키고 자연적인 균제(均齊)에 맡기니 이것을 양행(兩
行)이라 한다.**   장자 「제물론」

장자가 말하는 양행이란 부정의 부정이고, 초탈과 복귀라고 해석할 수 있다. 모든 사람은 자기 중심적으로 타자를 보고 한정하려고 하는 데서 시비가 발생한다. 또한 주관적인 가치 판단에 의해서 좋아하고 싫어하며, 사랑하고 미워하는 데서 모든 혼란과 투쟁이 발생한다.

그러므로 일차적으로는 모든 종류의 자기 중심적 관념들이나 집착에서 벗어나 초탈할 필요가 있다. 그러나 현실 부정에 치우쳐 이곳을 떠난 다른 곳에만 평화 또는 이상적 경지가 있다고 생각하는 것은 아직 완전하지 못하다. 왜냐하면 이는 현실 문제의 해결이 아니라 도피일 뿐이기 때문이다. 또한 현실을 포용하지 못한 이상적 경지라는 것도 완전한 것일 수는 없기 때문이다. 그러므로 도를 통찰한 마음으로 다시 현실에 복귀해야 한다.

장자는 노자의 도를 더욱 발전시켜, 만물은 형상이 있는 구체적 존재물이므로 그 스스로 유를 발생할 수 없고 반드시 무유(無有)에서 생겨난다고 주장한다. 여기서 무유는 도를 가리키는데, 이것은 형상이 없는 것은 물론 아무것도 존재하지 않는 것을 가리킨다.

> 광요가 무유에게 물었다. "당신은 있는 거요, 없는 거요?"
> 무유는 대답하지 않았다. 광요는 다시 물을 수가 없어 그의 모습을 자세히 들여다보니, 아득하고 텅비어 있었다. 온종일 바라보아도 보이지 않고, 들어 보아도 들리지 않으며, 잡으려 해도 잡히지 않았다.
> 그래서 광요는 이렇게 말했다. "이것이 최고의 경지로구나. 누가 이러한 경지에 도달할 수 있겠는가? 나는 무의 경지에까지는 이를 수가 있지만 '무마저 없는(無無)' 경지에는 미칠 수가 없다."　　　　　장자

여기에서 '무무'의 경지란 바로 무유의 도의 경지이다. 이 경지는 무의 경지를 초월하여 단순히 형체가 없는 것을 떠나 공무(空無), 즉 무소유의

경지에 이른 것이다. 이렇게 장자가 노자의 도를 무유 혹은 무무라고 해석한 것은 그가 추구하는 인생의 목적, 즉 소요유 사상과 밀접한 연관을 맺고 있다. 만약 개인의 정신이 최고의 도의 경지인 무무의 경지에 이를 수 있다면, 그러한 개인은 이 절대 허무의 고요하고 편안한 경지에 처하여 정신을 간섭하는 모든 요소로부터 벗어날 수 있을 것이기 때문이다. 정신의 절대적인 자유와 안정을 유지하는 것이 장자 철학의 목표이다.

(나) 지인(至人)

장자가 그리며 추구하고 있는 이상적 인간상은, 자기 육신의 구속을 초탈하여 대자연의 질서에 따라 행동하며, 죽음까지도 의식하지 않고 초연히 세계를 넘어서는 사람이다. 즉 그것은 인위적인 현실의 사람 세계에서 조화로운 자연 세계와 일치된 삶을 영위하는 사람이다. 그는 현실의 모든 구속으로부터 벗어나, 천공을 자유롭게 비상하는 대붕(大鵬)과도 같은 자유인(自由人)이다. 장자는 이런 인물을 '성인(聖人)', '지인(至人)', '신인(神人)', '진인(眞人)' 등으로 부른다.

도의 근본으로부터 떠나지 않는 사람을 천인(天人)이라 하고, 도의 정수로부터 떠나지 않는 사람을 신인(神人)이라 하고, 도의 순진으로부터 떠나지 않는 사람을 지인(至人)이라 한다.

장자

이와 함께 장자는 그 어떤 명성, 사업, 지모(智謀) 등도 성인, 신인, 지인들에게는 모두 번거로운 오점(汚點)에 불과하기 때문에 버려야 한다고 말한다. 그런 다음에 마음을 도에 두고 우주 만물과 한 덩어리가 되어 무제한의 시간과 공간에서 거닐어야 한다고 말한다. 이렇게 되면 사람이 천도(天道)에게서 받은 형체, 생명은 하늘이 준 자기 수명을 살 것이다.

(다) 이상에 이르는 길

장자는 자연을 생각하고 말하고 행동하는 데 최고의 표준으로 삼았다. 이를 '법자연(法自然)' 또는 '순자연(順自然)'이라고 한다. 자연에 따르면 자기 자신의 의도와 목적 그리고 선입견 등 일체 사의(私意)를 배제해야 한다. 이를 장자는 "사물의 자연스러운 본성에 따르되 사의를 개재시키지 않음"이라고 하였다. 개인의 사심(私心)은 사람과 지역과 시대에 따라 천차만별이다. 그러므로 이러한 마음은 행위의 올바른 척도가 될 수 없다. 자연에 따르려면 사물을 그의 본성에 맞게 대해야 한다.

장자는 자기의 내면에서 길을 찾지 않고 바깥 세계에서 찾으면 천지 만물의 근원인 도를 찾을 수 없다고 말한다. 그리고 그런 도를 터득하기 위해서는 심재(心齋), 전심일지(專心一志), 좌망(坐忘)이 필요하다고 한다. 심재는 제사를 앞둔 사람이 며칠동안 술을 마시지 않고, 고기를 먹지 않는 육신의 재계(齋戒)를 하듯 마음의 재계를 뜻한다. 이런 심재를 통해 마음 속에서 물질에 대한 욕심으로 물든 성향을 씻어버리면 마음이 텅비게 되고, 마음이 텅비게 되면 허령(虛靈)하게 된다. 이러한 경지에 이르면 자연히 나와 대상 사이의 간격이 없어지고 나와 물을 모두 잊어버리는 물아양망(物我兩忘)의 체험이 이루어질 수 있다.

마지막으로 장자는 사람들로 하여금 물질에 속박당하지 말고 그것을 오히려 제어할 수 있는 정신의 자유를 추구하라고 강조한다. 그래서 그는 "물(物)을 물되게 하되, 물에 의하여 물뇌시 않게 하라"는 인생관을 제시한다. '물물이불물어물(物物而不物於物)'은 일체 사물과 사건을 주재하되 그에 의하여 좌우되지 않음을 뜻한다. 만약 어떤 사람이 천지 만물을 존재하고 움직이게 하는 도(道)와 하나가 되어 생각하고 말하고 행동한다면 어떤 사물에도 구애받지 않고 자유 자재할 수 있다. 이를 장자는 소요유(逍遙遊)라고 한 것이다.

2.4. 힌두교의 인간론

(1) 사람이 원하는 것

힌두교라는 거대한 덩어리를 포괄적이며, 핵심적인 말로서 요약하자면, 그것은 사람들에게 "원하는 바를 가질 수 있다" 가르치는 것이다. 우리는 무엇을 원하는 것인가? 오랫동안 이 문제를 다뤄온 인도는 네 가지로 대답한다.

사람은 처음에 쾌락을 찾는다. 인도철학이 금욕적이고 내세적이며 현실을 부정하는 것으로 알려져 있지만 사실은 그렇지 않다. 인도에서는 쾌락을 인생의 최고 목표로 삼지는 않지만 또한 그것을 죄악시하지도 않는다. 쾌락을 찾는 사람에게 "그것을 좇아가 보아라. 거기에 잘못된 점은 하나도 없다"고 말해 준다. 힌두철학에 내포되어 있는 쾌락주의의 아기자기하고 솔직한 맛은 실로 서구인을 놀라게 하기에 충분하다. "그대가 원하는 것이 쾌락이라면 그것을 억제할 필요는 없다. 가능한 대로 풍부하고 아름답게 충족시키도록 하라." 이렇게 말하면서도 인도는 기다린다. 사람이 원하는 것 전부가 쾌락이 아니라는 것을 깨닫게 되기를 기다린다. 결국 이러한 깨달음에 이르게 되는 것은 쾌락이 악해서가 아니라 사람을 무기력하게 만들며 인간성 전부를 만족시키기에는 너무나 좁고 하찮은 것이기 때문이다.

이제 사람의 쾌락은 사그라들고, 그리곤 다시 찾아 나서는 것은 재산과 명예와 권력의 3면을 가진 세속적 성공이다. 소유욕과 명예욕과 권세욕은 사람의 마음 깊숙이 잠재하고 있다. 하지만 쾌락과 같이 그것들 역시 경멸할 것은 못된다. 조그만한 세속적 성공은 가정을 유지하고 자녀를 기르며 시민의 의무를 이행하는 데에 없어서는 안되는 것이며, 또 세속적 성공으로 인해 많은 사람들이 위신을 세우고, 자신감을 가지고 살게하기 때문이다. 그러나 결국은 여기에서도 쾌락과 마찬가지로 부족감을 느끼게 된다. 힌두교는 사람이 원하는 것 4가지 중에서 위의 2가지를(쾌락과 성공) "욕망의 길(Path of Desire)"의 두 목표라고 한다.

그렇다면 인생은 우리에게 어떤 의미심장한 뜻을 부여하고 있는가? '두 가지'라고 힌두교는 대답한다. 욕망의 길과 대조적으로 이들을 "버림의 길(Path of Renunciation)"이라고 한다. 힌두교에서 버림은 환멸이 아니다. 버림은 현재의 경험적 가치를 초월하는 영원한 가치에 대한 확신의 유일한 증거이다. 버림의 길에는 두 개의 요소가 있다. 인간 사회가 그 첫째 요소이다. 나의 생명을 부지하며 동시에 수 많은 다른 생명을 떠 받들 때 인간사회는 하나의 '나'만이 가지지 못하는 중요성을 내포한다. 이것이 종교의 첫걸음이다.

이것은 또 힌두교의 인생관에서 세 번째 목표가 되는 의무의 시작이기도 하다. 정신적으로 성장한 사람들에게는 이것의 위력이 대단한 것이다. 많은 사람들이 쟁취하려는 소원에서 봉사하려는 소원으로, 얻으려는 소원에서 주고 싶어하는 소원으로 전환한다. 승리하려는 것이 아니라 최선을 다하고, 인생이 지워주는 무슨 과업이든지 완수하려는 것이 그들의 가장 깊은 목적으로 된다. 이 세 번째의 인생 목표 역시 괄목할만한 보람을 안겨 주기는 하지만 우리의 희구를 궁극적으로 채워주지는 못한다. 충실히 의무를 이행하면 만인의 칭송을 받는다. 그러나 더 만족스러운 것은 자기 의무를 다하고 또 공헌하였을 때의 자부심 때문이다. 그렇지만 이러한 인식이 사람의 욕망을 충분히 감당할 수 있는 기쁨을 주지는 못한다. 그리고 바로 이 순간이, 즉 세 번째 인생 목표에서의 좌절의 때가 힌두교가 기다리는 순간이다. 사람이 쾌락과 성공과 의무에 만족해 버린다면 힌두교의 현자는 이러한 목표를 더욱 효과적으로 얻는 방법을 제시해 줄 뿐 그 밖의 소란을 피우지 않을 것이다.

(2) 사람의 진정한 소망

첫째, 우리는 살아 있기를 원한다. 정상적이라면 죽기를 원하는 사람은 없다. 미래가 '나' 없이 진행되는 것을 기쁘게 받아 들이는 사람은 없다. 혹 절망에 빠져 자살하려는 사람이 있기는 하다. 그러나 아무도 죽는 것을 기쁘게 느끼는 사람은 없다. 둘째, 우리는 알고 깨닫기를 원한다. 사람은 끊임없이 알고자 한다. 자연의 신비를 파헤치는 과학자이든지 일반인이든지 가릴 것 없이 우리는 모두 만족시킬수 없는 호기심을 가지고 있다. 셋째로, 사람이 찾는 것은 기쁨이다. 그것은 감정의 순화(醇化)로서 좌절이 아니며 허무함이 아니며 지루함이 아닌 그 반대의 감정이다. 이들이 사람의 진정한 소원이다. 사람 특징중의 하나는 무한함을 생각할 수 있는 점이다. 정녕 사람이 원하는 것은 무한한 삶, 무한한 지식, 무한한 기쁨이 될 것이다. 이 뜻을 다시 모아 하나로 정리하자면, 사람이 진정으로 원하는 것은 자유 – 현재의 삶을 매섭게 억압하는 헤아릴 수 없는 속박으로 부터의 완전한 해탈이다. 쾌락, 성공, 의무의 성실한 이행, 그리고 자유. 이것으로 사람의 피상적 소원과 진정한 소원에 대하여 일단락이 맺어진 것이다.

2.5 이슬람의 인간론

(1) 이슬람의 배경

이슬람교의 역사는 6세기경 아랍에 살고 있었던 모하메드로부터 시작된 것이 아니라, 하나님으로부터 시작됐다고 이슬람교인들은 주장한다. 기독교의 정경인 성서의 창세기 첫 부분에는 "태초에 하나님이……"로 시작된다. 이슬람의 경전인 코란도 이것에 동의하고 있다. 성서와 다른 것은 하나님의 이름을 '알라'로 쓰고 있다는 점이다. 학문적으로 '알라'는 단일신을 의미하며 유일한 하나님을 말한다.

'알라'는 세상을 창조하고 나서 사람을 창조했으며 그 창조된 제일 첫 사람의 이름은 아담이다. 아담의 후손이 노아를 낳고 노아에게는 아들 셈이 있었다. 그리고 여기에서 아랍인들은 유대인과 마찬가지로 자신들을 노아의 아들인 셈의 후손으로 이해하고 있다. 셈의 후손은 아브라함으로부터 왔으며 아직도 그들의 풍습은 여러 면으로 공통성이 있다. 아브라함이 아들을 제물로 바쳐야 하는 시험에 순종한 사실이 코란에는 '아슬라마'라는 동사로 쓰여 있으며, 이슬람이라는 이름은 바로 여기에서 유래된 것 같다. 아브라함의 아내 사라는 아들을 낳지 못하여 아들을 원하던 아브라함은 하갈을 맞이하여 아들 이스마엘을 낳았다. 그 후에 사라도 아들 이삭을 낳았다. 사라는 이스마엘과 하갈을 아브라함의 족보에서 제거할 것을 아브라함에게 주장했다. 여기서 코란과 성서가 분리되기 시작한다. 코란에 의하면 이스마엘이 메카로 갔고, 그의 후손이 아랍인으로서 모슬림이 되었고, 이삭의 후손은 팔레스타인에 남아서 오늘의 유태인이 되었다는 것이다.

(2) 이슬람의 신학적 근본개념과 하나님의 자녀인 사람

이슬람의 신학적 근본개념은 유대교와 기독교의 그것과 거의 비슷하다. 그중 가장 중요한 점을 네가지로 요약할 수 있는데, 그것은 알라, 창조, 사람 그리고 심판의 날이다. 어느 다른 종교에서와 마찬가지로 이슬람교의 모든 중심은 하나님 혹은 알라의 존재이다. 아랍 사람들은 하나님이 실체로 존재한다는 데 대해 의심을 갖는 사람이 없다. 사막을 돌아다니는 사람들로서 보이지 않는 손이 밤 사이에 모든 것을 휩쓸어가서 여행자를 멸망시키는 일이 흔히 있기 때문이다. 그러나 코란은 보이지 않는 영적인 세계를 소개하지는 않는다. 그들의 생활 경험에서 단일신에게 집중하는 혁신을 하게 되었으며, 그로 인하여 일신교는 아랍종교에게 준 이

슬람의 지워버릴 수 없는 큰 공헌이라 하겠다.

　"이스라엘아 들으라. 하나님 우리의 주는 오직 한 분이시다." 이렇게 유대교는 하나님이 정확하게 지시하고 있는 유일신을 버리고 그들 집 전체에 있는 신들을 예배했고, 황금우상을 예배했다고 본다. 그리스도인들은 그 나름대로 그리스도를 신으로 받들면서 일신교를 타협해 나가는 것으로 이슬람은 보고 있다. 이슬람은 예수를 진정한 하나님의 예언자로서 존경한다. 그리스도의 처녀 탄생설도 받아들인다. 그러나 하나님의 아들 그리스도가 사람의 아들로 세상에 태어났다는 의견과 삼위일체 교리에 대해 경계한다. 그것은 인간성과 신성사이에 타협을 찾기 위해 인성을 강조하는 것 처럼 보인다. 한 사람의 경향을 인용한 것으로 보고 있기 때문이다. 그러나 예수가 하나님의 아들이라고 주장하는 것은 그가 모든 사람을 품어주는 하나님 아버지의 성품을 지니고 있기 때문이다. 모든 사람하나 하나가 다 그에게 있어서는 하나님의 자녀인 것이다.

2.6 한국 전통종교의 인간론

　⑴ 샤머니즘의 인간론

　　(가) 샤머니즘의 기원

　샤머니즘을 한국의 고유한 종교처럼 말하는 사람들을 우리의 주변에서 가끔 보게 된다. 그러나 이같은 주장은 사실 근거없는 견해이다. 샤머니즘은 북방문화권에 속하는 한반도 주변의 만주, 시베리아, 중국, 몽고, 일본 등 다른 민족에게서도 찾아볼 수 있는 보편적인 원시종교 현상이다.

　　(나) 샤머니즘의 기본구조

　샤먼의 종교적 사상은 흔히 분류되는 고등종교의 그것과 비교하면 아직도 미숙한 단계에 머물고 있음을 부정할 수 없다. 그러므로 사상체계는 체험과 표현의 내용을 의식의 차원으로 환원시켜 객관화할 수 있는 여건이 구별될 때에만 비로소 가능하다. 물론 샤머니즘이 원시적인 단계에서 맴돌고 있다고는 하나 그들 나름의 사상적 표현이 있는 것만은 사실이다. 샤먼의 여러 가지 표현현상의 내용을 쪼개 보면 신령의 본성, 우주의 본성과 운명, 사람의 본성과 운명에 관한 생각이 핵심을 이루고 있다. 더 좁혀 말하면 신령과 우주와 사람이란 3가지 실재의 관계가 그 초점이다.

① 우주관 : 샤먼의 모든 사상적 표현 밑바닥에는 애니미즘(Animism)적인 원시적 사고방식이 깔려 있다. 애니미즘이란 사람은 물론 이 우주간의 삼라만상(森羅萬象)이 모두 '애니마(Anima)'라고 하는 정령(精靈)에 힘입어 존재한다고 믿는 것이다. 예를 들면 높은 나무나 큰 바위에는 위대한 애니마가 있다고 믿는다. 사람들보다도 힘이 강하거나 날랜 동물에게도 위대한 애니마가 있다고 믿는다. 밤 하늘에 반짝이는 별들이나 빛나는 태양에도 위대한 애니마가 있다고 믿는다. 수목(樹木)숭배, 산악숭배, 암석숭배, 동물숭배, 천체숭배 등 여러 가지 자연숭배(自然崇拜) 밑바닥에는 위대한 애니마에 대한 정령숭배가 깔려 있다. 애니미즘의 세계는 생명의 사회이요 갈등과 힘의 세계이다. 이 세계에 있어서는 모든 만물은 신화적(神話的) 인과율(因果律)로 서로 얽혀있다. 그러므로 이 정령의 세계에는 우연한 일은 하나도 없다고 믿는다. 그것은 주술적 인과로 얽히고 설킨 필연의 세계이다.

샤먼의 종교사상은 이러한 원초적 우주관을 전제로 이 우주가 천상계(天上界), 지상계(地上界), 지하계(地下界)의 3층구조로 형성되어 있다고 믿는다. 이 우주는 하나의 커다란 기둥으로 받쳐 있는 거대한 3층집과 같다고 믿는다. 천상계(天上界)에는 천신과 일월성신의 신령 같은 선신(善神)들이 존재하고 지상계(地上界)에는 인류를 비롯하여 금수초목 등 만물이 살고, 지하계(地下界)에는 못된 악귀와 악령들이 존재한다고 믿는다. 상계는 광명의 나라요, 하계는 암흑의 나라이다. 샤먼은 우주적 축(軸)이 되는 성역을 통하여 신령들과 영적(靈的)으로 서로 통할 수 있다고 믿는다. 이러한 3층구조의 우주관은 시베리아 퉁구스, 몽고의 샤머니즘에서도 뚜렷하게 나타나고 있는 보편적 우주관이다.

② 신관(神觀) : 샤먼의 신앙대상이 되고 있는 신령은 문자 그대로 부지기수이다. 무당의 직함 중에는 만신(萬神)이란 이름이 있는데 이는 일만 가지 신령을 섬기는 사람이란 뜻으로 풀이된다. 제주도의 한 무당에 의하면, 18,000여의 신령(神靈)이 존재한다고 믿는다. 그들의 믿음에 의하면 이 우주사이에는 신령과 악귀들이 꽉 차있다. 신관(神觀)을 중심으로 하여 보면 샤머니즘은 다령숭배(多靈崇拜 : Poly-demonism) 또는 다신론(多神論 : Poly-thiesm)적 원시종교이다. 통계에 의하면, 우리나라 무교의 신앙 대상의 약 63%는 지신(地神), 산신(山神), 수신(水神) 등의 자연신(自然神)계의 신령들이라고 한다. 이같은 신앙 경향은 우리 민족의 오랜 전통인 농경적 사회구조를 반영하고 있는 것으로 풀이된다. 이들 신령들 중에는 선신(善神)도 있고 악귀도 있다고 믿는데 그 기준이 아주 모호하여 대부분의 신령은 그 선악을 분간하기 어렵다. 선신이라 해도 잘 대접하지 않으면 성을 내고 사람에게 해를 끼치고 또한 병마(病魔)라도 잘 빌면 병을 낫게 도와준다고 믿는다.

③ 인간관(人間觀) : 사람은 육과 영을 받고 이 세상에 태어난다. 이 세상에 나올 때에 산신(産神)이 점지하고 잘 자라게 키워준다. 그래서 아이를 낳으면 밥과 미역국을 이 신령에게 올려야 한다. 그렇게 하지 않으면 신의 탈을 만난다고 한다. 이렇듯 사람의 생사화복(生死禍福), 흥망성쇠(興亡盛衰)는 사람 이상의 신령들의 조화로 좌우되는 것으로 믿는다. 북두칠성은 사람의 수복(壽福)을 다스리고, 대감신은 재복(財福)을 주고, 터주신은 주부를 보호한다고 믿는다. 이렇듯 사람 만사의 길흉은 오로지 신령의 뜻에 달렸다고 믿는다. 잘돼도 귀신 덕이요, 못돼도 귀신 탓이다.

이렇듯 샤머니즘에서는 만사를 밖으로 투사(投射)함으로써 해결하려 든다.

사람이 죽으면 목숨은 끊어지고 육체는 썩어 없어지나 영혼만은 없어지지 않고 저승으로 간다고 믿는다. 영혼불멸의 신앙이다. 진오귀굿에 의하면, 사람이 죽는 것은 저승에서 십왕신(十王神)의 차사(差使)가 와서 그곳으로 데려가기 때문이다. 저승에 가면 먼저 십왕신의 심판을 받고 낙지(樂地)로 갈 사람과 지옥으로 갈 사람으로 판정된다. 선행자는 낙지로 가서 영생을 누리고, 악행자는 지옥으로 가서 고난받는다고 한다. 여기에는 불교의 내세관이 지대한 영향을 미치고 있다.

불교 영향 이전의 내세관은 어떠하였을까. 우리 주변의 다른 민족들처럼 한국 무교의 원래적 내세관은 아주 단순하였을 것으로 보인다. 몽고의 무당들은 현세와 내세의 생활을 동일시하는 경향이 강하다. 이를 보면 이승과 저승과의 경계선이 모호하다는 점이다. 그래서 죽은 사람은 저승에 가서도 현세와 다름없이 새 생활을 계속할 수 있는 것으로 믿어 옛 사람들은 장례할 때에 무덤에 생전에 쓰던 가재도구 등을 함께 묻어 주었던 것이다.

(다) 샤머니즘과 현대인

일반적으로 샤머니즘은 민간신앙으로서 사회의 저변층을 이루는 하층민, 무학자, 농민층에서 주로 전승되고 있는 주술적 종교현상으로 이해한다. 그러나 엄밀하게 따지면 샤먼적 정신풍토는 어느 특성한 사회계층에서만 발견되는 것만은 아니다. 그것은 상류층, 지식층, 시민층에서도 정도의 차이는 있지만 쉽게 찾아볼 수 있다. 심지어 그리스도인들까지도 어려운 일을 만나게 되면, 무당이나 점쟁이를 찾는 경향이 늘어가고 있다. 이밖에도 입시철이나 선거시기가 되면 무당과 점쟁이 집은 문전성시를 이루는 것이 예사이다. 영화계나 기업체의 고사문화도 두루 알려진 사실이다. 이렇듯 샤머니즘은 이 사회 각계각층 구석구석에 침잠되어 사람들의 사고와 생활을 무서운 마력으로 지배하고 있다. 이렇듯 샤머니즘은 집단적 무의식으로서 이 백성의 마음 깊은 곳에 도사리고 있으면서 온갖 조화를 부린다. 오늘날 이 땅에서 일고 있는 신흥종교 현상도 넓은 시각에서 보면 기성종교를 모방한 샤머니즘의 현대적 변신(變身)에 지나지 않는다는 면을 보여주고 있다.

(2) 동학의 인간론
(가) 대중의 자각과 새로운 종교, 동학

구한말은 한민족에게 모든 면에서 가장 위태로운 시기였다. 민족은 이 위기를 슬기롭게 대처하지 못하고, 결국 나라의 주권을 일제에게 빼앗기고 말았다. 비록 실패로 끝나긴 했지만 이때 우리 민족은 이 위기를 타개하기 위하여 다각도로 노력하였다. 여러 분야 가운데 주체성을 찾으려는 시도가 바로 민족 종교 운동이었다. 그래서 서양 정신의 정수라고 할 수 있는 서교(西敎), 즉 기독교가 들어오자 깜짝 놀란 민족 지도자들은 수운 최제우(崔濟愚)를 중심으로 '동학(東學)'을 창도하여 기독교에 대항하였다. '동학(東學)'이라는 말 자체가 서양의 종교도 아니고, 그렇다고 유교나 불교도 아닌 우리나라의 종교라는 뜻이다.

동학은 스스로 '유불선(儒佛仙)'을 종합했다고 말하지만 엄밀하게는 전통유교, 특히 성리학(주자학)에 대한 한민족의 민중적 재해석이라고 할 수 있다. 중국적인 성리학이 갖고 있던 세계관을 나름대로 철저하게 극복하고, 대중적인 실천의 수준에까지 높인 사상이 바로 동학이다. 한편 동학의 사람에 대한 관념은 바로 조선 왕조가 해체기에 접어들면서 민중 스스로의 힘을 자각함으로써 깨달은 평등한 인간관을 통해 그 형체를 갖추게 된다. 동학은 이 새로운 사상을 민중과 지배 계층의 평등성만으로 이해하지 않고, 그 의미를 한층 더 확장하고 제고시켜 사람에 대한 위대하고 독창적인 사상으로 발전시켰다.

(나) 인내천(人乃天) - 사람이 한울

동학의 인간관은 한마디로 '인내천(人乃天)', 즉 '사람이 곧 한울(하늘)님이다'로 요약할 수 있다. 그런데 이것은 동학의 창시자 수운이나 그 제자 해월 대에 생겨난 명제가 아니라 동학의 발전 과정 속에서 의암 때 완결된 사상이다. 수운 최제우는 '시천주(侍天主)', '오심 즉 여심(五心卽汝心)', '천심 즉 인심(天心卽人心)', '천인여일(天人如一)'을 말했고, 해월은 '사인여천(事人如天)'을 주로 강조했는데, 이것을 의암 손병희에 의해 '인내천(人乃天)'으로 집약한 것이다.

수운의 사상에서 한울은 대아(大我)이며, 개체인 나는 소아(小我)이다. 소아인 나는 대아인 한울에 융합, 일치될 수 있다. 그래서 수운은 "무궁(無窮)한 이 울 속에 무궁(無窮)한 내 아닌가?"라고 하였다. 사실 수운의 종교 체험에 대한 묘사를 보면 그가 만났던 한울님은 기독교의 하나님처럼 바깥에 존재하는 초월적 인격신처럼 보인다. 그러나 수운이 견지하고 있는 기본적인 세계관이 인격적인 신을 인정하지 않는 주자학이기 때문에, 그가 말하는 한울님을 인격신으로 표현할 수 없었다. 동양에서 말하는 절대 실재는 기독교와는 달리 사람의 마음 속 깊은 곳에 깃들어 있다고 보는 것이 지배적인 생각이다. 유교에서도 절대 원리인 태극은 사람의 마음에 이(理)로서 각인되어 있다고 본다. 이런 전통을 감인하여 본다면 수운의 한울님은 사람의 마음 속 깊은 곳에 있는 분(원리)이어야 한다. 이렇게 내재성과 초월성을 모두 가진 신을 주장하는 것을 종교학적 용어로는 '범재신론(汎在神論 : panentheism)'이라고 한다. 동학에서 말하는 한울님은 초월성이나 내재성을 다 갖고 있지만, 내재성이 더 강조된다고 할 수 있다.

한편 수운의 시천주 사상은 해월에 와서는 '사람을 한울님같이 섬기라 (事人如天)'라는 사상으로 발전한다. 이것은 지위, 계층, 학식 혹은 나이를 떠나 사람 자체는 존엄한 존재이니 모든 사람을 한울님같이 존경하라는 뜻이다. 해월의 이러한 사람 평등 사상은 여성뿐만 아니라 어린이에게도 연장되어 어린이에 관한 아주 구체적인 가르침도 남긴다. 즉 어린이를 때리지 말라는 가르침이 그것인데, 그 이유는 어린이를 때리면 어린이 안에 모셔져 있는 한울님이 상하게 되기 때문이라는 것이다.

> 도가(道家 : 동학을 믿는 집)에서 어린이를 때리는 것은 곧 하느님의 뜻을 상하는 것이므로 깊이 삼가야 한다. 도가에 사람이 오면, "손님이 왔다"고 말하지 말고 "하느님이 강림하셨다"고 말하여라. 사람의 마음을 떠나서 따로 한울님이 없고 한울님을 떠나서 따로 마음이 없다. 이 이치를 깨달아야만 도를 깨달았다고 할 수 있다.
>
> 이돈화 『천도교창건사(天道敎創建史)』 제2편

(다) 지상 신선의 사회

수운이 생각하는 이상(理想) 사회는 '군자 공동체의 사회', '지상 신선들의 사회'이다. 그는 사람이 신선이 될 것을 갈망하였다. 그는 지상 천국을 실현시킬 수 있는 조건으로 세 가지를 들고 있다. 첫째는 경제적 조건이다. 그러나 경제적 조건은 1차적 문제이며 사람은 경제적 풍요만으로 행복해질 수 없다. 두 번째는 정치 제도적 조건이다. 지상 천국이 실현되려면 평등하고 공평한 분배가 이루어져야 한다. 마지막 조건은 정신적 조건이다. 마지막 단계를 위해 사람은 종교적 신앙을 통해 정신 향상과 인격 완성을 이루어야 한다. 즉 사람은 천도(天道)를 밝히고 천덕(天德)을 닦아 군자가 되어 지극한 성인에 이르러야 한다. 그는 자신이 살고 있는 시대를 악질(惡疾)이 만연하는 불행한 시기라고 진단했다. 실제적인 질병이 창궐한 것도 사실이지만, 그가 보기에 그보다는 차별과 학대, 가치관의 혼란, 이기주의의 팽배, 물질적 행복의 추구 등 부정해야 할 일이 너무 많았다. 그리하여 새 사회와 참 사람으로 재탄생시키는 혁명적인 변혁이 필요했다. 그것을 그는 '후천개벽(後天開闢)'이라고 명명하였다.

2.7 주체사상의 인간론

> ......주체철학은 새로운 문제, 즉 세계의 주인은 누구이며, 세계를 개조, 변혁하는 힘이 어디에 있는가 하는 것을 해명하였습니다...... 인민대중이 자기 운명의 주인이 되고, 역사의 주인으로 등장하게 합니다.....
>
> 김정일 『주체사상에 대하여』

(1) 주체사상과 기독교 인간론의 유사성

주체사상은 마르크스주의 이념의 휴머니즘과 북한 역사의 동아시아적 운동경험이 창조한 사람중심의 철학이다. 따라서 사람의 사회적 성격을 강조함으로 영적(靈的)/육적(肉的)인 사람, 혹은 사람의 내면적인 성질들을 다루는 관념론적 인간론과는 확연한 차이를 보여준다. 그러나 사람과 세계, 사람과 집단사이의 관계성을 고찰하는 방법론은 기독교적 인간론과 매우 유사하다. 기독교 인간론이 사람을 하나님에 의하여 창조된 피조물로 본 후, 사람과 하나님 사이의 관계에 기초하여 사람의 본질을 고찰하고 사람과 사람사이의 관계를 또 다른 한축으로 바라본다는 점에서 유사성을 찾을 수 있다. 다시 말하면 사람의 본질을 사람의 내적 성질에서가 아니라 철저한 외적 연관 속에서 고찰하는 방법론적인 유사성을 발견할 수 있다.

(2) 두 인간론의 차이점

사람의 기원문제에 대하여 주체사상은 유물론 세계관을 출발지점으로 인정할 뿐 새롭게 밝힌 것은 없다. 다만 그 본성을 자주성, 창조성, 의식성이라고 지적하며 가장 발전된 생물학적 존재에서 가장 가치있는 생명체로 설명한다. 그러나 기독교 인간론은 하나님의 창조사역에서 출발하기 때문에 유물론적 인간이해와 전혀 거리를 둘 수밖에 없으며, 사람의 존재가치는 사람의 본성과 상관없이 하나님의 형상을 따라 지음 받은 창조물로서 그 존재적 가치를 인정해야 한다는 점이다.

주체사상이 설명하는 사람의 자주성과 창조성, 의식성은 모두 사회적 관계 속에서 형성되고 발전한다고 볼 때, 개인으로서의 특성이 무시되고 집단의 특성을 강조하는 것으로 보여진다. 혹심한 일제치하에서 운동의 중심세력이 형성되고, 한국전쟁이후 반제국주의 전선에서 계속 전쟁을 치루어온 북한이 다른 어느 사회주의권에서도 관심을 기울이지 않았던 사람의 본성문제를 주체사상을 통해 제기한 것은 매우 고무적인 일임에 틀림없다. 인류역사를 자주성 실현의 문제라고 지적한 것은 역사적 유물론의 기계적 역사발전이론을 실존적 인간해방문제와 연결시킬 수 있는 새로운 문을 열어놓은 것이다.

기독교는 사람의 본질적 특성이 바로 하나님의 형상을 따라 지음 받은 존재임을 밝힘으로서 사람을 가장 숭고한 높이에서 존중하지만, 죄와 갈등하고 실패하는 실존적 자아를 지속적으로 견인하는 문제에 관심을 기울이게 된다. '잃어버린 한 영혼이 온 천하보다 귀하다' 는 개인구원에 대한 강한 열정과 빈부, 나이, 성의 차이를 넘어서는 보편적인 구원관이 연결되는 기독교 인간론은 '사람' 의 본성에 대해 주체사상과 거리를 두지 않을 수 없게 된다.

(3) 두 인간론이 보는 세계

세계의 기원과 세계 개조에 대한 주체사상의 관점은 자연 세계를 환경의 우연적 과정에 의하여 생겼으며 인간활동의 대상으로 보게된다. 그러나 지속적으로 반제국주의 운동을 해온 북한은 부족한 자원과 무기를 사람의 힘만으로 극복해야하는 현실적 어려움속에서 자연과 세계를 사람의 이익에 맞게 개조하는 것을 절대적 목적으로, 그 과정에서 주체로 나서는 사람이 세계의 주인임으로 세계 개조의 결정적 힘이 사람에 있다고 설명한다. 이러한 주장은 역사적 유물론이 사회의 객관조건에 대한 결정론적 입장을 보이는 것과 비교할 때 사람의 자주성과 창발성에 주목하는 주체사상의 독특한 사상이론이 되며, 그 사회의 역사적 경험을 반영하는 것으로 보여진다.

한편 기독교는 자연은 하나님께서 말씀으로 무(無)에서 창조하신 창조물이며, 사람에게 다스리라고 맡겨주신 하나님의 소유물이라고 이해한다. 따라서 자연을 대함에 있어서 기독교는 자연이 하나님의 선물인 까닭에 소중하고 정히 다루어져야 할 대상으로 여겨진다. 오늘날 환경오염으로 인한 생태계 파괴 현상은 무엇보다 먼저 과학자, 기술자들이 자연과 세계를 정복의 대상에서 공존과 섬김의 대상으로 이해 할 것을 요구한다. 자연이 상업적 이익을 낳는 이윤추구의 수단이나 일방적 개발/개조의 대상이 아니라 하나님께서 맡기신 창조의 일부라는 사실을 고백해야 한다.

(4) 사람의 가치와 활동

사람의 가치면에서 주체사상은 사람을 세상에서 자주성을 실현하기 위해 투쟁하는 가장 귀중한 존재로 보았다고 주장한다. 기독교는 한 생명을 온 천하보다 더 귀중하게 보는 개인구원의 차원과 사회구원의 문제를 동시에 접근하게 되므로 주체사상의 자주성을 위한 개인의 투쟁과 집단의 운동을 개인구원과 사회구원으로 바꾸어볼 때 유사성을 찾을 수 있다. 또한 주체사상이 사람의 가치를 사람의 정신-도덕적 품성에 준하여 본다고 할 때 기독교가 사람을 외모로 취하지 않는다는 점에서 유사성을 지니나 신앙은 그 사람이 가지고 있는 어떤 '우월성' 보다 하나님의 자녀라는 보편성에 의하여 그 가치와 존엄이 보장된다고 믿으므로 주체사상과 그 차이를 보이기 시작한다.

사람활동의 내적 생명력에 관하여 주체사상은 사상의식을 사람활동을 규제하는 결정적 요인으로 보고 있다. 유물론에 기초한 주체사상이 이러한 관념론적 주장을 내세우게 된 결정적 원인은 혁명전략으로서의 주체사상이 새국가 건설이라는 국가통치 이데올로기로 전환되는 과정에서 비롯된 것으로 보여진다. 대중 전체에 대한 강한 호소와 자극이 지속적으로 필요했으며, 물질과 객관조건이 모든 것을 규정하는 유물론 법칙의 한계를 사상의식이 사람의 활동을 규제하는 결정적 요인이라는 주관적 관념론으로 극복하는 것처럼 보여진다. 또한 이는 사람본성에 대한 독특한 해석과 결부되어 자주성과 사상의식으로 연결되게 된다.

기독교는 하나님의 형상을 닮은 사람의 능력과 책임을 강조하면서도, 역사활동에 미치는 성령 하나님의 주권적 능력을 믿고 의지하는 이원적 구조를 가지게 된다. 사람과 하나님 사이의 내재적 영적 교제를 통해 성령의 임재와 주권적 능력이 주어질 때 인류역사에 자기의 삶을 내놓는 그리스도인의 삶을 발견할 수 있게 되는 것이다. 이것은 개인의 사상의식이 사람활동을 규정한다는 주체사상과 전혀 다른 접근방식이 된다.

제 4 장
기독교가 가르치는 사람

1. 사람의 본성에 대하여

기독교에서 보는 사람을 한 마디로 요약하면, "하나님 앞에 선 사람"이라고 할 수 있다. 우리는 이 개념을 어떻게 이해해야 할까? 기독교에서는 하나님과 무관한 사람이란 상상할 수 없다. 하나님과의 관계를 전제로 하지 않는 사람 이해가 허용되지 않는 것이다. "신 앞에 선 사람"이란 표현 자체에는 사람을 그 자체로서 독립적으로 이해하지 않고, "신"을 앞세워 이해하려는 태도와 방식을 의미한다. 그렇다면 우리가 사람을 "하나님 앞에 선 사람"이라고 할 때, 그것의 구체적인 내용은 무엇인가? 이것을 우리는 크게 나누어 두 가지 측면에서 말할 수 있다.

하나는 '사람은 하나님이 만든 피조물이다' 라는 명제이며, 또 다른 하나는 '사람은 하나님 앞에서 죄인이다' 라는 명제다. 이 두 명제는 교리적 또는 신학적인 차원의 인간이해의 핵심이 된다. 이 장에서 우리는 위의 두 명제, 즉 피조물로서의 사람, 그리고 죄인으로서의 사람 이해를 주로 다루게 될 것이다. 덧붙여 이러한 사람이 아무 이유 없이 창조된 것이 아니라, 하나님의 형상을 가지고 창조된 것에 대한 질문도 응답되어야 할 것이다.

1.1 하나님이 창조한 사람

사람은 하나님에 의하여 창조된 존재라는 것은 사람이 우연적이며 유한한 존재임을 뜻한다. 사람은 있을 수밖에 없는, 반드시 있어야 하는 필연적 존재가 아니라 하나님의 내적(內的)인 사랑으로 인하여 시간과 함께 우연히 있게 된 존재이다. 사람 가운데 그 누구도 자신의 결단과 능력으로 존재하게 된 사람은 없다. 모든 사람은 그 자신의 힘으로써는 어찌할 수 없는 힘에 의하여 존재하게 되었다. 출생은 물론 출생의 장소와 시간, 출생되는 가정이나 민족, 이 모든 것들은 우리 사람의 삶을 결정하는 요인들이지만, 이 가운데에 어느 하나도 우리 자신이 선택할 수 있는 것은 없다. 이와 같이 우리는 우리 삶의 시작을 스스로 결정할 수 없지만 삶의 종국(終局)도 우리 자신의 손안에 있지 않다. 사람이 자신의 생명을 걱정한다고 하여 목숨을 한 시간이라도 더할 수 있는 사람은 없다 (마 6:27). 궁극적으로 사람은 하나님에 의하여, 하나님으로 말미암아 하나님으로부터 있게 된 존재이며 하나님에게 돌아가야 할 존재이다. 스스로 있게 된 독립적 존재가 아니라 하나님으로 말미암아 있게 된 의존적(依存的) 존재(存在)라는 사실은 인간이해의 주요한 출발점이 된다.

그러므로 사람은 궁극적으로 자신의 존재에 대하여 언제나 하나님께 감사하면서 살아야 할 존재이다. 그는 하나님으로부터 부여받은 생명 자체에 대하여 감사해야 하며, 예수 그리스도 안에서 모든 사람을 찾으시고 자기와 화해시키며 그리하여 새로운 피조물의 세계를 열어주신 하나님을 기뻐하고 그에게 감사드려야 한다. 그리고 오늘도 사람을 찾으시고 우리를 회개하게 하며, 우리를 거룩한 사람으로 불러 성결케하시며, 하나님의 새로운 현실을 어두운 이 세계 속에 앞당겨 오시는 성령 하나님을 인정하고 그에게 감사드려야 한다. 한마디로 말하여 사람은 삼위일체 되신 하나님으로부터 오는 존재이며, 그를 기뻐하고 그에게 감사드려야 할 존재이다.

1.2 죄인으로서의 사람

죄에 대한 교리는 기독교 신앙에 있어서 중심적인 위치를 차지하고 있는 사람 이해 이다. 루터가 말한 바와 같이 "죄인이며 희망이 없는 사람과 의롭게 하시는 하나님 내지 구원자"가 신학의 주제라면, 사람의 죄에 대한 교리는 신학과 기독교의 중심적 내용에 속한다고 말할 수 있다. 사실 기독교 신앙의 모든 내용은 죄인으로서의 사람과 결부되어 있다. 하나님, 하나님의 창조, 예수 그리스도의 구원, 교회, 성령, 종말 등의 모든 내용들은 죄인으로서의 사람과 결부되어 있다. 사실 죄인으로서의 사람이 존재하지 않는다면 예수 그리스도의 구원도 필요하지 않을 것이며, 따라서 예수 그리스도와 관계된 다른 모든 일들도 필요하지 않을 것이다.

그러나 오늘의 세계에 있어서 윤리가 상대화되어 감에 따라 죄의 개념도 불확실하게 되어 가고 있다. 과연 무엇이 윤리적이고, 무엇이 비윤리적인가를 판단할 수 있는 윤리적 규범이 모호하여짐에 따라 무엇이 죄이고, 무엇이 죄가 아닌가를 말한다는 것은 과거에 비하여 훨씬 어렵게 되었다.

이러한 세계 속에서, 기독교는 사람의 죄에 대하여 말한다. 사람은 죄인이다. 자연인으로서의 사람은 이웃을 사랑하는 마음도 가지고 있으나 자기의 욕망을 위하여 이웃을 미워하고 이용의 대상으로 삼으려는 성향을 더 강하게 가지고 있다. 자기의 생명을 유지하고 자기를 확대시키기 위해 어떤 죄된 일이라도 할 수 있는 것이 사람이다. 기독교가 이렇게 사람을 죄인으로 보는 것이 사람을 부자유스럽게 만드는 것이라고 비판하는 견해도 있다. 하지만 이것은 오해이다. 기독교는 사람을 부자유스럽게 만들기 위해서가 아니라 오히려 사람의 참된 자유를 회복하기 위하여 사람의 죄에 대하여 말한다. 죄된 행동은 사람을 참으로 자유롭게 하는 것이 아니라 악(惡)의 포로가 되게 한다. 즉 기독교가 사람의 죄에 대하여 말하는 것은 죄와 죽음의 악순환으로부터 사람을 해방시키고, 이 세계를 구원하기 위해서이다. 참된 자유는 지속적인 죄된 행위에 있는 것이 아니라 하나님의 피조물로서의 사람이 부여받은 존재규정을 지키는 데 있다. 참된 자유는 사람 자신을 위한 행위에 있는 것이 아니라 하나님의 창조질서 속에서 함께 존재하는 이웃을 위한 행위에 있다.

1.3 하나님의 형상을 가진 사람

십계명 가운데 제 2계명은 하나님에 대한 형상을 만드는 것을 엄격하게 금지하고 있다(출 20:4). 그러므로 사람은 하나님에 대한 아무 형상도 만들어 가질 수 없다. 성서의 하나님은 "형상 없는 하나님"이다. 그런데 성서에 의하면 이 "형상 없는 하나님"의 형상이 예수 그리스도 안에 계시되었다. 예수 그리스도가 "하나님의 형상"이다(고린도후서 4:4). 예수 그리스도 안에서 "하나님의 영광"과 "하나님의 본질"과 "그의 능력"이 나타난다(히브리서 1:3). 그런데 창세기 1장 26절 이하에 의하면, 사람은 하나님의 형상에 따라 창조되었다는 사실이 진술되어 있다. 만물이 하나님에 의해 창조되었으나 하나님의 형상에 따라 창조된 것은 사람뿐이다. 구약성서에 의하면, 사람은 "형상 없는 하나님"의 형상에 따라 창조되었기 때문에 사람의 피를 흘리게 해서는 안된다(창세기 9:6).

사람이 거기에 따라 창조된 "하나님의 형상"이 예수 그리스도 안에 있으므로 예수로부터 출발하는 기독교 인간학은 '하나님의 형상'으로서의 사람 이해가 정정된다. 달리 말하면 예수 그리스도 안에서 우리가 발견하는 또 하나의 사람에 대한 이해가 사람은 "하나님의 형상"이라는 것이다. 그럼 예수 그리스도 안에 계시된 "하나님의 형상"은 무엇인가? 신학역사에서 '하나님의 형상' 의 문제만큼 중요한 토의의 대상이 되었던 문제는 없을 것이다. 물론 예수 그리스도의 인성(人性)과 신성(神性)의 문제, 삼위일체의 문제도 초대교회 시대부터 토의된 중요한 질문이지만, '하나님의 형상' 에 대한 문제는 이에 못지 않게 오랜 논쟁의 역사를 가지고 있다.

(1) 하나님 형상에 관한 정의(定義)

오늘날 많은 학자들은 하나님의 형상을 자연계에 대한 사람의 통치권으로 이해한다. 물론 이것은 일정정도 타당한 견해일 수 있다. 하지만 성서 전체를 고려해 볼 때, 우리는 하나님의 형상을 보다 더 포괄적으로 이해해야 한다.

첫째, 우리는 하나님의 형상을 사람이 가지고 있는 관계성에서 찾을 수 있다. 사람을 창조할 때에 하나님은 "우리의 형상을 따라 우리의 모양대로......"라고 말씀하신다(창세기 1:26). 이 구절에서 우리는 하나님은 혼자 계신 분이 아니라 다른 신적(神的)인 존재들과 함께 계신 분, 그들과의 관계 속에 계신 분임을 알 수 있다. 교의학적으로 말한다면, 하나님은 성부(聖父), 성자(聖者), 성령(聖靈)의 삼위일체라는 존재적 관계 속에 계신다. 이 하나님의 형상에 따라 사람이 창조되었다는 것은 사람도 이러한 관계 속에 있는 존재로 창조되었음을 뜻한다. 다시 말하면, 사람은 자기와 다른 존재를 대상으로 가지면서 이 대상과의 관계 속에서 이 대상과 함께 살아야 할 존재로 창조되었음을 의미한다. 그러나 이 관계는 단순히 사람과 사람 사이의 관계로 제한되어서는 안될 것이다. 즉 사람은 (1) 하나님과의 관계 속에서, (2)이웃과의 관계 속에서, (3) 자연계와의 관계 속에서 살아야 할 존재로 창조되었다는 것이다. 이 모든 관계에 있어서 사람은 자기 자신을 책임져야 할 존재이다. 다시 말하면, 우리는 책임적 주체이다. 사람의 자아는 고정된 것이 아니라 위에서 기술한 세 가지 관계 속에서 형성되어 가는 과정에 있다. 이러한 점에서 사람은 미완성된 존재, 개방성의 존재이며 바로 여기에 다른 동물로부터 구별되는 사람의 특징이 있다. 자신의 자아가 그 속에서 형성되어 가는 관계 속에 있는 사람, 하나의 역사로서의 사람이 아무 형상이 없는 '하나님의 형상'이다. 사람은 하나님과 동일한 본질을 가지고 있기 때문이 아니라 하나님의 세 인격과 같이 서로 분리될 수 없는 사랑의 관계 속에 있다는 점에서 하나님의 형상을 보여주게 된다.

둘째, 하나님의 계명은 하나님의 형상을 지닌 사람이 어떻게 살아야 할 것인가를 제시한다. 하나님 계명은 본래 사람의 자유를 억압하는 타율(他律)이 아니라 하나님의 형상을 지닌 사람의 삶이 어떠한가를 말하는 본원적 규정이다. 무엇보다 먼저 사람은 자기를 지으신 창조자 하나님을 "마음을 다하고 목숨을 다하고 뜻을 다하여" 사랑해야 한다(마태복음 22:37). 사람은 이 세계에 속한 그 무엇을 하나님의 자리에 대신 앉히고 그것을 하나님보다 더 사랑해서는 안 된다. 사람은 피조물의 어떤 형상을 가지고 하나님을 표현함으로써 참 하나님을 자신의 지배영역에 끌어 넣어서도 안되며(출애굽기 20:4), 그의 이름을 함부로 불러서도 안 된다(출애굽기 20:7).

또한 하나님의 계명은 사람들이 자기 이웃을 자기 자신의 몸과 같이 사랑하면서 살아야 한다고 사람의 삶을 규정한다(마태복음 20:30). 사람은 자기에게 가장 가까운 이웃인 부모를 공경해야 하며, 어떠한 형태로든지 자기의 이웃을 해쳐서는 안된다(참조. 출애굽기 20:12~16, 마태복음 5:21~22). 그는 이웃의 그 무엇도 탐내어서는 안된다(마태복음 5:44). 그러므로 '하나님이 ... 하시니, 사람도 ... 해야 한다'는 구절들을 우리는 성서에서 읽을 수 있다 : "나 야훼 너의 하나님이 거룩하니, 너희도 거룩한 사람이 되어라...."(레위기 19:2). "바로 내가 ... 하나님이다. 너희는 ....해야 한다"(출애굽기 20:2). "하늘에 계신 너희 아버지의 온전하심과 같이 너희도 온전하라"(마태복음 5:48). "너희 아버지의 자비하심 같이 너희도 자비하라"(누가복음 6:36)

이와 같이 하나님의 계명은 하나님의 형상을 지닌 사람의 삶의 규정을 보여 주고 있다. 사람은 서로 다른 존재이며 사람의 자아는 어떤 다른 사람의 자아로 대치될 수 없다. 달리 말하여 사람은 남자와 여자로 구별되지만, 함께 살고 서로 사랑을 나누며 삶으로써 하나님과 자신의 관계를 나타내어야 한다.

(2) 하나님의 형상이신 예수 그리스도

성서에 의하면, 예수 그리스도는 "보이지 않는 하나님의 형상"이다(골로새서 1:15). 그는 타락한 사람이 자신의 능력으로써 도달할 수 없는 본래의 사람(창조 원형의 사람)의 모습을 보여준다. 그는 자기 자신을 철저히 하나님으로부터 오는 존재로 이해하였다. 그러므로 그리스도는 "나는 아버지로부터 나왔다"(요한복음 16:28)고 말한다. 그는 철저히 하나님 아버지 안에 있으며, 하나님 아버지는 그 안에 있다. 그는 하나님과 하나가 되어 생존하며 하나님의 말씀을 말하고 하나님의 일을 행한다. 그는 철저히 하나님을 위한 존재이다. 그러므로 예수 그리스도를 볼 때 우리는 하나님을 보게 된다.

"나를 보았으면 곧 아버지를 본 것이다..... 너는 내가 아버지 안에 있고 아버지께서 내 안에 계시다는 것을 믿지 않느냐? 내가 너희에게 하는 말도

나 스스로가 하는 말이 아니라 아버지께서 내 안에 계시면서 몸소 하시는
일이다. 내가 아버지 안에 있고 아버지께서 내 안에 계시다고 한 말을 믿어
라. 못 믿겠거든 내가 하는 이 일들을 보아서라도 믿어라."

(요한복음 14: 9~11)

이와 같이 예수 그리스도는 하나님과 함께, 하나님 안에 존재함과 동
시에 사람과 함께, 사람들 가운데서 존재하였다. 그는 자기를 하나님으로
부터 오는 존재로 이해하는 동시에 자기를 사람과 동일화 시켰다. "그는
우리와 똑같은 사람이 되었다"(빌립보서 2:7). 그는 마리아에게서 태어났
으며, 한 평범한 목수인 요셉의 아들이었다. 그러나 그는 우리와 같은 사
람들 가운데의 한 사람이었을 뿐만 아니라, "모든 사람을 위한 그 한 사
람"이었다. 그는 모든 사람의 일을 자기 자신의 일로 삼았으며, 그들이 서
야 할 그 자리에 대신 섰다. 그리하여 십자가의 고난을 당하였다. 그는 자
기 자신을 위하여 살아가는 자가 아니라 철저히 "타인을 위한 존재"였으
며 모든 사람의 대리자였다. 그는 "우리를 위한", "그의 공동체를 위한 존
재"였다. "'그리스도 안에서' 새로운 사람이 현실화되어 있다. '예수 안
에서' '그' 사람은 하나님의 형상이다. 왜냐하면 그 안에서 하나님과 사
람의 계약이 실현되어 있기 때문이다."

이와 같이 자기 자신을 사람과 동일화시키고 모든 사람을 대리하여 십
자가의 고난을 당한 예수 그리스도는 하나님의 미래로부터, 하나님의 미
래를 향하여 존재하였다. 그의 삶의 근거는 이 세계에 속한 것에 있지 않
고 하나님의 미래, 하나님의 새로운 세계에 있다. 그는 자신의 인간적 수
단과 능력으로 살지 않고 하나님의 은혜로 산다. 하나님이 "모든 것 안에
서 모든 것이 되실"(고린도전서 15:28) 하나님의 "새 하늘과 새 땅"이 그
안에 태동되어 있다. "질적(質的)으로 새로운 창조의 미래가 예수의 고난

의 역사를 통하여 버림받은 세계의 고난의 역사 한가운데에서 이미 시작되었다." 모든 사람이 하나님의 자녀로서 살아가는 하나님의 새로운 현실이 그 안에 있다.

(3) 하나님의 형상과 사람

결론적으로 우리는 하나님의 형상을 사람에게 영원히 주어져 있는 어떤 자질(資質)로 생각해서는 안된다. 언어의 능력, 이성적 기능, 주체적 책임성, 이러한 것이 곧 하나님의 형상이라면 사람만이 하나님의 형상이라고 말할 수 없을 것이다. 왜냐하면 이러한 자질들은 정도의 차이는 있으나 다른 동물들에게도 있다고 생각되기 때문이다. 오히려 우리는 하나님의 형상을 하나님과 이웃과 자연의 세계에 대한 사람의 관계에서 찾아야 할 것이며 이 관계를 회복시키는, 그리고 이 관계의 본래적 형태 속에서 생존한 예수 그리스도를 사람의 본래적 형상이라고 판단해야 할 것이다. 이렇게 생각할 때 그리스도인들이 옷입어야 할 하나님의 형상은 사람이 소유할 수 있는 어떤 자질이 아니라 그리스도의 뒤를 따라 하나님의 새로운 피조물의 세계를 향하여 부르심을 받은 그리스도인들의 사명으로 이해할 수 있을 것이다.

한편 사람이 그리스도 안에 계시된 하나님의 형상을 입는다는 것은 결코 사람이 신적(神的)인 존재로 된다거나 신적 본성을 가지는 것으로 간주되어서는 안된다. 그것은 하나님과 사람의 존재 사이에 어떤 유비(類比)가 형성되는 것으로 이해되면 안될 것이다. 오히려 사람이 그리스도 안에 계시된 형상을 입는다는 것은 존재의 유비가 아니라 관계의 유비로 이해되어야 한다. 달리 말하여, 그리스도 안에 계시된 하나님의 형상을 입는 사람은 삼위일체 되신 하나님에게 상응하는 사람, "하나님 자신과의 상응 가운데 있는 존재"가 된다. 사람이 자기를 높여서 "사람의 하나님"

이 되는 것이 아니라 자기를 낮추시고 고난당하신 하나님에게 상응하여 자기를 낮추시고 자기의 이웃을 섬기는 자가 되어야 하는 것이다. 이러한 의미에서 그리스도 안에 계시된 하나님의 형상을 옷입는 사람은 하나님에게 상응한다. 이러한 의미에서 사람은 하나님의 형상이다.

1.4 하나님과 함께 사는 존재

사람이 하나님의 피조물이라는 것은 사람이 하나님과 함께, 하나님과의 사귐 가운데에서 살아야 할 존재임을 말한다. 우리는 이 세계 속에 홀로 내던져져 있는 존재가 아니라 하나님과의 관계 속에서 하나님과 하나가 되어 살아야 할 존재이다. 바로 이 존재의 모습을 우리는 예수 그리스도 안에서 발견한다.

> "너는 내가 아버지 안에 있고 아버지께서 내 안에 계시다는 것을 믿지 않냐? ... 내가 아버지 안에 있고 아버지께서 내 안에 계시다고 한 말을 믿어라. 못 믿겠거든 내가 하는 이 일들을 보아서라도 믿어라."
>
> (요한복음 14:10~11)

하나님의 형상에 따라 창조된 사람은 이 세계의 모든 것을 통치할 수 있는 권리를 하나님으로부터 부여받았으며 자기와 다른 이웃과 함께 살도록 규정되어 있다. 사람은 만물의 이름을 정할 수 있으며(창세기 2:19), 국가를 형성하고 다스릴 수 있다. 사람은 예술과 기술을 창조하며 모든 분야의 학문을 발전시킬 수 있다. 우리는 땅의 표면을 바꾸어 놓을 수 있으며 우주의 공간까지 소유할 수 있다. 그뿐만 아니라 사람은 사유를 통하여 존재하는 모든 것을 넘어설 수 있다. 이와 같이 사람은 무한한 가능성을 가지고 있으나, 결국 사람은 하나님의 피조물에 불과하다. 그는 "창조자(creator)"가 아니라, "제작자(author)"일 뿐이다. 하나님이 창조자이고, 사람은 이 하나님이 지으신 것을 변화시키고 변형시켜서 다른 것을 제작하는 존재, 곧 제작자(製作者)에 불과하다.

이러한 모든 활동과 삶에 있어서 사람은 하나님과 함께 있어야 한다. 사람은 하나님과 함께 사는 존재로 창조되었다. 사람은 하나님과 언약을 맺은 계약의 파트너로 창조되었다. 하나님과 함께 사는 존재란 하나님 앞에서 하나님의 말씀을 듣고, 이 말씀에 순종하면서 살아야 할 존재, 자기의 존재를 가능케 한 은혜로우신 하나님에게 '응답'하면서 살아야 할 존재임을 뜻한다. 피조물로서의 사람은 "하나님을 위한 존재"이며, 무엇보다 먼저 하나님을 위한 삶으로써 "하나님을 영광스럽게 해야 할 존재"이다. 바로 여기에 사람의 본래적 모습이 있으며, 바로 이 모습을 우리는 예수 그리스도 안에서 발견한다. 그는 자신의 죽음을 눈앞에 보면서도 "제 뜻대로 마시고 아버지의 뜻대로 하소서"라고 기도하였으며(마가복음 14:36), "당신 자신을 낮추셔서 죽기까지, 아니, 십자가에 달려서 죽기까지 순종하였다."(빌립보서 2:7) 그는 '이웃을 자기 몸같이 사랑하라'는(마태복음 12:37~39) 하나님의 말씀에 순종하였다. 그는 죽기까지 하나님이 하시고자 하는 일을 이루었다. 만일 우리가 소위 말하는 사람은 본성을 찾기 원한다면 이러한 예수 그리스도의 모습에서 창조 당시 사람의 원형을 찾을 수 있을 것이다.

그런데 사람의 가치와 인간성은 사람이 만들고 지배힐 수 있는 것, 혹은 사람이 생각해 낼 수 있고 자기의 이성으로써 파악할 수 있는 것과 비교될 때에는 충분히 인정될 수 없다. 예를 들어 사람을 다른 동물과 비교할 때 그 가치와 인간성은 동물과 비교되는 범위내에서 인식되고 인정된다. 이에 반하여 사람이 자기 자신과는 전혀 다른 초월적이고 인격적인 하나님과의 관계에서 이해될 때 그의 가치와 인격성은 이 세계의 모든 것을 넘어서는 무한한 깊이를 얻게 된다. 그리고 이 하나님과의 관계 속에서 사람은 자기 자신과 이 세계에 대한 참된 자유와 자율성을 가질 수 있을 것이다. 하나님 없는 사람은 결국 자기 자신의 욕망의 포로가 될 것이며, 이 세계가 요구하는 타율에 복종할 수밖에 없다. 사람은 결국 이 세계의 노예가 될 것이다. 혹은 사람이 생각하는 이상적 세계의 전체주의적 계획 속에서 획일화되고 자기의 정체성을 상실할 것이다. 사람의 생명의 출처와 중심으로서의 하나님은 사람의 무한한 가치와 인격성을 보장하며 사람을 사물화시키는 것을 막게된다.

2. 성서가 증언하는 사람

사람의 자기 자신에 대한 이해와 이에 대한 서술의 형태의 유형 중에서 가장 오래된 지식이 바로 역사적 기록인 성서이다.

2.1 창세기와 시편을 통해서 보는 사람

창세기의 사람에 관한 이해는 기독교가(로마 카톨릭과 개신교를 포함한 여타의 기독교적 교리를 가진 모든 종교들을 포괄하여) 이해하는 거의 모든 면에서의 사람 이해가 들어있는 핵심적인 문헌이다.

창세기 제1장에서 사람은 신의 모든 '창조'와 마찬가지로 하나님의 피조물이기는 하지만, 하나님이 세상을 창조한 것은 사람을 창조하기 위한 준비 과정이라고 할 수 있겠다. 근대의 자연과학은 이러한 관점에 대해서 반대하며, 사람은 새로운 창조작용에(생물학적, 화학적, 진화론적 견해 등으로서의 사람 탄생이론) 의하여 출현했다고 주장한다. 하지만 사람은 동물영역의 한 부분이 아니라, 그 자체로 매우 독특한 하나의 존재라고 할수 있다. 사람은 하나님의 창조의 마지막 날에 최후의 생물체로 나왔다.

이러한 사람 이해는 "하나님은 사람을 그의 형상대로 창조하셨다"는 창세기 서술로 더욱 강화된다. 이것은 인간학적으로 매우 중요한 표현이다. 다른 모든 존재자들은 하나님의 피조물이지만, 사람은 하나님의 모습을 그대로 가진 존재이기 때문이다. 사람은 '신을 닮았다'는 점에서 사람만의 독특한 최고의 가치척도를 얻는다. 그러나 이 말처럼 어렵고 운명적인 말도 없겠지만, 수없이 반복되며, 역사적인 재해석이 지속적으로 요구되는 명제이다.

성서의 하나님은 초월적이며 파악할 수 없는 존재이다. 하나님에 대해서는 그림조차 그릴 수 없다. 그렇다면 사람은 신의 모습조차 파악하지 못하면서 어떻게 하나님의 형상이 될 수 있다는 것인가? 그래서 이 사실을 비난하는 사람들은 창세기의 창조기사는 하나님이 아직도 의인화된 것으로 상상했던 아주 옛날에 있었던 분이라고 설명하기도 한다.

한편 창세기는 또한 사람이 신을 닮았음을 다음과 같은 기사로서 보여준다. "사람은 바다 속의 물고기와 하늘에 나는 새, 땅 위의 짐승들을 다스린다." 사람은 짐승들보다 조금 높은 위치에 있는 것이 아니라, 마치 하나님이 세계와 사람을 지배하듯이 동물을 지배한다. 그러나 사람이 신을 닮았음에도 불구하고 성서는 하나님과 사람 사이의 간격이 있음을 진술한다. 성서는 바로 이 간격을 하나님과 사람사이 안에의 핵심으로 보고 있다. 그러므로 이 간격에 대한 강조는 아무리 반복되어도 충분하지 못한 것이다.

사람이 하나님을 닮았다는 것이 사람을 하나님에게 접근시키는 것은 아니라는 것을 선악과(善惡果)를 따먹지 말라는 명령이 잘 설명해주고 있다. 선악에 대한 인식은 하나님만 소유하는 영역이다. '사람을 하나님처럼 될 것'이라고 뱀이 사람을 유혹한 사실은 이것을 잘 보여준다. 뱀의 유혹하는 말에 빠져서 아담과 하와는 금단의 열매인 선악과를 따먹었고, 그들은 하나님이 사람에게 허락하시지 않은 신성(神性)을 찬탈했다. 이로써 인류역사의 이기적인 사람중심주의가 시작되게 되었다. 사람은 마치 선악을 아는 윤리적 존재이며, 바로 이 점이 마치 하나님의 수준에 도달한 증거인 것으로 설명되었다. 그러나 이러한 신적인 것은 하나님에 의한 것이 아니라, 사람 자신에 의한 것이다. 사람은 하나님의 뜻을 거슬려서 신적인 것을 하나님으로부터 빼앗은 것이다.

위에서 언급된 사람의 죄는 '실락원(失樂園) 사건'으로 이어진다. 즉 하나님께서 명령하신 것을 어긴 사람이 완벽한 창조질서가 유지되는 에덴동산으로부터 쫓겨 났다는 것이다. 이후 최초의 인류인 아담과 그의 부인 하와는 우리가 흔히 말하는 인간적인 삶의 길을 걷게 된다. 창세기는 그들의 인간적인 삶을 다음과 같이 서술한다. '사람들은 동물과는 다르게 수치감을 느껴야 하며 그래서 옷을 입고 다녀야 하며, 자기의 생계를 유지하기 위하여 땀흘리며 일을 해야 한다. 사람의 암컷은 짐승의 암컷보다 더 심한 임신고통과 출산의 어려움을 겪게 된다. 한편 사람들이 완전한 창조질서 속에서 향유할 수 있었던 영생의 권리는 죽음이라는 사건으로 종결되어 결국 흙으로 돌아가게 된다.

아담과 하와는 원래 벌거벗고 다녔고, "부끄러워하지 않았다"고 성서는 증언한다. 선악과를 따먹은 후 비로소 그들의 "눈이 열려졌다." 태초에 사람은 일을 할 필요가 없었다. 낙원에서 먹을 것은 수고하지 않고서도 사람에게 주어졌다. 사람이 노동한다는 것은 부인들의 산고와 죽음과 마찬가지로 금기를 범한 벌이며, 어렵게 살아야 하는 사람존재에 대한 저주이다.

창세기에 나타난 창조기사에서 이해하는 사람에 대한 사항을 간단하게 설명하자면, 최초에 피조된 사람이 가장 하나님과 유사한 형태의 존재였지만, 하나님의 명령에 대한 위반으로 인해, 영원히 회복될 수 없는 원죄(原罪)로 인해, 결국 현재 사람이 가진 제한적 그리고 너무나도 인간적인 특성을(심리적, 물리적, 생물학적 특성 등)가지게 되었다. 하지만 동시에 창세기는 사람에 대한 특이한 이해를 보여준다. 즉 하나님께서 사람을 그의 형상대로 창조하셨음에도 불구하고, 사람과 하나님 사이의 근본적인 차이를 강조한다는 것이다.

한편 사람의 출생에 관한 서술은 시편에도 존재한다. 창세기가 사람의 창조와 번성 그리고 범죄를 통한 현재 사람 수준으로의 타락을 기술하고 있다면, 시편 139편은 개인의 출생이라는 구체적 관점으로 이해를 옮긴다. '인류의 창조자'가 동시에 '각 개인의 창조자'이라는 신앙(이사야 17:7)이 여기서 생물학적으로 설명되어 있다. 동시에 우리는 여기서 고대의 생물학도 엿볼 수 있다. 여기서 시인은 무엇 때문에 기도를 드릴 생각이 들었을까? 아마도 그는 우상을 숭배했다는 죄로 심문을 받는 입장에 끌려들어서, 자기의 무죄를 맹세하고 있는 것 같다.(19절~24절) 그는 하나님이 얼마나 철저히 자기를 조사하고 살펴보시는지를 설명하고 있다. 그는 하나님이 자기의 전존재를 완전히 알고 계시다는 사실을 확신하고 있다. 이 확신을 명백히 설명하기 위해서 자기가 출생된 이야기를 나열한다. 하나님은 캄캄한 밤까지도 대낮같이 밝히기 때문에(12절), 하나님 앞에서 사람이 도피할 수 있는 캄캄한 곳이 전혀 없다(11절)는 확신을 설명하기 위한 근거 제시로서 자기의 사사로운 출생에 관한 이야기를 인용하고 있다.

(13절) 주께서 내 장부를 지으시며 나의 모태에서 나를 조직하셨나이다
(14절) 내가 주께 감사하옴은 나를 지으심이 신묘막측하심이라 주의 행사가 기이함을 내 영혼이 잘 아나이다
(15절) 내가 은밀한데서 지음을 받고 땅의 깊은 곳에서 기이하게 지음을

받은 때에 나의 형체가 주의 앞에 숨기우지 못하였나이다
(16절) 내 형질이 이루기 전에 주의 눈이 보셨으며.....

이 부분에서 13절의 "장부('신장'을 의미)"는 일반적으로 이스라엘 사람들에게 양심이 위치한 인체기관이다. 즉 하나님께서 양심의 본거지인 장부를 창조했다고 고백하는 이 시인의 마음을 우리는 이해할 수 있다. 한편 15절에서는 자신이 "숨겨진 곳"에서 생성(生成)되었기 때문에, 자신의 출원지(出源地)는 사람의 계획이나 능력이 아니다 라고 고백한다. 숨겨진 곳에서 나를 창조하신 하나님만이 이것도 맨 처음부터 낱낱이 아신다. 이 시(詩)의 기도자는 다시 자신이 태아(胎兒 : '형질')였을 때에 이미, 이 태아가 싹트는 모습을 하나님의 눈이 직접 보셨다고 기도한다.(16절 전반부)

위와 같은 시편기자의 기도는 창세기에서 증언하는 전체적인 인류의 창조설화와 비교되게, 하나님께서 개인의 생성 과정도, 진실로 개인의 생명이 나타난 사건마저도 여호와 하나님이 손으로 만드신 작품이라는 점이 구별된다. 이것을 통해 성서는 현대인에게 어떤 뜻을 전해주려는 것일까? 그것은 인류와 개인이 근본적으로 하나님의 뜻에서 유래(由來)되었다는 확실성을 표현하는 것이고, 또 사람에게 자기의 창조자와 대화하도록 사람을 부르는 기회를 놓치지 않도록 안내해 주는 것이다.

2.2 신약성서를 통해서 보는 사람

(1) 복음서의 사람 이해

복음서의 사람에 대한 이해는 앞선 구약성서 창세기의 창조 이야기나 하나님과 사탄 그리고 사람 사이의 관계에 대한 흥미진진한 묘사가 있는 욥기에 비하면, 체계적이지도 못하고, 별 재미도 없을 뿐 아니라, 알기

쉬운 표현으로 설명되어지지 않는다. 복음서 곳곳의 알듯말듯한 비유들은 유대인의 전통적 인간이해와 예수 그리스도의 새로운 해석을 우리에게 보여준다. 그럼 이제부터 복음서에 나오는 몇 가지의 비유들을 통해 신약성서가 사람을 어떻게 이해하는지 살펴보자.

(가) 인생이란 무엇인가 ?

누가복음 12:15~21의 '어리석은 부자 비유' 와 눅 16:19~31의 '부자와 거지 나사로 비유' 에 등장하는 인물들은 세상 쾌락에만 빠져 가난하고 불쌍한 이웃을 위해 한푼 돈 쓰는 것을 너무 아까워 외면한 부자, 자기만 잘먹고, 잘살겠다고 두 주먹 불끈 쥐고 품안에 들어온 돈은 일단 내보내지 않는 수전노 같은 부자를 보여준다. 이 모두는 자신이 어디서 왔다가 어디로 가는지 자신이 어떤 존재인지에 대해서는 전혀 관심이 없이 너무 바쁘게 오늘을 살아가는 현대인들에게 인생에 대한 심각한 질문을 던지며 일침을 가하는 좋은 예가 될 것이다. 사도 바울은 "세상에 아무 것도 가지고 온 것이 없으매 또한 아무 것도 가지고 가지 못하리니 우리가 먹을 것과 입을 것이 있은 즉 족한 줄로 알 것이니라"고 충고했다. (딤전 6:6~7)

세상 모든 사람들이 태어나서 인생을 살면서 인생이 어디서 왔다가 어디로 가는지를 정확하게 알지 못하고, 이 수수께끼를 풀려고 의심의 들판을 방황하는 사람들을 볼 수 있다. 아직도 세상 지식과 과학은 '닭이 먼저냐? 알이 먼저냐?' 에 대한 답을 풀지 못하고 만물의 근원(根源)에 대해서 씨름하고 있다. 그러나 예수 그리스도를 신앙하는 사람들은 과학자들이 아직도 풀지 못하고 있는 수수께끼를 너무나 간단하고 쉽게, 그리고 명확하게 답을 한다. '바람이 임의로 불매 네가 그 소리를 들어도 어디서 오며 어디로 가는지 알지 못하나니 성령으로 난 사람은 다 이러하니라' (요 3:8) 이들이 그렇게 쉽게 답할 수 있는 근거는 어디에서부터인가? 그건 필시 성서가 보여주는 것을 근거로 가능한 일들이다. 그러면 신약성서에서 비유로 설명되어지는, 인생에 대한 개념들을 살펴보자.

① 인생은 나그네 같은 존재다

(히11:13) 이 사람들은 다 믿음을 따라 죽었으며 약속을 받지 못하였으되 그것들을 멀리서 보고 환영하며 또 땅에서는 외국인과 나그네로라 증거하였으니

(요14:1~3) 너희는 마음에 근심하지 말라 하나님을 믿으니 또 나를 믿으라. 내 아버지 집에 거할 곳이 많도다. 그렇지 않으면 너희에게 일렀으리라 내가 너희를 위하여 처소를 예비하러 가노니, 가서 너희를 위하여 처소를 예비하면 내가 다시 너희를 내게로 영접하여 나 있는 곳에 너희도 있게 하리라

(요14:5~6) 도마가 가로되 그 길을 어찌 알겠삽나이까, 예수께서 가라사대 "내가 곧 길이요 진리요 생명이니"

② 인생은 아무 것도 가질 수 없는 존재다

(딤전6:7) 우리가 세상에 아무것도 가지고 온 것이 없으매 또한 아무것도 가지고 가지 못하리니

(눅11:8-10) 내가 또 너희에게 이르노니 구하라 그러면 너희에게 주실 것이요 찾으라 그러면 찾을 것이요 문을 두드리라 그러면 너희에게 열릴 것이니 구하는 이마다 받을 것이요 찾는 이가 찾을 것이요 두드리는 이에게 열릴 것이니라

③ 인생은 안개와 같은 존재다

(약4:14) 내일 일을 너희가 알지 못하는도다 너희 생명이 무엇이뇨 너희는 잠깐 보이다가 없어지는 안개니라

(눅16:19-31) 한 부자가 있어 자색 옷과 고운 베옷을 입고 날마다 호화로이 연락하는데 나사로라 이름한 한 거지가 헌데를 앓으며 그 부자

의 대문에 누워 부자의 상에서 떨어지는 것으로 배불리려 하매 심지어 개들이 와서 그 헌데를 핥더라 이에 그 거지가 죽어 천사들에게 받들려 아브라함의 품에 들어가고 부자도 죽어 장사되매 저가 음부에서 고통 중에 눈을 들어 멀리 아브라함과 그의 품에 있는 나사로를 보고

④ 인생은 등불같은 영혼을 지닌 존재다

(사42:3) 상한 갈대를 꺾지 아니하며 꺼져가는 등불을 끄지 아니하고 진리로 공의를 베풀 것이며

(눅12:20) 하나님은 이르시되 어리석은 자여 오늘 밤에 네 영혼을 도로 찾으리니 그러면 네 예비한 것이 뉘 것이 되겠느냐 하셨으니

⑤ 인생은 종교적인 존재다

(행17:22) 바울이 아레오바고 가운데 서서 말하되 아덴 사람들아 너희를 보니 범사에 종교성이 많도다

(전3:11) 하나님이 모든 것을 지으시되 때를 따라 아름답게 하셨고 또 영원을 사모하는 마음을 주셨느니라

(마16:16-17) 시몬 베드로가 대답하여 가로되 주는 그리스도시요 살아계신 하나님의 아들이시니이다 예수께서 대답하여 가라사대 바요나 시몬아 네가 복이 있도다 이를 네게 알게 한 이는 혈육이 아니요 하늘에 계신 내 아버지시니라

⑥ 인생은 내일 일을 모르는 바보 같은 존재다

(잠27:1) 너는 내일 일을 자랑하지 말라 하루 동안에 무슨 일이 날는지 네가 알 수 없음이니라

(눅12:20) 또 가로되 내가 이렇게 하리라 내 곡간을 헐고 더 크게 짓고 내 모든 곡식과 물건을 거기 쌓아 두리라

(눅12:20) 어리석은 자여 오늘 밤에 네 영혼을 도로 찾으리니

(마6:34) 염려하여 이르기를 무엇을 먹을까 무엇을 마실까 무엇을 입

을까 하지 말라

⑦ 인생은 심판대에 선 사형수와 같다

(눅12:20) 어리석은 자여 오늘 밤에 네 영혼을 도로 찾으리니

(막16:16) 믿고 세례 받는 사람은 구원을 얻을 것이요 믿지 않는 사람은 정죄를 받으리라

(요5:24) 내가 진실로 진실로 너희에게 이르노니 내 말을 듣고 또 나 보내신 이를 믿는 자는 영생을 얻었고 심판에 이르지 아니하나니 사망에서 생명으로 옮겼느니라

(행17:26) 저희 연대를 정하였다

(나) 삶의 목표

사람들은 누구나 살아가면서 한번쯤은 '인생은 무엇 때문에 태어나 사는 것일까?' 라는 질문을 던질 것이다. 태어날 때는 자신도 알 수 없는 가운데 불가항력적인 하나님의 주권적 은혜로 태어났지만, 한평생을 어떻게 살다가 죽어야 할 것인가는 사람 자신의 결심과 노력 여하에 따라 좌우되는 것이다. 즉 인생의 목적이 무엇이냐에 따라서 삶의 방향과 목표가 달라지고 방법이 달라지는 것이다. 그래서 사람은 얼마나 오래 사느냐가 중요하지 않고 어떻게 사느냐가 더욱 중요한 것이다. 그러므로 인생은 무엇인가를 분명하게 알고 인생다운 삶의 목표를 정해 놓고 인생답게 살아가야 하는 것이다. 그러면 어떻게 삶의 목표를 정해 놓고 살아가야 하는 것인가?

① 인생은 창조주를 섬기며 살아야 한다

(마10:28) 몸은 죽여도 영혼은 능히 죽이지 못하는 자들을 두려워하지 말고 오직 몸과 영혼을 능히 지옥에 멸하시는 자를 두려워하라

(요5:24) 내가 진실로 진실로 너희에게 이르노니 내 말을 듣고 또 나 보내신 이를 믿는 자는 영생을 얻었고 심판에 이르지 아니하나니 사

망에서 생명으로 옮겼느니라

(전12:13) 일의 결국을 다 들었으니 하나님을 경외하고 그 명령을 지킬지어다 이것이 사람의 본분이니라

② 현재에 최선을 다하며 살아야 한다

(마6:34) 그러므로 내일 일을 위하여 염려하지 말라 내일 일은 내일 염려할 것이요 한 날 괴로움은 그 날에 족하니라

(마24:13) 그러나 끝까지 견디는 자는 구원을 얻으리라

(롬8:18) 생각건대 현재의 고난은 장차 우리에게 나타날 영광과 족히 비교할 수 없도다

③ 하나님을 사랑하며 살아야 한다

(마10:37) 아비나 어미를 나보다 더 사랑하는 자는 내게 합당치 아니하고 아들이나 딸을 나보다 더 사랑하는 자도 내게 합당치 아니하고

(고후7:10) 하나님의 뜻대로 하는 근심은 후회할 것이 없는 구원에 이르게 하는 회개를 이루는 것이요 세상 근심은 사망을 이루는 것이니라

④ 서로 사랑하며 사는 것이다

(요14:15) 너희가 나를 사랑하면 나의 계명을 지키리라

⑤ 장래를 주님께 맡기고 사는 것이다

(마10:28) 몸만 죽이는 사람을 두려워하지 말고 오직 몸과 영혼을 지옥에 멸하시는 자를 두려워하라

(요14:1~2) 너희는 마음에 근심하지 말라 하나님을 믿으니 또 나를 믿으라 내 아버지 집에 거할 곳이 많도다

(행3:19) 회개하고 너희 죄없이 함을 받으라 이같이 하면 유쾌하게 되는 날이 주 앞으로부터 이를 것이라

⑥ 만족히 여기고 사는 것이다

(마4:4) 예수께서 대답하여 가라사대 기록되었으되 사람이 떡으로만 살것이 아니요 하나님의 입으로 나오는 모든 말씀으로 살 것이라 하였느니라 하시니

(딤전6:7~8) 우리가 세상에 아무것도 가지고 온 것이 없으매 또한 아무것도 가지고 가지 못하리니 우리가 먹을 것과 입을 것이 있은즉 족한 줄로 알 것이니라

(행14:17) 너희에게 하늘로서 비를 내리시며 결실기를 주시는 선한 일을 하사 음식과 기쁨으로 너희 마음에 만족하게 하셨느니라

⑦ 하나님을 아는 사람답게 사는 것이다

(마22:37-40) 예수께서 가라사대 네 마음을 다하고 목숨을 다하고 뜻을 다하여 주 너의 하나님을 사랑하라 하셨으니 이것이 크고 첫째 되는 계명이요 둘째는 그와 같으니 네 이웃을 네 몸과 같이 사랑하라 하셨으니 이 두 계명이 온 율법과 선지자의 강령이니라

(마5:16) 이같이 너희 빛을 사람 앞에 비취게 하여 저희로 너희 착한 행실을 보고 하늘에 계신 너희 아버지께 영광을 돌리게 하라

전도서 1장 2절에서는 '헛되고 헛되며 헛되고 헛되니 모든 것이 헛되도다' 라고 고뇌한다. 솔로몬도 사람에게 영원을 사모하는 마음을 주신(전 3:11) 창조주 하나님을 기억하고(전 12:1), 그 분을 섬기는 것이 사람의 본분(전 12:13)이라고 고백했다. 그 이유는 인생이란 것이 영원히 이 땅에서 사는 것도 아니고, 한번은 죽어야만 하는 존재이므로(히 9:27) 다시 실수는 자신의 인생을 하나님께 맡겨야 한다는 것이다.

사람을 지으신 하나님의 뜻을 따라 하나님께 영광을 돌리며 사는 것이 마땅하다고 증언하는 성서의 기록들은(잠 30:7~9 / 사 43:7, 21 / 엡 1:6~14)등 이다. 그리고 고린도전서 10장 31절 이하의 '그런즉 먹든지 마시

든지 무엇을 하든지 다 하나님의 영광을 위하여 하라'고 고백했던 사도 바울을 통해 정점을 이룬다. 바울은 자신을 통해 타인에게 손해와 부덕을 끼치지 않겠다고 하였다(고전 10:32~33). 이것은 사람으로 태어나서 금수처럼 살다가 죽지 않고, 사람으로 태어났으니 거룩한 하나님의 형상과 모양을 회복하여 하나님의 자녀로서 하나님의 사람답게 살다가 죽겠다는 신앙고백인 동시에 각오인 것이다. 이것이 바로 오늘날 기독교인들의 인생관이 되어야 하고, 예수 그리스도의 피로 값주고 사신 교회의 목표가 되어야 하는 것이다

(다) 고대 그리스 인간학과 변론하는 사도 바울

바울은 사람을 두 그룹으로 나누었다. 하나는 육체가 명하는 바에 따라서 사는 사람들이고, 또 하나는 정신에 따라서 사는 사람들이다. 그는 후자와 관련하여 하나님이 최초의 사람에게 그의 호흡인 정신을 불어넣으셨다고 생각한다. 자연적인 사람과 정신적인 사람, 회개하지 않는 자와 회개한 자, 버림받은 자와 구원을 받은 자, 세상의 아이들과 하나님의 아이들이 있다. 앞의 그룹에 속하는 사람들은 아담으로부터, 뒤의 그룹에 속하는 사람들은 그리스도로부터 유래한다.

바울이 말한 '자연적인 사람'은 흔히 잘못 생각하기 쉬운 '자연인'을 가리키는 것이 아니다. 교양정도의 차이와 같은 세상에서의 차이를 바울을 계산하지 않았다. 자연적인 사람에 대립되는 개념은 문화인이 아니라 '하나님의 은혜를 받은 사람'이다. '자연적인 사람'은 윤리적인 원칙의 인도를 받으며 철학적으로 훈련 받을 수 있다. 바울의 '자연적인 사람'에 대한 이미지는 그리스철학으로부터 얻은 것이라는 인상을 준다. 바울은 모든 고귀한 인물들의 본질은 자기의 적(敵)을 근본적으로 제압하려는 것이 아니라 적의 최고의 가능성에서 이해하는 것이라고 가르쳤다. 그러므로 '자연적인 사람'은 아주 존경할 만한 지혜를 지닌 것도 아니며 지극히

인간적인 지혜, 세상의 지혜를 지닌 사람이다. 신의 숨은 지혜를 모르는 자연적인 사람은 사람 존재를 독단하여 최고의 것으로 보며, 하나님의 정신을 어리석은 것으로 본다. 그래서 그들은 하나님의 정신을 전혀 알려고 하지 않는다. 그러므로 이러한 사람은 그의 높은 자질에도 불구하고 죄에 빠져 있다.

이와 달리 그노시스 학파(영지주의 학파)에 의하면 사람은 무지(無智)하며 죄를 걸머진 자다. 그러나 사람은 하나님의 정신에 붙잡혔으며 하나님의 정신에게 예속되었음을 알고 있으며 하나님의 정신에 의하여 하나님의 아들이 된다. 사람은 하나님의 정신(또는 靈)이 살고 계시는 하나님의 성전으로서(참고 고린도전서 3:16), 단순한 육체적이며 자연적인 사람 이상의 것이다. "우리가 세상의 영을 받지 아니하고 오직 하나님께로 온 영을 받았으니 이는 우리로 하여금 하나님께서 우리에게 은혜로 주신 것들을 알게 하려 하심이라. 우리가 이것을 말하거니와 사람의 지혜의 가르친 말로 아니하고 오직 성령의 가르치신 것으로 하니 신령한 일은 신령한 것으로 분별하느니라."(고린도전서 2:12~13)

그러나 영지주의 학파에서도 사람은 정신으로 태어나는 것이 아니라 처음에는 육체로 태어난다. 고대 그리스의 밀교(密敎)에 의하면 사람의 생성(生成)은 두 단계로 이루어진다. 원시인들은 아직 미완성이며, 외면상으로 제대로 분류된 사람의 모습을 갖추고 있지 않다. 문화를 가져다주는 신성(神性)에 의하여 비로소 그들은 두 번째의 단계, 즉 사람존재의 완성단계에 들어간다. 밀교에서 자주 이야기되어지는 것은 완전한 사람의 전 단계였다. 그러므로 밀교자들의 밀의(密義)를 받지 못한 자와 자기들을 구별하여 자기들을 최초의 사람으로 보았다. 그들은 자기네들을 '완성된 자'라고 불렀다.

한 신학자의 구약성서의 주석에 의하면 바울에게는 어떤 돌변하는 귀정(歸正), 변화된 재탄생이 있어야만 했다. 바울은 그의 청년시절에 그리스도의 반대자였으며 그리스도를 배척한 자였다. 그는 다메섹으로 가는 길위에서 스스로 재탄생을 체험했다. 하나님은 우리를 재탄생시키시기 위해서, 성령의 '새로워짐'에 의하여 우리를 행복하게 만드신다.(참고 디도서 3:5, 로마서 6:4, 7:9, 12:2)

사실 사람에게 새로운 삶, 다른 삶을 시작하게 해주는 체험이 있다고 하는 것은 모든 신비주의가 항상 말하는 것인데, 신비주의는 신과의 접촉과 또 이로 말미암아 새로운 사람이 되게 하는 돌파구가 되어 낡은 것으로부터 갑작스러운 비약으로 혁명적으로 이루어질 수 있다고 한다. 그러나 이와 대응되는 체험이 있다. 그 체험에 의하면 새로운 것이 사람에게서 누룩처럼 천천히 자라며, 따라서 혁명적이 아니라 지속적으로 이루어진다. 그밖에 또 다른 체험이 있다. 여기서는 새로운 것은 전혀 완전히 이루어지지 않는다. 우리는 단지 새로운 것을 얻으려고 노력할 수 있을 뿐이다. 그래서 아우구스티누스는 '죄에 빠져 병든 사람은 지상에서 영적 건강을 회복할 수 없으면서도 공연히 노력한다'고 주장한다. 그는 우리에게 남는 것은 동경과 노력뿐이며, 오직 "영생의 안식일에, 당신(주님) 안에서 우리는 쉬게 될 뿐일세"라고 갈파했다.

육체와 정신, 아담과 그리스도, 바울은 우리 안에 있는 이러한 양면성을 외적인 사람과 내적인 사람이라고 불렀다.(참고 고린도후서 4:16, 로마서 7:22) 바울은 다른 곳에서(고린도후서 4:7)에서 사람이 자연에 의하여 만들어진 질그릇과 하나님의 행위가 그리스도를 통하여 이 질그릇으로 육체를 설명하며, 속에 담겨진 보물을 구별해야 한다고 말한다. 그래서 바울은 '육체는 성령의 집이다'라고 말했다.(참고 고린도전서 6:19)

바울의 표현에는 오해를 줄 만한 대목이 상당히 많지만 그는 근본적으로 사람을 이원론적으로 생각하지는 않았다. 그리스 철학에 대한 지식을 상당히 가지고 있었던 바울은 사람 속에 내재하고 있는 영을 때때로 사람의 내적인 것, 사람의 의식, 사람의 영혼으로 표현했다. 그러나 영혼은 바울에게 전혀 다른 의미를 갖는다. 플라톤에 의하면, 악은 육체에서만 발생하고, 영혼은 우리 안에 있는 순수한 신적인 원리이다. 그러나 바울에 의하면, 자연적인 사람은 완전히 죄를 짓는 자이다. 그러므로 사람의 영혼도 예외일 수 없다. 악한 육체와 순수한 영혼은 서로 대립하는 것이 아니다. 사람의 영혼도 지상에 속하는 것이다. 영혼과 육체는 영(靈)안에서 그들의 공통의 대립을 갖는다. 여기에서 그리스 철학의 플라톤 사상으로 훈련받은 현대인들은 생각을 완전히 고쳐야 한다. 사실 바울은 플라톤이 마음(心)을 육체(身)에 대립시킨 것처럼 플라톤의 마음(psyche)을 영혼과 육체에 공통으로 대립되는 영으로 대치시키지 않았다. 사도 바울에 의하면 영(靈)은 육체를 가지고 있는 영적인 것이다. 기독교는 영혼의 불멸을 알고 있는 것이 아니라 육체의 부활을 알고 있는 것이다.(참고 고린도전서 15장)

육체를 긍정적으로 받아들인 이교도 그리스인들은 이원론자들이다. 플라톤이 영혼을 육체에 대립시키며, 영혼만이 불멸이라고 할 때 그리스인들은 사람이 하나님의 형상으로 창조되었다는 사실을 다시 상기하여야 한다. 육체와 영혼의 이원론은 유태교에 이어서와 마찬가지로 원래 이질적인 것이다. 육체도 영혼의 거듭남에 참여하는 것이 부활신앙의 근본이며, 사람에 대한 근본적인 이해도 이러한 통전적 이해를 통해 이루어져야 할 것이다.

3. 종교개혁기의 의문들

3.1 중세교회

(1) 구원: 사람됨의 완성

기독교에서는 타락하고 스스로 무력한 사람은 오로지 하나님의 은총의 선물에 의해서 구원받을 수 있다. 그러나 근대철학에 의하면 사람은 자기를 자신의 힘으로 똑바로 세울 수 있으며, 자기구원이 있다고 주장한다. 일반적으로 기독교는 은총론에 대하여 여러 가지로 엄격하게 표현하며, 자력구원(自力救援)을 부인한다. 그러나 많은 그리스도의 가르침에 따르면 우리가 우리의 구원에 전혀 무관한 것은 아니라고 이해한다. 수세기 동안 이러한 논쟁들은 – 사람의 자기 구원에 관한 논쟁 – 교회가 그리스도인들을 괴롭히며 존재해 왔다. 특히 아우구스티누스와 펠라기우스(Pelagius)의 논쟁은 좋은 예가 될 것이다.

펠라기우스는 사람은 자기의 구원을 스스로 마음대로 할 수 없으므로 오로지 초성질적인 보충을 필요로 한다고 주장한다. 자연적으로 가지고 태어난 고귀함으로 인해서 우리는 위로부터 우리에게 구원이 내리기만 하는 것이 아니라 우리쪽에서 구원을 위하여 노력할 수 있으며, 하나님의 활동에 '사람간의 협력' 이 보태어 진다는 것이다.

그러나 아우구스티누스는 이와는 달리 죄를 짓는 것이 하나님이 우리에게 내려주신 사람의 본질적인 성향이라고 파악하고 우리가 이것을 어떻게 달리할 수 없으며, 오로지 하나님에 의하여, 하나님의 은총에 의해서만 그 죄가 극복될 수 있다고 생각했다. 우리가 선행(善行)을 하든 안 하든 간에 우리는 하나님의 은총을 가져올 수 없다. 그래서 아우구스티누스 종교관은 극단적으로 이렇게 말해왔다. "걱정말고 죄를 지어라, 신을 사랑하고 네가 하고 싶은 대로 하라!" 그런데 이러한 주장은 흔히 사람들에게 잘못 해석되곤 한다. 즉 하나님을 진실로 사랑하는 자는 아무런 도덕적인 제재가 필요하지 않다고. 그러나 아우구스티누스는 다르게 "신앙인은 자기 멋대로 아주 나쁜 짓을 할 수도 있지만, 선한 일을 위해 노력하게 된다. 그러나 은총은 사람이 선한 일을 했든, 악한 일을 했든 전혀 무관하다"고 말했다.

위와 같은 펠라기우스의 하나님과 사람 사이의 협력사상은 당시에는 극심한 박해를 받았지만, 그 후 로마 카톨릭 전통 안에서 약화된 형태로 계속 존속된다. 특히 이 사상은 중세말기 종교개혁의 중요한 계기를 제공한다. 즉 중세말기 교회가 사람의 죄 사함에 대한 절대적인 권위를 가지며 펠라기우스의 신인협력적(神人協力的) 이해가 기형적으로 결합된 면죄부 판매라는 웃지 못할 사태에 이르게 될 때루터는 바울과 아우구스티누스의 입장을 계승했다. 즉 종교 개혁가들은 사람의 본성을 깊숙한 내부까지 장악하고 지옥 속으로 따라갈 정도인 원죄를 사람의 본성을 결정한다. 그래서 원죄는 사람 그 자신의 노력으로 제거할 수 없다. 도덕적인 공적(功績)으로 안 되며 오로지 믿음으로만(sola fide) 우리는 하나님의 은총에 참여할 수 있게 된다는 희망을 복원하게 되는 것이다.

3.2 개혁자들의 질문들

(1) 루터 (Maritn Luther, 1483~1546)

(가) 사람을 향한 하나님의 뜻

루터의 사람 이해는 하나님이 내리신 율법과 복음의 관계성 속에서 드러난다. 사람을 향한 하나님의 뜻의 표현은 계명이다. 즉 하나님의 뜻은 계명으로 사람에게 다가오며, 이 계명은 사람을 구원으로 부르는 복음인 동시에 율법이다. 다시 말하면 복음이 동시에 하나님의 계명의 형태로 사람에게 다가온다는 말이다.

사람은 계명, 특히 제1계명을 통하여 그 속에서 "하나님을 하나님으로 예배"하며 "그의 약속에서 그를 믿는 자 그리고 오직 그를 바라는 자는 이와 함께 그의 신성(神性)과 그의 능하심 그리고 참됨과 선하심을 고백"한다. 그러므로 루터의 사람 이해는 언제나 하나님을 중심으로 시작한다.

(나) 육적이면서 영적인 사람

루터는 '육'을 이해함에 있어서 근본적으로 "육"은 "그리스도의 은총과 그리스도의 영 바깥에 있는 모든 것, 신앙에서 나오지 아니하는 모든 것"이라고 설명했다. 루터의 전인적 이해에 의하면 사람은 육적이면서 또한 영적이다. 루터에게 자연적 사람은 전적으로 "육"이지만 "육"이 완전히 악한 일에만 치우치는 것도 아니다. 선과 악은 평생 모든 행위에 뒤섞여 있으며 사람은 "아주 작은 움직임"을 가지고 선을 원하기도 한다. 루터는 그리스도인을 이런 "모순 속에 있는 사람"으로 보았고, 그리스도 없는 사람은 그러한 경미한 움직임에도 불구하고 탐욕으로 가득찬 전인(全人)이라고 하였다.

루터는 사람이 육체성, 그 자체인 것처럼 "사람이 육에 속하는 것을 너무나 많이 소망하며 사실상 그외 다른 아무 것도 소망하지 않기 때문"이므로 육적인 사람은 하나님의 뜻을 따를 수도 없고, 하나님을 알 수도 없고 하나님께 불순종하게 된다는 것이다. 결국 루터에게는 "믿음을 통해 거듭나지 않은 사람은 육적인 사람"일 뿐이다. 반면에, 영적인 사람은 말씀 속에서 역사하시는 하나님에 의해 죄악된 상태에서 벗어나 하나님과 교제를 갖는다. 사람은 이것을 통해 영적으로 변화된다. 그러나 이런 변화는 사람의 노력이나 의지에 의한 것이 아니다. 성령이 역사함으로 사람은 사망과 마귀의 속박으로부터 해방되어 하나님의 사람으로 변화되는 것이다. 이것이 하나님의 선언인 것이다. 하나님께서 스스로 세우신 법에 따라서 아직까지도 불결한 짐승을 정결하다고 선포하신 것처럼 지금도 이방인들과 우리 모두가 그 동물들이 불결한 것처럼 죄인이지만 의롭다고 선포하신다.

루터에게 사람은 영적이며 육체적인, 이중적인 본성을 가지고 있다.

사람들이 영혼이라고 표시하는 영적인 본성에 의하면 그는 영적, 내적, 혹은 새사람이라고 불리운다. 사람들이 육이라고 표시하는 육체적인 본성에 의하면 그는 현세적, 외적 혹은 옛사람이라고 불리우는데, 이러한 사람 본성의 다양성 때문에 성서는 동일한 사람에 대하여 대립되는 점을 주장한다. 그것은 동일한 사람 안에서 이 두 사람이 서로 배치되는 입장에 있기 때문이다.

a) 종속의지

믿음으로 경험하는 거듭남이 없는 사람의 의지는 "종속된 의지"이다. 즉 사람은 그가 존재하고 행하는 바, 그 모든 것과 더불어 죄를 짓지 않을 수 없는 존재이다. 그렇지만 이러한 필연성과 제한된 능력을 가지고 있다고해서 그 책임성과 죄책을 모면할 수는 없다. 사람은 그의 깊숙한 의지에 반하여 죄를 짓도록 강요받는 것이 아니라. 그의 자율적 의지가 이끄는 선택의 범주에 스스로의 선택을 경험하기 때문이다.

"아담은 자발적으로 그리고 자유롭게 죄를 지었고 그로부터 죄를 짓는 의지가 우리와 함께 생겨난 것인데, 그와 같이 우리는 의지에 반하여 죄를 짓는 것이 아니라 의지와 더불어 죄를 짓는다. 확실히 이것이 우리의 악이다."

죄와 죄책에 있어서 "사람은 그의 죄 가운데 죄책이 있고 또 그것으로 머문다. 그것은 율법이 그에게 수여되었기 때문인데, 하나님은 이 율법에서 그에게 자기의 선한 뜻을 알리신다. 죄인은 끊임없이 율법에 반하여 행동하므로 그의 행위는 악하며 죄인 것이다." 그러나 사람은 은총과 하나님의 영에 사로잡힐 때 "하나님에 의하여 방향을 돌릴 수 있으며 계속해서 이것을 할 능력이 있다." 그것은 하나님이 사람을 영원한 생명으로 창조하고 규정하셨다는 사실이 계속해서 존속하기 때문이다.

b) 원죄

루터는 원죄에 대해 다음과 같이 진술한다. "이것은 아담의 타락 이후의 원죄인데, 그것은 우리에게 선천적인 것이며 개인적인 것일 뿐만 아니라, 천성적인 것이다." 하나님은 아담을 죄가 있는 채로 창조하지 않으셨다. 아담은 의롭고, 경건하고, 거룩하게 하나님에 의하여 창조되었고, 악(惡)에의 경향없이 오로지 선(善)에의 경향만 있었다. 루터의 "사람에 관한 논제"는 "사람은 하나님의 피조물로서, 육체의 생령으로 구성되었으며, 태초에 죄없이 하나님의 형상으로 지음 받았고, 자손을 번식하고 모든 것들을 다스리며 영생을 받도록 규정되었다"고 말한다. 그러나 아담은 타락했고 하나님과의 관계는 단절되었다. 사람은 사탄과 죄와 죽음의 권세 아래로 떨어졌다. 그렇다면 하나님이 죄를 만들지 않으셨는데 아담은 왜 타락하게 되었는가? 루터의 대답은 명쾌하다. "하나님은 그 창시자가 아니다. 왜냐하면 그 분은 명령하시지 않고 도리어 우리가 죄를 짓는 것을 금하시기 때문이다. 그러나 악마와 우리의 의지가 죄의 원인이다."

그렇지만 비록 아담의 타락이 하나님께로부터 난 것이 아니지만 하나님은 그것을 허용하신다. 그렇다면 하나님께서 아담을 선하게 보존하실 수 있지만 허용하신 이유는 무엇인가? 루터는 이것에 대하여 물어서는 안 된다고 말한다. 이것은 우리가 예배드려야 하는 하나님의 "위엄의 비밀들"에 속하는 영역이다. 단지 "사람의 구원을 위하여 나의 아들을 준다고 하는 인생에 대한 나의 인자함이 알려질 수 있도록 하기 위하여"라고 대답하실 것이나. "아담 인에서 인류의 타락이 없다면, 죄와 죄책이 없다면, 우리는 하나님의 자비하심의 전체적인 것을 체험하지도 또 알지도 못했을 것"이기 때문이다.

(다) 죄인인 동시에 의인인 사람

루터의 사람 이해의 또 다른 일면은 사람을 변증법적 이해를 통해 보는 것이다. 그에 의하면 사람은 "죄인인 동시에 의인"이다. 여기에서 루터는 관계적 현실이해 안에 있는 사람을 염두에 두고 있다. 다시 말하면 영과 육의 성서의 구분은 각자가 결코 사람의 어느 한 부분이 아닌, 하나님의 판단의 시각에서 본, 전인(全人)적 삶의 형식을 의미한다. 이것이 바로 철학적 인간론에 대한 루터의 결정적 거부이다. 루터의 시편 51편 2절에 대한 강의에서 그는 "하나님과 사람을 인식하는 것은 신적인 지혜이며 본래적인 의미에서 볼 때 신학적이고, 게다가 그것은 의롭게 하시는 하나님과 죄인인 사람에 관련되어 있다는 점에서 신학의 대상은 곧 죄인이며 잃어버린 사람인 동시에 의롭게 하시고 구원하시는 하나님"이라고 말하였다.

자기를 낮추는 겸손한 자기 인식이 있을 때에만 사람은 하나님을 인식할 수 있다. 이런 동시적(同時的) 이해는 언제나 의롭게 하시는 하나님을 전제로한 관계적 인식을 의미하며 사람이 하나님 앞에 설 때에만 '영'이 되는 것을 의미한다. 하나님과 사람의 관계 안에서 볼 때 죄인 안에 있는 이성은 아무 역할도, 아무런 기능도 할 수 없는 사람이다. 이런 사람이 의지할 곳은 오직 하나님의 은총뿐이다. 하나님의 의롭게 하시는 은총에 의하여 즉, 신적인 전가(傳價)에 의하여 사람은 하나님께 나아갈 수 있는 것이다. 이런 점에서 사람은 철저히 '자기 밖에서' 의롭다. 왜냐하면 사람은 '하나님이 사람을 죄로부터 구원하고, 완전히 치유할 때까지 실제로는 죄인이지만, 하나님의 확실한 언약과 전가에 근거하여 의로운 것'이기 때문이다. 이런 점에서 사람은 '죄인인 동시에 의인'이다.

(라) 하나님과 사탄 사이에 있는 사람

여기서 루터가 의미하는 사탄은 하나님과 예수 그리스도의 큰 상대자로서의 악마이다. 악마의 일은 성서의 그릇된 해석과 가르침, 철학 뒤에 서있으며 신앙으로 말미암은 칭의(稱義)를 변하게 만든다. 사람을 강퍅하게 하여 사람으로 하여금 하나님의 심판에 놀라지 않도록, 자신의 가련함을 인식하지 못하도록 하며 그리스도의 자비에 대한 희망없는 절망을 가져오게 한다.

이러한 악마의 권세는 하나님의 권세와 대립하며 사람 곁에서 위협하고 유혹한다. 이런 악마와 하나님의 싸움은 사람, 인류에 대한 지배에 관한 것이다. 하나님과 그리스도의 나라가 없는 곳에는 악마의 나라가 있다. 그 사이에는 어떠한 중간적 나라도 없다. 그러므로 사람은 언제나 하나님과 악마 사이에 있다.

그러나 하나님은 그리스도 안에서 악마의 권세로부터 사람을 회복하신다. 사람은 세례 안에서 이 자유를 얻으며, 이 자유는 악마와의 필생의 싸움에서 하나님의 말씀을 무기로 삼을 때 유지된다. 한편 여기에서 더 나아가, 루터의 악마에 대한 인식은 사람과 세계에 대한 하나님의 뜻에 봉사한다. 하나님은 그로 하여금 봉사하게끔 하시고 자신의 행위를 위하여 그를 사용하신다. 그는 그를 무엇보다도 그의 진노의 도구로 사용하신다는 것이다.

여기서 사람은 오로지 하나님과만 관계한다. 사탄이나 율법은 도구일 뿐이다. 하나님과 사탄은 때로 동일한 일을 사람에게 행하지만 그 의도는 서로 다르다. 하나님은 사람을 구원으로 몰아 가지만 사탄은 사람을 하나님으로부터 탈취하려 한다. 악마는 사람들의 죄사함에 대하여 절망하도록 이끌지만 그리스도는 사람이 자기 자신에 대하여 절망하고 하나님의 자비를 위하여 그리스도 안에서 피난처를 취하도록 하신다.

만일 그리스도 자신이 그의 말씀을 통하여 사람을 도로 찾으시고 그 자신에게 불러주시지 않는다면 사람은 양심의 휴식과 평화를 가질 수 없으며 악마, 죽음 및 지옥을 피할 수도 없으며 자신을 돕거나 권면할 수도 없다. 그리고 사람이 그리스도에게 오고, 믿음 가운데 있을 때도 만일 그리스도 자신이 동일한 말씀과 그의 능력으로 부단히 사람을 높여 주고 받쳐주지 않는다면 사람은 자신을 믿음 가운데 보존하거나 지속할 수 없다.

(마) 하나님의 진노 아래 있는 사람

하나님의 의는 죄에 대하여 필연적으로 진노가 된다. 하나님은 '질투하시는 하나님'이다. 그는 거룩한 질투심을 가지고 그의 유일한 신성의 영광을 살피신다. 그는 사람들이 자기 이외에 다른 무엇을 주님으로 받들고 자기 대신에 그리고 자기보다 더 많이 다른 무엇을 사랑하는 것을 감내할 수도 그대로 내버려 둘 수도 없다.

하나님의 진노는 사람이 감내할 수 없는 현실이며, 하나님 자신이 영원하시고 전능하시며 헤아릴 수 없고 무한하신 것처럼 그의 진노도 그러하다. 하나님은 그의 진노 가운데 참으로 '소멸하는 불'로서, 철두철미하게 멸망시키신다. 그러나 루터에게 있어서 하나님 자신의 본질은 사랑이시며, 진노는 본질상 그에게 '낯선 행위'이다. 죄에 매여 있어 믿을 수 없는 죄진 사람은 그의 불신앙으로 인하여 하나님께서 진노하신다고 생각하기 때문에 실제로 하나님의 진노를 체험한다. 하나님에 대한 사람의 망상은 스스로 하나님의 진노의 예증이 된다. 왜냐하면 하나님의 진노는 믿지 않는 사람 위에 임하기 때문이다.

한편 진노는 사람을 놓지 않는 하나님의 자비의 표식이다. 사람이 하나님의 진노를 체험하는 곳은 율법이며 그와 더불어 양심이다. 율법은 본래 하나님의 진노의 수단이 아니었다. 원 상태에서 사람은 그것을 성취할 수 있었다. 그러므로 그것은 그를 억눌렀던 것이 아니라, 그에게 기쁨이 되는 것이었다. 그러나 타락 이후에 그것은 전적으로 다르게 되어버렸다. 사람은 율법을 더 이상 성취할 수 없다. 이로 말미암아 이전에 사람에게 있어서 하나님과의 교제의 수단이었던 것이 이제부터는 그의 진노의 도구가 된 것이다.

이런 진노의 치명적 결과 아래 있는 사람은 하나님의 도우심을 요청함으로서 하나님의 진노를 넘어설 수 있다. 죄인인 사람은 이것을 할 수 없다. 사람 그 자신은 진노아래 머물 뿐이다. 단지 하나님 자신만이, 만일 그가 복음과 더불어 사람과 만나시고 그의 영을 통하여 그의 마음을 신앙에로 여신다면, 이 감옥을 여실 수 있다.

(바) 루터의 메세지

루터로부터 비롯된 종교개혁은 사람의 본질과 하나님과의 관계에 대한 재발견을 가능하게 하였다. 하나님에 의해 의롭다고 인정받은 사람의 존엄과 하나님 앞에선 독립적 인격으로서, 제 1계명이 지시하는 하나님 사랑과 이웃사랑이라는 양면의 책임성을 갖게 된 것이다. 이런 점에서 루터가 강조한 "만인 제사장직"은 안수받은 사제에 대한 불필요성을 지시하거나, 사람의 가능성(능력) 혹은 개인주의를 조장하는 것이 아니라, 오히려 이웃을 향한 사랑과 봉사의 의무로서 인식되어야 한다.

하나님 앞에 선 자신의 실존을 올바르게 보는 영적 사람은 겸손할 수밖에 없다. 영적 사람은 자신 스스로 제 운명의 지배자가 된다는 사람중심의 세계관이 아니라 '자기를 향해 구부러진' 사람을 끊임없이 사랑하시고 다스리시는 하나님의 은총 앞에서 그 사랑의 실체인 십자가의 그리스도를 뒤쫓는 사람이다. 그는 여전히 죄인으로서 하나님의 진노 아래 있지만 하나님의 의는 그리스도를 통한 사랑의 인내로 죄인조차 의롭다고 인정하신다. 그러므로 이제 그는 율법 아래 있는 것이 아니라 은총 아래 있는 것이다. 은총 아래 있는 사람을 향한 하나님의 뜻은 기스러 질 수 없다. 하나님의 선하심은 사람을 죄인인 채로 내버려두지 않는다. 하나님이 의롭다고 인정하시는 사람은 하나님으로 인해 존엄성을 갖는 존재이다. 하나님이 자기를 십자가에 내맡기는 철저한 자기 부인은 하나님을 하나님되게 하는 열쇠이며 사람과의 관계를 회복시킨다.

(2) 칼빈 (John Calvin, 1509~1564)

(가) 역사적 배경

르네상스에 의한 새 역사의 태동은 종교개혁을 가져왔다. 요한 칼빈은 파리 동북방에 있는 노욘에서 태어났다. 칼빈은 엄격한 부모로부터 너무나 보수적으로 교육받았다. 하지만 그는 르네상스의 정신으로 가득한 대학에 발을 디디며, 자유로운 탐구의 정신, 정확한 학문의 연구, 훌륭한 문필, 그리스와 로마의 정신 등으로 충만하게 되었다. 그는 '돌연한 회심(回心)'으로 인간적인 약함을 지니고 있으면서도 주님의 말씀에 복종하려는 열의로 주님의 영광만을 위한 신앙인의 자세를 가지려고 노력하였다. 이것이 그의 종교개혁을 가능케 한 원동력이 되었다.

(나) 창조목적에서 벗어나 미궁에 빠진 사람들

장로교의 처음인 칼빈은 하나님을 알고 하나님께 영광을 돌리는 것을 사람창조의 목적으로 보면서 하나님께 영광을 돌리는 방법을 이렇게 설명한다. 하나님을 전적으로 신뢰하며, 하나님의 뜻에 순종함으로 우리의 모든 삶을 하나님께 바치는 것을 배우며, 우리를 강권하는 어떠한 궁핍에서도 언제나 하나님을 바라보면서 그 안에서 온갖 선한 일들을 찾으며, 마음과 입으로 하나님만이 모든 선한 것의 창조자이심을 인정하는 것이다. 즉 하나님께 영광을 돌리는 일은 하나님을 신뢰하고 경외하는 것이다. 그러나 그에 의하면 극소수의 사람들만이 하나님을 진심으로 신뢰하고 경외한다고 보았다.

칼빈은 "사람은 빠져나올 수 없는 미궁에 빠졌다. 이에 대처할 아무 계획도 사람에게는 없다. 그래서 아무리 길을 찾아 그 속에서 찾아 나오려고 애써도 언제나 실패한다"고 설명한다. 사람은 자기 힘으로 하나님을 알 수가 없다. 그의 죄가 그를 이끌어 무지에 빠뜨린 까닭이다. 그리고 그의 잘못된 생각이 그로 하여금 하나님에 대한 참된 생각을 할 수 없도록 방해한다. 그의 생각 자체가 미궁이다. 사람은 신비스러운 모든 것으로 포위되어 헛되이 더듬고 있는 것이다. 사람은 하나님에 대하여 이해하지 못할 뿐 아니라 그가 살고 있는 세상도 이해하지 못하고 있다.

그가 어디서 왔는지, 왜 살고 있는지, 어디로 갈 것인지 알지 못하고 있다. 이제 바깥으로부터 무슨 도움이 오지 않는 한 그는 결코 하나님을 알지 못할 것이다. 그러나 하나님께서 사람에 대한 사랑의 관심으로 이 미궁에 갇혀 방황하고 있는 사람에게 오셔서 길을 인도하는 말씀을 주셨다. 우리는 하나님 말씀의 실마리를 더듬어 나가면서 이 무지의 미로를 빠져나가 하나님을 알게 되고 자기 자신을 알게 된다.

(다) 하나님을 아는 것과 사람을 아는 것

칼빈은 그의 저서 『기독교 강요』에서 우리 자신에 관한 지식은 하나님을 찾는데 자극을 주는 동시에 그를 발견하는 방향으로 이끌어 주는데 상당한 도움을 준다고 얘기한다. 여기에서 사람을 알기 위해서 하나님을 알아야 한다는 그의 말은 사람을 바로 아는 것을 사람의 기원 즉 그 창조주를 알아야 하며, 그 창조주를 알려면 그가 계시한 말씀을 알아야 한다는 것이다. 하나님의 말씀없이 사람을 통찰할 때 하나님의 형상으로서의 진정한 존엄성을 알 수 없을 뿐만 아니라 사람의 타락성과 부패성도 알 수 없다는 것이다. 그에게 있어서 사람에 대한 지식은 하나님에 대한 지식과 관련되어 있다. 신 인식과 사람 인식은 하나가 다른 하나를 전제로 하는 만큼 서로 뗄 수 없는 깊은 상호 관계 속에 놓여 있다.

칼빈주의 신학자 토랜스(Torrance) 교수는 칼빈이 사람 창조의 교리를 통하여 강조하는 점을 셋으로 구분한다.

첫째로 하나님이 사람을 창조하신 것은 사람의 고귀성을 말한다는 것이다. 하나님의 은혜에 따라 사는 사람은 진실로 사람이 되는 것이고, 만일 그의 은혜에 배반하고 사는 사람은 짐승의 수준으로 떨어지는 것이다.

둘째로 사람은 피조물이라는 것이다. 진흙으로 만들어진 존재라는 것이다. 오직 하나님의 은혜가 떠나면 영혼도 육신과 같이 진흙에 불과한 것이 될 것이고, 따라서 사람은 전적으로 하나의 허무한 존재 밖에 되지 않을 것이다.

셋째로 사람이 창조되었다는 진리는 사람의 특수한 존엄과 특수한 피조성이 하나님의 말씀과의 특별한 관계를 통하여 오는 것임을 가르친다. 사람의 이 특수성이란 것은 하나님의 형상을 받은 데 있는데, 그것은 하나님의 말씀과 특별한 관계를 가지고 있다는 것이다.

(라) 타락한 사람의 구원

칼빈은 사람의 타락은 사람이 가진 인간성 전체의 타락이며, 하나님 관계의 전적인 실패로 생각하였다. 그는 타락은 죄의 결과인데, 죄는 그 기원에 있어서 하나님에 대한 반역이라고 했다. 죄는 창조질서의 파괴이다. 이 죄야말로 세계에 있어서의 모든 분열과 무질서의 원인이며, 사람과 하나님 사이에서와 마찬가지로 사람과 사람 사이의 소외의 원인으로 되었다.

아무튼 죄는 하나님 관계의 어긋남을 말하는 것이므로 도덕적인 선행으로써 그 관계가 회복되는 것이 아니고, 오직 하나님께로 사람이 복귀함으로써만이 회복되는 것이다. 회개는 곧 이 관계의 회복을 말하는 것이다. 창조 원래의 질서가 그 가운데서 회복된다. 사람이 순종으로 응답하며 하나님의 그릇이 될 때 사람 속에서 일어나는 은총의 행위에 의해서만 다시 찾을 수 있다.

사람은 죄로 말미암아 하나님으로부터 소외되었으며, 영원한 죽음의 형벌에 합당한 자였고, 구원의 온갖 소망으로부터 제거된 자였으며, 하나님의 축복에는 전연 관련 없는 사탄의 종, 죄의 포로가 되어 있는 존재라는 것이다. 다시 말하면 무서운 멸망을 받도록 정죄되었고, 벌써 그 멸망에 휩쓸려 들어가고 있는 사람들 속에 그리스도가 들어오셔서 중보자가 되신다. 즉 하나님의 의로우신 심판으로 말미암아 아버지 하나님께서 정당하게 만족해하시고, 사람은 동시에 속량함을 받는다. 이 중보로 말미암아 하나님의 진노가 풀리셨으며, 이것이 하나님과 사람과의 사이에 이루어질 화해의 근원이 되는 것이다.

사람은 무엇인가라는 질문은 성서에서 나사렛 예수를 지칭하고 있다고 본다. 칼빈의 말대로 십자가에 달리신 예수는 하나님과 우리 자신을 동시에 볼 수 있는 거울이다. 참 하나님과 참사람은 예수에게서 볼 수 있다는 뜻이다. 따라서 하나님의 인식과 자기 인식이 그리스도 인식에서 동시에 생겨난다. 그러므로 기독교 인간학은 십자가상의 죽음을 당한 자의 인간학이다. 이 '사람의 아들'에 대한 관계에서 사람은 자기 자신을 인식하고 참다운 사람이 된다.

그리스도인은 알고 있다. 자기가 일개 피조물임에도, 또한 자기가 죄인임에도 불구하고 하나님의 은총으로 새로운 존재가 되었음을 잘 알고 있다. 그리스도인이라면 이러한 주장이 사람에 관하여 신앙생활에 들어온 바를 종합한 것임을 깨달을 것이며, 아울러 기독교 인간론의 기초 원리가 된다.

(3) 웨슬리 (John Wesley, 1703~1791)

(가) 웨슬리 사상의 시작

요한 웨슬리는 1703년 6월 17일 사무엘 웨슬리 목사 부부의 열 다섯 번째 자녀로 태어났다. 웨슬리의 부모는 귀족, 성직자 가문 태생이였으며 열 아홉 명의 자녀가 태어났으나 그 중 겨우 여섯 명만 성인이 될 때까지 살았다. 1735년 10월 14일 요한 웨슬리는 동생인 찰스 웨슬리와 함께 식민지 주민들과 인디언들에게 복음을 전하기 위해 미국을 향해 떠났다. 그들은 2년 동안 조지아에서 사역했으나 별 성공을 거두지 못하고 1738년 2월 1일 그는 잉글랜드로 다시 돌아왔다. 그의 동생 찰스 웨슬리는 그보다 먼저 돌아와 있었고 돌아오는 배 안에서 웨슬리는 모라비안(Moravian) 교도들의 구원에 대한 확신과 죽음도 두려워하지 않는 담대함에 도전을 받았다. 그때까지도 자신의 구원에 대한 확신이 없었던 그는 이렇게 통곡했다고 한다. "나는 인디언들을 개종시키려고 미국에 갔었는데, 아! 나는 누가 회심시킨단 말인가? 그 동안 내가 배운 것은 무엇이란 말인가? 다른 사람들을 개종시키려고 미국에 갔던 나 자신은 왜 한번도 하나님께 회심하지 못했단 말인가?"

(나) 웨슬리 인간론의 배경

웨슬리의 인간론의 관심은 사람이 하나님과의 불가분리적인 관계를 맺고 있음을 보는 것이다. 이런 관계성의 출발은 웨슬리가 사람을 하나님의 형상을 따라 창조된 존재로 이해하고 있는데서 찾아볼 수 있다(창 1:27). 하나님은 사람을 '자신의 영원성의 형상', 즉 부패하지 않는 영광의 하나님의 모습대로 지으셨다고 믿은 웨슬리는 '하나님의 형상(Imago Dei)'을 이해하는 것이 인간관의 핵심이라고 생각했다.

(다) 사람의 창조

사람의 창조는 삼위일체 하나님의 창조사역을 의미한다. 삼위일체 하나님은 "우리의 형상을 따라 우리의 모양대로 우리가 사람을 만들자"(창 1:26,27)라고 말씀하셨다. 사람은 삼위일체 하나님의 형상을 따라 하나님의 말씀대로 창조된 하나님의 자녀가 되었다. 여기서 주목 할 사항은 사람이 하나님의 형상을 입었다고 해서 하나님을 그대로 복제해 놓았다는 것이 아니며 하나님의 피조물이기 때문에 사람은 하나님이 아니고 하나님이 될 수도 없다는 점이다.

(라) 하나님의 형상대로 창조된 사람

타락 이전 하나님의 형상대로 창조된 사람의 상태는 어떠하였을까? 타락 이전의 사람은 하나님이 그가 만든 세상에서 보시기를 원하는 가장 바람직한 사람 즉 본래적인 사람이었다. 사랑의 주체인 하나님은 사랑의 객체로서 사람을 그 사랑의 대상으로 창조하셨다(요일 4:16). 그러므로 사람은 하나님의 사랑을 받으며 하나님을 사랑해야 되는 존재가 되었다. 따라서 사람은 하나님께서 부여하신 자유, 이성 등의 기능을 바르게 사용하여 하나님과 사랑의 관계를 유지하였다. 바로 이것이 하나님의 형상대로 창조된 본래적 사람의 첫째 특징이다. 사람과 동물의 차이점은 이성, 감정, 의지가 아니라 사람만이 하나님을 알고 하나님과 사랑의 관계를 유지할 수 있는 존재라는데 있다.

본래적 사람의 두번째 해당하는 특징은 거룩하고 무죄한 사람이었다는 점이다. 창조시 사람은 거룩하고 의로운 존재로 창조되었다. 즉, 타락 이전의 사람은 의롭고 성결하였으며, 사랑이 충만하였기 때문에 타락 이전의 아담은 원죄와 함께 태어나는 모든 인류와는 달리, 원죄 없이 창조되었다.

세번째 특징은 모든 피조물 가운데 가장 으뜸가는 존재라는 것이다. 하나님과 사랑의 교제를 나눌 수 있으며 원죄 없이 태어난 본래적 사람은 신보다는 못하지만 모든 피조물중의 으뜸가는 존재로 창조되었다. 따라서 사람은 하나님의 사랑가운데서 모든 피소물을 나스릴 책임과 권리가 있었다.

(마) 사람 창조의 목적

하나님의 형상대로 창조된 사람의 목적은 무엇인가? 하나님은 왜 사람을 창조하셨는가? 웨슬리는 사람 창조의 목적은 하나님께 영광을 돌리는데 있다고 보았다. 웨슬리는 "어떤 목적 때문에 생명이 사람의 자녀들에게 수여되었는가? 왜 우리는 세상으로 보내졌는가?"라는 물음에 "그것은 한 가지 목적, 즉 영원을 준비하기 위하여"라고 대답한다. 이처럼 웨슬리에게 있어서 사람의 창조 목적은 영생을 준비하기 위해 창조되었기 때문에, 사람은 위대한 창조주를 알고, 사랑하며 그를 섬겨야 한다. 따라서 사람은 하나님이 맡긴 자연세계와 은사를 활용하여 하나님께 영광을 돌려야 한다.

(바) 사람의 구조

웨슬리는 사람이 '몸(Body)', '혼(Soul)', '영(Spirit)'의 세 요소들로 구성되어 있다는 삼분설(Trichotomy) 보다는, 육과 영혼으로 구성되어 있다는 종교개혁자들의 이분설(Dichotomy)을 지지한다. 웨슬리는 육체의 구성성분은 만물의 4성분인 흙, 물, 불, 바람으로 되어 있으며, 혼(Soul)은 생각, 판단, 상상, 기억 등의 오감의 능력을 갖는다고 보았다. 또한 사람은 물질적 존재만이 아니라 영적인 존재여서 육체와 구별되는 영혼을 가지고 있다고 믿었다. 웨슬리는 영혼의 정체를 '하나님의 형상'에서 찾는다. 하나님이 물질이 아니라 영이기 때문에 '하나님의 형상'은 영에 속한다. 그런 까닭에 혼은 육체의 사멸 후에도 계속 존속된다. 하지만 육과 혼은 서로 긴밀한 관계를 가지고 있으며 부활 후에 몸과 혼으로 구성된 영적인 몸이 있게 될 것이라고 보았다. 그러나 영혼과 육체는 분리되지 않지만 구별되는 것으로 보면서 이 영혼이 불멸을 확증해 주는 것이라고 생각하였다.

웨슬리는 육과 혼 이외에도 '영'의 요소를 추가하는데 그리스도인에게 '영'이라는 요소가 있다고 본다. 바울과 마찬가지로 사람의 혼(Psyche), 육(Soma), 영(Pneuma) 중에서 영은 기독교인에게서만이 발견되는 하나님의 은사이고 이것은 초자연적 요소인 성령이라고 했다.

(사) 사람의 의지와 자유

웨슬리는 사람 영혼의 여러 속성들 – 생각, 판단, 상상, 기억 등 – 외에 '의지와 자유'를 또 하나의 심적 요소로 보아 이것으로 행동의 결단과 선악간의 선택을 한다고 생각한다. '사람의 의지(will)'는 사람의 육체적 요소와 연관된 감정에 속하고, '사람의 자유(freedom)'는 사람의 자기 결단의 능력에 속한다. 자유는 의지의 작용이 아니라 영혼의 독립된 속성으로서 모든 심리작용과 신체의 동작을 관장하는 능력이다. 자유가 결단의 능력이라면 의지는 행동의 능력이라고 볼 수 있다. 자유는 행동을 결단하며 선과 악을 선택한다. 사람은 자신의 운명을 선택할 자유가 있다. 웨슬리는 하나님의 은혜로 선이나 악을 택한 자유가 있다고 보았다. 사람은 하나님의 형상대로 창조되었지만 불변하게 창조된 것 아니며, 시험에 견딜 수는 있으나 타락하기 쉬운 존재다.

웨슬리는 본래적 사람은 하나님의 형상 속에 있었다고 생각했다. 하나님은 이 완전한 인격적 피조물에게 완전한 법을 주시어, 그가 이 세상에서 살아가는 한 완전한 복종을 하도록 요구하였다. 사랑의 법에 복종하면서 사람은 영원한 생명을 경험하였다. 왜냐하면 사람은 하나님 자신의 영원한 생명에 참여하였기 때문이다. 그러나 불행하게도 사람은 하나님의 형상을 상실하게 된다. 이 상실은 사람의 자유 남용, 즉 자유 의지를 바르게 행사하지 못함으로써 비롯된 것이라고 보았다. 여기서 명심해야 할 것은 사람에게 주어진 의지의 자유가 악한 것이 아니라 그것을 오용한 사람이 악하다는 것이다.

(아) 웨슬리의 구원론과 사람이해

웨슬리의 사람관은 구원론과 연관시켜 조명해 볼 때 완전한 의미가 드러난다. 죄로 말미암아 일그러진 사람 안에 있는 하나님의 형상은 구속의 과정에 의해 회복된다. 웨슬리는 칭의(稱義)에서 용서받은 죄책감과, 성화에서 제거되는 부패성, 즉 죄의 권능을 구분한다. 그러나 그 구분은 단순히 외형적인 것에 불과하며 세밀한 데까지 전개되지는 않았다.

웨슬리는 순수하게 "자연적인 사람"은 존재하지 않는다고 말한다. 이런 신학적 개념은 유일하다. 왜냐하면 각 사람은 그 스스로 죄의 보편성과 깊이를 드러내고 있으며 선함을 주장할 수 없기 때문이다. 어쨌든, 속죄의 공로로 하나님은 당신의 은총에 빚진 자로 설 수밖에 없는 모든 사람들 위에 선행적 은총(preventing grace)을 부여하신다는 것은 진리이다. 자연적 사람과 선행적 은총이라는 개념을 상호 관련시킴으로써 웨슬리의 많은 설교는 우선적으로 사람의 불가능성을, 그 다음에는 그의 구원의 가능성을 확인하는 하나의 공통된 유형을 따른다. 따라서 웨슬리는 신학적인 모순 없이 "당신은 당신 자신을 구원하기 위하여 아무것도 할 수 없다"라는 말과 "당신은 당신 자신의 구원을 이루어야 한다"라는 말을 동시에 할 수 있다.

4. 근·현대 신학이 던진 질문들

4.1 현대 복음주의와 인간이해

⑴ 보편성에 기반한 복음주의

복음주의는 획일성을 지닌 하나의 실체라기보다는 오히려 다양성을 지닌 운동이며, 동시에 어떤 신학적 신념들에 기초한 영적 갱신과 부흥운동이다. 어떤 이는 복음주의라는 용어를 자기 것만을 옹호하기 위해 사용하고, 그와 다르면 비복음주의로 치부해 버리는 경향도 있다. 그러나 어느 누구도 복음주의나 복음주의 신학에 대한 독점권을 주장할 수 없다. 토마스 오든(Thomas Oden)은 "예수 그리스도 안에서 하나님의 복음을 신실하게 믿고 기쁨으로 받아들이는 모든 사람을" 복음주의자로 정의한다. 고대 교회 공의회, 루터, 칼빈, 침례파, 웨슬레의 교훈 아래 있는 사람들이 모두 복음주의자에 속한다. 이 견해에 따르면, 복음을 믿는 자는 모두 복음주의자며, 복음에 기초한 신학은 모두 복음주의 신학이다. 복음주의 신학이 아니면서 기독교 신학이라고 주장하는 것은 모순이라 해도 과언이 아니다.

(2) 복음주의의 의미

복음주의는 교회사에 나타난 여러 신학적 현상과 부흥운동이며, '복음적' 이란 말은 한 가지 의미가 아닌, 다양한 의미로 사용되고 있다. 그것은 이단적인 것에 반(反)하여 정통적인 것, 로마 가톨릭 교회적인 것에 반(反)하여 프로테스탄트 교회적인 것, 그리고 현대적 또는 자유주의적인 것에 반(反)하여 전통적 또는 보수적인 것을 나타내고 있다. 현대 개신교 내에서도 여러 그룹이 복음주의란 용어를 명확한 기준 없이 자신들의 입장을 표현하기 위해 사용하고 있다.

"복음주의(evangelicalism)"는 복음 자체를 강조하는 표현이며, 복음주의자들이 그들의 입장을 나타내기 위해 선택한 말이다. '복음주의적'(evangelical)이란 명칭은 복음으로 번역되는 헬라어 단어 유앙겔리온(euangelion)으로부터 나온 것이다. 옥스포드 사전에 따르면, 'evangelical' 이란 '복음서 교훈의' 또는 '복음서 교훈에 따라' 로 풀이된다. 복음주의적은 예수 그리스도의 복음에 의해 알려진 것을 의미하며, 복음주의 신학은 복음서의 하나님, 즉 예수의 생애와 그의 교훈에서 계시된 하나님에 초점을 둔 신학을 말한다. 복음주의자는 하나님이 우리에게 구원자를 보내셨으며, 우리는 그리스도를 통해 하나님의 구속은총의 수혜자가 될 수 있다는 복음에 헌신하는 자를 의미한다. 따라서 복음주의란 용어는 예수 그리스도를 통해 계시된 하나님의 복된 소식, 즉 복음을 보존하고 선포하려는 기독교의 역동적 운동의 중심 취지를 가장 적절하게 표현한 것이다.

요약하면, 복음주의란 다양한 의미를 지니고 있다. 항상 동일한 것을 의미하는 것이 아니라 시대에 따라 의미가 다르다. 복음주의는 어느 한 교파나 신학노선에 국한되지 않고 초교파적인 것이 특징이다. 그것은 루터주의, 칼빈주의 그리고 알미니안주의, 비교화적인 근본주의자와 유식한 루터파 혹은 개혁파 신학자, 그리고 오순절주의자와 신정통주의자 등을 포괄하기에 충분한 큰 개념이다.

(3) 복음주의의 신념과 인간이해

미국 역사학자 말스덴(George Marsden)은 복음주의를 확인할 수 있는 세가지 중복적 영역을 주장한다. 첫째, 복음주의는 개념적 통일체를 의미한다. 복음주의자는 전형적으로 다음 사실을 강조하는 자들이다. 성서의 궁극적 권위에 대한 종교개혁 교리, 하나님의 구속사역의 역사성, 그리스도 신앙을 통한 영원한 구원, 전도와 선교 및 영적 변화의 중요성. 둘째, 복음주의는 역동적 운동을 의미한다. 그것은 복음주의를 공통적 유산과 공통적 경향, 유기체적 성격을 지닌, 역동적 운동으로 간주하는 것이다. 그것은 어떤 교단들, 전도 단체(para-church), 그리고 복음전도 지향적 운동들로 구성되어 있다. 셋째, 복음주의는 종교 단체를 의미한다. 복음주의는 공동체 속에 공통 유업과 관심사를 결합하는 자들의 초교파 그룹 및 모임이다.

죤 스톤(John Stone)은 현대 미국 복음주의의 공통점을 세 가지로 요약하고 있다. 개인적 신앙을 통한 복음에의 헌신, 복음에 대한 성서적 이해 그리고 전도와 사회개혁을 통한 복음전파이다. 올만(Ohlmann)은 복음주자들의 공통점으로 거룩한 삶에 대한 열망, 개인적 종교와 종교적 체험에 대한 강조, 종교적 자유에 대한 관심, 그리고 성서의 권위에 대한 강조를, 스태플스(Staples)는 선교와 전도, 성서적으로 기초된 복음, 기독교적 도덕 가치에 대한 깊은 헌신을 지적하고 있다. 따라서 복음주의자는 "복음을 개인적으로 체험하고, 성서적으로 정의되며 열정적으로 전파되어야 한다고 믿는 자"이다.

위와 같은 신념을 바탕으로 복음주의의 인간 이해는 영국 역사학자 베빙턴(David Bebbington)이 지적한 바와 같이, 회심주의(conversionism), 성서주의(biblicism), 활동주의(activism), 십자가 중심주의(crucicentrism)로 요약할 수 있겠다. 회심주의는 삶을 변화시키는 종교적 체험으로서의 중생을 강조하는 것이다. 복음주의는 개인적 회심과 체험적 신앙의 필요성을 역설한다. 성서주의는 성서를 궁극적 권위로 신뢰하는 것이다. 성경의 절대적 권위는 복음주의 전통의 본질적 요소다. 활동주의는 복음전파에 관심을 두는 것을 말한다. 따라서 복음주의는 복음전도의 우선권을 두고 전도와 선교를 강조한다. 십자가 중심주의는 그리스도의 십자가 고난을 통한 구속사역에 초점을 두는 것이다. 복음주의는 근본적으로 그리스도 중심적이다.

(4) 복음주의 흐름의 영향

복음주의의 흐름은 역사적으로 16세기 종교개혁, 17~19세기 청교도, 경건주의 및 부흥운동, 20세기 전반의 근본주의 그리고 후반의 신복음주의로 이어지고 있다. 이 흐름의 공통점은 무엇인가? 모든 복음주의의 조류는 신학적으로 프로테스탄트 정통 교리에 토대를 두고 있다. 성서의 궁극적 권위, 예수 그리스도의 초자연성, 오직 하나님의 은총과 신앙에 의한 구원, 회심을 통한 성결과 전도에 헌신적인 삶이다. 이 흐름은 복음주의는 제2차 세계 대전 후 서구 세계, 특히 북미에서 큰 부흥을 이룩했다.

많은 젊은이들이 복음주의의 영적 호소력과 낙관주의적 사고에 매료되고 있다. 정통 기독교 교리를 신봉하고, 복음전도에 헌신적이다. 현대복음주의는 활동적이고, 대중적이며 실용적인 것이 특색이다. 현대 복음주의는 자유주의와 근본주의 중간 길을 택하는 제3의 세력을 말한다. 자유주의 신학의 가장 큰 문제점은 복음에 가해질 해악을 간과하고, 현대인이나 문화가 쉽게 받아들일 수 있는 것으로 복음을 변조시킨 것이다. 이런 급진적 자유주의에 저항하는 동시에, 극단적 보수주의, 즉 근본주의의 신학적 폐쇄성으로부터 자유한 것이 복음주의 신학의 중요한 업적이다.

4.2 자유주의

(1) 자유주의의 배경

자유주의에 대하여 말할 때에 한편으로는 19세와 20세기초의 개신교 자유주의를 말하기도 하고 다른 한 편으로는 현대와 고대 신학의 자유적인 입장을 말하기도 한다. 개신교 자유주의라고 알려진 19세기의 운동은 칸트(I. Kant, 1724~1804)와 슐라이에르마허(F. Schleiermacher, 1768~1834)와 리츨(I.A.Ritshl, 1822~1889)의 사상에 뿌리를 두고 있다. 자유주의는 종교를 이해하는 데에 있어서 과학적, 역사적, 그리고 예술적 시도들에 대하여 개방적인 입장을 취하고 있다. 예를 들어 미국의 신학자 리챠드 니버(Richard Niebhur)는 그의 저서 『그리스도와 문화』에서 기독교의 신성성(神聖性)과 세속적인 문화와의 관계에 대해서 서술하고 있는데, 일반적인 견해들처럼 양자(兩者)가 서로 반대되는 것이 아니고, 오히려 현대에 있어서 그리스도의 메시지는 주어진 문화적 환경 속에서 선포된다고 했다. 한편 칸트는 이성의 역할에 있어서 계몽주의의 영향을 반영하고 있으며, 자유주의 신학의 아버지라고 불리어지는 슐라이에르마허는 낭만주의의 영향을 받아서 절대 의존의 감정으로 표현되는 종교의 주관적인 성격을 강조했다.

(2) 자유주의 신학과 사람

그렇다면 위와 같은 배경을 가진 자유주의는 신학에는 어떤 영향을 주었고, 어떤 특징과 특색을 지니고 있는가?

첫째, 신학의 토대를 사람의 경험에 두었다. 성서나 신조를 신학의 출발점이나 궁극적 규범으로 생각하지 않았다. 슐라이에르마허가 사람의 종교적인 의식을 리츨이 그리스도를 통한 화해의 경험을 신학의 근본적 자료로 간주한 것이 이를 입증한다. 따라서 자유주의 신학은 사람 중심적이며 주관주의적인 경향을 띄게 되었다.

둘째, 예수의 인간성을 강조했다. 자유주의 신학은 공관복음서의 자료에 근거하여 역사의 예수를 신앙의 그리스도와 구분하려 했다. 특히 역사 비평적 신학파는 신앙의 그리스도는 후대 교회가 부가한 비역사적 요소에 근거한 것으로 취급하고 역사적 예수를 회복시키는 것을 과제로 삼았다. 따라서 자유주의 신학은 그리스도의 선재성, 동정녀 탄생, 부활 승천에 관한 전통적인 교리를 포기하거나 거부했다. 그리스도를 사람의 원형이나 모본 또는 교사로 봄으로써 사람 이상으로 생각하지 않았다. 슐라이에르마허는 그리스도를 완전한 신의식을 소유한 분으로 그리고 리츨은 탁월한 도덕적 능력을 소유한 분으로 이해했다.

셋째, 하나님의 내재성을 강조했다. 성통주의 신학은 무한하고, 원전한 하나님과 유한하고 불완전한 세계 사이의 근본적인 분리를 주장했으나, 자유주의 신학은 세계 내에서의 하나님의 임재와 활동을 강조함으로써 하나님과 사람, 세계 신앙과 이성 사이의 연속성을 주장했다. 뿐만 아니라 기독교와 타종교 사이에 연속성이 있다고 생각하여 종교적 관용의 태도를 취했다.

넷째, 낙관주의적 사람관을 주장했다. 사람이 하나님의 형상대로 지음을 받았다는 사실에 근거하여 사람이 근본적으로 선하다는 것을 강조한 반면 타락과 원죄 교리를 거부했다. 따라서 사람의 본성과 미래에 대해 낙관적이었다.

다섯째, 기독교의 윤리적 사회적 의미를 강조했다. 현재의 세계와 사람의 상황이 신앙의 주된 관심의 대상이었다. 이것은 도덕과 종교의 일치를 주장한 칸트의 영향이며, 특히 리츨 학파, 종교 사학파, 사회 복음주의 신학파에서 현저하게 드러났다.

여섯째, 현대 과학과 기독교의 전통적인 교훈을 중재하려고 시도했다. 이성의 능력을 신뢰하여 과학의 업적 뿐만 아니라 진리에 대한 접근 수단으로 과학적 탐구 방법을 수용했다. 성서 비평은 기독교를 이러한 학문 방법에 적응시켜 보려는 시도였다

(3) 너무나 인간적인 자유주의 신학

자유주의 신학은 현대 정신을 신학에 반영하여 현대인이 이해할 수 있는 방식으로 기독교를 재해석한 것이다. 그러나 이러한 과제를 사람의 종교적 의식이나 경험에 근거하여 수행함으로써 지극히 인간 중심적인 신학이 되었다. 뿐만 아니라 이성과 과학을 진리의 척도로 간주하여 복음의 본질적인 부분을 거부하거나 왜곡하게 되었다. 동정녀 마리아로부터의 탄생, 십자가 사건 이후의 부활 그리고 승천, 성경의 무오류성 부정이 그것이다.

이러한 자유주의 신학에서 하나님의 말씀이 아닌 사람의 능력이나 경험을 신학의 출발점으로 삼은 시작은 복음의 핵심을 상실하고 기독교를 계시종교에서 윤리종교로, 하나님의 말씀 중심의 종교로부터 사람 중심의 합리적인 종교로 만들었다. 신정통주의 신학자 폴 틸리히(Paul

Tillich)가 "유럽에서 개신교는 죽었다. 개신교 신학의 마지막 200년은 본질적으로 잘못되었다."고 외친 것도 이 때문이었다. 리츨에서 보듯이 자유주의 신학은 정통주의 신학을 비판점으로 삼아 종교개혁 신앙으로 돌아가고자 했으나, 오히려 종교개혁 전통으로부터 단절되는 결과를 초래했다.

건전한 신학은 신학의 네 가지 근원인 성서, 전통, 이성 및 경험이 균형을 이룰 때 가능하다. 우리는 어떤 문제를 다룸에 있어 그것이 성서에서 어떻게 고려되고 있으며 전통에 의해 어떻게 해석되고 있는지 이성에 의해 어떻게 체계화되고 있으며 존재론적으로 어떻게 사람 경험에 관련되어 있는지를 제시해야 할 것이다.

계시와 전통에 대한 재해석을 전제로 현대의 정황에 맞는 신학을 모색하고 있는 오늘날의 급진적인 신학흐름은 성서와 전통을 희생시킬 만큼 사람의 경험과 이성을 중시했던 19세기 자유주의 신학의 실패를 주목해야 할 것이다.

4.3 남미해방신학과 인간해방

(1) 해방신학의 배경

신학은 그리스도 신앙에 대한 사람의 합리적인 진술에서 시작된다. 하나님에 대한 사람의 이해와 진술로서의 신학은 역사적 상황이나 사회적 맥락과 무관할 수 없다. 따라서 해방신학을 올바로 이해하기 위해서는 이 신학이 형성된 라틴 아메리카의 역사, 사회, 정치적 배경을 고려해야만 한다. 해방신학은 역사 속에 실존하는 남미 사람들이 매일 경험하는 구체적인 역사적 정황 가운데서 새로운 전망을 태동시킨 신학으로 형성된 것이기 때문이다. 사람들이 경험하는 정치적 억압과 경제적인 수탈과 착취라는 비인간적인 역사적 상황에 대해 남미 대중들의 사회 역사에 대한 새

로운 자각은 정의롭지 못한 역사적 현실에 대응하는 신앙적인 표현이 해
방신학이기 때문이다.

(2) 해방신학이란 무엇인가?

해방신학의 '해방'이란 무엇인가? 해방이란 모든 사람들을 포괄적으
로 자유케하는 해방이다. 단 한 사람도 제외됨 없이 삶에 있어서 모든 차
원의 억압적 요소들로부터 해방이다. 해방은 성서와 기독교가 전통적으
로 증거하는 구원개념의 현대적 해석이다. 해방신학자 구스타보 구티에
레즈(Gustavo Gutierrez)는 해방 개념 또는 해방 운동에 대한 세 가지 차
원을 설명했다.

첫 번째 단계의 해방은 압제받는 대중과 사회계급의 염원을 표현한 것
으로서 강대국의 제국주의적인 지배와 그 종속에서 벗어나는 것을 의미
한다.

두 번째 단계의 해방은 역사에 대한 새로운 이해로, 사람이 자기 운명
을 의식하고 책임지는 존재로써 이해하는 것이다. 다시 말해 사람이란 진
정한 자유와 새로운 인간성, 그리고 질적으로 변혁된 사회를 추구하는 노
력의 주체라는 것이다.

끝으로 성서가 말하고 있는, 그리스도가 가져오는 참 해방이다. 이는
사람이 불의와 압제와 근본적 죄로부터 해방되어 이기심을 극복하고 참
자유로운 존재가 되어 하나님과 사람의 이웃과 진정으로 교제할 수 있게
되는 의미로서의 해방을 뜻한다.

1970년대 라틴 아메리카에서 정치, 경제적인 자유를 박탈당한 특수한
상황을 배경으로 이루어진 해방신학은 전통적인 신학이 개인의 영혼구원
을 교회의 중요한 사명으로 보고 있는데 반하여, 조직적인 억압사회의 현
실에서 모든 형태의 억압과 착취로부터 사람을 해방시키는 것을 목표로

말한다. 이것은 라틴 아메리카와 제3세계 나라들에서 발생한 신학운동이며, 가난한 사람들의 경험과 그들의 해방을 위한 투쟁을 준거점으로 삼는 운동이다. 이 신학은 가난한 사람들, 특히 제3세계의 빈곤 계층의 사람들이 억압을 떨쳐 버리고 일어서는 그들의 투쟁 속에서 하나님의 임재를 인식하는 신학이다.

(3) 해방신학에서의 사람

해방신학에서 이해하는 사람은 몇 가지의 전제들과 특징들을 가지고 있다. 먼저 현실적으로 남미의 대중들을 대상으로 했으며, 이와 동시에 이들이 모두 독재적 정권의 제도적, 경제적, 정신적, 물질적 조건으로인해 극도의 억압 상황에 처해있는 사람들이라는 점이다.

하지만 또 다른 사람관은 본질적으로 성서의 해방적인 전통, 이를테면 구약시대 선지자들이 이방으로부터 이스라엘을 자유롭게 만들려던 해방전통과 모세에 의해 애굽으로부터의 해방된 이스라엘의 해방전통, 그리고 신약시대의 예수운동이 지닌 모든 죄악적인 요소로부터의 해방전통을 이어받아 생성된 새로운 사람관 – "해방적 인간관" – 을 통해 남미 대중들을 이해하였다. 다시 말하면, 고통받고 있는 그리스도인들 자신이 자신들을 얽어매고 있는 사슬로부터 해방될 수 있는 능력이 있다는 것이고, 이러한 사람 이해는 성서적 전통으로 조망해도 분명히 옳은 것이다.

(4) 해방신학의 사람 이해 : 마르크스주의적 방법론

해방 신학의 태동 배경에는 마르크스주의의 영향이 있다. 마르크스주의는 사회 분석의 이론적 도구와 역사 철학으로서 신학형성에 큰 영향을 미쳤다. 그것은 사회 분석의 도구로써 변증법적 분석을 제시했다. 사회를 이분법적으로 부르조아와 프롤레타리아, 억압자와 피억압자, 자본가와 노동자로 분석했다. 해방 신학은 현실 분석을 통해 가난의 구조적 원인을 발견하고 그것을 극복할 수 있는 방법론을 '마르크스주의적 혁명개념'에서 도입했다. 해방 신학이 실천을 신학의 출발점으로 삼은 것이나 이분법적으로 사회를 분석하는 것, 계급 투쟁이나 폭력에 의한 사회혁명을 인정한 것이 그것이다.

특히 마르크스는 '구(舊:old)' 인간의 병폐를 진단하면서, 사람 스스로 '새로운' 사람으로 개조될 수 있는 방법을 설명한다. 즉 새로운 사람의 출현은 혁명을 통해서, 그래서 프롤레타리아 계급의 과도기적 독재 하에서만 가능하다. 새로운 사람이란 사람이 운명을 마음대로 조정함으로서 스스로를 해방시키는 사람이라는 것이다.

(5) 해방신학적 사람 이해의 한계와 의의

위와 같이 해방 신학과 마르크스주의의 의식 체계의 관계성은 결국 "인류는 완전한 자기 개조를 할 수 있는 요소들을 자신 스스로가 가지고 있다. 사람은 자신의 구세주이다"라는 것으로 요약될 수 있다. 이 점은 해방신학이 가진 장점인 동시에 신학적 약점이다. 즉 사람이 자신의 억압적 현실에 대해서 적극적인 태도를 보이면서 하나님의 창조 당시의 자유로운 존재로의 회복을 시도한다는 것은 긍정적이지만, 오히려 이 방향에서 총체적 사람 존재로서 본질을 흐리게 하는 신학적이지 못한, 다시 말하면 극단적인 하나님의 구원사역에 대한 부정에까지 이를 수 있다는 것이다.

해방신학자들은 남미의 사람들에게 경제적으로 남의 나라의 지배를 받고 압제받는 정치,경제적 사실을 해설하고 나면 자연히 '해방'을 논하게 되고, 운동에 가담할 것을 생각했다. 사실상 '해방'이라는 말은 그들의 새로운 자세를 표명하는 구호가 되었다. 라틴-아메리카 대륙의 해방은 경제적, 사회적, 정치적 예속을 극복하는 것 이상의 의미를 갖는다. 깊은 의미에서, 그것은 역사에서 사람을 해방시키는 과정을 곧 '인류의 사명'으로 본다는 의미가 된다. 질적으로 다른 사회를 추구하는 사람, 모든 종류의 예속에서 벗어나 스스로의 운명을 개척할 수 있는 새 하늘과 새 땅을 추구하는 사람을 꿈꾸는 것이다.

4.4 한국민중신학과 사람

(1) 민중신학의 배경

한국의 민중신학은 "1970년대 한국사회"라는 배경에서 출발한 신학이다. 1970년대 격동기의 한국사회 상황에서 한국교회가 민중운동에 참여하는 과정에서 태동된 한국적 신학이다. 민중신학은 1960년대 이후 한국교회 일각에서 나타난 민족적 자각과 1970년의 전태일 분신사건 이후 첨예화된 도시근로자와 빈민 문제에 대한 관심, 그리고 1970년대의 반 독재 민주화 투쟁과 더불어 산업선교, 농민선교운동에서 교회가 인권운동 · 민주화운동으로 그 참여의 폭을 넓히면서 발생한 신학이다.

민중신학은 학문적 배경에 있어서 남미에서 생겨난 해방신학과 그 맥락을 같이하고 있지만, 성서(텍스트)를 신학의 출발점으로 하는 기존의 신학과는 그 출발점부터 다르다. 민중신학자인 안병무는 "민중신학이 책상 위에서 출발한 게 아니라는 말은 그 출발동기가 현장이라는 말이다. 그 현장은 종교적인 현장도 아니고 교회 안도 아니다. 민중신학에서 말하는 컨텍스트는 민중의 생활현장이다."라고 말한다.

(2) 민중신학의 사람 개념 – "민중"

민중신학 태동 이후, 한국사회에서 '민중' 이란 단어는 광범위한 분야에서 두루 사용되고 있다. 따라서 민중이란 어휘의 의미는 사용되는 만큼 많이 논의됐으면서도, 그 개념에 대해서는 완전한 합의에 도달하지 못하고 있다. 하지만 완전한 합의에 이르지 못했지만 중요한 부분에서는 대체적인 공통점이 도출된 것 역시 사실이다.

아래는 '민중'의 의미에 대한 여러 학자들의 기본적인 합일점들을 제시해 주는 개념들이다.

① 민중은 역사의 주체이며 사회적 실체이다.
② 민중은 정치적 피억압자, 경제적 피수탈자, 사회적 소외자 등 사회의 하류층이다.
③ 민중은 자각된 대중(민중)뿐만 아니라 우매한 대중(민중)도 포함한다.
④ 민중은 역동적이며 상대적인 개념이다. 상황과 조건에 따라서는 대중은 비민중적이면서 동시에 민중적 성격을 가질 수도 있다.
⑤ 하나님은 민중의 편에 서신다.
⑥ 민중이 주체가 된 나라는 전국민이 민중화된 나라, 즉 정의 평등 자유 평화의 나라다.

이러한 민중에 대한 기본인식을 바탕으로 성서를 보면, 대략 다음과 같은 사람들을 '민중'으로 분류할 수 있다. 고아, 과부, 나그네, 임시거주자, 품삯꾼, 극빈자, 약자, 가난한 자, 노예 등이 그들인데, 이들은 각각의 삶의 자리에서 사회적으로 피지배자의 형태를 띠고 있으며, 억압적 현실을 역동적으로 극복할 수 있는 능력을 가지고 있으며, 그리고 주체적으로 극복하려는 사람들이다. 또한 이들의 억압적이고, 폭력적인 성격을 띤 유·무형의 악적(惡的)인 요소들의 제거행위는 하나님께서 그들을(민중) 선택적으로 하나님의 나라로 이끄시기 위한 중요한 하나의 중요한 신앙 행위가 된다.

(3) 예수 그리스도와 민중신학

민중신학에서 예수는 삶 자체가 민중해방을 실현하는 과정이었고, 예수를 통해서 해방운동이 일어났다. 예수의 삶이 곧 민중의 삶이고, 예수의 죽음이 곧 민중의 죽음이다. 그런 뜻에서 민중 스스로의 구원도 예수를 빼고는 생각할 수 없다. 이 점에서 민중신학은 '예수', 곧 민중이라는 이해를 통해 예수는 결코 하나의 인격을 나타내는 개체개념이 아니고 민중 바로 그것을 대표하는 '집단개념'이라는 독특한 주장이다. 이것은 예수의 개체성을 무시하는 것이 아니라 성서가 그린 예수와 민중이라는 집단성을 나타내는데 그 촛점이 있다.

서남동은 예수는 민중을 위한 자가 아니라 바로 민중이라고 말하고 있다. 즉 예수는 허위 의식을 폭로하다가 정치범으로 몰려 십자가에 달려 죽은 자요, 인간화 운동을 주도하다가 기성 사회의 조직적 폭력에 희생된 사람이다. 그러므로 예수는 민중의 친구, 대변자로 있어왔으며, 그는 민중을 대표하여 죽임을 당한 혁명가이다. 따라서 예수는 민중이 종말에서뿐 아니라 역사적으로도 죽음의 권세를 극복하고 다시 살아나도록 하기 위해 죽은자 가운데서 살아나셨다고 주장한다.

민중신학의 주제는 예수 개인이 아니라 예수와 민중이 동일시 되는 예수, 집단적인 의미를 가진 민중의 상징, 성육신하신 예수이다. 따라서 민중의 고난을 통해 민중과 동일시된 예수를 말한다면, 오늘의 현장에서 예수를 발견할 수 있다. 민중신학에서 구원의 길은 민중의 해방사업에 동참하는 것으로 시작한다. 결국 민중신학의 구원은 자력적 구원에 가깝게 되어 예수가 민중을 이해하는데 필요한 도구의 구실을 하는 것이지, 예수를 이해하기 위한 구실을 민중이 하는 것은 아니다.

민중은 역사의 주체이며 주인이다. 민중은 그러한 주체로서의 삶을 살아야 한다. 그렇게 살 수 있어야 한다. 그러나 지난 과거의 역사와 오늘의 현실도 그렇지 못한 것이 사실이다. 민중이 역사의 주체가 되지 못하고 있다. 이것이 문제다. 민중신학은 한국교회 토착화 신학의 새로운 지평을 열어 성서, 조직, 역사신학을 실천의 장으로 이끌어냈다. 그러나 현장에서 시작한 신학방법론이 강단으로 제한된 채 민중 속에 역사하는 예수 그리스도를 교회 안에서 경험하지 못한 실천적 한계를 보여왔다. 억압주의적 정치질서의 이완과정에서 교회와 민중의 역사적 실천은 한국교회로 하여금 그리스도인의 책임있는 신학적 성찰과 반성을 다시 요구하고 있다.

4.5 전통적 인간론에 대한 여성신학의 도전

(1) 여성신학의 발생

여성신학의 대상은 남성과 여성을 다 포괄하지만 그들의 주 관심사는 여성이며, 그들이 이해하는 사람관은 여성의 억압적인 현실을 어떻게 극복할 것인가, 그리고 남성과의 관계와 세계와의 관계속에서 어떻게 여성을 다시 자리 매김할 것인가에 주목한다.

(2) 여성신학과 사람이해

페미니스트 학자들의 다양한 입장을 분류할 수 있는 여러 기준이 있는데, 그 중 일반적으로 적용되고 있는 기준 가운데 하나는 "여성의 억압 기원을 어떻게 보는가"이다. 즉, 여성에게 주어진 불평등의 구조는 어디서 유래하며, 그 대안은 무엇인가에 대한 각기 다른 관점이 여성주의자들을 나누고 있다. 그리고 여성신학의 사람관 역시 이러한 기준에 의해 나눠진 각 입장들에 따라 약간씩 다르게 나타난다.

(가) 전통적 인간이해 비판

여성신학자들은 기독교의 이원론적 전제(모든 기독교적 상징들이 남성중심으로 형성되어져 왔으며, 이는 곧 기독교내에서 뿐만 아니라, 사회 내에서의 이원론적 인간관의 형성으로 이어졌다. 그리고 이는 남성의 우월성을 상징하는 단계에까지 이르러 결국 여성에 대한 억압적 구조를 생성 및 공고화 한다는 이해)가 남성 중심적 이원론을 형성해 왔다는 점을 비판하고, 이러한 남성주의적 이원론의 극복이야말로 현대 세계가 직면하고 있는 여러 종류의 억압의 문제 – 여성차별, 인종차별, 자연의 파괴를 초래한 자연의 억압, 그리고 제1세계의 제3세계에 대한 착취와 억압의 문제 등 – 의 해결을 위한 가장 근원적인 도전이라고 주장한다.

역사적 연구에 의하면 기독교가 남성 유일신 상징을 가진 종교로 고착되기 전 고대 근동 지방의 신(神) 상징에서는 남성신과 여성신이 동등하게 존재하고 있었다. 창조와 출산의 상징으로 강력한 힘을 가지고 있었던 여성신은 남성 중심의 혈족관계로 고착됨에 따라 남성신의 보조 역할로 하락하거나 그 존재가 가려지기 시작했으며 이러한 다신론은 히브리 민족의 유일신 사상으로 소멸하기 시작했다. 이러한 유일신 사상은 유대-기독교 전통에서 아버지로 인식되는 하나님 개념이 가부장적인 사회구조를 강화하는 역할을 하게 되었다. 여성신학자 류터에 의하면, 이러한 과정으로부터 정신-육체, 빛-어두움, 객관-주관, 사람-자연, 또는 남성-여성 등의 이원론적 사고는, 전자를 우월한 것으로, 후자는 열등한 것으로 인식하게 되는 구조를 낳았으며, 이러한 대립적 이원론이 유사성보다는 차이점을 강조하면서 지배- 종속의 계층주의석 가부장주의를 강화하는 역할을 했다.

이러한 이원론적 사고 구조는 서구 철학의 시조들이라 할 수 있는 아리스토텔레스, 플라톤 그리고 소크라테스에게서 잘 나타나고 있다. 예를 들면, 아리스토텔레스는 여자를 "결함 있는 남자(defective male)"라고 주장하며, 특히 생명의 생성 과정에서 조차 주도적인 역할을 하는 것은 남자이며 여자는 그 생명을 담아 주는 도구로서의 역할만 한다는 잘못된 생물학적 결론으로 여자의 열등성을 자연적이며 선천적인 것으로 이론화해 현대 사회학이나 심리학의 여자에 관한 논의에서 강한 영향력을 미치고 있다.

성서에서 여성의 남성에 대한 열등성의 근거로 가장 자주 언급되는 구절은 창세기 창조기사의 아담과 하와로부터 나온다. 특히 하와가 지은 죄에 (뱀의 유혹에 빠져, 아담을 꾀어 함께 선악과를 먹게 만든 죄를 의미한다) 대한 이야기와 함께 여성의 부차적 존재성에 대한 근거로서 신학자들에 의해 가장 많이 쓰여지는 이야기는 하와가 아담의 갈비뼈로부터 만들어졌다는 것이다. 이러한 관점은 어거스틴에 의하면 여자가 아담의 갈비뼈로부터 만들어졌다는 것은 여자가 남자의 보조자로서 출산의 육체적 과제를 수행하기 위해 만들어졌다는 것이다. 따라서 하나님의 형상을 닮은 남자는 영적인 존재로, 육체를 초월할 수 있는 가능성 그리고 합리성으로, 여자는 제한적이고 물질적 존재로 상징된다. 여기서 영혼/육체의 이원론적 사고가 신학적으로 형성되는데, 어거스틴에 의하여 육체에 속한 여자는 영혼에 속한 남자보다 열등한 존재로 자연스럽게 규정되었다.

한편 종교개혁 이후 여성에 대한 관점은 표면적으로 변화했지만 본질적인 변화는 없었다. 루터는 여성이 원래는 남성과 평등한 존재로 지음을 받았으나 타락 이후 열등하게 되었으며, 이것은 신이 내린 질서라고 본다. 칼빈은 루터와 달리 여성은 태초로부터 지금까지 남성과 평등한 존재이며, 여성의 남성에 대한 종속은 여성의 열등성 때문이 아니라 신이 내린 질서라고 함으로써 어떤 의미에서 보면 더욱 깊이 감추어진 남녀차별주의의 사상을 가지고 있다.

(나) 남성성/여성성 : 생물학적인가, 사회적인가?

앞에서 언급한 전통적 사람 이해, 즉 남성은 우월하며 여성은 열등하다는 이해는 남자와 여자의 유사성보다는 "차이점"을 강조하는 이원론적 사고에서 기인한다. 남녀 차이에 대한 논의는 크게 두 가지, 즉 생물학적이고 선천적인 것이라는 관점과 사회적으로 규정지어진 사회적 산물이라는 관점으로 나눌 수 있다.

첫 번째 입장은 남자와 여자가 가지고 있는 생물학적 차이는 운명적인 것이라는 주장이다. 여성이 남성보다 열등하다는 관점이 현대에 이르러 표면적으로 드러나는 경우는 찾아보기 어렵지만, 여성과 남성이 생물학적으로 다르다는 것을 전제로 남녀 기능의 차이를 주요 전제로 삼는 논의는 본질적으로 여성이 열등하다는 관점을 배경으로 하고 있다. 남자와 여자는 "평등하지만 다르다"(equal but different)는 표현은 공평한 것 같지만 생물학적 차이를 기반으로 여성의 생물학적 열등성을 전제로 하고 있기 때문에 여성의 종교, 정치, 사회적 영역 등 가사 영역을 제외한 공적인 영역에서 여성에 대한 차별적 역할 규정까지 합리화하는 "허위평등주의"에 빠지는 경향이 있다.

두 번째로, 남녀의 차이는 생물학적이고 선천적이라는 전제에 반대하고, 사회학적으로 조건지어진 후천적인 것으로 보는 관점이다. 이와 관련하여 페미니스트 보부아르의 "여자는 여자로 태어나는 것이 아니라, 여자로 만들어진다"는 주장은 이를 잘 표현한 말이다. 그는 소위 남성적인 것 (남성다움의 일반적인 표현들 ; 강인함, 리더쉽, 자립성, 거침 등) 또는 여성적인 것 (여성다움의 일반적인 표현들 ; 부드러움, 순종성, 의존성, 악함 등) 이라고 인식되어 온 특성이 선천적인 것이 아니라 사실상 문화적으로, 사회적으로 습득된 것이라는 관점이다. 그러므로 이러한 관점에서 보면 전통적으로 규정되어 왔던 "남성성" 또는 "여성성"은 역사적, 사회적 교육과정의 산물이다.

(3) 여성신학의 인간이해

(가) 독립적 자아로서의 사람

흔히 페미니즘의 성서라고 일컬어지는 『제2의 성(性)』를 쓴 시몬 드 보부아르(Simone de Beauvoir)는 "여성이란 무엇인가?"라는 유명한 물음에서 여성을 다음과 같이 정의하고 있다.

> "그러므로 사람이라 할 때 그것은 남자를 말하며, 남자는 여자를 여자 스스로가 아니라 남자 자신과의 관계에서만 규정한다. 즉, 여자는 하나의 온전한 자율적 존재로 여겨지지 않는 것이다...... 남자는 여자를 생각하지 않고서 그 자신을 생각할 수 있다. 그러나 여자는 남자를 생각하지 않고는 그 자신에 대해 생각할 수 없게 되었다...... 여성은 남성과 관련해서만 규정되고 구별된다. 그러나 반대로 남성이 여성과 관련되어 규정되지는 않는다. 여성은 보수적이며, 또한 본질적인 것에 반대인 비본질적인 존재이다. 즉, 남성은 주체자이고, 절대자이지만, 여성은 타자(他者)일 뿐이다."
>
> 시몬 드 보부아르『제2의 성(性)』

보부아르의 "타자"로서의 여성 개념은 여성신학자들의 사고에도 많은 영향을 주었는데, 특히 헤겔의 "자아(self)-타자(other)"의 변증법적 개념과 사르트르의 "타자"개념을 수용하여, 타자로서의 여자의 개념을 형성했다. 그에 의하면 타자로서의 여성이 느끼는 자기소외(self-alienation)는 사회적 정황에서뿐 아니라 여성 자신의 육체적 조건에서도 경험된다. 즉, 여자는 인류의 종족 보존과정 - 임신, 출산, 양육의 과정 - 의 범주에 갇혀서 남자와 같은 자기성취적인 경험을 하기 어렵다는 것이다. 그렇기 때문에 여자는 보부아르의 핵심 개념인 "자유"를 경험하지 못하고 "내재(immanence)"속에 갇힌다. 이러한 맥락에서 볼 때 자유를 소유한 자아, 본래적 자아는 자율적인 사람이며 독립적인 사람을 말한다. 그러므로 보부아르의 여성 해방은 여성을 타율적으로 만들고 의존적으로 만드는 "여성성(femininity)"으로부터의 해방을 의미한다.

그렇다면 어떻게 자아와 타자, 자아와 외부세계, 그리고 주관과 객관의 명백한 구분과 분리를 극복하고 총체적인 자아 개념을 설정 할 수 있을 것인가? 여기서 새로운 사람 이해가 요청된다고 볼 수 있다. 즉 사람이란 분리된 존재가 아니고 "관계의 거미줄(web of relation)" 속에서 살아가는 관계적 사람이라는 것이다.

(나) 관계적 자아로서의 사람

여성신학적 관점을 가지고 있는 이들에게 공통적인 사람 이해가 있다면 그것은 사람을 "관계적"인 존재로 이해 한다는 것인데, 이 "관계적 자아"로서의 사람 이해는 여성신학에서 중요한 신학적 전제 중의 하나이다. "관계적인 사람"이라는 것은 사람을 정신/육체, 나/타자, 또는 사람/자연 등 이원론적인 사고로 이해하는 것이 아니라 이 양극이 사실상 철저히 서로 연관되어 있다는 인식으로부터 나온 사람 이해이다.

사실 대립적 이원론적 구조는 다양성을 용납하지 못할뿐더러 "나"와 다른 것은 틀리거나 나쁜 것으로 간주하기 때문에 관계에서의 폭력과 언어의 폭력, 더 나아가서는 육체적 폭력과 살생까지 합리화할 수 있게 된다. 개인적인 차원에서의 대립적 · 이원론적 사고는 개인적인 문제로 제한될 수 있지만, 이러한 사고구조가 집단적으로, 사회적으로, 국가적으로 연결될 때는 유태인 학살, 흑인 노예제도, 제1세계의 제3세계 착취, 또한 남성의 여성 비하를 자연스럽게 여기는 비인간적 결과를 낳게 될 것이다.

그러나 이 "관계 속의 사람"에 대한 개념은 자칫하면 잘못 해석될 수 있는데, 예를 들면 유교적 사람 이해의 핵심을 나타내는 삼강오륜(三綱五倫)의 경우 관계란 언제나 계층주의적이고 남성 중심적으로 설정되어 왔다고 볼 수 있다. 즉 출발점 자체가 불균형 속에서 설정된 "관계성"이란 언제나 힘 없는 약자에겐 억압의 도구가 되는 것이다.

(4) 여성신학 – 전통적 인간론에서 관계적 · 총체적 인간론으로

　새로운 사람 이해에 대한 추구는 여성신학에서 주요한 과제로 되어 있는데, 각기 다른 강조점들을 가지고 "관계적 자아", 또는 "총체적 자아" 등으로 표현되는 사람 이해는 지구가 우주의 중심이 아님을 발견함으로써 이전의 세계관에 근원적인 변혁을 가져온 "코페르니쿠스적 발견"이라고 할 수 있다. 여성신학의 "코페르니쿠스적 발견"은 지구가 자전과 공전을 하고 있듯이, 실존적인 한 사람으로서의 "나"는 또한 "타자"와 분리될 수 없는 연결성을 가지고 삶을 살아 가고 있다는 사실에 대한 분명한 깨달음이며, 이러한 "연결됨"은 우리가 의식하듯 못 하든 이미 주어진 사실임을 발견하는 것이다.

제 5 장
결론

1. 사람에 대한 위대한 질문들, 무엇이 문제인가?
– 기독교적 인간론 새로 보기

"우리는 누구인가? 우리는 어디로부터 오는가? 우리는 어디로 가는가?
우리는 무엇을 기다리는가? 무엇이 우리를 기다리고 있는가?
E. 블로흐 『희망의 원리 I』中

독일의 학자 에른스트 블로흐(Ernst Bloch)는 그의 저서 『희망의 원
리』 머리말에서 위와 같이 질문한다. 결국 그에게 있어서도 모든 문제의
초점은 사람의 문제에 있는 것 같다. 사실 모든 학문의 연구와 이 세계의
모든 활동은 사람을 위하여 있다. 사람의 보다 나은 사람됨과 사람의 보
다 나은 삶과 사람을 위한 보다 나은 세계를 위하여 이 모든 것이 이루어
지고 있다. 그러므로 모든 학문적인 연구에 있어서 궁극적인 관심의 문제
는 사람의 문제에 있다고 말할 수 있다. 보다 이상적인 세계, 사람이 사람

으로서 사람답게 살 수 있는 세계를 꿈꾸는 블로흐가 먼저 우리 사람이 누구인가를 질문하면서 그의 '희망의 원리'를 시작하는 이유도 여기에 있는 것으로 보인다.

오늘의 학문적인 세계에 있어서도 가장 중심적인 문제는 사람의 문제에 있는 것 같다. 많은 학문의 분야들이 사람의 문제를 주요 과제로 삼고 있다. 철학, 생물학, 심리학, 의학, 사회학 등 수많은 분야의 학문들이 오늘날 사람의 문제에 대하여 토의하고 있으며 사람이 무엇인가를 답변하고자 한다.

그러면 우리가 사람에 대하여 아무리 연구하고 토의하여도 어떤 궁극적 결론에 도달하지 못하고 있는 이유는 무엇일까? 왜 사람들은 사람이 무엇인가에 대한 어떤 형태의 답들에 만족하지 못하고, 언제나 다시금 사람이 무엇인가를 새롭게 질문하는 것인가?

그 이유를 정리하자면 다음과 같다.

첫째, 사람이란 존재가 "미완성의 존재"라는 사실에 있는 것 같다. 다시 말하면 사람은 각자의 삶을 살아가면서 그냥 태어날 때의 성격과 육체, 지적(知的)인 자질 등에 있어서 그 수준에 머물러 있는 것이 아니라 끊임없이 그리고 죽는 순간까지 발전하여 가는 존재라는 의미이다. 사람은 어떤 시점에서도 완결될 수 없는 것이다. 그러므로 사람에 대한 어떠한 진술과 답변도 완결될 수 없으며, 사람의 문제는 계속 연구되고 토의될 수밖에 없는 것이다.

두 번째 이유는 사람이란 존재의 관계성 때문이다. 사람은 인생의 여정 속에서 자신 주변의 모든 것과 관계 맺지 않고는 온전하게 살아 갈 수가 없다. 여기서 주변은 또 다른 사람이 될 수도 있고, 또는 자연, 사회와 국가 그리고 그 외의 세계의 여러 것들이 될 수 있겠다. 그러므로 첫 번째 이유로 들었던 사람 존재 자체의 변동성과 사람의 삶이 맺고 있는 여러 관계에 의해서 사람이란 무엇인가에 대한 대답은 잠정적인 대답이나, 또는 결코 대답되어 질 수 없는 것이 된다.

세 번째는 사람에 대한 질문에 있어서 질문의 주제와 질문의 대상이 동일하다는 사실에 있는 것 같다. 이 질문에 있어서 사람은 어떤 다른 사물에 대하여 질문하는 것이 아니라 바로 자기 자신에 대하여 질문하고 자기 자신이 이 질문에 대하여 답변한다. 달리 말해서 질문의 대상으로 되어 있는 자가 그 질문에 대하여 답변한다. 그러므로 그 문제에 대한 답변은 결코 완전한 것일 수 없다.

기독교가 예수 그리스도로부터 출발하는, 예수 그리스도에 근거하는 종교라면 사람에 대한 이해에 있어서도 기독교 인간관은 예수 그리스도를 사람 이해의 근거와 출발점으로 생각할 수밖에 없다. 기독교에서 보는 사람은 사람이 자기 자신에 대한 성찰로부터 얻을 수 있는 사람의 자기이해를 이야기하고자 하는 것이 아니라, 예수 그리스도 안에서 성육신화 되신 하나님의 말씀으로부터 밝혀지는 사람에 대한 이해를 이야기하고자 하는 것이다.

한편 예수 그리스도 안에서 성육신 된 하나님의 말씀은 사람에 대한 영원한 지식을 우리에게 전달하여 주고자 하는 것이 아니라, 하나님 앞에 서 있는 사람의 회개와 새로운 삶의 시작을 요구한다. 그것은 하나님의 피조물로서의 우리 사람이 하나님과 어떤 관계에 있는가를 밝혀 준다. 그러므로 기독교에서 보는 사람은 예수 그리스도 안에서 성육신 된 하나님의 말씀으로부터 하나님의 피조물인 우리 사람이 어떤 존재인가를 기술하는 동시에 어떤 존재가 되어야 하는 가를 기술한다. 즉 다시 말하면, 사람은 그의 피조물에 대하여 변함 없이 성실하신 하나님을 언제나 다시금 배반하는 사람인 동시에 배반에도 불구하고 하나님의 피조물로 존속할 수 있도록 허용 받은 사람인 것이다.

이렇게 기독교에서 보는 사람에 대한 답은 지극히 극단적으로 명확하면서도, 오묘하다. 그렇다면 이와 관련하여 복음서에서 예수 그리스도가 이해하는 사람에 대해 잠시 살펴보자.

그리스도 안에 있는 모든 사람들이 그리스도와 함께 죽었다가 다시 살아났으며, 따라서 죄와 죄책 그리고 수치의 옛 삶은 끝나고 거룩함과 용서와 자유라는 전적으로 새로운 삶이 시작되었다는 기본적인 사실들을 인정한다면, 새로운 자아에 대한 우리의 태도는 어떠해야 할 것인가?

이에 대한 예수 그리스도의 요구는 명료하다. 자기를 부인하라는 것이다. 예수의 제자들은 날마다 자신의 십자가를 지고 예수를 따라야 한다. 이것과 반대로 어떤 사람이 자기 십자가를 지고 그를 좇지 않으면 그는 그 분의 제자가 될 수 없다. 사실 로마의 모든 식민지에서 십자가형은 흔히 볼 수 있는 광경이었다. 십자가형을 선고받은 모든 반역자들은 자기 십자가나 또는 적어도 십자가용 목재를 지고 형이 집행되는 곳까지 가야만 했다. 그러므로 십자가를 지고 예수를 따르는 것은 사형 선고를 받아 형장으로 가는 사람의 입장에 자신을 놓는 것이다. 왜냐하면 사람이 만일 어깨에 십자가를 메고 그리스도를 따르고 있다면 가고 있는 곳은 단 한군데, 바로 십자가 처형장밖에 없기 때문이다. '그리스도에게 참여하며, 신앙으로 복종하며, 남을 위한 존재로서 고난을 함께 하는 것'이 현대의 신앙이며 '새로운 사람의 모습'이라고 역설한 본훼퍼(Dietrich Bonhoeffer)처럼, 그리스도께서 어떤 사람을 부르실 때 그는 사람에게 와서 그리스도처럼 죽으라고 명령하시는 것이다.

하지만 자기를 부인하라는 예수의 명시적인 명령 곁에는 자기를 긍정하라는 암시적인 명령이 포함되어 있다. 복음서를 전체적으로 읽는다면 예수가 사람에 대해 부정적인 이해를 가졌다는 인상을 받을 수 없다. 오히려 성악설에 기초한 것 같이 원죄와 창조와 타락기사가 정반대임을 알

수 있다. 예수가 사람의 마음에서 나오는 악하고 추한 것들에 주의를 집중시킨 것은 사실이다. 그러나 그는 아무도 경멸하지 않았고, 아무도 거부하지 않았다. 그는 오히려 세상이 존경하지 않는 사람들을 존경했고, 문둥병자들을 가까이 오도록 했으며, 어린아이들을 사랑했고, 창녀가 그에게 기름을 붓고 발에 입을 맞추는 것을 허용했다. 그리고 그는 섬김을 받으러 세상에 온 것이 아니라 섬기러 왔으며, 끝내 사람들의 대속물로 고난받고 죽기까지 하였다. 예수가 사람을 위해 죽기로 결심한 것보다 사람에 대해 그 이상의 가치를 부여한 것은 따로 없을 것이다.

그러면 이처럼 사람은 사람에 대해 부정과 긍정을 함께 행하여야 한다면, 이 역설을 어떻게 이해해야 할까?

우리 사람은 부분적으로는 창조의 결과인 하나님의 형상이고, 부분적으로 타락의 결과로 상처 입은 신의 형상이다. 우리 사람이 부인하고 포기하며 십자가에 못박아야 할 자아는 타락한 자아, 곧 예수 그리스도와 양립할 수 없는 모든 것이다. 또 사람이 긍정하고 존중해야 할 자아는 사람의 창조된 자아, 곧 예수 그리스도와 양립할 수 있는 모든 것이다. 때문에 참된 자기 부인은 자멸의 길이 아니라 자기 발견의 길이다.

한편 위와 관련하여 복음서의 마태는 다음과 같은 비유를 서술하고 있다. 한 율법사가 예수에게 다가와 율법 가운데 어느 것이 크냐고 물었을 때 예수는 다음과 같이 가르침을 주었다.

네 마음을 다하고 목숨을 다하고 뜻을 다하여 주 너의 하나님을 사랑하라 하셨으니, 이것이 크고 첫째 되는 계명이요, 둘째는 그와 같으니 네 이웃을 네 몸과 같이 사랑하라 하셨으니, 이 두 계명이 온 율법과 선지자의 강령이니라. (마태복음 22:37~40)

이 말은 전인격을 가지고 온전하게 하나님을 사랑할 것을 명할 뿐 아니라, 이웃을 하나님 사랑하듯이 동등하게 사랑하라는 의미이다. 그리고 하나님과 이웃을 사랑하는 것은 성서의 핵심이라는 것이다.

1.1 하나님과 사람

다시 한번 반복하게 되지만, 기독교가 예수 그리스도에 근거하고, 그분으로부터만 정당성을 가진다면, 기독교의 사람에 대한 이해 역시 그 분의 빛으로만 조명되어야 한다. 이와 같은 대전제를 가지고 기독교 사람 이해의 특징을 본다면, 아마도 사람이란 존재를 보는 성서의 독특한 눈은 사람을 사람 그 자체의 독립적, 고립적으로 보는 것이 아니라, 다양한 관계를 가진 존재로 파악한다는데 있다.

관계를 떠나서 고립된 사람은 없으며, 사람은 어디까지나 여러 관계 속에서 태어나고 살고 또 죽기 때문이다. 이렇게 사람을 "관계성의 존재"로 본다면, 기독교가 염두에 두고 있는 그 관계란 무엇일까? 그 관계는 무엇보다도 '하나님과의 관계'가 가장 우선된 관계일 것이다. 그때에 사람은 하나님의 피조물로 이해된다. 그의 생명은 하나님에게서부터 온다. 사람의 생명이 어디에서 왔느냐 하는 문제는 인류 역사가 아직도 풀지 못한 중요한 문제이다. 진화론에 의하면 사람은 동물에서 진화된 것이며, 따라서 사람은 결국 동물의 후손에 지나지 않는다. 사람의 정신 활동은 동물들도 가지고 있는 뇌 세포의 발달에서 온다. 만일 그렇다면 사람의 정신 활동과 동물의 정신 활동에서 본질적인 차이를 찾을 수가 없게 되며 다만 정도의 차이만 발견하게 된다. 이것은 사람을 궁극적으로 자연의 세계에 속한, 자연의 존재로 바꾸어 버리는 것이며, 이 자연의 세계를 넘어서는 사람을 이해하는 것은 불가능하게 된다. 사람은 결국 자연계에 속한 존재로서 이 세계의 법칙성을 벗어날 수 없는 존재로 이해되기 때문이다. 이러한 존재에게 "새로운 미래"와 "역사"가 있다고 말하기 어렵다. 이렇게 제한된 인간관은 사람에게 이 세계의 법칙에 따라 언제나 다시금 되풀이되는 실패의 반복을 가르치게 된다. 참다운 뜻에서의 "새로움"은 완전히 배제되는 것이다.

이와 같은 진화론적 견해와 비교하여 기독교의 신학은 사람의 생명이 하나님에게서부터 오는 것이라고 말한다. 즉 사람의 조상은 동물이 아니며, 생명은 하나님의 위대한 창조물이며, 하나님께서 생명의 호흡을 불어 넣어 주심으로써 창조된 것이라는 의미이다.

이렇게 되면 사람은 아무런 초월자 없이 홀로 고립적으로 세계 속에 존재하는 것이 아니라, 전적으로 하나님과의 관계 속에서 살아가야 할 관계성을 획득하는 것이 된다. 왜냐하면 적어도 사람이 살아있는 동안은, 하나님의 생명이 우리 사람에게 들어와 있는 상태가 유지되기 때문이다.

이와 같은 하나님 중심의 사람 이해는 고대 종교들이나, 여타의 몇몇 종교들처럼 사람을 신의 노예로 만드는 것을 의미하는 것이 아니다. 기독교는 "하나님 중심의 세계관을 강조하는 동시에, 사람을 중심에 놓는 세계관을 보여준다. 곧 이 세계와의 관계에서 사람은 하나님의 창조 질서를 지배하고, 다스려야 할 통치자요 하나님의 대리자로 자리잡게 되는 것이다.

구약성서의 창세기에 따르면, 하나님께서는 그가 지으신 만물 중에서 사람을 가장 고귀한 존재로 지으셨다. 곧, 하나님의 모습대로 지으셨다. 그리고 이 세계의 모든 것을 사람의 생존을 위한 선물로 주셨다. 그러므로 세계의 모든 것은 사람을 위하여 주어졌다. 사람이 세계를 위해 존재하는 것이 아니라 이 세계를 다스려야 할 하나님의 대리자 곧 하나님의 형상이다. 그는 자기의 생존과 번영을 위하여 이 세계의 모든 것을 자유롭게 사용하고 변형시킬 권리를 가지고 있는 것이다. 그러므로 사람을 둘러싸고 있는 이 세계는 "고정된 삶의 세계"를 의미하는 것이 아니라, 사람에 의해 새로운 가능성의 세계 곧 "역사적 미래"를 뜻한다.

한편 많은 사람들이 20세기에 접어들면서 본격적으로 생겨나기 시작한, 그리고 점점 더 심각해지고 있는 자연의 파괴적 변형의 문제에 대해서 많은 문제제기를 하고 있다. 그리고 그 파괴의 원인 중 하나를 기독교인들의 세계관으로부터 찾는 이들이 있다. 하지만 진실로 위에서 언급한, 즉 사람만이 하나님에 의해 전적으로 세계 변형의 권리를 부여 받았다는 사실, 이것이 환경문제의 원인은 되지 못한다. 왜냐하면 사람만이 하나님의 모습을 따라 창조되었다는 것이 사람이 그에게 주어진 환경을 착취하고 파괴해도 좋다는 것을 뜻하지는 않기 때문이다.

흔히 말하기를 오늘날 일어나고 있는 자연 세계의 파괴는 기독교가 서구에 퍼뜨린 창조론에 그 원인이 있다고 하는 이러한 견해는, 창세기의 히브리어 원문에 있는, 이 세계를 "정복하라"는 명령어와 "다스리라"는 명령어를 일관되게 이해하지 못한 때문이다. 이 "다스린다"는 뜻의 히브리어 "라다"는 "보전한다"라는 뜻을 가지고 있다. 곧 원문에 따르면 사람은 이 세계를 숭배해야 할 존재가 아니라, 정복해야 할 존재이지만, 이 세계를 파괴해도 좋은 존재가 아니라, 지키고 보존해야 할 존재인 것이다. 그러므로 오늘날 자연 세계의 파괴의 원인이 성경의 창조론에 있다고 말할 수 없다. 오히려 사람이 가진 하나님의 형상은 자연 세계에 대한 사람의 자유를 말할 뿐만 아니라, 사람의 책임을 뜻하는 것이다.

그러나 이 세계와의 관계에서 세계를 정복하고 보존할 권리와 책임이 있는 사람은 하나님과의 관계 안에서만 제한되는 존재이다. 사람의 육체는 흙으로부터 왔고, 사람은 하나님의 계명에 절대순종 해야 할 존재이다.

1.2 사람과 죄

위에서 하나님과 사람사이의 관계를 통해서 사람이 어떤 존재인지 살펴보았다. 하지만 우리는 사람이 이러한 관계의 유지와 발전적 변형의 능력에 있어서 항상 어려움을 겪고, 제대로 수행하기란 어렵다는 것을 알수 있다. 즉 "동산 안에 있는 나무 열매는 무엇이나 마음대로 따먹어도 좋지만, 선과 악을 알게 하는 나무 열매만은 절대로 따먹어서는 안 되는 존재"이다. 곧 사람은 이 세계에서 자유로운 존재이지만, 모든 관계에서 상대방에 대하여 "하나님처럼" 높아지려고 해서는 안 된다. 이 계명을 어길때에 세계는 사람의 삶을 위한 축복의 선물이 아니라 생명을 위협하고, 파괴하는 공포의 대상이 되어 버린다. 바로 이것이 하나님의 계명을 지키지 않았고, 또 지키지 않은 오늘날 사람의 현실이다. 이러한 사람 존재의 현실은 바로 앞서 서술한 사람이 가진 모든 "관계의 파괴"를 의미한다.

이웃이 사랑의 대상이 아니라 경쟁의 대상으로 전락하였으며, 노동이 즐거움이 아니라 무거운 짐이 되었고, 문명은 사람의 행복을 위한 것이 아니라 오히려 공포의 무기가 되어 생명을 위협하며, 자연은 "너(세계)"와의 관계에서 나를 하나님의 자리에 두고자 하는 사람의 욕망 때문에 착취되고 파괴되어가고 있다.

이런 현상의 결과는 르네상스와 계몽주의와 함께 시작된 근대 사람 중심주의 시대가 가져온 결과이다. 근대 철학에서 중요한 관심이 된 인간학은 기독교 신학을 떠나서 이해할 수 없으며, 오히려 기독교 인간학의 상속자라고 말할 수 있다. 근대철학의 중요한 신화중의 하나는 "하나님은 죽었다! 우리가 그를 죽였다"였다. 니체의 이 대표적인 명제는 신학을 인간학으로 변화시켰다. 사람이 하나님의 모습과 이해에 따라 창조되었다고 주장되었으며, 따라서 사람이 하나님의 피조물이 아니라, 하나님이 사람의 본질적인 모습을 따라 창조되었으며, 따라서 사람이 하나님의 피조물이 아니라, 하나님이 사람의 피조물로 이해되었던 것이다. 그리하여 포이어바흐는 "새로운 철학은 사람을 철학의 유일하고도 보편적이며 가장 높은 대상으로 삼고 인간학을 보편적인 학문으로 삼는다"고 선언했다. 이로써 사람이 하나님이 되었으며, 곧 신격화 되었다.

이러한 사람관을 바탕으로 한 신학은 죄와 타락의 종말이며, 사람을 죄인으로 다시 한번 보게 된다. 사람이 죄인이라는 명제를 부인하는 어떤 사람은 하나님 중심의 신학 지평을 확장시킬 수 있을지 모르지만 사람의 본성을 이해하는 지점에서 가장 중요한 실수를 범하게 된다. 그러나 모든 사람 관계에서 끝까지 자기 자신을 추구하는 것이 사람 대부분의 현실이 아닌가? 자기의 이익을 위하여 서로 시기하고, 모함하고, 속이고, 심지어 다른 사람의 생명을 죽이는 것이 사람의 현실이 아닌가? 그래서 예수 그리스도는 눈에 보이는 주어진 계명을 어기는 형사법의 과실만을 죄라고 하지 않고, 하나님을 떠나 하나님이 없는 상태 속에서 끝까지 자기 자신을 추구하려고 하는 사람의 욕망 자체를 죄라고 가르친 것이다.

1.3 인생의 종착점을 향하여 : 지상에서의 유한적인 삶과 구원

심한 절망과 고통 속에서 고난받던 족장 욥은 이렇게 소리친다.

> 여인에게서 난 사람은 사는 날이 적고 괴로움이 가득하며, 그 발생함이
> 꽃과 같아서 쇠하여지고 그림자 같이 신속하여서 머물지 아니하거늘.
> (욥 14:1~2)

그 후 같은 대화를 하면서 욥은 또 묻는다.

> 사람이 죽으면 어찌 다시 살리이까 나는 나의 싸우는 모든 날 동안을 참

고 놓이기를 기다렸겠나이다.   (욥 14:14)

마지막으로 19장에서 욥은 하나님과 사람의 운명에 대한 그 자신의 신
앙을 재확인한다. 그리고 욥은 이렇게 외친다.

내가 알기에는 나의 구속자가 살아 계시니 후일에 그가 땅 위에 서실 것
이라 나의 이 가죽, 이것이 썩은 후에 내가 육체 밖에서 하나님을 보리라.
                                    (욥 19:25~26)

지금까지 사람이 직면하는 가장 큰 문제이며, 답변하기 어려웠던 문제
인 "사람은 무엇인가?", "사람은 어디서 왔는가?", "사람은 무엇이 문제인
가?" 등에 대해서 상당한 분량을 할애하면서 살펴보았다. 하지만 아직 이
질문들에 채 대답도 하지 못한 상황에서, 우리는 또 다른 질문을 던져야
만 하겠다. "사람은 어떻게 살아야만 하는가?"라는 질문이 그것이다. 바
로 모든 사람들이 삶을 살아가면서 너무나도 궁금해하고, 때론 사람들을
공포에 떨며 무기력하게도 만드는 질문.

 (1) 의미 있는 사람의 삶과 운명에 관한 이야기
새해가 되거나 또는 하고 있는 일이 잘 풀리지 않을 때, 그리고 무언가 중
요한 일을 앞두거나 걱정이 있을 때, 많은 한국사회의 사람들은 참으로
진지하게도, '000철학관', '000운명관' 이란 곳에서 인생을 내다보고,
이후의 어려운 상황들에 대한 대처방안을 조언 받곤 한다. 왜 이렇게 사
람들은 자신들의 미래에 대해 궁금해하는 것일까? 아마도 자신들이 현재
살고 있는 삶들에 자신이 없고, 확신이 없기 때문이 아닐까? 심지어 기독
교인이라고 자칭하는 사람들까지도 이런 생각에 휩싸이는 것을 보면 한

국교회가 가르치는 신앙자체를 의심해 보기도 한다.

　이런 관심사는 야훼 하나님을 신앙했던 유대인들에게 역시 예외는 아니었다. 유사하게 이들은 사후(死後)의 세계에 대한 관심이 많았던 것 같다. 그렇다면 메시야로서의 예수를 믿지 않는 사람들에게 예수 그리스도 이전에 죽은 자들의 거처는 어디였는가? 이 물음은 예수가 태어나기 이전에 유대인들에게 사람의 영혼에 대한 근본적인 물음을 의미한다. 성서의 진술에 의하면 예수가 죽기 전에 모든 사람의 영혼들은 신약성서에는 "하데스"로 알려졌고, 구약성서에는 "스올"로 알려진 땅속 어디인가에 있는 거처로 내려간다는 것이 많은 성서학자들에 의해서 주장되어졌다. 본래 하데스에는 구원받은 사람들을 위한 구역과 버림받은 사람들을 위한 구역, 두 곳이 있는데, 구원받은 사람들의 구역은 가끔 '낙원'으로 불리고 때로는 '아브라함의 품'으로 언급되기도 한다.

　　이에 그 거지가 죽어 천사들에게 받들려 아브라함의 품에 들어가고 부자
도 죽어 장사되매 　　　　　　　　　　　　　　　　　　　(눅 16:22)
　　예수께서 이르시되 내가 진실로 네게 이르노니 오늘 네가 나와 함께 낙
원에 있으리라 하시니라 　　　　　　　　　　　　　　(눅 23:43)

　구원받지 못한 자들의 구역을 위해서는 '하데스'라는 일반적인 명칭 이외에 다른 명칭은 특별히 없다. 눅 16:19～31에서 예수는 죽은 후 '하데스'의 구원받은 자들의 지역으로 간 가난한 신자와 죽은 후 구원받지 못한 자들의 지역으로 간 부유한 불신자에 대한 이야기를 하고 있다.

　어쨌든 이렇게 보면, 지금까지 이 책에서 다루어 온 사람에 대한 질문들 어느 것 하나도 완전히 답변되지 않은 것과 사람 자신의 현재성에 대한 불확신과 사후세계에 대한, 즉 구원의 문제에 대한 물음이 아무 관련

이 없는 것은 아닌 것 같다. 왜냐하면 지금 자신이 실제로 존재하고 있는 곳에서, 자신의 인생이 나름대로 의미 있는 과정이라는 의식 속에서, 사람 스스로의 생(生)에 대해 인지하면서도 불확실한 삶에 안절부절 하는 사람들이 바로 그런 물음들의 주인공들이기 때문이다. 동시에 이것이 바로 사람 에 대한 질문의 최대 난점을 단면적으로 보여주는 것이다. 성서가 비유적인 표현으로 진술하고, 수많은 철학자들이 수 천년간을 고민했던 그 문제가 바로 이것과 다르지 않으리라.

그렇다면 이처럼 사람들이 경험하고 있는 삶의 질곡들을 우리는 도저히 어찌해 볼 수 없는 것일까? 더 나가서 하나님과 관계를 맺고 인생여정을 걸어가는 그리스도인들은 어떤가? 그리스도인들은 이런 사람의 존재적 한계에 그저 하나님께서 주실 구원의 은혜만을 기다리고 있어야 하는가?

이제 우리는 그리스도인들이 경험하는 '구원의 현재적인 차원' 을 언급해야 할 필요가 생겼다. 적어도 십자가의 고난을 통한 구원의 확신을 나눈 그리스도인으로써 하나님의 은혜에 응답하는 사람으로써, 예수 그리스도와 함께 할 재림의 준비과정으로써 그리스도인의 삶은 과연 무엇인가?

만약 예수 그리스도의 십자가에서의 죽음이 죄의 문제를 해결하는 구원의 과거 시제라면, 그리스도인들이 자신들의 십자가를 짊어지고 예수가 걸었던 그 길을 따라 걷는 것은 구원의 현재 시제라고 할 수 있다. 다시 말하면 예수 그리스도의 삶과 죽음은 새로운 생명으로 인도하는 구원의 기초지만, 그의 제자들이 신앙과 사랑의 삶을 걷는 현재 진행형 역사는 구원의 현재적 실현을 의미하는 것이다.

확실히 예수 그리스도는 구원의 객관적이고 주관적인 국면을 이끌어 가는 존재다. 그리스도가 우리의 대표자인 동시에 생명의 근거이므로, 그는 사람의 삶이 모여 형성하는 역사 안에 선택받은 공동체의 역사를 보여주는 것이다. 또한 그리스도는 모든 그리스도인들 안에서 "새로운 사람"으로 부활하게 된다. 그리스도인의 삶이란 그와 결코 분리되지 않는 삶이다. 십자가 아래서의 삶이란 내주하는 그리스도 안에 정초하고 있고, 그 그리스도에 의해 형성되는 삶이다. 말하자면, 우리는 "우리를 위한 그리스도"에 의해서 뿐만 아니라, "우리 안에 계시는 그리스도"에 의해서 구원을 받았다. "하나님께서 그리스도 안에 계시사 세상을 자기와 화목하게 하시며"(고후 5:19)라고 증언한 동일한 사도바울은 또한 "너희 안에 계시는 그리스도, 곧 영광의 소망이니라"(골 1:27)고 선언할 수 있었던 것이다.

하지만 우리가 여기에서 잊지 말아야 할 것이 있다. 즉 사람은 자신이 행한 의로운 행위로 인해서가 아니라, 하나님의 전적인 은혜에 의해서 구원된다는 것이다.(딛 3:5) 그러나 이 구원의 은혜가 사람에게 유익이 있으려면, 사람이 그것을 믿어야 한다. 만일 그리스도의 죽음이 구원에 효력을 가지려면, 스스로 이 죽음에 참여해야 하는 것이다. 사도바울은 말하기를, 비록 우리가 하나님 나라의 상속자라 할지라도 우리가 우리의 상속권을 주장하지 못한다면 우리는 종에 불과하다고 증언했다.(갈 4:1, 8~9).

성서는 다음과 같이 귀중한 가르침을 제시한다. 만약 하나님의 나라가 승리하려면, 그리스도만 죽어서는 안된다. 오히려 사람이 그와 함께 살기 위해서는 그와 함께 죽어야 한다. 사람은 옛 본성을 벗어버리고 그리스도를 통해 회복된 새로운 본성을 입어야 한다. "새 사람" 또는 그리스도를 옷 입는다는 것은 십자가를 지는 것을 의미한다. 만약 사람이 십자가를 거부한다면, 새로운 생명은 더 이상 몸의 일부로 간주될 수 없다. 예수께서 말씀하신 대로, "누구든지 자기 십자가를 지고 나를 좇지 않는 자도 능

히 나의 제자가 되지 못하리라"(눅 14:27) 그러므로 사람이 새롭게 입어야
만 할 본성은 예수 그리스도로부터 나오고, 그 십자가는 바로 예수 그리
스도의 고난에 동참하는 과정이라고 할 수 있다.

그리스도인들에게 하나님의 은혜는 값없이 주어지는 것이지만, 값싼
것이 아니다. 그것은 하나님의 독생자 예수 그리스도의 생명을 값으로 치
른 것이다. 또한 이 생명은 바로 사람에게 새로운 삶을 값으로 치를 것을
요구한다. 그리스도 안에서 하나님의 희생은 사람에게 다른 사람(이웃)에
대한 돌봄과 구원을 위한 희생을 요구하는 것이다. '3분 구원'이나, '즉석
기독교'와 같은 것은 존재하지 않는다. 비록 구원이 한 순간의 시작점을
가지는 것이긴 하더라도 구원은 한 순간에 완성되는 것이 아니다. 오히려
구원은 평생의 씨름과 투쟁을 통해 실현되고, 또 자신의 것이 되어지는
것이다. 그것은 생명을 구원하는 어떤 특별한 경험이 아니라, 신앙과 사
랑으로 십자가를 지고 구원에 이르는 것이다. 이것은 어떤 내면적인 환상
도 아니고, 외면적인 의식 그 자체도 아니다. 오히려 이것은 사람의 구원
에 있어서 결정적인 그리스도인의 삶 전체이다. 우리는 가끔씩 중세 카톨
릭 신학의 전통 속에서 구원이 얻어지거나 획득될 수 있다는 위험한 생각
을 발견한다. 사실 개신교의 시작을 알렸던 독일의 종교개혁 역시 중세
카톨릭의 이런 견해에 대한 반대의 의미로 시작된 것이지만, 새로운 생명
의 과거, 현재, 미래를 구원사역으로 이해하는 우리와는 명백하게 다르
다. 왜냐하면 진정한 구원은 새로운 생명(삶)으로 인도하는 그리스도인의
삶 속에서 과거, 현재, 미래를 관통하며 통시적으로 실현되고 적용되어져
야 하기 때문이다.

1.4 하나님의 사랑

(1) 하나님은 누구인가?

어느 종교를 막론하고 신(神)을 믿지 않는 종교는 없다. 신을 믿지 않는 종교는 엄밀한 의미에서 종교가 아니라 하나의 사상이나 이념이다. 각 종교는 나름대로의 신을 믿고 있지만 각 종교가 믿는 신은 조금씩 그 성격을 달리하고 있음을 우리는 살펴볼 수 있다.

그렇다면 기독교 신앙이 고백하는 하나님은 어떤 성품을 가지고 있는가? 기독교 신앙의 하나님은 어떤 분인가?

하나님의 본질에 대해 이야기하는 것은 매우 중요하다. 왜냐하면 그것은 단순히 하나의 종교적, 신학적 이야기에 불과한 것이 아니라 우리 사람의 삶에 대단히 중요한 영향을 끼치기 때문이다. 우리가 믿고 눈앞에 그리는 하나님의 모습이 사람의 성격을 형성하고 나아가서 각 민족의 성격 형성에 영향을 주며 모든 공동체와 사회의 체제를 형성하는 데 심각한 영향을 주기 때문이다.

흔히 한 가정에서 '아버지'라고 할 때 권위에 차 있고 위엄을 가지고 있으며, 구성원이 복종해야 할 위치로 생각한다. 아버지뿐만 아니라 소위 "윗 자리"에 앉아 있는 사람이면 일반적으로 누구나 다 복종의 대상으로 생각한다. 바로 이러한 생각이 흔히 말하는 권위의식, 권위주의를 생성하고 가정, 학교, 교회, 직장 등 모든 공동체는 물론 사회와 국가를 권위주의체제 내지 명령과 복종으로 형성된 지배체제로 만든다. 이러한 현상의 궁극적 원인은 어디에 있는가?

그 원인은 아마 사람이 믿는 신에 대한 관념적인 이미지에 있다. 일반적으로 신이라고 하면 '위에 계신 분', '사람을 다스리고 명령하는 분', '위엄과 권위로 충만한 분', '거룩한 지고(至高)의 존재' 등으로 생각한다. 그래서 왕, 제사장, 교장, 총장, 사장, 가장(家長) 등 소위 윗 자리에 앉은 사람을 권위의 존재로 생각하고 그를 중심으로 한 권위체제만을 상상하게 되는 것이다. 그럼 기독교가 고백하는 하나님은 어떤 속성을 가지고 있는가?

먼저 우리는 하나님의 속성을 어디에서 찾아야 할 것인가? 앞에서도 밝혔듯이, 기독교는 예수 그리스도를 믿는 종교이며 예수 그리스도로부터 출발하는 종교이다. 그렇다면 예수 그리스도가 기독교의 근거이고 교회와 신앙인의 모든 생각과 실천은 예수 그리스도를 출발점과 기준으로 삼을 수 밖에 없다. 하나님이 원하는 바가 무엇이며, 그가 어떤 분인가는 그의 아들 예수 그리스도를 통해 나타난다. 따라서 우리는 하나님의 속성을 예수 그리스도 안에서 찾아야 한다.

(2) 하나님은 사랑이다

예수 그리스도의 십자가에서 우리가 가장 먼저 발견하는 하나님의 속성은 사랑이다. 성서에 의하면 하나님은 사랑하는 분일 뿐만 아니라 사랑 자체이다.(요일 4:8, 16)

하나님의 사랑은 사람이 사랑을 받을 만한 자격이나 조건이 구비되어 있기 때문에 주어지는 것이 아니다. 오히려 그것은 사랑을 받을 만한 자격이나 조건은 고사하고 분노의 심판을 받을 수 밖에 없음에도 불구하고 우리에게 주어지는 사랑이다. 그것은 아무 값도 치르지 않음에도 불구하고 거저 주어지는 선물이다. 그것은 하나님의 선물이요, 하나님의 은혜이다.

사람은 보통 자신을 사랑하는 사람을 사랑하며, 자기를 미워하는 사람을 미워한다. 사람은 자기의 사랑에 대해 무언가를 갚아 줄 수 있는 자를 사랑한다. 자기에게 되돌려 줄 수 있는 사람에게는 주고, 반대로 그렇지 못할 사람에게는 주지 않는다. 이에 반해, 하나님은 자기에게 아무것도 되돌려 줄 수 없는 사람에게 자신의 사랑을 주신다. 그는 자기를 사랑하지 않는 자, 자기를 부인하고 미워하는 자를 사랑하신다. 그는 곧 자기와 원수된 자를 사랑한다.

하나님을 버림으로써 하나님의 버림을 받은 사람, 스스로 하나님의 분노의 심판의 자리에 선 사람을 하나님은 사랑하신다. 하나님은 끝가지 포기하지 않으신다. 그를 구원하기 위하여 하나님은 보잘것 없는 작은 민족 이스라엘을 선택하고 이스라엘과 계약을 맺으신다. 그는 이스라엘에게 율법을 주시며 예언자를 보내신다. 그리고 결국 하나님께서 자신의 아들을 세상에 보내기까지 이 세상의 사람들을 사랑하신다.

(3) 고난의 길을 택하시는 하나님의 사랑

하나님의 사랑은 예수 그리스도 안에서 자기 자신을 낮추는 사랑으로 나타난다. 그것은 자기를 자기와 다른 자와 동일시키는 사랑으로 나타난다. 궁극적으로 하나님은 예수 그리스도 안에서 고난당하는 사랑으로 나타난다. 바로 여기에 사랑의 완성된 모습, 하나님의 사랑이 드러난다.

이러한 하나님의 사랑은 예수 그리스도의 십자가에서 적극적으로 서술된다. 십자가에서 하나님은 자기와 원수된 자를 위하여 자기를 완전히 포기하고 고난의 길을 택하는 사랑의 극치를 보여 준다. 이러한 사랑은 자기의 생명까지 버릴 수 있는 철저한 사랑이다.

일반적으로 신(神)이라고 할 때 절대적인 분, 전지전능한 분으로 이해한다. 이와 대조적으로 예수 그리스도 안에서 하나님은 자기를 낮추시고 상대적인 세계 속에 들어와서 이 조건들을 자신의 것으로 받아들이는 분으로 나타난다. 그는 이 세상에서 아무 힘도 없는 분으로 태어난다. 그는 단순히 영원한 존재가 아니라 시간적인 공간적인 제한 속에서 자기를 제약시킨다. 그러므로 하나님의 참된 속성은 절대성, 전지전능, 영원에 있다기보다, 오히려 그러한 속성들로부터 자기를 제한시키는 사랑에 있다고 말할 수 있다.

(4) 사랑의 빛 안에서 드러나는 하나님의 모습

하나님이 가진 모든 속성들은 언제나 사랑이라는 빛 안에서 조명되어야 한다. 예를 들어 영원이라고 하는 속성은 단순히 시간적인 길이를 뜻할 뿐만 아니라 사랑의 영원까지로 이해되어야 한다.

하나님의 거룩은 단순히 속세로부터 분리된 그 무엇, 소위 종교적인 거룩이 아니라 사랑의 거룩하심을 말한다. 하나님은 속세로부터 분리되어 있다는 의미에서 거룩하기 보다, 속세를 위하여 고난을 당할 수 있는 사랑의 의지(意志)에 있어서 거룩하다.

하나님의 의(義)는 단순히 불의한 죄인에게 벌을 주고 착한 일을 한 사람에게 상을 준다는 의미에서의 의가 아니라, 불의한 죄인이 받아야 할 죄의 심판을 하나님이 예수 그리스도 안에서 대신 감당하신다는 의미에서의 의이다. 그것은 응보(應報)의 원칙에 입각한 의가 아니라 사랑과 용서의 원칙에 입각한 의이다. 하나님의 의는 죄인을 벌하는 의가 아니라, 죄인의 죄책을 하나님이 대신 짊어짐으로써 죄인을 의롭다고 인정하는 의이다. 이와 같이 하나님은 죄의 심판을 대신 당함으로써 죄인을 용서하고 구원의 길을 열어주신다는 점에서 의로운 하나님이다.(롬 3:26)

사람은 자유를 대개 자의(恣意)로 생각한다. 다시 말하면, 자기의 욕망에 따라 하고 싶은 것을 마음대로 할 수 있는 것을 자유로 생각한다. 사람이 생각하는 것은 욕망과 욕망 충족의 자유이다. 하나님의 자유를 이렇게 생각한다면 그것은 성서의 하나님에 대한 큰 오해이다. 이러한 의미의 자유는 성서의 하나님과는 크게 동떨어진 것이요, 참 하나님의 속성이 될 수 없다. 하나님의 자유는 자기와 다른 자의 구원과 행복을 위하여 자기를 비하시키고 낮추는 자유이며 죽음의 고통까지 스스로 짊어지는 자유이다. 철저한 사랑의 자유, 이것이 참 하나님의 속성이다.

따라서 그리스도인의 자유도 자기 마음대로 할 수 있다는 의미에서의 자유가 아니라 고통을 당하는 이웃을 사랑할 수 있는 자유를 말한다. 그리스도인은 죄와 죄책으로부터 자유롭게 되었다. 그는 이 세계의 모든 것으로부터 자유롭게 되어 이제 그리스도에게 속한다. 그가 얻은 이 자유는 그리스도의 자유를 닮아야 한다. 그는 자유를 자의(恣意)로 잘못 사용하라는 사탄의 유혹을 물리치고 사랑에의 자유가 되도록 노력해야 한다. 그렇지 않으면 그는 자유를 잃어버리고 욕망의 노예가 된다. 즉, 그는 자유로운 것 같지만 죄의 노예가 된다.

2 인간적인, 참으로 인간적인 하나님

앞에서 하나님의 사랑이라는 빛을 통해 사람의 구원에 대한 문제를 살펴보았다. 하지만 하나님의 일방적인 사랑하심에 의한 사람의 구원에 대한 서술은 다소 신비주의적인 성격을 가질 수밖에 없다("관념적 구원"이란 의미에서). 이런 사고의 형태가 정형화되고, 화석화되기 시작하면 더 이상 하나님의 존재는 우리와 함께 계시지 못한다. 즉 우리의 구원을 전적으로 계획하시고, 진행하시는 하나님의 존재가 우리 사람의 현실적 존재성과 전혀 관련없게 되고, 여타 종교의 신들과 별 다를바 없는, 역동적인 생명이 없는 존재가 된다는 것이다. 하지만 구약시대부터 신약시대, 그리고 몇 천년간 사람과, 세계의 역사 속에서 직접적으로 그리고 간접적으로 개입하셨던, 개입하시는 성령 하나님의 활동하심은 이러한 세계관에 대해 강력한 거부의 표시를 요구하신다.

(1) 예수 안에서 사람이 되신 하나님

일반적으로 신은 사람과 근원적으로 다른 존재로 생각된다. 그래서 신의 속성은 사람의 속성과 반대되는 개념으로 정의된다. 예를 들어 사람은 유한하다 – 그러나 신은 무한하다. 사람은 시간적인 존재다 – 신은 초시간적인 존재다. 사람은 제약된 존재다 – 신은 아무 제약이 없는 존재다. 사람은 상대적인 존재다 – 신은 절대적인 존재다. 이와 같이 신과 사람은 근본적으로 양립되는 개념으로 이해되어 왔다.

물론 기독교가 믿는 하나님도 사람과 근원적으로 다른 존재이다. 하나님은 영원 전부터 계셨던 천지의 창조자요, 사람은 본래 없었던 데에서 있게 된 피조물이라는 구별을 기독교 신앙도 인정한다. 그러나 기독교 신앙은 다른 어느 종교에서도 볼 수 없는 한 독특한 신관(神觀)을 가지고 있다. 즉 하나님의 아들이 예수 안에서 사람의 육체를 입고 사람 가운데에 거하였으며, 이 예수 안에 아버지 하나님이 성령과 함께 계셨다는 것이다. 사람이 되신 하나님, 바로 여기에 기독교 신관의 가장 독특하고 본질적인 내용이 있다. 구약성서에 나타나는 하나님의 모든 모습들이 예수 안에서 사람의 육체 가운에 오신 하나님의 모습 속에서 나타난다. 본질적으로 기독교는 신앙인이 믿는 하나님이 어떤 분인가를 알기 위하여 예수 그리스도 안에 나타나는 하나님을 이해해야 한다.

(2) 사람의 "육"으로 오신 하나님

하나님이 "육"이 되었다고 말할 때, "육"은 그리스어 "sarx"를 번역한 것이다. 이 "sarx"는 단순히 사람의 육신을 말할 뿐만 아니라 사람이 허무한 존재라는 것 역시 의미한다. 따라서 하나님이 사람의 육이 되었다는 것은, 하나님이 모든 사람이 그 속에 처하여 있는 허무성 역시도 취하였음을 의미할 것이다. 그리고 그는 모든 사람들과 함께 마시고, 먹고, 잠자며 노동하고, 휴식의 시간을 가졌다. 하나님은 자기 자신을 온전히 낮추고, 다른 신들과 달리 자기를 높이는 대신 겸손하게 나타나셨다. 높아지려 하지 않고 오히려 낮아지는 하나님, 여기에서 우리는 참으로 인간적인 하나님의 모습을 발견한다.

이와 관련하여 우리는 예수라는 사람의 이야기를 주의해서 살펴볼 필요가 있다. 복음서에 나타난 예수 탄생 사건에 의하면 예수의 아버지 요셉은 한 평범한 목수였다. 목수라는 직업은 지금도 마찬가지이지만, 그때도 역시 소위 '천한 직업'에 속한 것이었다. 따라서 예수 역시 목수의 아들로 그에 걸맞는 생활수준을 하고 있었을 것이다. 즉 예수는 넉넉지 못했을 테고, 빽도 없는 한 평범한 일용직 노동자였을 것이다. 또한 한국 사회에서 아들이 아버지의 직업을 그대로 물려받던 것처럼 당시의 이스라엘 역시 그런 사회적 풍습과 관습이 있었기에 예수 역시 목수라는 직업에서 벗어나진 못했을 것이다. 이를 통해 보면, 하나님은 단순히 한 평범한 사람이 되신 것이 아니라, 목수라는 직업을 가진 사람이 되신 것이다. 하나님은 바로 목수가 되셨던 것이다.

성서는 여기서 멈추지 않는다. 하나님의 사람되심을 좀더 밀고 나간다. 모두들 알겠지만, 성서는 예수의 아버지가 실제로 요셉이 아니었음을 증언한다. 왜냐하면 예수의 어머니인 마리아가 요셉과의 결혼전에 이미 임신하였고, 따라서 예수는 사람의 눈으로만 보면 아버지를 모르는 사생아에 불과했다. 이제 하나님의 사람되심의 정점인 예수는 더 이상 비참해질 수 없는 위치에까지 떨어졌다. 세상에 나올 때부터 아버지를 모르고 태어난 사생아, 거기에 하필 목수 집안에서 양육되었던 평범한 예수의 처지를 보면 누구라도 그를 업신여겼을 것은 뻔한 일이다.

하지만 성서는 다시 엄청난 반전을 예고한다. 처녀에게서 태어난, 사생아였던, 목수였던 예수가 실은 하나님의 구원자인 그리스도이며, 동시에 몸소 사람이 되신 하나님 자신이라는 사실을 선언한 것이다. 사람이 보기에 낮고 천한 조건에서 하나님의 새로운 역사가 시작한다.

하나님은 사람의 육으로 자기를 낮추시되 가장 낮은 데로 낮추셨다. 소외당하고 멸시받는 존재로 자기를 낮추시는 하나님의 철저한 자기 겸손, 이것이 바로 하나님이 우리에게 보여주시는 하나님 자신의 인간성이다.

(3) "세리와 죄인들의 친구"가 되신 하나님

앞에서 본 것처럼 예수의 삶은 참으로 낮은 데에서 시작됐다. 따라서 그의 성장 과정도 소위 낮은 데에서 이루어질 수밖에 없었다. 그는 당시 유대인들의 사회에서 소외당하였을 테고, 가난하고 힘없는 사람들, 멸시와 천대를 받는 사람들과 함께 삶을 나누었을 것이다. 그리고 성서는 이에 더해서 중풍병자들, 간질병자들, 절름발이들, 문둥병자들, 정신병자들, 창녀들이 예수의 친구였다고 증언한다. 예수가 이들과 가까이 지내며 서로 삶을 나누었다는 것은 무엇을 의미하는 것일까?

사실 예나 지금이나 많은 사람들이 자기보다 높은 사람들과 벗하려고 이곳 저곳을 기웃대는 것을 우리는 어렵지 않게 볼 수 있다. 하지만 이런 세상 속에서 하나님의 아들 예수는 자기보다 더 낮은 사람들의 "친구"가 된다. 인간적인, 참으로 따스한 하나님의 모습이 여기 나타난다. 성서는 잃어버린 무리들을 찾아서 하나님의 사랑의 잔치를 여는 것이 예수의 중심적인 과제였음을 증언한다. '나는 의인을 부르러 온 게 아니라 죄인을 부르러 왔다'고 하면서 탕자의 비유와 잃은 양의 비유를 말한 것은 바로 이런 내용에 대한 강력한 메시지인 것이다.

적어도 복음서에 나타난 예수의 삶을 자세히 살펴보면, 예수가 어떠한 이기적인 행동이나, 자기 중심적인 사고를 전혀 하지 않았음을 알수 있다. 그의 삶에서 내뿜는 강력한 메시지는 오로지 하나님의 나라와 하나님의 뜻으로 가득해 있었다. 한편 예수는 당시의 유대교적 관습에 얽매이지 않는다. 금식을 하지 않으며, 바리새인들처럼 규칙적이고 외식적인 기도 생활을 하지 않는다. 그는 손을 씻지 않고 식사를 하기도 한다. 또한 안식일에도 예수는 당시 유대교가 강하게 유지하고 있었던 완전한 안식의 규율조차 지키지 않았다. 그는 남쪽 유다인들이 죄악시하였던 사마리아 땅에도 서슴없이 들어간다. 그는 소외당하고 멸시를 받는 사람들과 함께 먹고 마신다. 그래서 그는 바리새인과 사두개인들에게 "먹고 마시기를 탐하는 자"라는 비난을 받기도 한다. 예수 안에 나타나는 하나님은 "천상천하 유아독존(天上天下 唯我獨尊)" 하는 분이 아니라, 인간적인, 참으로 인간적인 하나님으로 나타난다. 그는 참으로 사람이었기 때문에 비인간적인 세계 속에서 십자가의 죽음까지 당하셨던 것이다.

(4) 십자가에 달리신 하나님

하나님의 참모습은 십자가의 고난에 나타난다. 기독교 신앙의 하나님이 가진 가장 본질적인 모습은 십자가의 고난에 숨어 있다. 하나님이 사람을 위하여 죽음의 고난을 당한다. 높으신 하나님이 자기를 십자가의 모욕과 고통으로 낮추신다. 그는 자기를 십자가의 죽음으로 제한시킨다. 지금까지 우리가 보아 왔던 하나님의 사랑과 자비, 하나님의 자기제한과 자기수난이 십자가에서 극에 이르게 된다. 그러므로 십자가가 가장 철저한 하나님의 자기계시인 것이다.

흔히 우리는 십자가의 고난을 사람 예수만이 당한 것으로 생각하는 경우가 많다. 만일 그렇다면 그것은 보편적인 구원의 사건이 아닐 것이다. 그것은 목수였던 한 사람의 순교에 불과하기 때문이다. 십자가의 고난은 단지 한 사람 예수의 사건이 아니라, 성령을 통한 삼위일체 하나님의 사건이다. 십자가에 달린 하나님의 아들 안에서 아버지 하나님이 성령을 통하여 임재하면서 죽음의 고통을 함께 경험한다. 아들이 당하는 고통은 곧 아버지의 고통이다. 성령도 함께 신음한다. 이러한 의미에서 십자가의 사건은 삼위일체 하나님의 사건이요 구원의 사건이다. 예수 안에서 사람이 되신 하나님은 사람이 당해야 할 고난을 대신 당한다. 당시 유대인의 사회에서 로마와 결탁하여 백성들을 수탈하고 억압하였던 그 사람들이 서야 할 자리에 하나님의 아들이 대신 선다. 사람의 눈으로 볼 때 그것은 억울한 죽음이었으나, 하나님에게 있어서 그것은 자발적 순종의 행위요 하나님의 예정에 따라 일어난 구원의 사건이었다. 십자가의 죽음을 통하여 하나님은 사랑을 완성하며 하나님의 나라를 일으킨다. 서기관들과 바리새인들의 의(義)보다 "더 나은 의(義)"가 하나님 자신의 고난을 통하여 실현된다. "더 나은 의"를 이루어야 함에도 불구하고 그것을 이루지 못하는 모든 사람의 죄가 용서받을 수 있는 길이 열린다. 십자가의 사건은 "백성들의 고난의 현장"인 동시에 "더 나은 의"가 이루어짐으로써 하나님의 나라가 새롭게 시작하는 구원의 사건이다. 그것은 새로운 창조의 사건인 것이다.

이 새로운 창조는 하나님 자신의 고난을 통하여 시작된다. 자신이 고난을 당하면서 사람의 세계 속에 새로운 창조 곧 죄악으로부터의 해방, 죄악의 결과인 증오, 불의, 억압, 착취로부터 정의와 사랑, 자유와 평등이 다스리는 하나님 나라를 향한 해방의 역사가 시작된다. 자기를 제한하면서 천지를 창조하신 하나님, 히브리 민족을 택하고 보잘 것 없는 이스라엘과 계약을 맺으신 하나님의 모습이 예수의 십자가에 인류를 위한 구원사로 나타난 것이다.

3. 다시 오시는 예수 그리스도가 회복시키는 사람

(1) 사람의 희망

인류 역사를 돌아보면, 사람들은 비참한 참상에 시달려 오면서, 이런 현실들로부터 자신들의 구원자를 갈망하며 살아왔음을 알 수 있다. 세상의 많은 종교들 역시 이 세속 세계의 그릇된 것을 바로 잡아줄 영웅이 올 것에 대한 소망을 모두 가지고 있었음은 두말할 필요가 없다. 가장 원시적인 종교들 조차도 사람을 대신해서 혼을 중개해 주는 제사장 또는 주술사 또는 원시적 주술 의사가 있었으며, 고대 그리스의 세련된 문화에도 미래의 일들을 예언하는 사람이 있었다. 심지어 로마의 황제들은 ─ 시이저, 아우구스투스, 글라디우스, 베스파니안, 하드리안과 같은 황제들 ─ 성육신한 신이라고 숭배 되었으며, 인류를 약속의 땅으로 인도하도록 예정된 인류의 구속자로서 받들어졌다.

소위 "고등 종교"라는 형태를 가지고 있는 것들도 그 고전적 형태에 있어서는 본질적으로 다르지 않다. 불교에서 고타마 싯타르타는 분명히 중요한 종교적 지식의 중계자로 이해되었다. 한 전설에 의하면 불타가 흰 코끼리에게서 났다고 하며, 또 다른 전설에 의하면 그의 생명을 한 기진한 새끼 밴 호랑이에게 던져 주어서 그 호랑이가 그를 잡아 먹고 곧 낳은 새끼 호랑이에게 젖을 먹여 생명을 부지할 수 있게 해 주었다고 한다. 그러나 그것은 어찌되었든지 싯타르타 왕자는 왕의 호화로운 생활을 버리고 바른 도를 가르침으로써 중생을 구하기를 원했던 것이다. 그뿐 아니라 엄격한 단일신론을 가진 이슬람교에서 조차도, 사실 모함마드 (Mohammad)는 자주 알라와 사람 사이의 중계자로 나타나며 어디서든지 그를 따르는 모든 선한 사람들의 모범으로 추앙되었던 것이다.

한편 이들 종교들은 그 고전적 형태에 머무르지 않고 요즈음 현대인들에게 맞도록 변형되는 추세에 있다. 그런데 이 현대화는 그 어떤 것이든지 간에 영웅적 중보자의 오심에 대한 희망을 더 크게 강조하고 있다.

예를 들어, 힌두교는 최근에 힌두교 교리를 보편화 시키려는 로이(Rabindranath Roy), 타고르(Rabindranath Tagore), 라마크리쉬나(Sri Ramakrishna), 그리고 비베카난다(Vivekananda) 와 같은 카리스마적 지도자들을 배출했다. 또한 시온주의를 내세우는 유대교도 이스라엘의 현대적 상황에서 온 인류의 구속과 희망의 성취를 보고 있다. 또한 현대의 이슬람교도 특히 아크마디야(Achmaddiya) 이슬람교의 바히(Bahi)나 베하이(Behai) 종파는 마크디(Machdi)로 알려진 위대한 구세주의 강림을 기다리며 이 기대 중에서 다른 세계 종교와의 혼합을 추구한다.

이 모든 사람들과 그들에 관한 언급은 사람들의 영웅이 하나하나 사라져 갈 때도 '사람의 가슴 속엔 영원한 희망이 샘솟는다' 는 어느 시인의 말을 실증해 준다. 인류를 구속하는 '영웅적 지도자가 결국에는 올 것' 이라는 것에 대한 희망은 뿌리 뽑을 수 없는 것이다. 이것이 근절될 수 없는 이유는 그것이 아무리 왜곡되어 다양하게 많은 것에 적용되었을지라도, 궁극적으로 사람이 타락한 직후에 계시된 구속의 희망에 관한 첫 약속에 그 뿌리가 있기 때문이다. 그것은 세상 모든 사람의 구주가 오신다는 없앨 수 없는 희망의 약속인 것이다. 그는 이스라엘의 희망이며, 온 인류의 희망이신 예수 그리스도이다.

(2) 침묵 속에서 부르시는 하나님

한편 위에서 하나님에 대한, 그리고 근본적으로 희망적인 존재인 사람에 대한 서술을 하면서도 나의 마음 속에는 좀처럼 사라지지 않는 한 가지 물음이 있다. 그것은 사람 내면 깊숙이 가지고 있는 "희망의 약속"에 대한 믿음과 함께 이에 대한 의심스러운 부정의 질문, "하나님은 과연 어디에 계신가?", "그는 왜 침묵하시고 계시는가?" 하는 물음이다. 하나님이 살아 계시다면 어떻게 사람의 세계가 이렇게 어지럽고, 더렵혀 질 수 있을까? 지금 이 시간도 역사속에서 벌어지고 있는 이 모든 불의와 억울함과 고통은 어디로부터 오는가?

더 신경이 쓰이는 건, 이 책의 처음부터 지금까지의 주제였던 사람에 대한 물음들, 즉 "사람이란 무엇인가?", "사람은 어디로부터 와서, 어디로 가는가?", "사람은 어째서 이 세계에 있는가?", "결국 사람에게 무엇이 문제인가?" 등의 물음들이다. 만약 하나님에 대한 물음이 얼마간이라도 대답이 되지 않는다면, 사람에 대한 물음 역시도 도대체 아무런 의미도 갖지 못할지도 모른다는 생각 때문에 더욱 그렇다.

우리가 세계의 역사와 인류의 삶의 과정을 조심스레 보면, 하나님은 정확하게 눈에 보이시진 않지만 살아 계시며, 세계의 모든 것들이 사람의 행위에 대한 열매를 거두는 것을 볼 수 있다. 물론 억울하게 고난을 당하는 사람도 있고, 불의한 재산으로 행복을 누리는 사람들도 있다. 그러나 그런 억울하게 고난을 당하는 사람들과 그들의 자손이 계속하여 고난을 당하지는 않는 것 같다. 오히려 그들의 고난이 하나님의 축복으로 끝나는 경우를 우리는 자주 볼 수 있다. 그 반면 불의한 재산으로 행복을 누리는 것처럼 보이는 사람이 과연 행복한지 우리는 장담할 수 없다. 일반적으로 불의한 재산은 오래가지 않으며, 불의한 권력도 오래 가지 않는다. 설령 자기 당대에 잘 먹고 잘살 수 있을지라도 자기의 자손들도 그렇게 하리라고는 장담할 수 없다. 지난 몇 십년 간의 파란만장한 역사 속에서 우리는 불의한 일을 저질렀던 사람들이 결국 얼굴을 들지 못하며 역사의 심판의 대상이 되는 일을 얼마나 많이 보았는지 모른다.

이렇게 보면, 하나님이 없다고 말할 수는 없을 것 같다. 또한 이 세계 안에서 일어나고 있는 것들 중에 그의 존재로부터가 아니면 도저히 설명되어질 수 없는 것들이 많다. 그렇다면 그 분은 살아 계신다. 하지만, 그는 단지 침묵하고 계실 뿐이다. 그렇다면 하나님은 왜 침묵하고 계신 것일까?

이 질문에 답하기 위해서 우리는 다시 성서로 돌아가는 수밖에 없다. 성서를 보면, 하나님께서 전혀 말씀을 하시지 않은 것은 아니다. 그분은 예언자들을 통하여 말씀하셨고, 예수 그리스도를 통하여 말씀하셨다. 우리가 어떻게 해야 파멸을 면할 수 있고 행복하게 살 수 있는가를 하나님은 우리에게 가르쳐 주셨다. 우리의 사회와 세계가 지금의 고난과 고통, 파멸의 위험을 벗어나지 못하는 것은 하나님이 침묵하고 계시기 때문이 아니라, 우리가 하나님의 말씀을 알면서도 그것을 실행하지 않기 때문이 아닐까? 설령 하나님의 아들 예수 그리스도가 다시 이 세계에 오셔서 하나님을 복음을 전한다 할지라도, 인류는 어쩌면 다시 그 분을 죽여버리고 말 것이다. 이렇다면 하나님이 침묵하는 것이 아니라, 죄된 존재인 인류가 하나님의 말씀에 대하여 귀를 막고 있는 것이다.

물론 하나님은 사람이 사람에게 말하듯이 그렇게 직접적으로 말하지 않는다. 그러나 하나님은 성서를 통하여, 그리고 진실한 사람을 통하여 말씀하신다. 지금도 수많은 나라들은 발전과 진보의 꿈에 젖어 있다. 그러나 이 세계는 정치-경제적인 면에서 20:80의 불균형과 불의와 오염, 파멸의 위험 앞에 서 있다. 이러한 현실 속에서 하나님은 우리의 살 길이 무엇인지를 분명히 말씀하고 계신다.

우리가 고난을 당할 때 하나님이 우리에게 직접 무슨 얘기를 하시는 것은 아니다. 예수께서 십자가의 고난을 당할 때에도 하나님이 예수에게 직접 무슨 말을 하지는 않으셨다. 그의 독생자 예수 그리스도가 죽는 순간에도 하나님은 침묵을 지키셨다. 그러나 하나님은 예수와 함께 계셨고, 무한한 사랑의 성령 가운데에서 그의 고난을 함께 당하셨다.

이와 마찬가지로 우리가 고난과 고통을 당할 때 하나님께서는 우리와 함께 계시며 우리의 고난과 고통에 참여하신다. 우리의 고난과 고통은 우리 자신이나 우리 조상들의 죄로 말미암은 것일 수도 있다. 그러나 하나님은 우리의 모든 죄를 용서하신다. 왜냐하면 하나님께서는 사랑이시기 때문이다.(요일 4:8, 16) 병으로 신음하는 자녀 곁에서 부모가 자녀의 고통을 함께 당하듯 하나님은 우리 곁에 계시면서 우리의 고통을 함께 당하신다. 무한한 사랑 때문에 무한히 용서하면서 함께 고통 당하는 하나님. 이 하나님이 바로 기독교 신앙이 자신의 중심으로 이해하는 하나님이다.

그러나 하나님은 단지 함께 고통을 당하기만 하는 것이 아니라 억울한 고통과 고난이 없는 세계를 원하시며 그것을 앞당겨 오고자 하신다. 그것은 바로 그는 그가 지으신 피조물을 사랑하기 때문이다. 억압과 착취와 고문이 없는 세계, 죄가 없는 세계를 하나님은 앞당겨 오고자 지금도 성령을 통하여 활동하신다. 우리가 고난당하는 순간 침묵 속에서 우리의 고난을 함께 당하시는 하나님은 그의 정의와 사랑과 자유와 평등과 평화가 다스리는 "새 하늘과 새 땅"을 불러 일으키시며 이를 위하여 그의 일꾼을 부르시고, 찾으신다. 그는 지금도 "내가 누구를 보낼 것인가?"하고 새 창조의 일꾼을 부르시고 계신다.

(3) 부르심을 받은 그리스도인의 순례

성서는 하나님께서 그리스도인을 부르시는 과정이 순례의 길임을 증거하고 있다. 그리고 동시에 이러한 그리스도인의 순례의 길은 바로 성서가 우리에게 계시하는 구원의 길이며, 이 책이 궁극적인 목적으로 하고 있는 "올바른 그리스도인의 형성사(形成史)이기도 하다.

나의 나그네된 집에서 주의 율례가 나의 노래가 되었나이다.

(시 119:54)

내가 이미 얻었다 함도 아니요 온전히 이루었다함도 아니라 오직 내가 그리스도 예수께 잡힌바된 그것을 잡으려고 좇아가노라. 형제들아 나는 아직 내가 집은 줄로 여기지 아니하고 오직 한 일 즉 뒤에 있는 것은 잊어버리고 앞에 있는 것을 잡으려고, 푯대를 향하여 그리스도 예수 안에서 하나님이 위에서 부르신 부름의 상을 위하여 좇아가노라.   (빌 3:12~14)

깊은 의미에서 우리의 구원은 예수 그리스도 안에서 시작되고 끝난다. 성육신의 충분한 의미는 하나님이 그리스도 안에 계시다는 의미 뿐만 아니라, 우리도 그리스도 안에 있다는 의미도 된다. 왜냐하면 그리스도는 타락한 사람의 대리인으로 간주되기 때문이다. 한편 이와 관련하여 고대 어느 교부는, "구세주께서...... 우리에게 죽음을 추방하시고, 우리를 새롭게 만드셨다"고 증언한다. 바로 예수 그리스도께서 우리를 위해서 죽으심으로 우리의 구원의 확실한 기초와 주축을 이루셨던 것이다. 다시 말하면 우리의 구원이 이루어지고, 우리의 삶 속에 견고하게 된 것은 그리스도께서 우리 가운데 거하시기 때문이다. 우리의 구원은 그리스도께서 영광의 상태로 우리를 채우심으로 완성될 것이다.

그리스도와 함께 떠나는 그 순례의 길, 이것은 바로 우리가 결국엔 가야할 구원의 길과 다름 아닌 것이다. 동시에 이 길은 하나님의 마음을 품고 있는, 자신의 십자가를 지고서 예수의 고난의 길을 따라가는, 그리고 새로운 그리스도의 옷을 입은 진정한 그리스도인이 가야할 길이다. 또한 이 순례의 '길'이란 의미는 그리스도인들의 특정한 행위, 즉 특정한 생활방식이 되어야 하는 것이며, 사람의 삶 전체로 확장되는 윤리적인 의미도 가져야만 하는 것이다.

나오는 글

하나님께서는 "우리 모습을 닮은 사람을 만들자! 그래서 바다의 고기와 공중의 새, 또 집짐승과 모든 들짐승과 땅 위를 기어 다니는 모든 길짐승을 다스리게 하자!"하시고, 당신의 모습대로 사람을 지어내셨다. 하나님의 모습 대로 사람을 지어 내시되 남자와 여자로 지어 내시고 하나님께서는 그들에 게 복을 내려 주시며 말씀하셨다. "자식을 낳고 번성하여 온 땅에 퍼져서 땅 을 정복하여라. 바다의 고기와 공중의 새와 땅 위를 돌아다니는 모든 짐승 을 부려라"

(공동번역 창세기 1:26~28)

알 수 없는 사람의 고난과 하나님의 존재

옛 사람들은 이 세상을 가리켜 고해(苦海)라고 하였다. 우리는 사람이 기 때문에 이 세상에 사는 동안은 불가피하게 고난을 당해야 한다는 것이 다. 고난의 문제는 현대라고 달라진 것이 없다. 상상을 초월하는 과학의 발전으로 그 동안 우리를 괴롭혀 왔던 고통의 요소를 한 두 가지씩 해결 해 나가는데 성공했지만 대신 거기에 못지 않게 이전에는 알지 못했던 새로운 고통의 요소들이 우리를 또 괴롭히는 것이다.

사람이 고난을 당한다는 것은 주위환경을 개선한다거나 또는 의·식·주의 문제를 해결한다고 해서 그치는 것은 아니다. 고난의 근원은 보다 깊은 곳에 있는 것이다. 이런 것을 성서는 사람이 하나님의 피조물로서의 존재성을 가지기 때문인 것으로 보는 것 같다.

구약성서의 욥이 이런 류의 고난에 괴로워하는 사람의 대표적인 예이다. 그는 자신의 억울한 그리고 무의미한 고난을 신에게 호소한다. 신이 있다면 분명히 그에게 고난의 의미를 알려 줄 것이라고 기대한다. 욥의 질문은 왜 사람이 이 세상에서 고난을 당하느냐하는 것이다. 그리고 만일 신이 있다면 그 신은 누구이며, 사람에게 무엇을 하시느냐고 묻는 것이다. 결국 신에 대한 이러한 물음은 사람이란 존재가 무엇인지 알고 싶어하는 물음으로 환원될 수 있을 것이다. 왜냐하면 신에 대한 물음의 답은 전혀 기준이 없는 사람 자신에 대한 물음의 답변의 성격을 결정하기 때문이다.

욥기서에서의 욥은 사람으로서 될 수 있는 가장 완전한 형태의 인물로 묘사된다. 즉 그는 "의로운"사람으로, "완전하고, 진실하며 하나님을 두려워하고 악한 일은 거들떠 보지도 않는 사람"(욥 1:1)이라고 말한다. 위의 부분에서 "완전"이라고 번역된 히브리어 원어는 "탐"이다. 그 말은 원(圓)이 둥글고 완전한 것처럼 아무데도 흠잡을 데 없이 그야말로 완전하다는 뜻을 가진 말이다. 그리고 "진실"하다로 번역된 히브리어 원이는 "야살"인데 이것은 구부러진 데가 없는 곧은 대쪽 같은 것을 말하는 것이다. 즉 여기에서는 욥이란 인물이 원처럼 완전하고 직선처럼 그 품행이 곧다는 것을 보여주는 것이다. 하지만 이렇게 완벽했던 욥은 사탄의 시험에 사람으로서는 정말 견디기 힘든 고난을 겪는다. 어쩌면 욥기서가 보여주는 욥의 고난은 현대인이 겪는 그들의 삶에 있어서의 총체적 고난의 성격과 그다지 다르지 않을 듯 싶다.

먼저 사탄은 욥의 재산과 가족을 다 쓸어간다. 마치 그리스 비극의 메신저처럼 하인이 달려와서 가축, 낙타, 남종, 여종, 자녀들에게 내린 참변을 하나씩 보고한다. 그러나 욥은 무슨 영문인지도 모르면서도 "가로되 내가 모태에서 적신이 나왔사온즉 또한 적신이 그리로 돌아 가올찌라 주신 자도 여호와시요 취하신 자도 여호와시니 여호와의 이름이 찬송을 받을찌니이다 하고" 하면서 그 입으로 범죄를 하지 않는다. 하나님과 사탄의 게임같은 대결에서 하나님이 이긴 것이다. 그리고 사탄은 욥의 건강과 욥의 부인을 걸고 두 번째 대결을 벌인다. 하지만 욥은 "우리가 하나님께 복을 받았은즉 재앙도 받지 아니하겠느뇨"하고 대답함으로써 승부를 하나님의 편으로 다시 돌아가게 한다.

그러나 그것으로 만족하지 않고 하나님과 사탄은 욥을 두고 세 번째 대결을 벌이게 된다. 여기에서 우리는 욥기서의 하이라이트를 보게 된다. 내용은 이렇다. 욥의 세 친구, 엘리바스, 빌닷, 소발은 욥의 불행을 위로하러 와서 그 불행의 근원을 찾아보려고 한다. 그리고 이렇게 욥에게 말한다.

생각하여 보라 죄 없이 망한 자가 누구인가 정직한 자의 끊어짐이 어디 있는가 내가 보건대 악을 밭갈고 독을 뿌리는 자는 그대로 거두나니 다 하나님의 입기운에 멸망하고 그 콧김에 사라지느니라.

(욥기 4:7~9)

친구들의 논리는 "아닌 땐 굴뚝에 연기 날소냐?"하는 식으로 죄있는 자는 고난을 당한다, 욥은 고난을 당한다, 이는 욥이 의식하든 하지 않든 그는 죄인이라는 삼단논법을 그에게 적용시키는 것이다. 하지만 그 친구들은 욥에게 계속 참회만 하면 하나님이 자비를 베푸실 것이라고 말한다. 그러나 욥은 너무나도 어처구니 없는 요구에 오히려 친구들의 변론을 반박한다. 그러자 이번에는 욥의 친구들이 욥이 도도할 정도로 자신의 무죄를 주장하며 하나님을 나무라는 불경스러운 언사에 놀라 이제는 불경죄(不敬罪)로 욥을 고소한다. 그러나 욥은 친구들의 비난을 무시하면서, 그는 하나님을 찾을 수만 있다면 그 앞에서 다가서서 왜 악한 자가 세상에서 잘 살며 부정직과 잔인함이 세상에 승리를 거두고, 왜 하나님이 옳은 이에게서 숨는가를 물어 보고 싶어한다.

> **나의 말이 곧 기록되었으면, 책에 씌어졌으면, 철필과 연으로 영영히 돌에 새겨졌으면 좋겠노라 내가 알기에는 나의 구속자가 살아 계시니 후일에 그가 땅위에 서실 것이라.**
>
> **(욥기 19:23~25)**

이에 대해 하나님은 욥에게 대답하신다. 욥기서의 가장 아름다운 부분은 하나님이 폭풍 속에서 대답하시는 부분이다. 하늘과 땅의 영광과 동물 세계의 경이(驚異)를 노래한 이 부분은 성서에 소개된 가장 아름다운 자연묘사이다. 그 대답을 불허하는 수사적(修辭的)인 질문 방식으로 자연 속에서의 하나님의 위용과 전지전능하신 모습을 시적으로 아름답게 그리고 있다. 그런 다음 끝으로 하나님은 욥에게 최종 질문을 던지면서 당당히 하나님과 담판하라고 대답하신다. "변박하는 자가 전능자와 다투겠느냐 하나님과 변론하는 자는 대답할찌니라"(욥기 40:2), 욥은 이 같은 하나님의 요구에 "나는 미천하오니 무엇이라 주께 대답 하리이까 손으로 내 입을 가릴 뿐이로소이다"(욥기 40:4)라고 하며 침묵을 선택한다. 이 부분에서 우리는 욥이 하나님을 만난 다음 하나님은 전지전능하시며 사람은 무지하고 무력하다는 것을 깨달았다는 것을 볼 수 있다. 욥이 찾던 고난의 문제와 세상의 불공평에 대해서는 뚜렷한 해결책이 주어지지 않았다. 그러나 하나님의 우주와 그의 창조 앞에서 사람의 마음과 지성은 얼마나 유한하다는 것을 깨달을 때 이제까지의 모든 질문은 의미가 없어지는 것이다.

사람이 어떤 극한 상황에 처했을 때, 그곳에서 하나님을 만났을 때는 이제까지 발버둥치며 안간힘을 다해 세상의 정의를 실현하고 이 땅의 질서를 사람의 좁은 두뇌의 생각대로 움직여 보려는 모든 사람의 '의(義)'가 신(神) 앞에서는 아무런 의미가 없다는 것이다. 그러기에 시편의 기자도 "너희는 잠잠하여 내가 하나님 됨을 알라"(시 46:10)고 말한 것이다.

그러므로 고난에 대한 욥기서의 해석은 마치 불이 불티를 위로 날리듯 우리는 '사람이기에 고난을 당하는 것이다' 라는 것이다. 그리고 우리는 누가 옳고 그르다고 판단할 수 없으며, 또 우리에게 왜 그런 재난이 오느냐고 하나님에게 따질 수 없고, 또 하나님이 어떤 분이냐고 감히 헤아릴 수도 없다는 것이다. 사람이 신을 만나는 극한 상황 속에서 신은 신이고, 우리는 사람이란 의식을 분명히 하면서 우리에게 주어진 날들을 묵묵히 살아야 한다는 것이다.

그럼에도 불구하고

욥의 이야기를 들어보면, 사람은 더 이상 자신에게나, 하나님에 대해서 아무것도 물어볼 수 없는 처지가 된다. 성서 다른 부분의 서술과 같이 하나님과 사람 존재 사이의 관계가 세세한 부분까지 매듭 지어지는 것이 아니라, 극적인 거리감으로 표현 되어지기 때문이다. 즉 신과 사람이 유(類)적으로 완전히 다른 존재임을 깨닫게 만든다는 것이다. 하지만 사람이란 존재는 어떻게 보면 무모할 정도로 집요하다. 아무런 근거도 없고,

대답되어 진다는 보장도 없는 질문들에 긴 시간을 허비하는 것을 보면 말이다.

그럼에도 불구하고, 사람이 하는 이런 행위를 단순히 전혀 쓸모없는 것으로 치부한다는 것 역시도 불합리하다. 왜냐하면 하나님께서는 자신과 완전히 다른 근본 존재를 위해 자신의 독생자 예수 그리스도를 희생시켰기 때문이다. 이처럼 자신에게 가장 소중했을 예수를 자신과는 본질적으로 다른 "사람"이란 존재를 위해 희생시켰음은 뭔가 다른 의미가 있었음이 틀림없다.

따라서 예수 그리스도라는 존재는 사람들에게 너무나도 특별한 존재이다. 극적인 거리감으로 멀어진 하나님과 사람 사이를 다시 한번 극적으로 가깝게 회복시켜 주기 때문이며, 자칫 세계적 환경 속에서 인생의 허무함으로 끝나버릴 존재를 최고의 가치로 고양시켜 주기 때문이다. 이로부터 사람이 가지고 있는 어떠한 외양과 성질도 사람을 가두어 놓을 수 없는 것이다.

그렇다면 예수는 사람에게 무엇을 의미하는 것일까? 딱히 적절한 말이 생각나지 않지만 그건 아마 "희망"이 아닐까? 시인 박노해는 자신의 혁명가로서의 삶을 정리하며 '사람만이 희망이다.' 라고 노래했지만, 예수 그리스도의 부활을 자신의 삶속에서 증거하는 신앙의 증인들을 상상해 보라. 사람만이 희망이다. 예수 그리스도를 가슴에 새긴 사람만이 희망이다. 사람만이 희망이다. 예수 그리스도의 부활을 삶을 통해 증언하는 사람만이 희망이다. 그래서 오늘 우리에게 예수 그리스도만이 희망이다.

우리는 세상의 거의 모든 종교와 나라의 역사가 사람의 희망이 되는 한 위대한 구원자를 갈망해 왔으며, 그가 인류를 현재의 참상으로부터 영광의 미래로 인도해 줄 것을 기다려왔다는 것을 알고 있다. 그리고 성서에서 이 희망은 원래 우리 사람이 태어난 에덴동산에서의 타락 직후부터 약속된 것이며 결국 인류가 완전한 사람이며, 동시에 완전한 하나님이신 구원자를 보기까지 계속 반복되었다. 이것은 예수 그리스도께서 바로 사람의 구원자이시며 인류의 희망의 성취라는 것을 역시 분명히 하고 있는 것이다.

이렇게 예수 그리스도의 빛을 통해 사람을 비춰보면, 사람은 더 이상 무의미한 존재가 아니라는 것은 확실하다. 그렇다면 이제 우리에게는 사도 바울이 증언했듯이 사람으로 태어나서 금수처럼 살다가 죽지 않고, 사람으로 태어났으니 거룩한 하나님의 형상과 모양을 회복하여 하나님의 자녀로서 하나님의 사람답게 살다가 죽겠다는 신앙고백과 각오가 필요하다. 이것이 오늘 그리스도인들의 인생관이 되어야 하고, 예수 그리스도의 피로 값 주고 사신 바 된 교회의 목표가 되어야 하는 것이다

인생의 모든 문제를 해결함에 있어서 먼저 그 문제를 예수에게 가져가는 것보다 더 좋은 것은 없다. 우리들의 모든 문제를, 자신에 대한 물음까지도 그에게 보여야만 한다. 그렇지 않고는 우리 손에 잡혀지는 것은 아무것도 없으며, 전도서의 전도자처럼 '헛되고 헛되며 헛되고 헛되니 모든 것이 헛되도다' 라는 말밖에 할 말이 없지 않을까?

즉 인생을 지으신 하나님의 뜻을 따라 하나님께 영광을 돌리며 사는 것이 모든 면에서 불확실한 사람으로서는 마땅하며, 더 이상 아무것도 할 일은 없다는 말이다(잠 30:7~9 ; 사 43:7, 21 ; 엡 1:6~14). 그래서 바울은 고린도전서 10장 31절 이하에서 '그런즉 먹든지 마시든지 무엇을 하든지 다 하나님의 영광을 위하여 하라' 고 고백했던 것이다.

II
"왜 사람인가" 설교 모음

1. 왜 사람인가? - 창세기 2 : 7-9

'왜 사람인가?' 하는 질문은 인류 역사이래 끊임없이 제기해 온 수수 께끼입니다. 왜 사람인가 라는 그 해답은 어디에서도 찾을 수 없습니다. 어떤 이는 인간을 해부학적이고 생리적으로 규명하기도 하고 어떤 이는 심리학적이고 철학적으로 규명하기도 합니다. 그러나 그 누가 어떤 식으로 사람을 논한다고 할지라도 그것이 정확한 정답이 될 수는 없는 것입니다. 우리가 가장 많이 사용하는 시계에 대해서 가장 잘 아는 사람은 그것을 파는 사람이나, 차고 있는 사람이 아니라 그것을 만든 사람인 것처럼, 사람의 본질에 대해 가장 정확하게 답해줄 수 있는 분은 사람이 아니라 그 사람을 지으신 하나님만이 그 해답을 정확하게 할 수 있는 줄로 믿습니다.

(1) 하나님이 창조하셨기에 사람입니다.

창세기 1장은 이 세상에 존재하는 모든 것이 어떻게 되었는가? 라는 물음에 대한 해답입니다. 이 물음에는 우리 한 사람, 한 사람도 포함되어 있습니다. 창세기 1장에 하나님의 창조에 사용된 동사는 모두 여섯 가지가 있습니다. 그 여섯 개의 동사는 「나누다, ~라 명하다, 만들다, 두다, 창조하다, 복되게 하다」입니다. 하나님의 창조사역에 이러한 제한된 용어가 사용된 것은 창조의 전 과정을 우리에게 상상으로 이해할 수 있도록 하기 위한 것이라고 믿습니다. 태초에 하나님이 천지를 창조하셨습니다. 그 때의 우주의 정황은 혼돈과 공허, 어두움이었습니다. 이러한 정황은 우리 체험으로는 섬뜩함, 깊은 고독, 외로움, 적막함 같은 것을 느끼게 됩니다.

하나님과 함께 이루어지는 창조는 먼저 모든 피조물들이 살 수 있는 세상의 세 가지 분리로 이루어졌습니다. 먼저 낮과 밤의 교체되는 시간, 그리고 위와 아래 공간이 이루어진 것입니다. 이것은 인간이 변경시킬 수 없는 것입니다. 그러나 이것도 창조된 것이며 하나님이 사시는 곳이 아닙니다. 그리고 물과 땅이 분리되므로 여기와 저기(here and there)가 형성된 것입니다. 이러한 분리를 통해서 모든 피조물들이 살 수 있게 상황을 형성하신 것입니다.

이러한 분리로 생겨난 세상은 전적으로 생명을 위해 창조되었다는 것이 그 특징입니다. 그것은 무엇으로 알 수 있는가 하면, 그 다음에 이루어지는 창조를 통해서 알 수 있습니다. 그 다음에 나타나는 식물, 동물, 사람과 같은 생명들이 이미 창조된 세상으로부터 솟아나게 하였습니다. 하나님은 마치 건축가가 보기 좋은 건물을 다 지어놓고 그 건물 안에 필요한 것들을 채워 넣듯이, 빈 공간으로 놓아두시지 않고 그의 충만하심으로 채워주셨습니다. 먼저 땅 위에 푸르름을 돋아나게 하시고, 씨를 맺는 식물을 그 종류대로 나게 하시고, 씨 있는 열매를 맺는 나무를 그 종류대로 돋아나게 하셨습니다.

그리고 하늘 창공에 빛나는 것들을 두어서 낮과 밤을 주관하게 하고 계절과 날과 해를 나타내는 표가 되게 하였습니다. 그리고 각종 짐승들을 그 종류대로 있게 하였습니다. 여기서 특별히 우리의 관심을 집중시키는 것은 하나님이 각종 식물과 동물들, 날짐승들을 그 종류대로 만드셨다는 것과, 낮과 밤, 계절의 변화와 같은 자연의 법칙도 하나님이 만드셨다는 것입니다.

그리고 중요한 사실은 하나님의 형상대로 사람을 만드신 것입니다. 그리고 그 사람에게 특별한 임무를 부여하셨습니다. 그로 하여금 "바다의 고기와 공중의 새와 땅 위에 사는 온갖 들짐승과 땅 위에 기어다니는 모든 것을 다스리게 하자"는 것이었습니다. 하나님이 사람을 창조하시되 남자와 여자로 창조하시고 그들에게 생육하고 번성하여 땅에 충만하고, 땅을 정복하고, 모든 생물을 다스리게 하였습니다. 하나님이 창조하신 모든 것이 "보시기에 참 좋았다"고 하셨습니다. 모든 것이 다 하나님의 깊은 의도대로 되었다는 뜻입니다.

미국 뉴욕 메트로폴리탄 미술관에는 로댕의 명작 '하나님의 손'이 있습니다. 하얀 대리석으로 아름답게 조각한 로댕의 걸작입니다. 이 작품 앞에 서는 사람마다 너무 아름답고, 신비스러워서 발걸음을 멈추고 넋을 잃고 바라봅니다. 하나님의 손에서 인간의 생명이 처음으로 탄생하는 위대한 창조의 순간을 그린 작품입니다. 벌거벗은 두 남녀가 서로 꼭 안고 하나님의 손에서 태어나고 있습니다. 이것은 얼마나 아름다운 순간인지 모릅니다. 위대하고 신비롭고 장엄한 순간입니다. 태초에 하나님이 계셨습니다. 하나님은 생명을 창조했습니다. 하나님은 남자와 여자를 만드셨습니다. 남자와 여자의 만남에서 수많은 사람의 생명들이 탄생했습니다. 여기서 사람의 역사가 시작된 것입니다. 하나님이 주신 생명은 아름답습니다. 생명의 탄생처럼 위대한 일이 또 어디 있습니까? 생명의 창조처럼 놀라운 일이 어디 있습니까?

19세기의 천재적인 예술가 로댕은 '하나님의 손'이라는 작품에서 생명의 탄생과 창조를 표현했습니다. 하나님의 손은 창조의 손입니다. 하나님의 손은 지혜의 손입니다. 하나님의 손은 신비의 손입니다. 하나님은 미의 천재이십니다. 하나님은 이 아름다운 대자연을 창조하셨습니다. 하나님은 세상의 가장 핵심적인 존재로 사람을 창조하셨습니다.

젊은 남녀가 깊은 사랑을 합니다. 그러면 새로운 생명이 탄생합니다. 그 어린 아기는 엄마를 닮고 아빠를 닮습니다. 눈매를 닮고 코 모양이 닮습니다. 입 모양도 닮고 음성도 닮습니다. 얼굴 표정도 닮고, 재주나 성격도 닮습니다. 심지어 걸음걸이까지도 엄마와 아빠를 닮습니다. 생물학자들은 유전자와 염색체의 작용이라고 말합니다. 이 얼마나 신비로운 일입니까? 이 아기가 어떻게 엄마를 닮고 아빠를 닮을 수 있습니까? 배워서 그렇게 닮을 수 있습니까? 아닙니다. 하나님의 창조물이기에 그렇게 닮을 수 있는 것입니다. 왜 사람입니까? 하나님의 창조물이기 때문입니다.

우주의 모든 시작은 창1:1에 태초에 하나님이 천지를 창조하시니라고 한 말씀과 더불어 시작된 유한한 존재인 반면에 그 태초를 있게 하신 영원하시고, 무한하시며, 전능하신 하나님이심을 증거하고 있습니다. 물론 하나님이 눈에 보이지 않지만 그분이 단 엿새 동안에 걸쳐 빛이 있게 하시고, 하늘 궁창이 있게 하시고, 바다와 육지를 나누어 땅위에 초목이 있게 하시고, 해와 달과 별을 지으시고, 하늘에 새와 바다에 고기가 있게 하시고, 땅위에 짐승과 육축이 있게 하신 것을 볼 때 인간은 더 이상 하나님의 존재를 의심할 필요가 없는 것입니다. 어떤 사람들은 그 원인을 하나님에게 돌리기 싫어하여 진화론이나 무신론이나 심지어 다신론의 신화를 말하기도 하지만 알고보면 그같은 이론들은 깊이 관찰해보면 도리어 창조론보다 이해가 더 안 되는 황당한 이야기임을 발견하게 될 것입니다.

아폴로 11호가 달을 정복할 때 과학자들은 착륙선의 다리를 6미터로 하였는데 이는 진화론에 입각하여 달의 나이를 45억 년으로 계산하여 그동안 쌓인 우주 먼지가 6미터일 것이라는 계산이 나왔기 때문입니다. 그러나 암스트롱이 달이 첫발을 디뎠을 때 달의 먼지는 불과 발목에 닿을 정도였으며 진화론의 오류를 스스로 인정하는 결과가 되었습니다.

예일 대학의 인류학자 데이빗 필립교수가 10년간 사람과 원숭이의 중간 고리를 찾아 헤메이다가 라마티티커스라는 화석을 찾았으나 그것은 원숭이 두개골로 판명되어 그는 1978년 『휴먼 내츄어』 지에 인간의 조상이 원숭이라는 사실은 잘못 되었다고 시인하는 글을 실었습니다. 과학은 결코 하나님이 지으신 생명의 신비를 규명해 낼 수 없고 오직 창조주 하나님의 말씀위에서 인간은 출발해야만 합니다. 왜? 신의 존재를 부인하는 공산주의자들이 그토록 무자비한가? 하면 그 들은 모두 다 신의 존재를 부인하는 무신론자들로 인간을 동물과 다름없이 생각하고 있기 때문입니다. 진화론이라면 인간은 개나 고양이나 원숭이나 다름이 없는 흙이며 단지 종자가 다른 짐승중의 하나에 불과하기 때문에 마치 인간을 죽이는 일은 원숭이 한 마리를 죽이는 것과 크게 다를 바가 없게 되기 때문에 인간의 존엄성은 완전히 말살되고 마는 것입니다.

(2) 하나님의 형상이기에 사람입니다(창1:26)

사람은 흙으로만이 아니라 하나님의 형상이며, 하나님이 직접 생기를 불어 넣으셨다고 하였는데 이는 피조물 가운데 유일하게 사람만이 창조주 하나님을 닮아

  1) 인격적이며 영적인 존재라고 하는 것이며

  2) 고상한 도덕과 윤리와 거룩성이 있으며

  3) 절대자를 찾는 종교성이 있습니다.

인간이 비록 키는 작고 힘은 약해도 그것은 외모에 불과할 뿐이지 만물의 영장이며 또한 인간 내면의 영성은 거룩하고 사랑이 많으신 하나님을 닮았기 때문에 인간만이 유일하게 종교가 있고, 하나님과의 영직인 교제 속에서만이 비로소 행복할 수 있음을 깨달아야 합니다.

욥27:3에서 "나의 생명이 아직 내 속에 완전히 있고 하나님의 기운이 오히려 내 코에 있느니라" 하였습니다.

사42:5에서 "하늘을 창조하여 펴시고 땅과 그 소산을 베푸시며 땅 위의 백성에게 호흡을 하시며 땅에 행하는 자에게 신을 주시는 하나님 여호

와께서 이같이 말씀하시되"라고 하였습니다.

불란서의 물리학자였고 수학자였으며 철학자였던 파스칼(1623-1662)은 "모든 인간의 마음속엔 오직 하나님께서 그의 아들 예수 그리스도를 통해 채울 수 있는 하나님의 형상을 모실 빈 자리가 있다"고 말했습니다. 우리는 다음과 같은 몇 가지의 이유들로 이 내적 공허를 채워 보려고

　* 하나님을 두려워하고 그 분과 화목하고 싶어한다.

　* 하나님의 마음에 들음으로 그 분의 축복받길 원한다.

　* 하나님과 하늘나라에 대해 궁금해 한다.

　* 삶의 의미와 목적을 찾아 추구한다. 이렇게 노력한다고 하였습니다.

비록 많은 사람이 위의 과정을 거치는 동안 하나님을 알게 되었지만 하나님은 우리가 그분이 우리의 창조주시요 구세주이심을 알고 찾아 주기를 원하십니다. 그런데 우리는 하나님을 찾은 다음에도 하나님의 뜻에 어긋나는 욕망 때문에 하나님으로부터 멀어져 버리는 경향이 있습니다. 그리고는 하나님이 아닌 세상 것들로 우리의 내적 공허를 채워 보려고 합니다.

그러므로 인간이 존귀하게 취급받는 까닭은 육체가 흙임에도 불구하고 수직적으로 존귀하신 창조주 하나님과의 관계 때문이니 바로 하나님의 형상으로 지음 받고 하나님이 생기를 불어 넣어 주신 특별한 존재이기 때문입니다. 그럼에도 불구하고 인간들은 자신의 가치를 땅에 것에서 찾으려고 하고 그것으로 존귀하게 되려고 하는데 문제가 있는 것입니다.

이는 인간 생명의 양면성에 기초하는 것으로 하나님께서 사람을 육신적으로는 땅의 본질로 형성하시고 동시에 영혼은 비물질적인 하나님의

영과 관계를 갖게 함으로 사람이 타 생명체와 구별된 하나님의 모양과 형상으로 육신과 영혼을 갖게 지으셨습니다.

　전12:7에서 "흙은 여전히 땅으로 돌아가고 신은 그 주신 하나님께로 돌아가기 전에 기억하라"하였습니다. 이처럼 인간에게는 짐승과 달리 인격이 있고 사고의 능력이 있고 하나님과의 교재가 가능한 영적 존재인 것입니다. 인간의 생명의 가치는 창조냐, 진화냐에 따라 크게 달라지는 것입니다. 그럼에도 불구하고 인간이 인간보다 물질을 더 귀하게 여기며 자기를 지으신 창조주 하나님을 불신하고 진화론을 진리처럼 믿고 따르기 때문에 인간의 존엄성은 말살되고 인간의 생명이 파리 목숨처럼 살해되고, 인간들이 자신들의 가치를 깨닫지 못한 채 사단의 사주를 받아 범죄함으로 말미암아 그 영적인 형상이 파괴되고, 무기력해지고, 만물의 찌기와도 같은 존재가 되고 만 것입니다. 왜 인간이 서로 차별을 해서는 안 되고 생명을 존엄하게 생각해야만 하는지 그 이유는 인간의 피부색이나 소유나 신분을 막론하고 하나님이 인간을 직접 지으셨고 생기를 코에 불어 넣어주신 하나님의 형상들이기 때문입니다.

　또한 인간은 왜 하나님께 영광을 돌리는 삶을 살아야만 하는지는 인간은 누구를 막론하고 다 하나님으로부터 왔기 때문에 또한 그 생명을 다시 하나님께 드리는 삶을 살아야만 하는 것입니다. 하나님은 우리에 첫 창조 때만 생기를 주신 것이 아니라 생냉되신 예수 그리스도를 우리에게 내어주시고 생명의 생기인 성령을 우리에게 보내 주셨습니다. 그러므로 우리는 우리에게 생명을 주신 그 하나님께 영광을 돌리고 순종과 봉사와 헌신으로 그 생명을 하나님께 감사함으로 돌려 드려야만 합니다.

(3) 사람은 창조능력을 가진 존재입니다

하나님께서는 인간에게 창조할 수 있는 능력을 주시면서 명령했습니다. 하나는 복음명령입니다. 땅 끝까지 이르러 복음을 증거하라는 명령과 또 하나는 문화명령입니다. 오늘 본문 1:28의 말씀대로 "생육하고 번성하며 땅에 충만하라 땅을 정복하라 바다의 고기와 공중의 새와 땅에 움직이는 모든 생물을 다스리라"하였습니다. 생물을 다스리고 땅을 차지하라고 하는 이 말씀은 문화명령입니다. 하나님께서는 문화명령, 무엇인가 창조하도록 우리에게 명령하시고, 그 문화를 창조하는 능력을 우리에게 공급해 주셨습니다. 성경을 보면 하나님께서는 우리에게 무엇을 하라고 말씀만 하시고는 내버려 두신 것이 아니라 할 수 있는 능력을 주셨습니다.

이를테면 모세에게 이스라엘 백성을 인도해 가나안 땅으로 해방시켜 내오라고 할 때 하나님께서는 그냥 내보낸 것이 아니라 모세에게 그 능력을 행사할 수 있는 모든 것을 공급해 주셨습니다. 하나님은 명령하실 때 지혜와 은총을 주셨습니다. 이스라엘 백성에게 성막을 짓고 법궤를 만들라고 하나님은 말씀하시고 나서 심지어 목수일하는 사람이나, 금붙이를 만들어서 장을 장식하는 장인에게까지 뛰어난 명철과 지식과 지혜를 주셨다고 했습니다. 하나님은 여러분을 하나님의 형상대로 지으시고 문화를 창조하라고 명령하실 뿐 아니라 여러분에게 창조할 수 있는 능력까지 공급해 주셨다는 사실을 믿으시기 바랍니다.

21세기를 맞이하는 우리 한국 기독교의 큰 잘못은, "사람이 죄를 지었기 때문에 타락한 존재"라고 하는 창세기 3장은 자주 강조하면서도 창세기 1장의 "하나님의 형상을 닮은 존재"라는 것은 강조하지 않고 있다는 것입니다. 예수 그리스도로 말미암아 우리가 구속을 받았다는 것과, 죄 용서함을 받고 하나님의 형상을 회복하고 그리스도 안에서 새로운 피조물이 되었다는 것, 그리고 하나님을 닮아갈 수 있다고 하는 가능성을 제시하지 못하고 있다는 것입니다. 하나님께서 나에게 창조의 능력을 주셨다는 것을 소중히 여기지 못하기 때문에 죄책감 속에서, 열등의식 속에서 살아가고 있는 것입니다.

사람은 죄인임에 분명합니다. 하지만 죄인으로 끝나는 것이 아니라 예수 그리스도의 십자가의 공로로 인해 우리는 새로운 하나님의 형상을 회복하게 되었습니다. 우리에게 하나님의 능력을 공급해 주심으로서 문화를 창조할 수 있는 존재가 된 것입니다. 이것이 예수 그리스도를 믿는 사람의 축복입니다. 하나님께서 여러분에게 위대한 능력을 주셨습니다. 이것을 찾아내야 합니다. 하루에도 수십만 가지의 아이디어를 주시고 지혜와 명철을 공급해 주시는 것입니다. 이것을 찾아서 창조적 능력을 가지고 나갈 때 기적을 일으킬 수 가 있는 것입니다. 로버트 슐러 목사님은 교회를 처음 개척할 당시에 500불을 가지고 시작했는데 처음 교회를 시작할 때 교인은 부인 밖에 없었다는 것입니다. 그 500불을 가지고 올갠과 십자가 장식을 사고 말았습니다. 하지만 슐러 목사님은 위대한 역사를 일으켰습니다. 오늘 세계에 자랑할만한 지혜와 명철을 주셨기에 문화를 창조할 수 있었고, 하나님의 복음을 선포할 수 있는 능력을 주셨기 때문에 성공적인 목회를 할 수 있었던 것입니다. 사람은 이처럼 위대한 능력을 창조하는 하나님의 형상을 닮은 창조능력을 가진 존재임을 잊어서는 아니 되겠습니다.

(4) 결론

왜 사람입니까? 사람은 하나님의 위대한 창조물이기에 소중하고 존귀한 존재입니다. 사람은 누구를 막론하고 다 삼위일체 하나님에 의해 미리 계획 되어져 하나님의 형상대로 지으심을 받은 피조물입니다. 이 지구상에 창조 이후 수많은 사람이 태어났지만 진화된 사람이나 진화되고 있는 사람은 아무도 없었습니다. 사람이 하나님의 피조물임을 마19:4에서"예수께서 대답하여 가라사대 사람을 지으신 이가 본래 저희를 남자와 여자로 만드시고"라는 말씀에도 예수님이 증거하셨습니다. 그럼에도 불구하고 패역한 인간들은 벧후3:5에서 하늘이 옛적부터 있는 것과 땅이 물에서 나와 물로 성립한 것도 하나님의 말씀으로 된 것을 저희가 잊으려 함이로다"함과 같이 사람들은 하나님의 창조를 잊으려고 할 뿐 아니라, 없이하려고 하고 있습니다.

왜 사람입니까? 이 물음은 하나님의 창조물이기에 사람입니다. 진화나 자연으로 된 것이 아니라 하나님의 능력으로 창조된 사람입니다. 사람은 하나님을 떠나 진화론에 얽매이면 인간은 종(種)의 하나에 지나지 않으며, 사람은 위대한 존재가 될 수 없는 것입니다. 흙에서 왔기 때문에 무가치하고 연약한 존재가 되고 마는 것입니다. 그러나 인간이 하나님과의 관계 속에서 순종할 때 천하보다 귀한 존재가 되는 것이며 날마다 하나님과의 영적인 교제가 있을 때 하나님과 동행함으로 참된 기쁨과 평화가 있으며 상실한 에덴 보다 더 좋은 천국의 소망이 있는 것입니다.

2. 하나님의 형상대로 창조된 사람 – 창세기 1: 26-31

과학문명이 극도로 발달한 현대과학에서도 아직도 사람이 어떻게 시작되었으며 어떻게 존재하고 앞으로 사람의 마지막 운명에는 어떻게 될 것인지 아무도 잘 모르고 그냥 살다가 죽어가고 있습니다. 그러나 성경에는 이 사실에 대하여 확실하고 분명하게 증거하고 있습니다. 하나님은 천지만물을 창조하시는 데에도 절정이 있었음을 볼 수 있습니다. 하나님의 온갖 지혜와 능력과 신성을 다 쏟아서 만들어 낸, 창조의 극치를 이루셨던 것을 볼 수 있습니다. 그것은 바로 사람의 창조입니다. 우리 사람은 하나님의 창조의 극치요 절정의 존재입니다. 하나님께서 사람을 창조하실 때 가장 먼저 특이한 점은 우리 인간을 창조하는 문제를 두고 하나님 안에서 의논이 있었다는 사실입니다. 창1:26에 하나님이 가라사대 "우리의 형상을 따라 우리의 모양대로 우리가 사람을 만들고 그로 바다의 고기와 공중의 새와 육축과 온 땅과 땅에 기는 모든 것을 다스리게 하자" 하셨습니다.

하나님은 '이런 저런 식으로 사람을 만들어 이런저런 일을 하게 하자'라고 하시면서 의논을 하셨습니다. 도대체 누구와 의논하셨겠습니까? 어떤 사람은 하나님께서 천사와 의논하신 것이라고 합니다.

그러나 하나님께서는 사람을 창조하실 때 천사와 의논하지 않으셨습니다. 우리의 형상은 천사의 형상이 아닙니다. 천사들은 사람을 창조하는 일에 끼어들지도 못했습니다. 이것은 오직 성부와 성자와 성령, 삼위 하나님 안에서의 의논입니다. 사실 유대인들이 보기에 창세기 처음에 하나님이 '우리'라고 표현된 것보다 더 곤욕스러운 표현을 없었을 것입니다. 왜냐하면 그들은 모세를 통하여 하나님은 오직 한분이심을 귀가 따갑게 들어 왔기 때문입니다. 하나님은 오직 한 분이어야 합니다. 그런데 창세기 처음부터 하나님은 자신을 '우리'라고 부르고 계십니다. 이스라엘 백성의 놀라운 점은 설사 하나님의 말씀이 자기들이 알고 있는 것과 다르다 할지라도 감히 하나님의 말씀을 바꾸거나 수정하려고 하지 않았다는 것입니다. 창세기 처음에 나오는 '우리'라는 표현은 그들이 가지고 있는 하나님의 개념과 정면으로 충돌했습니다. 그러나 그들은 '우리'를 '나'로 바꾸지 않고, 더 밝은 빛이 비출 때까지 그대로 두었습니다.

요한복음에서 예수님께서 말씀하시는 것이 무엇입니까? 인간을 창조하기 전에 삼위 하나님의 의논이 있었다는 것입니다. 사람을 왜 창조하시며 그들이 죄를 지었을 때 누가 어떻게 책임질 것인지에 이르기까지 성삼위 하나님 사이에 미리 의논이 있었던 것입니다.

하나님께서 인간을 창조하신 목적이 무엇입니까? 하나님의 영원한 영광 가운데 우리를 초청하여 영원히 함께 그 가운데 있게 하시기 위해서입니다. 단순히 밥이나 먹고 자식이나 키우고 직장 생활 잘 하라고 우리 인간을 창조하신 것이 아니라 하나님의 거룩한 영광에 우리를 초청하여 그 영광을 맛보고 나누고 그 안에 거하도록 우리를 만드신 것입니다. 하나님은 삼위 하나님으로 충분하십니다. 천사나 다른 피조물이 하나도 없어도 하나님은 외롭지 않습니다. 아무 것도 부족한 것이 없습니다. 그러나 하나님께서 모든 피조물을 만드시고 특히 그 가운데서도 인간을 창조하신 이유는 하나님의 그 엄청난 영광의 교제에, 그 기쁨의 만남에 우리 인간을 동참시키고 그 영광을 함께 나누기 위해서입니다. 하나님께서는 인간을 만들기 전에 인간이 범죄할 것을 아셨습니다. 그리고 인간의 죄에 대해서는 성자께서 책임지기로 약속하셨습니다. 그리고 하나님의 아들을 믿는 자는 누구든지 하나님께서 그 모든 죄를 용서하시고 성령을 주시기로 결정하셨습니다. 그 결정이 있었기 때문에 그리스도께서 이 세상에 오셔서 십자가 위에서 죽으신 것입니다.

그러나 오늘 본문에서는 거기까지 말씀하지 않습니다. 오직 하나님께서 인간을 특별하게 창조하셨고 또 그들에게 특별한 지위를 주셨다는 것만 밝히고 있습니다. 사실 성경은 하늘의 모든 결정들을 우리 인간들에게 미주알고주알 밝히지 않습니다. 오직 필요한 부분만 말씀하십니다. 창세기는 하나님 사이에서 의논된 모든 것을 우리에게 전해주지 않습니다. 그러나 성경 전체로 미루어볼 때 이 하나님의 의논이 단순히 우리를 어떻게 만들고 우리에게 어떤 지위를 주느냐 하는 것에 그치지 않고 우리의 범죄에 대한 책임과 궁극적으로 어떤 영광 가운데 우리를 초청해서 어떤 기쁨으로 교제할 지에 대한 이야기까지 나아갔음을 알 수 있습니다.

그러므로 우리는 다른 사람을 생각할 때 그 사람에게 하나님의 크신 계획과 뜻이 있다는 것을 알아야 합니다. 그는 그냥 만들어진 것이 아닙니다. 하나님의 계획과 의논이 있은 후에 만들어진 존재입니다. 우연히 생긴 사람은 하나도 없습니다. 사람은 누구나 특별합니다. 어떤 사람에게든지 되찾아야 할 영광이 있고 이루어져야 할 하나님의 뜻이 있습니다.

> **하나님이 가라사대 "우리의 형상을 따라 우리의 모양대로 우리가 사람을 만들고" 하나님이 자기 형상, 곧 하나님의 형상대로 사람을 창조하시되 남자와 여자를 창조하시고**
>
> (창 1:26~27)

여기서 우리가 어렵게 느끼는 문제는 '하나님은 형상이 없다'는 것입니다. 만일 하나님께서도 우리처럼 얼굴이 있고 몸이 있다면 문제될 것이 없습니다. 그러나 하나님은 영이시기 때문에 우리 같은 몸을 가지고 있지 않습니다. 그럼에도 불구하고 하나님의 형상에 따라 우리를 만들었다고 하니 어렵지 않을 수 없습니다.

하나님은 영이신데도 우리가 하나님의 형상과 모양대로 만들어졌다는 말에는 영이신 하나님과 몸을 가진 우리 사이에 특별하고도 깊은 유사성과 연관성이 있다는 의미가 담겨 있습니다. '형상'이 무엇입니까? 형상은 본체가 아닙니다. 그러나 본체를 모방해서 거의 똑같이 만든 것입니다.

가장 대표적인 형상은 초상화입니다. 원래의 모습을 보고 그대로 옮겨 그린 것입니다. 본인을 쏙 빼닮았지만 본인은 아닙니다. 공원에 가면 위인의 동상을 볼 수 있습니다. 물론 동상 자체가 그 위인은 아닙니다. 그러나 그 동상은 아무렇게나 만든 것이 아닙니다. 본인의 얼굴이나 모습을 모델로 해서 아주 닮게 만든 것으로서, 모델이 된 사람을 생각나게 하고 그 사람의 업적이나 위대한 성품을 기억하게 합니다. 우리는 이런 유추에 따라 하나님의 형상을 찾아낼 수 있습니다. 하나님께서는 그렇게 유추해 보라는 뜻으로 '하나님의 형상'이라는 말을 사용하고 계시기 때문입니다.

우선 첫째로 우리가 하나님의 형상을 따라 창조되었다고 하는 것은 하나님이 우리를 만드실 때 하나님을 모델로 해서, 즉 하나님을 원판으로 삼아서 우리를 찍어 내셨다는 것입니다.

우리 인간에게는 특별한 점들이 많습니다. 예를 들어서 인간에게는 아주 아름다운 도덕적인 성품들이 있습니다. 정의감이나 사랑의 원판은 바로 하나님입니다. 또한 인간은 언어를 사용합니다. 이 언어가 어디에서 나왔습니까? 바로 하나님에게서 나왔습니다. 또 인간은 특별한 인간관계를 형성하며, 인간관계를 통하여 사람이 만들어집니다. 하나님 자신은 사회를 이루고 계십니다. 성부, 성자, 성령이라는 사회를 이루고 있기 때문에 하나님께서 하시는 모든 것은 사회성을 띠고 있습니다. 우리 인간은 하나님을 만나기 전까지는 절대로 자기 자신을 알 수 없게 되어 있습니다. 왜냐하면 원형을 알지 못하면 그 정체를 알 수 없고 고장난 부분을 고칠 수 없기 때문입니다. 우리는 하나님 앞에 가기 전까지는 절대로 우리 자신을 고칠 수 없습니다. 우리의 모델이 하나님이시고, 우리의 설계도면을 하나님이 가지고 계시기 때문입니다.

둘째로 하나님의 형상을 닮은 사람은 하나님의 존재를 입증해 줍니다.
하나님의 형상을 닮은 사람이 존재한다는 사실 자체가 하나님이 분명히 살아 계심을 보여줍니다. 우리는 하나님의 사진이고 초상화이기 때문입니다. 오늘도 하나님이 살아 계시다는 것을 가장 잘 보여 주는 사실이 무엇입니까? 하나님의 말씀대로 사는 사람이 있다는 것입니다. 그러므로 하나님의 성품대로 행하는 사람이 있는 것을 보면 그 사람의 뒤를 두려워해야 합니다. 자기 기질이나 정욕대로 살지 않고 하나님이 주신 온유한 성품대로 사는 사람을 무시하는 사람은 정말 어리석은 사람입니다. 왜냐하면 그 사람 뒤에 진짜 하나님이 계시기 때문입니다. 믿는 사람이 몇 명이 있느냐가 중요한 것이 아닙니다. 단 한 명이라도 하나님을 닮고 하나님 말씀대로 행하는 사람이 돌아다니고 있으면, 하나님이 살아 계신 것입니다. 사진이 한 장이 있든지 백 장이 있든지 사진의 주인공은 존재합니다. 한 사람이 중요합니다. 단 한 사람만 있어도 하나님은 살아 계십니다.

셋째로 하나님의 형상을 닮은 사람은 하나님의 통치를 보여줍니다.
하나님의 모습을 닮은 사람이 아무도 없던 곳에 하나님의 모습을 닮은 사람이 한 명 입사하거나 이사왔다고 합시다. 그러면 그곳에 하나님의 나라가 쳐들어온 것입니다. 하나님의 모습을 닮은 사람은 하나님의 깃발입니다. 그가 가는 곳에 하나님의 나라가 임하고 하나님의 나라가 쳐들어갑니다. 하나님은 그 한 사람을 통하여 그곳을 점령해 나가실 것입니다. 어둠의 세계를 몰아내며 불필요한 두려움을 쫓아내고 정의를 세우실 것입니다. 한 사람만 있어도 어둠을 밝힐 수 있습니다. 하나님께서는 인간을 창조하신 후 이 세상에 있는 모든 것들을 다스리고 지배하는 특권을 주셨습니다.

> 하나님이 가라사대 "우리의 형상을 따라 우리의 모양대로 우리가 사람을 만들고 그로 바다의 고기와 공중의 새와 육축과 온 땅과 땅에 기는 모든 것을 다스리게 하자" 하시고
>
> (창 1:26)

'다스린다' 고 할 때 우리는 두 가지 의미로 생각해야 합니다. 하나는 소극적인 의미의 다스림입니다. 이것은 역으로 생각하면 '지배를 받지 않는다' 는 뜻입니다. 다시 말해서 환경이나 다른 어떤 영향에도 굴복하지 않는다는 것입니다. 이것은 자신의 가치를 잘 알기 때문에 하나님의 말씀 외에는 그 어느 것에도 무릎을 꿇거나 머리를 숙이지 않는 당당함을 말하는 것입니다. 하나님 외에는 그를 굴복시킬 수 없습니다. 오직 하나님만이 그를 움직일 수 있습니다. 그는 어떤 일을 할 때, 그 일이 옳고 하나님을 기쁘게 하기 때문에 합니다. 그것이 유일한 이유입니다.

둘째로는 적극적인 의미의 다스림입니다. 적극적인 의미에서 다스린다는 것은 모든 것을 장악해서 바른 위치에 있게 하는 것입니다. 세상이 창조된 지 얼마 지나지 않았을 때 뱀이 말을 하면서 여자를 유혹합니다. 뱀은 짐승이기 때문에 말을 해서는 안됩니다. 그리고 어떻게 감히 뱀이 하나님의 말씀을 가지고 여자에게 이러 저러니 할 수 있습니까? 뱀은 자신의 위치를 이탈해서 신들렸습니다. 뱀이 신들려서 떠드는 헛소리를 받

아준 것이 여자의 잘못입니다. 여자는 뱀을 야단쳐야 했습니다. 야단쳐도 안되면 밟아버려야 했습니다. 그렇게 했더라면 이 작은 하나님의 나라는 지켜졌을 것입니다. 어떻게 감히 뱀이 말을 합니까? 여자가 "혀가 두 개나 있다고 어디서 감히 쓸데없는 소리를 하고 있어!" 하면서 혀를 뽑아 버렸어야 하나님의 나라를 지키는 것인데, 그 말에서 무엇인가를 얻으려고 했기 때문에 하나님의 나라가 무참히 파괴된 것입니다.

몇 가지 더 생각해야 할 것이 있습니다.

첫째로는 하나님께서 자신의 형상을 남자와 여자에게 주셨다는 것입니다.

이것은 남녀가 하나님 앞에 평등할 뿐 아니라 남녀의 바른 관계를 통해서 하나님의 아름다운 성품이 드러나게 되어 있다는 것을 의미합니다. 남녀의 성은 하나님의 형상이 새겨져 있습니다. 그러므로 성은 수치스러운 것이 아니라 굉장히 아름다운 것입니다. 남녀의 바른 관계를 통해서 하나님의 아름다운 모습이 나타나게 되어 있습니다.

둘째로 하나님께서는 사람들에게 생육하고 번성하라고 축복하셨습니다.

하나님이 그들에게 복을 주시며 그들에게 이르시되 "생육하고 번성하여 땅에 충만하라.

얼핏 이 말씀을 들으면 노아 홍수 사건과 잘 맞지 않는 것 같습니다. 왜 하나님께서는 생육하고 번성하라고 하시고서 그 많은 인간들을 홍수로 멸망시키셨는지 잘 이해되지 않습니다. 그러나 이 말씀의 의미는 하나님의 형상을 닮은 사람들이 많아지는 것이 하나님의 뜻이라는 것입니다. 하나님이 원하시는 것은 죄의 형상을 가진 사람들이 땅을 가득 채우는 것이 아니었습니다. 하나님은 의롭고 사랑에 충만한 사람들이 이 세상을 가득 채우고 온 땅을 뒤덮기를 바라십니다.

셋째로 하나님께서는 이 세상에 있는 모든 것들에게 채소와 풀을 양식으로 주셨습니다.

하나님이 가라사대 "내가 온 지면의 씨 맺는 모든 채소와 씨 가진 열매 맺는 모든 나무를 너희에게 주노니 너희 식물이 되리라. 또 땅의 모든 짐승과 공중의 모든 새와 생명이 있어 땅에 기는 모든 것에게는 내가 모든 푸른 풀을 식물로 주노라" 하시니 그대로 되니라.

성경은 사람이 먹을 것과 동물이 먹을 것을 처음부터 구별함으로써 먹이를 가지고 다투지 않게 했습니다. 만약 사람들이 먹는 것을 동물들이 먹었다면 사람들은 동물을 다 잡아서 죽였을 것입니다. 그러나 하나님께서는 동물들이 아무리 많아져도 두려워할 필요가 없게 만드셨습니다. 왜냐하면 서로 먹는 것이 틀리기 때문입니다. 같은 밥그릇을 놓고 다투니까 싸움이 일어나는 것입니다.

이 세상에서 우리의 영역과 지위는 믿지 않는 사람들의 영역이나 지위와 구분되어 있다는 것을 기억할 필요가 있습니다. 이 세상이 아무리 경쟁적이라고 하더라도 하나님의 백성은 이 세상에서 할 일이 있습니다. 나의 기업, 나의 가나안 땅이 있습니다. 하나님이 그것을 지켜 주십니다.

3. 하나님의 형상을 닮은 사람 - 창세기 1: 24-28

미국의 대도시 뉴욕의 바둑판 같은 길에서 버스를 매일 운전하는 기사가 있었습니다. 그런데 어느 날 그 운전기사가 매일 운행하던 노선을 이탈해서 멀리 플로리다 쪽으로 가게 되었습니다. 갑자기 행방불명이 된 이 버스를 찾으려고 애를 쓰던 중 마침내 버스 운전사가 버스를 몰고 플로리다에 내려가 있는 것을 알고 체포하여 왔습니다. 그 일로 재판을 받게 되었는데 재판관은 "당신은 왜 버스 노선을 이탈해 플로리다까지 갔었느냐?"고 물으니까 그 운전기사는 말하기를 "내가 왜 매일 바둑판 같은 노선을 돌아야 합니까?"라고 재판관에게 되물을 때 재판관은 그 사람을 정죄 할 수 없었다는 것이었습니다. "나는 도대체 어디서 왔습니까? 무엇을 하다가 어디로 갈 것입니까? 도대체 난 무엇입니까?" 이렇게 이 운전기사는 사람의 기본적인 물음, 사람이면 누구나 물어보고 해답을 찾아야 할 기본적인 물음입니다. 그러나 이러한 기본적인 물음을 일생동안에 한 번도 묻지 못하고 살다가 죽어가는 사람이 많이 있습니다. 우리 기독교는 "하나님이 누구이시냐?" 하는 질문과 함께 "도대체 사람이 누구냐?"라는 것이 신학의 주요 명제이기도 합니다. 이 인간론에 대해서 1941년 라인홀드 니버라고 하는 미국의 유명한 신학자가 "인간의 본성과 운명"이라는 책을 써서 큰 선풍을 일으킨 적이 있습니다.

또한 유명한 덴마크 철학자 죄렌 키에르케고르라고 하는 사람은 실존철학의 한 질문을, 질적으로 대답하는 철학에서부터 신학으로 대답하는 경향을 나타냈고, 유명한 유럽의 신학자 중에서 칼 바르트나, 에밀 부르너는 "하나님이 누구시냐?" 동시에 "사람이 무엇이냐? 사람이 어떤 존재냐?" 대해 신학적 논쟁을 계속하여 온 것을 볼 수 있습니다. 그런데 우리는 창세기를 읽으면서 "사람이 무엇이냐? 사람이 어떤 존재냐?"에 대한 말씀이 성경말씀 가운데 너무나도 분명히 나타나 있는 것을 보게 됩니다.

하나님은 닷새 동안 우주 만물을 만드시고 마지막 날 인간을 창조하셨는데 다른 만물은 다 말씀으로 만드셨고 사람만이 친히 당신의 형상대로 만드셨습니다. 남자·여자를 창조하시고 하신 말씀이 "이들에게 복을 주어서 생육하고 번성하게 하고, 창조한 모든 만물을 다스리게 하고 땅을 정복하라"고 명령하셨습니다. 이것을 가리켜 '축복의 신학'이라 말합니다. 이렇게 하나님께서는 인간에게 놀라운 축복을 주셨습니다. 인간이 하나님을 따라서 살도록 하나님을 닮게 만들었습니다.

그런데 3장에 보면 인간이 타락해서 하나님이 주신 자유의지를 가지고 하나님의 명령을 순종하기보다는 탐심과 마귀의 유혹에 넘어가 하나님의 형상이 파괴되었습니다. 그래서 인간은 비극적으로 죄를 가지게 되었던 것입니다. 사람이 "하나님의 형상을 닮은 존재"라고 하는 말은 외모로 하나님을 닮았다는 말이 아닙니다. 인간의 의식과 성격이 하나님을 형상을 닮게 되었다는 것입니다. 우리가 아이를 낳으면 "아빠를 닮았나, 엄마를 닮았나? 아빠를 꼭 닮았구나" 하며 축하를 합니다. 태어난 아이가 꼭 부모를 닮은 것처럼 만물의 영장인 사람은 하나님을 닮도록 만들어진 것입니다. 여기에 우리의 긍정적 신앙의 근거가 있습니다. 하나님께서 사람을 만드실 때에 죄악되게, 타락되게 만든 것이 아니라 하나님을 닮게 만들었는데, 하나님이 주신 자유의지를 가지고 하나님의 명령을 거역하고 선악과를 따먹고 사탄의 유혹에 받아 타락하고 말았습니다. 타락한 사람은 하나님의 형상인 예수 그리스도를 믿음으로 말미암아 구원을 얻어 다시 하나님의 형상을 회복하는 세계로 들어갈 수가 있게 되었습니다. 이것이 구원의 질서입니다. 이것이 창세기에 나타난 중요한 교리요, 신학의 가장 중요한 과제들입니다. 그러면 하나님을 닮았다는 사람이란 무슨 뜻일까요? 첫째로, 사람은 지혜와 의지, 사상과 능력을 가진, 다른 피조물과는 월등히 다른 영적인 존재라는 뜻과 둘째로, 하나님을 알며 찾을 수 있고 교제할 수 있는 속성을 가진 존재라는 뜻입니다. 셋째로, 사람은 도덕적 의무와 책임을 가진 존재입니다. 넷째로, 선을 행하려는 열망을 가지고 있는 것이 하나님을 닮은 사람의 모습이라고 할 수 있습니다. 하나님의 형상을 닮은 사람이라는 말은 우리 신앙을 적극적이고 긍정적인 면에서 시작되는데 여기에서 몇 가지 교훈을 생각하고자 하는 것입니다.

(1) 사람은 위대한 존재입니다

지구상에 사람 이상으로 위대한 존재는 아무것도 없습니다. 사람은 위대합니다. 하나님은 당신 자신이 창조한 사람이 타락한 것을 그대로 버리지 아니 하시고 하나님은 당신의 외아들을 보내셔서 죄악에서 구원하실 만큼 사람은 위대한 존재입니다. 하나님은 다른 모든 만물을 말씀으로 창조하셨지만 사람만이 친히 자신의 모습대로 만드셨습니다. 언젠가 신문지상에 "우리의 인간상이 무엇이냐? 기독교인의 상, 교사의 상, 학생의 상은 무엇이냐?" 하는 것을 주제로 삼은 적이 있었습니다. 우리는 TV 드라마를 보아도 결국은 저 드라마의 끝이 어떤 상으로 종지부를 지어지는지를 알게 됩니다. 사람의 다수가 자신의 상을 잘못 그리기 때문에 사람을 아주 타락한 존재로, 보잘 것 없이 무가치한 존재로 끝마치고 마는 것을 볼 수 있습니다.

한때 미국의 유명한 대중가수였던 엘비스 프레슬리가 말하기를 "사람은 다 산만해지고 산산조각이 난 존재"라고 말했습니다. 그렇게 말한 엘비스의 죽음은 돈과, 성과, 마약으로 산산조각이 난 인생의 삶을 보여 주었습니다. 아놀드 토인비는 "사람은 기술에 있어서는 신이 되었지만 삶에 있어서는 원수가 되고 말았다"고 말했습니다. 이것은 바로 오늘의 인간상을 말하고 있는 것입니다. 그러나 이렇게 이지러진 것들로 가득차 있어도 여전히 남아 있을 수 있는 인간의 위대성이 우리의 모든 삶 속에 잠겨있다는 사실을 우리는 잘 알고 있습니다. 하나님의 형상대로 지음 받았다고 하는 것은 하나님과의 관계를 통해서 우리가 의롭게 되고 위대한 존재임을 확신할 수 있어야 하는 것입니다.

(2) 사람은 책임적인 존재입니다.

하나님은 사람을 사랑하시기 때문에 당신의 형상대로 창조하셨습니다. 그런데 사랑은 주기만 해서는 이루어지지 않습니다. 사랑은 응답이 있어야 하는 것입니다. 참 사랑은 일방적인 짝사랑만으로는 이룰 수가 없는 것입니다. 사람에게는 사랑할 수 있고, 선택할 수 있는 자유가 있습니다. 이 선택의 자유가 잘못되었기 때문에 아담은 타락하고 말았습니다. 타락 후 하나님께서 아담을 찾으셨습니다. "아담아 어디 있느냐?, 아담아 어디 있느냐?" 하였습니다. 그러나 아담은 도피했습니다. 나중에 아담에게 "네가 왜 선악과를 따먹었느냐"고 할 때에 아담은 책임을 회피했습니다. "당신이 나에게 지어주신 하와가 먹으라고 해서 먹었습니다." 라고 책임을 회피하였습니다. 사람은 언제나 핑계대기를 좋아합니다. 책임회피는 사람의 타락한 모습의 일부분입니다. "책임은 사람의 하나님의 능력에 대한 반응이다(Responsibility is man's response to God's ability)"라는 말이 있습니다. 여기에서 반응할 수 있는 능력이 바로 "책임"이라는 것입니다. 인간은 도덕적, 윤리적으로 책임을 져야 할 존재입니다. "특권에는 책임이 따르지 않으면 바로 죄이다"라고 스테인 존스가 이야기했습니다. 사람이 책임을 지지 않을 때에 타락한 존재가 되고, 하나님의 형상을 잃어버린 존재가 되고 마는 것입니다.

한국전쟁 당시 평양에 장로교회 장도식 목사님이 계셨습니다. 평양의 고종교회를 담임하고 계셨는데, 원래 이 교회는 후에 공산당원이 된 강양욱이라는 사람이 담임하고 있다가 청년들이 주택에 수류탄을 던짐으로 그의 온 가족이 생명을 잃고, 겨우 그만 살아남아 김일성의 휘하에 들어가면서 고종교회를 사임하게 되었습니다. 그 후임으로 장도식 목사님이 부임하게 되었습니다. 장도식 목사님이라면 장로교회 목사님 중에 모르는 분이 없습니다. 김일성이 기독교 연맹에 가입하라 했지만 반대했습니다. 가까운 교우 중에서 고생하고 순교당하지 말고 어서 빨리 38선을 넘어 남한으로 도피하라고 권했습니다. 몇 번이나 38선까지 나와서 남한 땅을 바라보았지만 남한 땅을 바라보다가는 다시 평양으로 돌아갔습니다. 여러번 또다시 보고는 평양으로 돌아갔습니다. 그리고는 심방하던중 결국은 정치보위부원에게 잡혀 순교를 당하고 말았습니다. 그분은 남들처럼 남한 땅으로 피난할 수 있었고 38선을 넘을 수 있었지만 "고종교회에 남아 있는 양떼를 버리고, 나의 책임을 도피해서 어디로 갈 것인가?" 몇 번이나 38선까지 내려가 남한 땅을 바라보고는 평양으로 돌아와서 양들을 위해 살다가 마지막에 순교를 하고 말았습니다. 많은 목사님들은 양떼를 버리고 38선을 넘어갔지만, "내 양떼를 버리고 나 혼자 38선을 넘을 수 없다"고 말씀하시며 강단을 지키다가 순교하고 말았습니다. 이것이 책임적인 모습이라고 봅니다. 책임질 때에, 하나님의 모습대로 지음 받은 존재의 사명을 다 할 수 있습니다. 직분자로서, 성도로서, 사회인으로서 오늘 내가 가지고 있는 책임을 다할 때에 하나님의 형상을 지닌 존재로 살아가게 되는 줄로 믿습니다.

(3) 사람은 희생하는 존재입니다
사람이 희생할 수 있다는 것은 하나님의 형상을 입은 존재임을 알 수 있습니다. 사람이 다른 사람을 사랑할 수 있기 때문에 그 사람을 위해서 희생할 수 있는 것입니다. 하나님의 속성은 사람을 창조하고 버려두는 것이 아니라 사람이 고통을 당할 때 친히 오셔서 고통을 외면하지 않으시고 찾아오시었습니다. 그렇기 때문에 예수 그리스도를 이 땅에 보내셔서 죽음으로 희생시킴으로 사람을 구원하셨습니다. 빌 2:6에 "예수 그리스도는 하나님의 본체이시다"라고 말씀하셨습니다. 그런고로 예수 그리스도를 믿는 우리들은 하나님의 닮은꼴로서, 희생하는 존재가 되어야 하는 것입니다. 우리가 남을 위해 희생하게 될 때에 우리는 하나님의 형상대로 지음 받은 존재의 사명을 다하게 되는 것입니다. 저 갈보리 언덕에서 예수가 십자가를 지신 것처럼 우리가 희생할 때에 우리를 통해서 하나님의 형상을 나타내 보이는 것입니다.

TV의 해외토픽에서 아주 감격스런 장면을 보았습니다. 프랑스에서 어항속의 금붕어가 먹이를 먹지 못해 병이 들었습니다. 그랬더니 빨간 금붕어가 먹이를 자주 물어다가 병든 물고기에게 가져다주는 것이었습니다. 병든 물고기의 입에다가 자꾸 넣어주어 살려 냅니다. 병든 물고기가 둥둥 뜨면 그를 위해 먹이를 나누어 주고 부축해 주는 모습을 보면서 우리 사람은 금붕어만도 못한 때가 있지 않은가 생각해 보게 하였습니다. 우리 사람은 남을 위해 희생할 때에 보람이 있습니다. 나만을 위해 산다고 한다면 금붕어만도 못한 것입니다. 현대 사회가 너무 자기만을 위해서 살려고 하고 남을 위해 희생할 줄 모르는 것은 하나님의 형상이 파괴되고 있기 때문입니다. 우리가 하나님의 형상대로 지음 받은 사명을 다하는 것은 곧 희생할 때에 이루어지는 것입니다. 예수 그리스도께서 우리를 위해 죽으신 희생의 도리를 우리가 깨닫고 무엇인가 남을 위해 희생할 때에 하나님의 형상을 닮은 사람의 사명을 다하게 되는 것입니다. 『역사의 연구』라는 책으로 잘 알려진 영국의 역사학자 아놀드 토인비가 런던대학에서 학생들을 가르치면서 늘 이렇게 강조했습니다. "역사의 주인이 돼라. 역사를 창조하는 사람이 돼라" 그러면 어떻게 해야 역사를 창조하는 사람이 되겠는가? 토인비 박사의 대답은 이러했습니다. 인류 역사를 연구해보면 시대마다 역사를 빛낸 인물들이 있었다. 그 사람들의 삶에는 한 가지 공통점이 있었다. 그것은 그 사람이 자기가 살고 있는 시대를 위해서 자기 자신을 제물로 드려서 희생했다는 점이다. 그래서 누구든지 그 시대의 역사를 빛내고 역사를 창조하는 사람이 되기 위해서는 그 자신을 희생해서 제물로 드려야 한다는 것이었습니다. 한 알의 밀이 땅에 떨어져 죽어야만 많은 열매가 맺힌다는 예수님의 말씀을 토인비는 역사적으로 적용한 셈입니다. 오늘날 우리가 이 시대의 주인공이 되어 역사를 창조해 나가기 원한다면 우리에게도 우리 자신을 순교의 제물로 드리겠다는 희생정신이 있어야 할 것입니다.

우리들은 마귀를 닮은 것이 아니라 하나님을 닮은 사람들입니다. 여러분은 책임적인 존재입니다. 여러분은 희생할 수 있는 능력이 있습니다. 마 5:48에 "하늘에 계신 너희 아버지의 온전하심과 같이 너희도 온전하라"고 했습니다. 우리가 어떻게 하나님과 같이 온전해질 수 있겠습니까? 우리가 예수 그리스도를 믿음으로 말미암아 하나님의 창조의 형상을 회복하게 될 때에 하나님과 같이 온전해질 수 있는 것입니다. 이것은 산상수훈에 있는 하나님의 명령입니다.

그러므로 하나님의 형상을 닮은 사람, 하나님의 형상내로 지음 받은 우리 사람들의 의미가 무엇이냐 하는 것을 다시 한 번 깨닫게 되는 것입니다. 하나님의 형상을 닮은 우리는 보통 사람이 아니라 위대한 존재입니다. 하나님이 지극히 사랑하시는 위대한 존재입니다. 또한 사람은 책임적인 존재입니다. 사람은 도덕적인 책임을 다하는 존재입니다. 그리고 사람은 희생하는 존재입니다. 이처럼 사람은 하나님의 형상을 입은 존재로 그 형상의 뜻을 따라 살아가게 될 때 잃어버린 하나님의 형상을 되찾을 수 있게 되는 줄로 믿습니다. 하나님의 형상으로 살아가는 성도들이 되시기를 주의 이름으로 축원하는 것입니다.

4. 사람은 누구인가? - 창세기 1: 27-28, 2: 7

찰스 다윈은 사람이 아메바에서 기원했다고 주장하고 있습니다. 그와 같은 표현과 주장은 모두 다 잘못된 것입니다. 사람은 하나님께서 창조하셨습니다. 사람의 기원은 원숭이나 아메바에게 있지 않고 하나님에게 있습니다. 그래서 다윗은 이렇게 고백했습니다. 시139:14에서 "주께서 내 장부를 지으시며 나를 조직하셨나이다 주께서 나를 지으심이 신묘막측하심이라". 눅3:38에서도 예수님의 제자 누가도 인류의 기원이 하나님이라고 이렇게 기록하고 있습니다. "그 이상은 아담이요 그 이상은 하나님이시라" 사람은 하나님이 지으셨습니다.

⑴ 사람은 세 가지 재료로 지음을 받은 특별한 존재입니다.

미국의 아담스 대통령이 나이 늙어 지팡이를 짚고 거리를 지나가는데 한 젊은이가 인사를 하면서 "아담스 대통령 각하 그동안 평안하셨습니까?" 인사를 했더니 아담스 대통령은 인사에 답하기를 "아담스는 평안한데 나의 집이 다 낡아서 석가래가 무너져 지금 기둥을 막대기로 버티고 있다네. 아담스는 곧 이사가야 되겠네"라고 말했다고 합니다. 하나님이 사람을 지으실 때 제일 먼저 흙이란 재료를 사용하셨습니다. "여호와 하나님이 흙으로 사람을 지으시고"(2:7). 하나님께서 식물과 동물을 지으실 때도 흙을 재료로 사용하셨습니다(창1:11,22). 흙은 자연의 기초가 되는 재료입니다. 식물도 동물도 광물도 그리고 사람도 모두 흙이란 재료로 만들어져 있습니다. 흙은 만물의 기초가 되는 재료입니다. 사람은 어떤 의미에서 흙입니다. 그래서 사람이 죽으면 흙으로 돌아갑니다.

하나님께서 사람을 지으실 때 한 가지 재료를 더 사용하셨습니다. 특별한 작품을 만들기 위해서 특별한 재료를 사용하셨습니다. 그 재료는 하나님의 생기였습니다. 하나님께서 흙으로 만든 사람 속에 자기의 생기를 불어 넣으셨습니다. "생기를 그 코에 불어 넣으시니 생령이 된지라." 그래서 특제품 사람이 만들어 졌습니다.

하나님께서 사람을 지으실 때 또 한 가지 재료를 더 사용하셨습니다. 그 재료가 무엇인지 아십니까? 창2:22을 함께 읽어 보겠습니다. "여호와 하나님이 아담(사람)에게서 취하신 그 갈빗대로 여자를 만드시고." 하나님께서 사람을 지으실 때 사람의 한 부분을 재료로 사용하셨습니다. 가인과 아벨을 만드실 때는 부모의 몸의 일부를 그 재료로 사용하셨습니다. 사람은 세 가지 재료로 만들어져 있습니다. 사람은 흙과 하나님의 생기와 그리고 사람의 일부분으로 만들어져 있습니다.

그러므로 사람에게는 세 가지 성향이 있습니다. 흙으로 돌아가려는 성향과 하나님에게로 돌아가려는 성향, 사람에게로 돌아가려는 성향이 있습니다. 즉 사람에게는 자연적이고 동식물적인 존재로 전락하려는 성질도 있고 신적인 존재로 승화하려는 성질도 있고 인간적인 존재로 남아 있으려는 성질이 있습니다. 조금 극단적으로 말해서 짐승이나 악마가 되려는 성향도 있고 천사나 하나님이 되려는 성향도 있고 그저 인간으로 남아 있으려는 성향도 있습니다. 사람은 세 가지 가능성을 지닌 독특한 존재입니다. 그러므로 사람은 이 사실을 늘 기억하면서 살아야 합니다. "나는 악마가 될 가능성도 지니고 있고 천사가 될 가능성도 지니고 있고 그저 사람으로 남아 있을 수도 있는 존재이다"라는 인식을 가지고 살아가야 합니다. 사람은 세 가지 재료로 지음을 받은 특별한 존재입니다.

그러므로 사람에게는 세 가지 형상이 있습니다. 흙의 형상도 있고 하나님의 형상도 있고 인간의 형상도 있습니다. 그런데 하나님께서 사람을 지으실 때 목적하신 바가 있었습니다. 그것은 사람이 하나님의 형상을 지니며 살도록 하신 것입니다. 하나님의 형상을 나타내며 살도록 하신 것입니다. 이 사실을 강조하셨습니다. 창1:27에 보면 "하나님이 자기 형상 곧 하나님의 형상대로 사람을 창조"하셨다고 말씀했습니다. 하나님께서 사람을 자기의 형상대로 창조하셨다는 말은 자기와 비슷한 모습으로, 자기를 닮은 모습으로 지으셨다는 말입니다. 하나님의 인격과 성품을 닮은 신적 존재로 지으셨다는 말입니다. 생각하는 것이 하나님과 비슷하고 느끼는 것이 하나님과 비슷하고 결단하는 것이 하나님과 비슷하게 창조하셨다는 말입니다. 그래서 하나님과 이야기도 하고 교제도 할 수 있는 신적 존재로 창조하셨다는 말입니다. 하나님께 기도도 할 수 있고 찬송도 부를 수 있는 신적 존재로 지음을 받았습니다. 이것은 참으로 놀라운 일입니다. 천사가 사람을 부러워할 정도로 사람은 특별한 존재로 지음을 받았습니다. 그래서 다윗은 이렇게 고백했습니다. "주께서 저를 천사보다 또는 하나님 보다 조금 못하게 하시고 영화와 존귀로 관을 씌우셨나이다"(시 8:5).

(2) 사람은 지음 받은 세 가지 목적이 있습니다.

첫째, 사람은 창조주 하나님을 기억하고 하나님을 경외하면서 살도록 지음을 받았습니다.

미국에 '아딜로우' 라는, 지도에도 표시하기 힘든 아주 작은 마을이 있습니다. 그러나 그 마을에 사는 사람들은 모두 정직합니다. 그곳에 사는 보이드 하메닝씨는 사료상과 농기구상을 경영하는데 아침 7시에 문을 열어 정오에 문을 닫고는 목장에 나가 일을 합니다. 그러나 그는 자기가 목장에서 일을 하는 동안에도 마을 사람들이 자유롭게 필요한 물건을 가지고 갈 수 있도록 창고 문을 열어 놓습니다. 그리고 누가 어떤 물건을 가져갔는지, 그리고 얼마를 받아야 할지는 일을 마치고 집에 돌아온 뒤, 문에 걸려 있는 장부를 보고 검토합니다. 하메닝씨는 이런 식의 장사를 여러 해 해왔지만 결코 물건을 도난당한 일이 없습니다. 그러한 일이 어떻게 가능할까요? 그것은 아딜로우 마을 사람들이 하나님을 진정으로 경외하는 삶을 살고 있기 때문입니다. 하나님을 경외하는 사람들은 자신과 이웃과 하나님을 결코 속이지 못합니다. "주님, 저희는 늘 주님을 사랑한다고 하면서도 주님을 경외하지 않는 모순에 빠질 때가 있습니다. 주님, 저희로 주님을 진정으로 경외할 수 있도록 하시옵소서." 당신은 하나님에 대한 경외심을 갖고 생활하고 계십니까? 기독교의 정신은 하나님에 대한 경외심입니다.

전도서 12장은 인생의 본분이 무엇인지를 분명히 가르칩니다. 창조주 하나님을 기억하고 하나님을 경외하는 것이 인생의 본분이라고 말합니다. "너는 너의 창조자를 기억하라 하나님을 경외하라 이것이 사람의 본분이니라"(전12:1,13). 하나님께서 사람을 지으신 목적이 찬송을 부르게 하심이라고 말씀하시기도 했습니다. "이 백성은 내가 나를 위하여 지었나니 나의 찬송을 부르게 하려 하심이라"(사43:21). 창조주 하나님을 기억하는 것이 우리의 본분이고 창조주 하나님을 경외하는 것이 우리의 본분이며 창조주 하나님을 찬송하는 것이 우리의 본분입니다.

둘째, 사람은 사람을 귀하게 여기고 서로 도우며 살도록 지음을 받았습니다.

제일 처음 사람을 남자와 여자로 지으신 목적도 서로를 귀하게 여기고 서로를 도우면서 살라는 데 있었습니다. 사람은 모두 유기적으로 서로 연결되어 있고 그리고 모두 하나님에게 붙어 있기 때문입니다. 남녀가 차등하게 지음을 받지 않고 둘이 똑같이 갈빗대로 연결되어 있고 그리고 하나님의 형상대로 평등하게 지음을 받은 목적은 상대방을 종으로 부리며 살지 말고 서로 귀하게 여기고 도우며 살라는 데 있었습니다.

　남자와 여자만이 서로 도우며 살라는 것이 아니라 모든 사람들이 서로 도우며 살라는 것이었습니다. 흑인도 백인도 모두 서로 연결되어 있고 그리고 하나님의 형상대로 지음을 받은 것은 사람들이 인종이 다를지라도 서로 도우며 평등하게 살라는 데 창조의 목적이 있었습니다. 아무리 악한 사람에게도 하나님의 형상이 조금은 남아 있습니다. 일곱 귀신 들렸던 막달라 마리아에게도 하나님의 형상이 조금은 남아 있었고 십자가에 달린 강도에게도 하나님의 형상이 아주 없어지지는 않았습니다. 그러므로 우리는 사람이 유기적으로 사로 연결되어 있고 그리고 하나님의 형상을 지닌 존재라는 사실을 늘 기억하면서 사람을 귀하게 여기고 서로 도우면서 살아가야 합니다. 북한 동포들에 대한 우리의 태도도 마찬가지입니다. 저들을 귀하게 여기고 저들을 도우려는 태도를 가져야 할 것입니다.

　셋째, 사람은 만물을 다스리고 정복하며 살도록 지음을 받았습니다.

　하나님께서는 사람으로 하여금 모든 생물을 다스리고 정복하며 살라고 권리를 주셨습니다. 여기 다스리라는 말은 하나님께서 우주를 다스리는 방식으로 다스리라는 말입니다. 다시 말하면 보살피며 다스리라는 말입니다. 그러므로 탐욕을 가지고 자연을 파괴하라는 말은 아닙니다. 그리고 정복하라는 말은 발로 밟듯이 정복하라는 뜻입니다. 즉 피조물에 굴복하거나 매이거나 붙잡히거나 노예가 되지 말고 발로 밟듯 자연을 정복하며 살라는 말입니다. 돈과 물질과 자연의 노예가 되지 말고 돈과 물질과 자연을 발로 밟듯 정복하며 살라는 것입니다.

　그러나 인간이 범죄 후 저주를 받았음으로 인간은 평생토록 이마에서 땀을 흘려야 살 수 있다라고 했습니다. 이마에 땀을 흘려야 살 수 있다는 말은 자기가 수고하고 노력해야만 땅에서 그의 양식을 얻을 수 있다는 것입니다. 분명히 하나님께서는 모든 생물을 다스리라고 하셨는데 도리어 피조물들에게 다스림을 당하고 있으니 어찌 슬픈 일이 아니겠습니까? 큰 건물이나 공장을 다 지어놓고 낙성식을 하는데 지성인이라는 사람들이 죽은 돼지 앞에 머리를 숙이고 복을 비는 모습을 보니, 무엇인지 분명히 잘못된 것 같습니다. 하나님은 분명히 모든 생물을 다스리라고 했습니다. 그러나 사람들은 죄의 다스림을 받고 있는 것입니다. 창4:7에 "죄의 소원은 내게 있으나 너는 죄를 다스릴지니라"고 하나님께서 범죄한 가인에게 말씀하셨으나 사람들은 죄를 다스릴 힘이 없습니다. 죄는 고사하고 자기 마음을 다스릴 힘조차 없는 것입니다. 그러나 지금도 우리가 하나님을 온전히 의지하면 이 세상을 정복하고 다스릴 수 있다는 점을 명심해야 할 것입니다.

이제 말씀을 맺습니다. 오늘 아침 사람이 누구인가에 대해서 말씀을 드렸습니다. 사람은 세 가지 재료로 지음을 받은 독특한 존재입니다. 사람은 하나님의 형상대로 지음 받은 신적 존재입니다. 사람이 지음을 받은 목적 세 가지를 말씀 드렸습니다. 첫째는 창조주 하나님을 기억하고 경외하는 것입니다. 둘째는 사람을 귀하게 여기며 돕는 것입니다. 셋째는 만물을 다스리고 정복하며 사는 것입니다. 여러분들, 사람에 대한 바른 이해를 가지고 살아가십시다. 멋지게 사십시다. 보람되게 사십시다. 어제 50대 밖에 안 된 새 신자에게 전화를 했더니 "사는 게 힘이 들고 재미가 없어요. 이젠 많이 살았는데요. 힘이 없어요" 라고 힘없이 말을 했습니다. 그래서 제가 격려하기를 저는 60이 지났지만 사는 게 힘이 안 들고 재미 있습니다. 왜냐하면 하나님이 우리에게 다스리고 정복하라고 했기 때문이라고 용기를 북돋아 주었습니다. 여러분들, 여러분들은 하나님이 특별하게 만드신 최고의 특상품입니다. 특상품답게 자부심을 가지고 멋지고 보람되게 살아갈 수 있기를 바랍니다. 그리고 하나님의 은혜와 축복이 함께 하시기를 주의 이름으로 축원합니다.

5. 사람됨을 회복하라 - 창세기 2 : 4-7

하나님이 여섯째날 대통령이나 고관들을 창조하지 않았고 목사나 장로나 집사를 창조하시지 않았습니다. 하나님이 여 섯째 날에 바로 사람을 창조하셨습니다. 그렇다면 우리는 무엇보다도 사람이 되어야 합니다. 하나님이 원래 만드셨던 그 모습으로 회복되어야 하는 것입니다. 그리스도인이 된다는 것은 진정한 의미에서 태초에 하나님이 사람을 창조하실 때 그 모습 그대로로 회복한다는 의미입니다. 바로 그 모습을 가리켜서 거듭난다는 것입니다. 그 자체가 진정한 사람됨의 회복을 의미하는 것입니다. 그래서 태초의 창조 때의 그 모습이 될 때 좋은 아빠, 좋은 남편이 되고 훌륭한 목사, 훌륭한 대통령이 될 수 있다는 것입니다. 이런 우리의 모습을 가리켜 사람이라고 부르는 것입니다. 우리의 겉모습은 분명히 사람입니다. 그럼에도 불구하고 사람의 내면을 보면 다 죄로 가득 차 있고 불의로 가득 차 있습니다. 그래서 성경은 이렇게 말합니다.

롬3:10-12 에 "기록된 바 의인은 없나니 하나도 없으며 깨닫는 자도 없고 하나님을 찾는 자도 없고 다 치우쳐 한가지로 무익하게 되고 선을 행하는 자는 없나니 하나도 없도다" 하였습니다.

한마디로 하나님이 보시기에는 사람이 없다는 것입니다. 왜냐하면 인간은 에덴동산의 타락이후 외형으로는 사람됨을 그대로 갖추고 있지만 참된 인간성을 상실해 버렸기 때문입니다. 그래서 우리가 다른 사람을 욕할 때 흔히 이런 욕을 하게 됩니다. "저 놈은 사람 같지가 않아. 짐승만도 못한 놈이야." 어쩌면 이런 욕이 가장 치욕적일 것이 욕이 될 것입니다.

그런데 우리가 그리스도안에서 구원을 받고 새로운 피조물이 된다는 것은 범죄로 말미암아 잃었던 인간성을 회복하는 것을 뜻하는 것입니다.

그리스도인이 된다는 것은 참사람이 된다는 것을 뜻하는 것입니다. 예수 그리스도께서 이 땅에 오셨을 때 스스로 애용하신 호칭을 인자라 부르셨습니다. 이 말은 자신이 참 사람임을 강조하였으며 또한 인간성을 상실한 사람들에게 참사람의 모습을 보여주기 위해서 모든 사람이 자기를 믿고 참사람으로 회복하는 구원의 축복을 누리도록 하신 것입니다. 그러므로 우리 그리스도인은 무엇보다 참된 사람이 되어야 합니다. 에덴에서 창조되었던 그때의 사람으로 회복되어야 한다는 말입니다. 그러면 하나님께서 에덴동산에서 창조하셨던 본래의 사람으로 회복된다는 것은 구체적으로 무엇을 의미합니까?

우리가 그것을 알기 위해서는 먼저 알아야 할 것이 있습니다. 그것은 하나님이 인간을 창조하실 때 무엇을 가지고 만드셨냐하는 것입니다. 하나님은 마지막 날에 인간을 지으셨기 때문에 이 세상에는 없는 재료가 없었습니다. 단단하기로 말하면 흙보다 철이 더 단단합니다. 불변하기로 말하면 금이 더 불변합니다. 값으로 따지자면 다이아몬드가 더 비쌉니다. 그럼에도 불구하고 하나님께서는 인간을 빚으실 때 그 어떤 재료도 사용하지 아니하시고 흙으로 빚으셨습니다. 그렇다면 흙이라는 물질은 어떤 특성을 가지고 있는가를 아는 것이 중요합니다. 그 특성을 앎으로써 하나님께서 참사람의 특징을 어떻게 규정하셨는가를 추측해 볼 수 있습니다.

(1) 참된 사람으로 회복하는 것은 생명성을 회복하는 것입니다.

흙의 첫 번째 특성은 생명의 상징이기 때문입니다. 모든 생명은 흙에서 태어납니다. 초식동물이건 육식동물이건 흙에서 나는 열매를 먹고삽니다. 물론 물 속에 있는 고기도 마찬가지입니다. 그 물을 담고 있는 밑바닥 역시 흙이기 때문입니다. 이처럼 흙은 생명입니다. 하나님께서는 이 흙이라는 생명재료로 사람을 만드신 것입니다. 그러므로 참 사람이 된다는 것은 생명성을 회복하는 것입니다. 그렇다면 생명성을 회복한다는 말은 무엇을 뜻합니까? 쉽게 말하면 생명의 법칙을 알고 살아가는 것을 뜻하는 것입니다.

우리는 아침에 일어나서 저녁에 이르기까지 하루하루를 살아갑니다. 그래서 저녁에 잠을 잘 때 우리는 오늘도 하루를 무사히 살았다라고 말을 하게 됩니다. 그러나 "하루를 살았다"라는 이 말을 다르게 표현한다면 어떤 말이 됩니까? 하루를 죽었다는 말이 됩니다. 즉 매일 매일 산다고 하는 것은 매일 매일 죽어가는 것입니다. 그러나 언제인지는 모르지만 내게 다가올 죽음을 인식하고 그 죽음을 준비하며 죽음 이후에 영원한 삶을 대비하면서 살아가는 사람은 그야말로 하루하루를 살아가는 사람인 것입니다.

내가 오늘도 죽을 존재라는 사실을 모르고 살아가면 매일 매일 살아가는 것 같아도 실은 매일 매일 죽어가는 것입니다. 그러나 언젠가 반드시 죽음이 온다는 것을 생각하면서 살아가는 사람은 마치 이 땅에 남아있는 모래시계의 윗부분을 영원한 생명으로 채워가게 되며 죽음 이후의 영원한 삶을 대비하게 됩니다. 이처럼 사람이란 죽음을 알면 매일 매일 살고 죽음을 모르면 매일 매일 죽는 것입니다. 그런데 하나님은 사람을 지으실 때 죽는 존재로 지은 것이 아니라 사는 존재로 지어 주셨습니다. 그러나 사람이 죄를 범해서 죽음의 존재로 전락되었습니다. 그러므로 참 사람의 회복은 생명성을 회복하는 것입니다.

로마의 초기 기독교는 '카타콤'에서 시작되었습니다. 카타콤은 '지하 공동묘지'인데 갑바도기아에는 20층 가까이 까지 되어 있는 곳도 있다고 합니다. 어떻게 그렇게 땅을 깊이 팠는가 이해가 안 되지만 그곳은 석회암으로 되어 있습니다. 그래서 땅을 맨손으로 팔 수 있지만, 그것이 공기와 접촉하면 돌보다 더 강하게 굳어 버립니다. 그리고 흙이 굴러가면서 시체에서 흘러나오는 썩은 물을 완벽하게 흡수하고 악취를 제거해 버리기도 하였습니다.

대부분 그리스도인은 4층이나 5층에서 살았습니다. 거기엔 지금도 예배드리는 홀이 중간중간에 있습니다. 그들은 거기서 주거 예배를 드리며 살았습니다. 그곳에 그려져 있는 벽화를 보면 그 자체가 감동과 눈물이 되어 은혜를 받게 된 그들은 언제나 보는 것이 무덤이었습니다. 사람들의 시체를 보면서 예배를 드립니다. 항상 죽음을 생각하면서 천국을 소망하고 영원한 내세를 예비하였습니다. 그러니까 그들은 죽음이 두렵지 않고 콜롯세움의 사자나 호랑이가 두렵지 않았습니다. 언제나 그들은 풍성한 생명과 영원한 생명을 소유하고 매일 매일 참으로 부요한 삶을 살았습니다.

그러므로 참 사람의 회복은 생명성을 회복하는 것입니다. 그런데 바로 그 생명성을 회복하는 길은 예수 그리스도를 믿는 것입니다. 그러니까 우리는 지금 예수 그리스도를 믿고 살지 않습니까? 그렇습니다. 오늘날 누구에게나 생명의 법칙은 예수 그리스도입니다. 서양인이나 동양인이나 고대인이나 현대인이거나 간에 모든 사람에게 있어서 생명의 법칙은 예수 그리스도입니다. 누구든지 예수 믿으면 새 생명을 얻고 영원한 천국으로 가고 누구든지 예수 믿지 않으면 육체로만 살다가 영원한 지옥으로 가게 되는 것입니다. 이것은 심지어 복제인간까지도 마찬가지입니다. 미래에는 복제인간이 많이 생길 것입니다. 그런데 그들에게까지도 생명이 법칙은 예수 그리스도입니다. 그들도 예수 믿으면 천국, 안 믿으면 지옥입니다. 믿습니까? 아무리 잘나고 똑똑하고 지체 높은 분도 예수 안 믿으면 육체로 살다가 육체로 죽습니다. 영원히 지옥을 가게 됩니다. 그러므로 사람은 영성을 회복해야 합니다.

(2) 참사람으로 회복하는 것은 사랑을 회복하는 것입니다.

흙의 두 번째 특성은 사랑입니다. 무엇을 버리든지 흙은 다 수용해 줍니다. 흙은 절대로 배척하는 일이 없습니다. 모든 것을 수용한 뒤에 자기 품으로 품습니다. 수용을 해서 함께 더러워지는 것이 아니라 나중엔 정화를 시켜 줍니다. 흙은 사랑이기 때문입니다. 만약에 흙이 이 세상의 쓰레기와 오물을 받아들이지 않는다면 이 세상은 이미 온통 쓰레기장이 되어 버리고 말았을 것입니다. 마찬가지로 우리가 사람이 된다는 것, 그리스도 안에서 참된 인간성을 회복한다는 것은 참된 사랑을 회복하는 것입니다. 하나님은 사람을 창조하실 때 사람을 사랑의 존재로 창조해 놓으셨기 때문입니다. 그리고 사랑의 대상을 이렇게 정해 놓았습니다.

① 첫째는 하나님 – 마음을 다하고 성품을 다하고 힘과 뜻을 다해 하나님을 사랑하라고 했습니다.
② 둘째는 이웃 – 이웃을 내 몸과 같이 사랑하라고 했습니다.

그러나 요즘은 자꾸 사람들이 이기적인 존재가 되어가고 있습니다. 그래서 하나님을 섬기는 일에도 조건부적으로 사랑하고 섬기며, 이웃과의 관계에도 얼마나 이기적인 사람이 되었는지 참으로 안타깝기 짝이 없습니다.

여러분! 우리 그리스도인은 사랑을 회복한 사람입니다. 무엇보다 우리는 하나님과의 사랑을 회복해야 합니다. 그래서 하나님은 에베소서 교회를 향해 처음 사랑을 회복하라고 했습니다. 가정에서는 부부, 형제끼리 사랑을 회복해야 합니다. 예수 믿는 부부가 늘 마음이 안 맞아 서로 싸우는 것은 안 될 일입니다. 남편이 안 믿는 짝 믿음의 여성도들은 불신남편에게 무조건 참고 이해하고 너그러운 그리스도인의 참사랑을 베풀어 주

어야 하는 것입니다. 분명히 언젠가는 예수 믿게 될 것입니다. 또한 교회
에서도 성도와의 사랑을 회복해야 하는 것입니다.

(3) 봉사성을 회복하는 것입니다.

흙의 세 번째 특징은 인간을 위한 모든 봉사의 도구가 되어 줍니다. 인
간이 만든 그릇은 모두가 다 흙이었습니다. 벽돌의 재료도 흙입니다. 이
처럼 흙은 만들어지는 대로 인간에게 봉사하기를 주저하지 않았습니다.
마찬가지로 흙으로 지음 받는 우리 몸의 구조도 그렇습니다. 모든 우리의
인체구조는 봉사하기 위해 존재합니다. 절대로 서로 시기하거나 질투하
지 말고 서로 봉사해야 하는 것입니다.

오늘도 두 발이 지탱해 주기에 저는 서서 설교할 수 있습니다. 입에서
는 밥을 씹고, 음식은 위로, 위는 모든 영양가를 온몸으로. 참으로 얼마나
아름다운 봉사구조를 갖습니까?

어느 가정의 아들이 1학년 2학기 때 반장에서 떨어지고, 2학년 때 재
도전하였을 때 연설문을 이렇게 작성하였습니다. "여러분! 여러분이 저를
반장으로 뽑아주신다면 여러분을 위해 걸레가 되겠습니다" 그랬더니 몰
표가 쏟아졌습니다. 3학년 때에는 '보디가드가 되어 드리겠습니다' 하니
역시 몰표가 쏟아졌습니다. 사랑하는 성도 여러분! 우리도 이제 그리스도
안에서 걸레 인생을 삽시다. 어떻게 하면 남을 위해 봉사하는 삶을 살 것
인가? 어떻게 하면 남을 섬기는 천사의 삶을 살 것인가? 이것이 참 사람
의 회복의 모습입니다.

(4) 정직성을 회복하는 것입니다.

흙은 언제나 정직합니다. 흙은 어떤 경우에도 거짓말하지 않습니다.
그래서 옛말에 콩 심은데 콩나고 팥 심은데 팥 난다고 했습니다. 땅은 거

짓말을 않습니다. 땅은 진실한 법입니다. 그러므로 참사람의 회복은 정직성을 회복하는 것입니다. 흙에서 온 사람이야말로 참 사람으로 회복하기 위해서는 정직성을 회복해야 합니다. 특히 우리 한국 그리스도인은 더더욱 정직성을 회복해야 합니다.

세계에서 세금을 안내기 위해서 서류를 가짜로 제일 잘 꾸미는 민족이 우리나라라고 합니다. 참으로 불명예스런 일입니다. 특별히 지난번 옷 로비사건 때 TV에 나온 분들이 모두 다 그리스도인이었습니다. 그들은 저마다 성경말씀을 들먹거리며 자기들이 진실하다고 했지 않습니까? 그러나 누가 진실이고 누가 거짓이었습니까?

사랑하는 성도 여러분! 이제 우리는 진정한 그리스도인이 됩시다. 참으로 정직한 사람으로 회복하는 그 모습이 진정한 태초의 사람으로 회복하는 길인 줄로 믿습니다.

(5) 영성을 회복하는 것입니다.

흙의 중요한 특징은 그 자체로서는 사람이 될 수 없다는 것입니다. 그래서 하나님은 흙으로 사람을 빚으신 후 그 속에 하나님의 생기를 불어넣어 주셨습니다. 그래서 생령이 되었다고 하였습니다. 흙으로 빚은 상태의 모습은 육체입니다. 이것은 짐승과 다를 바가 없는 상태입니다. 그런데 그 육체에 하나님의 호흡, 생기를 불어넣으니 생령이 되었던 것입니다. 이 생령은 살아있는 존재, 진정한 존재인 것입니다. 그러므로 사람의 참 생명은 육체 그 자체가 아니고 육체 속에 있는 영혼, 하나님의 형상대로 지음 받은 영혼이 생명의 본질인 것입니다. 이 영혼이 하나님과 교제하고 교통하므로 태초의 사람으로 회복되는 것입니다. 이 영혼이 하나님을 언제나 갈망하고 사모하여 하나님을 만나고 싶고 하나님으로 목말라하며 언제나 하나님을 닮아가고자 하는 것입니다. 이러한 영적 갈망에 흙으로 지음 받은 육체까지 부응하며 따라가고자 하는 성품을 영성이라고 하는 것입니다. 그러므로 참 사람을 회복하는 것은 영성을 회복하는 것입니다. 우리의 육체까지 하나님을 알고 사모하며 하나님을 닮기 위하여 영성이 회복되어야 하는 것입니다. 이것이 참으로 회복된 인간의 모습입니다. 하나님은 이런 사람에게 더 큰 은혜와 축복을 주십니다.

제주도에 가면 파라다이스 호텔이 있습니다. 또 부산에 가도 파라다이스 호텔이 있습니다. 가보진 않았지만 세계 어느 나라에 내 놓아도 손색이 없을 정도로 절경을 끼고 있는 아름다운 호텔이라고 합니다. 그 호텔 사장은 전낙원씨인데 자기 이름을 따서 파라다이스라고 했다는 것입니다. 왜 이름을 낙원이라고 했는지 아십니까? 그분의 아버님이 훌륭한 목사님이셨답니다. 천국 가서도 낙원을 이루며 살겠지만 이 세상에서도 낙원의 은총을 누리며 살라고 그런 이름을 지어 주셨다는 것입니다. 그래서 그는 아버지가 지어준 이름대로 큰 물질적인 축복을 받아서 위대한 낙원을 이루어 살고 있습니다. 그러나 그는 돈을 벌기 시작하면서 하나님을 떠나기 시작하고 자기 이름값을 못하고 살았습니다. 몇 해전 카지노사건에 걸려 징역 5년의 중형을 선고받았을 때 깨닫게 되었답니다. 물론 나중에 집행유예로 풀려났습니다만 물질적인과 명예차원에서 엄청난 손해를 봤다는 것입니다. 왜 그랬을까요? 그는 낙원의 영성을 소유해야 했습니다. 그러나 그러지 못하니까 하나님께서 당신의 손길로 좀 손을 봐주었습니다. 그래서 한동안 그는 치명적으로 선상까지 잃게 되었다고 합니다. 그러나 그가 낙원의 영성을 회복하고 하나님과 바른 관계가 설정되고 하나님께서 그를 회복시켜 케냐의 사파리 호텔, 중국에 큰 사업체, 중국 문화재단을 경영하게 되었다고 합니다.

하나님의 관심은 우리의 영성회복에 있습니다. 그래서 요즘 하나님께서 성도들의 삶을 손질하시는 것을 보았습니다.

사랑하는 여러분! 이제 우리는 참된 사람으로서 회복합시다. 생명성, 사랑, 봉사, 정직, 영성을 회복합시다. 하나님은 오늘도 이런 사람을 찾습니다. 이런 사람을 쓰시고 싶어서, 이런 사람에게 복주시고 이런 사람을 찾습니다. 여러분 모두 이런 사람으로 회복되시기를 주의 이름으로 축원하는 것입니다.

6. 사람이란 무엇으로 사는가? - 시편 139: 13-16

(1) 사람이란 무엇인가

오랜 옛날 서양에 철학자가 한 명 살고 있었습니다. 그 철학자는 아주 먼 나라에까지 이름이 나서 많은 사람들이 그의 가르침을 받으러 모여들 었습니다. 그런데 어느 날, 한 젊은이가 찾아와서 "선생님, '사람'이란 대체 무엇입니까?" 하고 질문했습니다. 그 철학자는 곰곰이 생각하다가 대답했습니다. "사람이란 두 발로 걸어다니는 동물이다." 그 말을 듣고 젊은이는 고개를 끄덕이며 돌아갔습니다. 그런데 어느 날, 젊은이가 다시 찾아왔습니다. 이번에는 닭을 한 마리 가지고 왔습니다. 그리고는 다음과 같은 질문을 했습니다. "선생님, 이놈도 두 발로 걸어 다니는데, 그러면 이 닭도 사람입니까?" 철학자는 잠시 생각하다가 말했습니다. "사람이란 두 발로 걸어 다니면서 날개가 없는 동물이다!" 그 말을 듣고 젊은이는 다시 고개를 끄덕이며 돌아갔습니다. 다음 날, 젊은이는 고릴라를 데려왔습니다. "선생님, 이 놈은 두 발로 걸어 다니면서 날개도 없는데, 그러면 고릴라도 사람입니까?" 철학자는 잠시 생각하다가 말했습니다. "사람이란 두 발로 걸어 다니면서 날개가 없으며, 또 털도 없는 동물이다!" 그 말을 듣고 젊은이는 다시 고개를 끄덕이며 돌아갔습니다. 다음 날 젊은이는 고릴라의 털을 면도칼로 빡빡 밀어 가지고 다시 왔습니다. "선생님, 이 놈은 두 발로 걸어 다니면서, 날개가 없으며, 또 털도 없습니다. 이 놈은 사람입니까?" 철학자는 잠시 생각하다가 빙그레 웃으며 대답했습니다. "자네는 참 영리한 친구로구먼 이제 내가 사람이란 무엇인지 분명하게 말해 주지. 사람이란 바로 자네처럼 생각하는 동물이라네."

역시 위대한 철학자라는 생각이 듭니다. 만약 그 젊은이에게 처음부터

'사람이란 생각하는 동물이다' 라고 대답해 주었다면 그 젊은이는 인간에 대해 생각해 볼 수 있는 기회가 없었을 것입니다. 좀더 깊고, 넓게 생각하는 습관을 가집시다.

(2) 사람은 무엇으로 사는가?
(가) 목적 있는 존재입니다.

사랑하는 성도 여러분! 삶의 목적을 갖고 계십니까? 목적을 가지고 살아가는 사람은 힘이 있으나, 그렇지 않은 사람은 그의 행동에 힘이 실리지 않습니다. 여러분이 지금 이 자리에 오신 목적은 과연 무엇입니까? 예배를 드리고자 오셨습니까? 그렇다면 예배드리는 영적인 자세에 힘이 실릴 것입니다. 그러나 혹 누군가를 만나고자 하는 목적이나 봉사(奉仕)의 목적으로 오셨다면, 고개 들어 하나님을 바라보는 경배의 행위에 있어서는 온전한 힘이 실리지 못할 것입니다. 물론 우리는 예배를 통해 사람을 만나기도 하고 봉사도 할 수도 있습니다. 그러나 우리가 어떤 목적을 우선순위로 가지고 있느냐에 따라, 우리들의 마음가짐 또한 다르게 됩니다. 사람은 목적에 따라 행동하게 되고, 그 목적에 따라 삶의 방향이 바뀌게 됩니다. 목적이 있느냐 없느냐, 또한 어떠한 목적을 가졌냐 하는 것은 매우 중요한 일입니다.

사람을 인식하는 두 가지의 길이 있습니다. 어떤 이들은 '우연히 생긴 초등생물에서 진화된 고등동물중의 하나' 라고 주장합니다. 그들은 시작부터 우연히 생긴 존재라고 자각하므로 모든 것을 우연(偶然)에 맡기고 살아갑니다. 생존 경쟁에서 살아남아 진화되기 위하여 힘만 있으면 된다고 생각하며, 그렇게 허덕허덕 살아갑니다. 그러나 사람을 인식하는 또 하나의 관점은 정반대의 입장을 취하고 있습니다. 그것은 인간이 '하나님에 의해서 지어진 피조물' 이라고 믿는 것입니다. 우연히 생긴 것이 아니라, 하나님이 친히 그의 섭리대로 지으셨고, 그로 인해 지금 이 시간 행동하고 있다고 믿는, 바로 우리의 세계관인 것입니다. 분명히 우리를 만드신 하나님의 목적과 놀라운 계획이 있음을 생각하고, 나 같은 자'도 하나님이 만드신 피조물임을 인식하며, 그 안에서 우리의 목적과 삶의 방향을 정립하게 되는 것입니다.

　지금 우리나라에서 월드컵이 열려 며칠 전에는 미국과 우리나라와의 축구경기가 대구에서 있었습니다. 만일, 축구선수중의 한 사람이 자기에게 '오는 공을 힘껏 차기는 하는데, 우연히 날아온 공이니 방향 없이 아무 곳으로 찬다고 하면, 과연 어떤 결과가 벌어지겠습니까? 그들은 이미 피나는 훈련과 감독의 지시에 따라 습득되어진 계획과 목표가 있으며, 그것에 맞게 서로서로 공을 패스하며 각자의 포지션에서 최선을 다할 것입니다. 만약 그렇게 하지 않는다면, 그 결과는 불을 보듯 뻔할 것입니다. 비루(鄙陋)한 예를 들었습니다만, 이와 같이 '피조물의 의식'을 갖고 살아가는 것은 매우 중요한 일입니다.

　흔히 종교학자들은 기독교를 매도하여 이르기를 '약자의 종교'라고 합니다. 만드신 하나님만을 높이고 만들어진 사람 자신은 그 앞에 굴복하기만 하는 종교라고 비아냥거립니다. 그러나 그렇지 않습니다. 피조물의 의식이라는 것은, 만든 자의 목표와 계획에 자신의 삶의 방향타를 맞추고 역 동력이 있는 힘을 갖고 살아가는 것을 의미합니다. 결고 나약한 삶을 의미하지는 않습니다. 작은 기계 하나도 만든 자에 의해서 그 목적대로 지어졌고 그 목적대로 움직이게 됩니다. 그러다가 만약 고장이 났다면 그것은 만든 자의 판단에 의해 폐기 처분되든지, 아니면 다시 수리를 받아 새롭게 쓰여지게 되는 두 가지 선택의 길에 놓이게 됩니다. 우리의 삶도 어느 순간 고장 날 때가 있습니다. 그럴 때에 피조물의 의식이 있는 사람은 만든 자 앞에서 손을 들고 고쳐주기를 기대합니다. 병든 자임을 고백하고 의원되시는 그분의 구원의 손길을 간절히 기다리게 됩니다. 피조물의 의식은 바로 이런 것입니다. 이처럼 오늘 우리의 삶이 쓸모 있느냐, 그렇지 않느냐 하는 것은 '바로 사람을 어떻게 보느냐'에 달려 있습니다. 하나님이 나를 지으셨다는 인식 속에서 새롭게 되어지기를 갈망해야 합니다. 이 세대를 본받지 말고 하나님의 뜻이 무엇인지 분별하며, 목적을 가지고 살아야 합니다. 나를 만드신 하나님의 뜻이 우리들의 삶에 이루어져야 합니다. 그것이 진정한 사람의 가치를 구현하는 길입니다.

(나) 이미 우리 속에 하나님의 목적이 있습니다.

오늘 이 세상에는 두 가지 종류의 사람이 있습니다. 한 사람은 자신만을 의지하며 살아가다가, 때때로 양심에 거리끼는 일을 하게 되면, 종교심에 의해 무언가에 의지하게 됩니다. 도덕적 죄악에 대한 보상 심리로 참선을 하고 거액의 헌금을 하여 선업을 남기기도 합니다. 또한 우상을 만들고 시주를 하면서 그 자신의 보상심리를 투영하게 됩니다. 그러면서 자기 자신의 잘못을 모조리 잊어버리고자 합니다. 어떤 특정한 종교를 두고 하는 이야기가 아닙니다. 바로 하나님을 믿는 우리 성도들 가운데도 이러한 모습을 지니고 있는 사람들이 많습니다. 한 주간 내내 마음대로 살다가 주일날 교회에 나와서 헌금하고 기도하고는 죄가 용서되었음을 믿으며 다시 돌아갑니다. 그러나 그것은 보상심리일 뿐입니다. '피조물의 의식'이라는 것은 단지 '하나님이 있다'는 것을 인정하는 교리의 인식이 아닙니다. 자기의 삶을 자신이 지배하고 목적도 자신이 세우는 자를 두고 크리스챤이라 할 수 없습니다.

또 한 사람은 진정한 피조물의 인식을 가진 자로서, 하나님을 주인으로 모시고, 어떤 계획도 세울 능(能)이 자신에게 없음을 인정하면서 오직 하나님이 주시는 힘에 전적으로 의지하며 살아가고자 하는 자입니다. 내 속에 하나님의 거룩한 뜻이 있으며, 온전한 하나님의 계획표가 우리 속에 있다는 것을 믿고 순간순간 조심스럽게 그 목적을 실천해 나가는 사람입니다. 하나님을 믿는 자, 즉 하나님이 사람을 만드시고 인간의 역사를 다스려 가심을 믿는 자는 조물주이신 하나님의 필요에 따라 행동해야 합니다. 이미 우리 속에는 하나님의 계획이 담겨져 있습니다. 이것을 '자연', 혹은 일반 '은총' 혹은 '거룩한 본능' 이라고도 합니다.

예를 들어, 나비들은 고치 안에 있을 때 그 좁은 표피 안에서 날개가 형성된다고 합니다. 그래서 이미 고치 속에서 나는 것에 대한' 자연적 본능을 가지게 됩니다. 허물을 벗는 그 순간, 날개를 쫙 펼치고 날아간다고 합니다. 남 보기에는 아무런 눈에 띄는 것이 아닌 그 작은 고치 속에서, 나비에게 세상을 살아갈 날개를 달아주는 놀라운 일이 일어나는 것입니다.

철새들은 또 어떻습니까? 철새들은 어미 새가 알을 낳기 위해서 따뜻한 남쪽 나라에 와 알을 낳는데, 알에서 깨어난 새끼 새는 한번도 가보지 않은 북쪽 나라로 떠나게 됩니다. 이미 그들을 만드신 하나님의 뜻이 자연적으로 본능이 되어 그들을 자연스럽게 움직이게 하는 것입니다. 만일 이 거룩한 본능을 거슬러 자기 마음대로 태어난 곳에 머물고자 하는 새들은 적응하지 못하고 죽게 될 것입니다. 사람도 마찬가지입니다. 태아는 어두컴컴한 어머니의 자궁 속에서 성장하면서 사람으로서의 여러 면모를 다지게 됩니다. 그런데 참으로 신기한 것은, 10개월 동안 산모가 먹는 대로 아기도 영양분을 섭취할 것인데, 배설은 전혀 하지 않는다는 것입니다. 만약 태아가 먹는 대로 산모의 뱃속에서 배설을 한다면 어떻게 되겠습니까? 또한 그럼에도 불구하고 태아는 배설기관을 비롯한 모든 필요 적절한 기관과 기능을 다 가지고 세상에 태어나게 된다는 것입니다. 태아의 기관들은 오로지 출생한 후에 쓸 목적으로 만들어졌고, 출생한 후에는 그 목적을 따라 움직이게 되어 있습니다.

우리는 하나님의 거룩한 의도에 의해 지어졌습니다. 오늘, 우리의 삶이 힘듭니다. 답답한 일을 만납니다. 그 순간은 참으로 힘들고 '버려진 인생' 처럼 느껴질 것입니다. 그러나 의도가 없는 하나님의 목적은 없습니다.

본문은 말씀하고 계십니다.

"주께서 내 장부를 지으시며 나의 모태에서 나를 조직하셨나이다. 내가 주께 감사하옴은 나를 지으심이 신묘막측하심이라 주의 행사가 기이함을 내 영혼이 잘 아나이다. 내가 은밀한데서 지음을 받고 땅의 깊은 곳에서 기이하게 지음을 받을 때에 나의 형체가 주의 앞에 숨기우지 못하였나이다. 내 형질이 이루기 전에 주의 눈이 보셨으며 나를 위하여 정한 날이 하나도 되기 전에 주의 책에 다 기록이 되었나이다"

(시 139:13-16)

이 시를 쓴 저자는 하나님의 사람 지으심을 높이 찬양하면서 '신묘막측하다' 고 감탄해 마지않았습니다. 또한 사람이 출생하기 전에 이미 삶의 목적이 정해져 있음을 알고는 기뻐하고 있습니다. 바로 이것이 이스라엘의 신앙이었고, 이 신앙 때문에 그 오랜 고난의 역사 가운데서도 삶의 의지를 버리지 않고 열심히 살아왔던 것입니다.

프랑스의 실존주의 사상가인 샤르트르는 말했습니다. "인간은 아무 소용없는 열정이다." 또한 캬를로 레위는 "맹목적인 운명의 파국성과 본능적 열정에 사로잡힌 노예상태, 이것이 짐이 되는 곳이 바로 이 세계이다" 고 했습니다. 우연히 투기되어 인생이 이 세계에 살게 된 것으로 보면 이 세상은 무의미하고 짐스러운 곳이 됩니다. 그래서 사는 것 보다 죽는 것이 더 행복한 선택이 될는지 모릅니다. 그러나 하나님을 믿는 사람들은 비록 이 세상이 많은 짐들을 우리에게 안겨준다 할지라도 자신 속에 심기어져 있는 거룩한 본능인 하나님의 뜻을 따라 살아야합니다.

요한복음 9장에서는, 예수님이 제자들과 함께 길을 걸어가는 중에 날 때부터 소경인 자를 만났습니다. 제자들은 그를 불쌍히 여기며 예수께 물었습니다. "예수님, 저 자는 왜 저렇게 살아야 합니까? 누구의 죄 때문입니까?" 예수님은 말씀하셨습니다. "아직 낮이매 밤이 오기 전에 우리가 해야 할 일을 해야 하리라" 그러면서 지금 우리가 이 일을 하여 하나님의 뜻을 이루어야 한다'고 하시며 그 소경을 고쳐주셨습니다. 예수님은 항시 자기를 이 땅에 보내신 아버지의 뜻대로 살고자 하셨습니다. 예수님은 당신의 어느 한 순간도, 어느 한 행위도 아버지 하나님의 뜻이 아니고서는 이루어질 수 없음을 말씀하셨던 것입니다. '하나님의 계획과 그분의 인도하심을 받는 피조물' 이라는 인식이 있는 자는 하나님의 일을 찾아 능동적으로 나서게 됩니다. 이 믿음과 거룩한 의지가 있으시기를 축원합니다.

(다) 지으신 분이 지키십니다.

신묘막측하게 지어놓고는 하루아침에 자기 작품을 허물어뜨리는 작가는 아무도 없습니다. 심혈을 기울여 만든 작품일수록 작품을 남에게 팔지 않습니다. 저는 예술 세계에 대해서 문외한이어서 잘 모르겠습니다만, 글 쓰는 사람들의 작품이 잘 나왔을 경우, 자기의 사랑하는 아내에게나 존경하는 스승에게 헌정하는 글을 책 머리에 쓰는 경우가 있습니다. 그만큼 자기 작품에 대한 귀한 마음을 표현하는 것입니다. 하물며 사람을 지으신 하나님께서 자기 형상으로 심혈을 기울여 지으시고는 함부로 이 세상에 팽개치겠습니까? 지어주었으니, 이제는 알아서 살라고 함부로 버려두시겠습니까?

19세기 유럽교회와 사회는 이신론(理神論, Deism)에 빠져 있었습니다. 다윈의 진화론이 우세해지면서 교회와 기독교 사회는 진화론과의 타협점을 이렇게 엉뚱한 관점에서 모색한 것입니다. 하나님이 세상을 지으신후, 이제는 약육강식의 진화법칙에 맡겨놓아 간섭하지 않는다는 이 관점은, 하나님의 창조만 인정하고 피조세계의 주인 되심을 인정하지 않았습니다. 그러나 성경 어느 곳에서도 이러한 사상은 용납될 수가 없었습니다.

본문에서 우리는, 하나님의 창조하심을 찬양하는 문구에 앞서, 지으신피조 세계를 감찰하시고 통촉하시고 함께 하심을 믿고 기뻐하며 찬양하는 모습을 살펴볼 수 있습니다. 즉 만드신 목적을 우리에게 짐으로 남겨놓은 채, 멀리 어디론가 달아난 하나님이 결코 아니라는 것입니다. 사실, 우리는 고장난 피조물이었다가 그리스도 예수의 은혜로 고침을 받은 새로운 피조물입니다. 그러나 만드신 하나님의 사용법을 어기고 살면 또 고장이 나게 됩니다. 하나님은 우리가 고장나지 않도록 보살펴주시고, 또한 고장이 나면 오셔서 친히 고쳐주시는 분이십니다. 우리는 피조물입니다. 우리의 조물주이신 주님의 뜻대로 삽시다. 이것이 사람의 제일되는 목적입니다.

어느 가정에 딸이 둘 있었습니다. 객관적으로 볼 때는 그리 예쁜 딸들이 못 되는 것 같습니다. 그렇지만 부모님의 눈에는 최고의 미인으로 보이는 것입니다. 딸들에게 이렇게 말합니다. "너희들, 아무하고나 연애하면 안 된다. 네 신랑감들은 내 눈에 쏙 들어야 한다." 하물며 두 딸의 아비된 마음이 이럴진대, 만유의 아버지 되시는 하나님은 어떠시겠습니까? 내가 지금 어떠한 형편에 있을지라도 우리를 바라보시는 하나님의 마음은 한결같습니다. 우리 자신을 멸시하거나 학대해서는 안 됩니다. 하나님은 나를 여전히 사랑하고 계시고 우리 속에 놀라운 계획과 목적을 갖고 계십니다. 하나님은 우리를 지으셨으며, 우리는 하나님의 손에 사로잡힌 어린양이며, 최고로 멋있는 자녀들입니다. 이 믿음 속에서 승리하시고 새로 일어서시기를 주의 이름으로 축원합니다.

7. 누가 어리석은 사람입니까? - 누가복음 12 : 13-21

몇 일 전에 저는 누가복음 12장에 예수님의 비유 가운데 어리석은 부자에 대한 이야기를 읽었습니다. 중세기의 성자라고 말하는 토마스 아 캠피스는 그의 저서 『그리스도를 닮아서』에서 이런 말을 했습니다. "하나님을 사랑하고 다만 그에게 봉사하는 일 외의 일은 헛되고 헛되어 바람을 잡는 것 같으니 세상을 분토처럼 여기고 천국을 향하는 것이 최상의 지혜"라고 했습니다. 그러면서 이런 말을 계속합니다. "없어질 것을 구하고 의지하는 것은 참으로 헛된 것입니다. 또 명예를 탐해서 높은 지위에 오르고자 함도 허사입니다." 눈은 보아도 족함이 없고 귀는 들어도 차지 아니한다는 잠언을 때때로 생각해 보라고 했습니다. 왜냐하면 내 정욕을 따르는 사람은 그 양심을 더럽히게 되고 따라서 하나님의 은총에서 떠나기 때문이라고 했습니다. 이 말을 한 마디로 생각하면 세상에 덫이 되어서 어리석게 사는 사람을 경고한 말씀이라고 생각합니다. 오늘 아침 읽은 말씀에 어리석은 부자의 경우도 마찬가지입니다. 그밖에 많은 소출은 토마스 아 캠피스의 말을 빌린다고 하면 부요, 정욕이요, 명예요, 장수 등을 내포하고 있는 말씀입니다. 예수님은 이 비유에서 오늘 우리가 살고 있는 사람의 모습이 어떠한가를 보여 주고 있습니다. 사실 사람은 한 마디로 취하는 동물입니다.

그러므로 사도 바울은 에베소 교회에 보내는 편지에서 "술 취하지 말라. 이는 방탕한 것이니 오직 성령에 충만함을 받으라. 시와 찬미 와 신령한 노래들로 서로 화답하라" 했습니다. 다시 말해서 성령에 취하는 사람이 되라는 말씀입니다. 초대 교회 성도들은 세상 사람들이 볼 때 술에 취한 사람 노릇을 했습니다. 그러니까 세상에는 두 가지 사람이 있습니다. 성령에 취하는 사람, 그렇지 않으면 세상에 취하는 사람이 있습니다. 취하는 것은 사람의 본성입니다. 오늘 우리 그리스도인들의 사명은 잘못 취한 사람들의 방향을 바로 취하는 방향으로 인도하는 것이라고 생각합니다. 오늘 아침 이 세상에 취하여 사는 어리석은 사람의 모습을 생각하는 가운데 우리로 하여금 바로 취하는 성령에 취하는 사람이 되시기를 바랍니다.

(1) 물질을 의지하고 살겠다는 것이 어리석은 사람입니다.

첫째로 17절에 어리석은 사람은 내가 곡식 쌓아 둘 곳이 없으니 어찌할꼬 했습니다. 곡식이 많이 생산이 되어서 전체적으로 남아돈다고 하지만은 아직도 먹을 것 때문에 점심을 굶는 학생이 있는 우리 형편과는 그 사정이 좀 다릅니다. 이른바 즐거운 비명입니다. 그는 계속해 말하기를 내 영혼아 이제 창고를 더 짓고 많은 곡식을 가득가득 쌓아 두었으니 여러 해 쓸 것을 많이 쌓아 두었으니 평안히 쉬고 배불리 먹고 마시고 마음껏 즐기자고 말합니다. 이 사람은 풍성한 삶, 그러니까 물질에 의존해서 주어진 삶을 마음껏 향락해 보자는 것입니다.

여러분 19세기에 살던 김삿갓이라는 사람을 기억하실 것입니다. 그의 본명은 김병연인데 그 할아버지가 홍경래의 난 때에 부천 부사로 있다가 항복한 것을 수치로 생각하여 일생 동안 삿갓으로 얼굴을 가리우고 다니면서 독특한 풍자와 해학의 에피소드를 남긴 유명한 방랑 시인입니다. 그의 시 가운데 소위 팔죽 시라는 것이 있습니다. 내용이 대개 이렇습니다. 이런 대로 저런 대로 되는 대로 바람은 부는 대로 물결치는 대로 살아 보자, 손님 접대는 가세 따라 할 것이요. 가게에서 사고파는 것은 시세 따라 할 것이다. 옳은 것은 옳고 그른 것은 부치는 대로 될 것이고 죽이면 죽,

밥이면 밥 이런 대로 살 것이라. 만사가 내 뜻대로 되는 것 아니니 그렇고 그런 세상에서 그렇게 살아 보세 하는 그런 내용입니다. 어리석은 부자는 김삿갓의 시처럼 바람 부는 대로 물결치는 대로 호박같이 둥근 세상 둥글둥글 굴러다니며 도락을 사냥해 보자는 어리석은 사람입니다. 물론 이 말은 우리에게 주어진 삶을 즐겁게 살지 말라 하는 말과는 다른 것입니다. 다만 즐겁게 살되 정상적인 길을 따라 살지 탈선된 방향으로 즐겁게 살지 말라는 말입니다.

구약의 전도자는 누구 못지않게 육체적인 향락으로 살았습니다. 저는 자기를 위해서 화려한 궁전을 지었고 무수한 처첩과 노비를 두었습니다. 예수님 말씀대로 인간이 누릴 수 있는 최고의 영화를 누렸습니다. 저는 자기를 위해서 모든 것, 할 수 있는 것을 다했습니다. 육신이 하자는 대로 다해 보았습니다. 누리고 싶은 것 다 누렸고 가지고 싶은 것 다 가져 보았습니다. 그러나 그의 결론은 전도서 2장 11절에 "그 후에 본즉 내 손으로 한 모든 일과 수고한 모든 수고가 헛되어 바람을 잡으려는 것이며 해 아래서 무익한 것이로다" 하였습니다. 그리고 "헛되고 헛되고 헛되니 모든 것이 헛되도다"라는 결론을 내렸습니다. 이런 쓰라린 경험을 한 후에 전도서 11장 9절, 12장 1절에 보면 특별히 젊은 사람들을 향해서 말하기를 "청년이여 네 어린 때를 즐거워하며 네 청년의 날을 마음에 기뻐하며 마음에 원하는 길과 네 눈이 보는 대로 좇아 행하라. 그러나 하나님이 이 모든 일로 인하여 너를 심판 하실 줄 알라. 그러므로 너는 청년의 때 곧 곤고한 날이 이르기 전, 나는 아무 낙이 없다고 할 해가 가깝기 전에 너의 창조자를 기억하라" 했습니다. 젊을 때 주어진 삶을 향락하는 것은 자유입니다. 그러나 탈선적인 향락은 하나님의 심판을 불러오는데 우리가 누리는 향락을 다시 한번 생각해 보라는 경고요, 권면의 말씀입니다. 우리 건강할 때, 내 시간 있을 때, 내 물질 있을 때, 내 형편 될 때 내 마음껏 누리고 내 마음껏 즐기고 하는 건 자유이나 한 가지 꼭 기억할 것은 내가 한 모든 일에 대해서 반드시 하나님이 물으실 때가 올 것이고, 거기에 대한 심판이 온다는 사실을 기억하라는 말입니다.

어거스틴은 그의 참회록 가운데서 과거의 정욕적인 향락을 회고하면서 이런 말을 한 적이 있습니다. 나는 전혀 맹목적으로 정욕의 길로 달려가 선배, 동료 중에 다만 자신의 죄악이 남에게 뒤떨어지는 것을 부끄럽게 여겼다고 하였습니다. 그리고 저는 다만 정욕을 채울 뿐만 아니라 이것 때문에 칭찬 받는 것을 아주 기쁘게 생각한다고 하였습니다. 오늘 우리 젊은이들과 여러분들은 어떤 생활을 하고 있습니까? 연애 못해 본 것을 수치로 알고, 댄스 못하는 것을 비문화인으로 생각하고, 부인이 아닌 애인이 없는 사람을 못난 사람으로 여기고 사교를 위해서 술 마시고 담배 피지 못하는 것을 옹졸한 사람으로 취급하는 이런 세대가 아닙니까?

어거스틴의 말대로 자신의 죄악이 남에게 뒤떨어지는 것을 부끄럽게 여기는 사람은 혹시 없습니까? 어떤 사람은 자기가 방탕한 생활을 자랑으로 생각하며 그렇지 못하게 사는 것을 병신으로 취급하는 사람들이 많습니다. 어거스틴은 이러한 생활 가운데 영과 육에 심각한 투쟁을 경험하게 하였습니다. 육신대로, 정욕대로 살아보았지만은 거기서 만족과 기쁨이 없는 걸 느끼고 갈등을 하면서 사람을 피해서 어떤 무화과나무 아래서 눈물 흘리며 가슴을 쥐어뜯고 자기의 본심으로 돌아왔습니다. 주여 어느 때까지 이니까. 주여 영원히 진노하시겠습니까. 원하건대 나의 불의를 기억하지 말아 주세요 라고 말합니다. 지금 이것이 나의 더러운 생활에 끝이 되게 하여 주옵소서. 이렇게 자기의 더러운 생활을 뉘우치면서 안타까워 통회할 때 어떤 이웃 어린이의 입을 통해서 들려오는 노래가 있었습니다. 그때 그 어린이가 노래하게 된 것이 우연한 일인가? 누가 시킨 일인가? 이것이 바로 자기로 하여금 성경을 펴서 눈에 띄는 것을 읽으라고 하는 하나님의 음성이요 하나님의 명령으로 받아들였습니다.

그래서 곧 찾아 읽은 성경의 구절이 여러분이 잘 아시는 대로 로마서 13장 13-14절의 말씀이었습니다. "낮과 같이 단정히 행하고 방탕과 술 취하지 말며 음란과 호색하지 말며 쟁투와 시기하지 말고 오직 주 예수 그리스도로 옷 입고 정욕을 위하여 육신의 일을 도모하지 말라"는 대목을 읽을 때 그는 여기서 거꾸러지고 말았습니다. 그는 더 이상 이 성경을 읽을 수가 없었습니다. 그 중심에 밝은 빛이 임하게 되었습니다. 참된 삶의 즐거움이 무엇인가를 그 순간에 발견하게 되었습니다.

그래서 그는 이런 말을 했습니다. "하나님이여 당신의 이름을 위하여 당신을 사랑하는 이에게는 그 기쁨은 당신 자신입니다. 그 기쁨이란 주를 향하여 구주로 말미암아 구주를 위함으로 얻는 행복입니다. 당신은 당신을 위해서 인간을 창조했기 때문에 당신 품에 돌아오기 전에는 인간의 참된 만족과 행복이 없음을 깨달았습니다." 우리는 정말 이 마지막 때에 정신차리고 각자가 취해야 할 방향을 분명히 해야겠습니다. 그리스도인이 걸어가야 할 생활 윤리의 기준이 어디 있는가를 분명히 해야겠습니다. 상황 윤리라고 하는 이론에 속아서는 안 됩니다. 형편 따라 살 것 아니고 되는대로 살 것 아니고 적당하게 둥글둥글 사는 것 아니라 그리스도인의 가는 길이 정해져 있습니다.

나는 길이요 진리요 생명이니 나로 말미암지 않고는 아무도 아버지께로 갈 자가 없다고 했습니다. 그러면서 너희는 좁은 문으로 들어가라. 좁은 길로 걸어가라고 말씀합니다. 왜냐하면 그 넓은 길의 마지막, 그 넓은 문의 마지막은 사망이요 멸망이라고 했기 때문입니다. 여러분 우리가 가는 길이 좁은 문입니까? 좁은 길입니까? 좁은 길을 걷는 것 같으면서도 실상은 넓은 길을 걷지는 않습니까? 예수 믿는 사람과 믿지 않는 사람이 무엇인가 다른 것이 있어야 하겠는데 무엇이 다릅니까? 먹을 것 다 먹고, 할 것 다하고, 갈 때 다 가고 무엇이 다릅니까? 어리석은 사람의 틀에서 벗어나야 하겠습니다

(2) 하나님이 없다는 것이 어리석은 사람입니다.

둘째로 20절에 "하나님이 이르시되 어리석은 자여 오늘 밤에 네 영혼을 도로 찾으리니 그러면 네 예비한 것이 뉘 것이 되겠느냐 하셨으니" 라고 말했습니다. 여기 왜 부자를 가리켜서 어리석은 사람이라고 말했습니까. 세상적으로 볼 때 너무 당연하게 한 일이 아닙니까. 소출이 많아졌으니 전에 있던 창고로는 모자라니까 그 창고를 좀 더 크게 짓겠다는 말입니다. 곡식 하나도 낭비하지 아니하고 다 쌓아 두겠다는 말입니다. 그리고 평안이 쉬고 먹고 마시자 함이 무엇이 잘못된 것입니까? 우리 자본주의 세계에서 자기가 벌어서 마음껏 먹고 즐기겠다는데 뭐 잘못된 것이 있습니까? 그러나 여기 보면 이 부자의 안중에는 심각한 문제가 있는데 하나님이 없다는 것입니다. 그러니까 이 풍성한 소출이 자기 자신의 노력에 결과라고만 보았습니다. 내가 뿌리고 내가 거두었다고 내가 짓고 내가 간수하고 내가 즐기자 그 말입니다. 그런데 근본적으로 중요한 것은 내 힘이 아닌 하나님의 힘인 것을 알지 못했습니다. 사실 우리가 가지고 있는 모든 것 하나님의 것 아닌 것이 어디 있습니까. 그런데 많은 사람들이 이것이 하나님의 것인 줄 모르고 자기 것인 줄로 착각을 합니다. 이게 문제요 어리석은 것입니다. 아까 읽어 주신 시편에 보아도 "어리석은 자는 그 마음에 이르기를 하나님이 없다 하도다" 그랬습니다. 없는 게 아니고 없다고 생각합니다. 이게 어리석은 것입니다. 그러므로 어리석은 사람은 제 아무리 지혜 있다고 자부해도 하나님의 존재를 모르거나 부인하는 사람입니다.

시편 127장 1절에 여호와께서 집을 세우지 아니하시면 세우는 자의 수고가 헛되며 여호와께서 성을 지키지 아니하시면 파수꾼의 경성함이 허사로다 했습니다. 사람이 아무리 기술을 가지고 집을 짓고 돈을 투자한다고 해도 하나님이 허락하지 아니하시면 제가 지은 집에 들어가 살지를 못합니다. 사람이 아무리 눈을 똑바로 뜨고 성을 지킨다고 해도 하나님이 지켜 주지 아니하면 사람이 수고하는 것이 다 허사입니다.

잠언 16장 1절에도 이런 말씀이 있습니다. 마음의 경영은 사람에게 있어도 말의 응답은 여호와께로서 나느니라. 옛말에 내려오는 말에도 못 사는 죄인이요, 성사는 제천이라 그랬습니다. 사람이 일을 계획하고 부지런히 일하는 것까지는 할 수 있습니다. 그러나 하나님이 허락하지 않으면 일이 이루어지지 않습니다.

그래서 시편 127편에 그랬습니다. 일찍이 일어나고 늦게 누우며 수고의 떡을 먹는다고 해도 하나님이 허락하지 않으면 모든 것이 허사로다. 사람은 심고 물주고 김매고 거름주고 합니다. 그러나 잎이 자라고 꽃이 피고 열매 맺게 하는 것은 하나님이 축복하시는 것입니다. 이것 꼭 기억해야 합니다. 내가 자라게 하고 내가 꽃 피게 하고 내가 열매 맺게 하는 것이 아닙니다.

스펄전은 이런 말을 했습니다. 모든 경우에 믿음으로 주님을 꼭 이용하십시오. 만일 어떤 어두운 형편에 이르게 되면 당신을 하나님의 밑으로 인도하고 또 그 하나님을 태양으로 사용하십시오. 만일 당신에게 강적이 엄습하게 되면 하나님을 방패로 삼으십시오. 만일 당신의 인생 항로의 갈 길을 잊어버리거든 주님을 인도자로 삼으십시오. 저는 당신을 인도해 주실 것입니다. 당신이 어떤 일을 만나고 또 어디에 있든지 하나님은 당신이 구하는 바로 그것이요 당신이 구하는 그 장소요 따라서 당신이 구하는 모든 것입니다. 어리석은 사람은 하나님을 무시하는 천리를 거슬리는 사람입니다. 어떤 사람이 지혜가 있습니까? 하나님의 존재를 하나님의 역사를 인정해야 하는 것입니다. 우리의 모든 것, 큰일에서 작은 일에 이르기까지 하나님의 간섭 없이 이루어지는 일은 하나도 없다는 사실을 꼭 믿으시기를 바랍니다.

(3) 재물을 쌓아두고 하나님께 부요치 못한 자가 어리석은 사람입니다.

셋째로 21절에 보면 자기를 위하여 재물을 쌓아 두고 하나님께 대하여 부요치 못한 자가 어리석다고 했습니다. 어리석은 사람에게는 재물은 많았지만은 재물을 활용할 만한 대상이 없었습니다. 그러니까 어리석은 사람의 셋째 모습은 자기중심의 생활에 도취되어서 현실을 피하는 사람입니다. 분명히 들으십시오. 우리 기독교는 대중의 종교요 거리의 종교입니다. 다시 말하면 복잡한 거리에 쓰러지는 대중과 호흡을 같이하는 종교입니다. 남은 죽어서 넘어가고 굶어 죽는 한이 있어도 나는 배불리 먹고 좋은 옷일 입으면 된다 하는 것이 기독교는 아닙니다. 예수님은 우리를 위해서 십자가까지 지지 않았습니까? 이것이 기독교입니다. 어떤 분의 말대로 세상에서 시대의 풍조를 따라 사는 것은 쉬운 일이고 혼자 살면서 자기 주관대로 사는 것 역시 무난합니다. 그러나 위인은 군중 속에서 자기의 입지를 세워서 그대로 그 교회를 확보한다고 했습니다.

여기 첫째 사람은 속세에 묻혀서 정신 못 차리고 바람 부는 대로 물결 치는 대로 세상 하는 대로 상황대로 형편 따라 사는 사람입니다. 둘째 사람은 경성한 인생의 도피자입니다. 셋째 사람은 세상과 싸워서 자신의 입장을 확고하게 세워 놓는 승리자라고 할 수가 있습니다. 우리 믿는 사람들은 세상 따라 사는 사람이 아닙니다. 세상이 어떻게 되었는지 그것 본받지 아니하고 하나님의 뜻이 무엇인가 기억해서 그 뜻을 따라 세상을 거슬러 가는 사람입니다. 그래서 성경에 너희는 이 세대를 본받지 말라 그리고 하나님의 선하시고 기뻐하시고 온전하신 뜻이 무엇인지 분별해서 그 뜻대로 살라고 말했습니다. 이 어리석은 사람은 말하자면 인생 도피자라고 볼 수가 있습니다.

사람이 사는 것이 혼자 살 수 없고 이웃을 위하고 남의 유익을 위하여 사는 것이 그도 살고 나도 사는 삶의 비결임을 알지 못한 사람입니다. 우리 사람은 혼자 사는 것 아니고 더불어 사는 것입니다. 남이 없이 내가 있을 수가 없습니다. 오늘 우리의 입장이 어리석은 부자와 같은 인생 도피자는 아닙니까? 이런 개인주의는 아닙니까? 다른 사람 다 어떻게 되든지 간에 상관없다고 생각하는 삶이 우리 그리스도인 가운데 혹 없습니까? 남의 희생으로 내가 살고 안전을 구하려고 하는 것이 우리의 마음이 아닙니까?

여러분 전에 러시아의 문호 톨스토이는 이런 말을 한 적이 있습니다. 인생의 목적을 자기 자신의 행복에만 있다고 생각해 보십시오. 그 순간 견딜 수 없으리 만큼 모든 것이 무의미해질 것입니다. 그러나 반면에 우리를 세상에 보내신 자 하나님께 봉사하고 심부름하는 것이 목적이라고 생각해 보십시오. 그 순간 인생은 영원한 기쁨을 느끼게 될 것입니다. 그렇습니다. 이 말은 무슨 말입니까? 내가 세상에 온 목적이 뭐냐? 하나님이 나를 세상에 보내신 뜻이 뭐냐? 그것을 알고 말하자면 사명을 자각하고 사는 사람은 하루를 살아도 보람있고 의미있고 행복하다는 말입니다. 결국 하나님께 부유함은 무엇을 의미하는 말입니까? 이것은 하나님과 더불어 통하고 이웃과 더불어 우의를 맺는 생활을 가리키는 것입니다.

마틴 루터의 말처럼 믿음으로 하나님과 함께 살고 사랑으로 이웃과 같이 사는 생활을 의미합니다. 세상에서 쉽게 이루는 술잔으로나 돈으로 맺는 우의가 아니라 생명과 생명의 접촉, 인격과 인격의 접촉, 영혼과 영혼의 접촉이 있는 생활이 더욱 더 요청되고 있는 것입니다. 오늘 우리가 사는 이 세대는 더구나 우리나라의 형편은 여러 가지로 어려움이 많습니다. 정치적으로 혼란스럽습니다. 경제적으로 말해서 곤란합니다. 그래서 한 마디 로 위기라고 말합니다. 이 위기를 어떻게 극복합니까? 어떤 훌륭한 지도자가 이 위기를 극복할 묘안을 만들어 낼 수 있습니까? 절대로 그럴 수가 없습니다. 이것은 비단 우리나라의 문제만 아니고 전 세계적인 현황 아닙니까? 그러면 이 위기를 어떻게 극복합니까? 위기는 어렵습니다.

그러나 어려운 것과 못한다는 것은 다릅니다. 위기임에는 틀림없지만 이 위기를 우리는 극복해야만 하는 책임이 있습니다. 어떻게 극복합니까? 우리 국민 하나하나가 특별히 우리 그리스도인 하나하나가 먼저 깨달아 알고 실천해야 합니다. 요즘 흔히 사치, 낭비 풍조라는 말을 합니다만 이건 망국적인 현상입니다. 우리 국민 소득이 지금 얼마입니까? 만불이 그저 간신히 될까 말까 합니다. 최소한 만 오천불 이상은 되어야 선진국 대열에서 제일 밑바닥입니다. 서구의 형편을 여러분이 아시지만 다 국민소득이 이만불이 넘습니다. 거기에 비하면 우리는 지금 절반이 못됩니다. 우리 자신을 파악해야 합니다. 이런 형편인데 우리 생활이 어떤 줄 압니까? 이만불 수입을 가진 서구 사람들보다 더 사치스럽게 살려고 합니다. 여기에 문제가 있습니다.

남이 어떻게 살든지 내 분수에 맞게 사는 사람이 지혜 있는 사람입니다. 바람 부는 대로 물결치는 대로 살아서는 안 됩니다. 우리 믿는 사람들 정신 차려야 합니다. 우리 그리스도인 이 한국에 천만이라고 하는데 천만 그리스도인들만 제정신 바짝 차리면 나는 이 모든 난국을 극복하게 될 줄 믿습니다. 그런데 어떤 때에는 우리 믿는 사람들이 한몫 더 합니다. 양심껏 생각해 보십시오. 기도할 때 여러분 기도 내용이 무엇입니까? 기껏해야 내 아이들 잘 되라, 내 남편 출세하게 해 달라, 사업 잘해서 돈 벌게 해 달라고 그런 기도 안 하는 사람이 얼마나 됩니까? 생각해 보십시오. 기독교인은 많지만 우리 사회가 왜 별다른 변화가 없습니까? 우리 자체가 별다른 변화가 없어서 그렇습니다. 우리 자체가 성장하지 못해서 그렇습니다. 우리 자체가 자각이 없어 그렇습니다. 깰 때입니다. 우리가 깨면 우리도 살고 나라도 삽니다. 마지막으로 사도 바울이 믿음의 아들 디모데에게 경계하신 말씀을 읽을 때 자세히 들으시기 바랍니다.

디모데후서 3장 1-5절의 말씀입니다. "네가 이것을 알라 말세에 고통하는 때가 이르리니 사람들은 자기를 사랑하며 돈을 사랑하며 자긍하며 교만하며 훼방하며 부모를 기억하며 감사지 아니하며 거룩하지 아니하며 무정하며 원통함을 풀지 아니하며 참소하며 절제하지 못하며 사나우며 선한 것을 좋아 아니하며 배반하여 팔며 조급하며 자고하며 쾌락을 사랑하기를 하나님 사랑하는 것보다 더하며 경건의 모양은 있으나 경건의 능력은 부인하는 자니 이 같은 자들에게서 네가 돌아서라." 하였습니다.

이런 물결 따라가지 말고 너는 돌아서라 죽은 고기는 아무리 커도 물결 따라 흘러가는 대로 둥둥 떠내려갑니다. 그러나 산 고기는 아무리 작아도 물결이 거세도 거슬러 올라갑니다. 산 그리스도인 됩시다. 세상 하는 대로 흘러가는 대로 따라가지 말고 여기서부터 돌아섭시다. 어리석은 사람이 되지 말고 지혜로운 사람이 되시기를 바라는 것입니다.

8. 사명으로 사는 사람 - 요한복음 1: 35-42

『명상록』의 저자 마르쿠스 아우렐리우스(Marcus Aurelius, AD 161-180) 황제는 높은 학문으로 유명했으나 기독교를 박해하는 데는 네로 황제를 방불케 했다고 합니다. 그는 어느 추운 겨울날 황제 동상에 대한 경배를 거부하는 기독교인 40명을 체포하여 벌거벗긴 채 얼어붙은 빙판 위에 세워놓았습니다. 이들 40명의 기독교인들은 굶주림과 추위로 도저히 견딜 수가 없었습니다. 결국 추위를 이기지 못한 한 사람이 자리를 떠나 황제 동상 앞으로 나가서 절을 하였습니다. 그러나 이것을 본 다른 39명의 기독교인들은 죽기를 각오하고 배고픔과 추위에 맞서 큰소리로 찬송을 부르며 목소리를 다하여 기도하였습니다. 이때 그 모습을 지켜보던 로마군 경비대장이 군복을 벗어 던지고 맨발로 빙판으로 걸어나가 기독교인들 사이에 들어가 비어 있던 자리를 채웠습니다. 결국 그들은 모두 굶주림과 추위로 순교를 당하였고 이들을 가리켜 역사가들은 "빙판 위의 40인"이라고 불렀습니다.

이런 무서운 핍박 속에서도 수많은 기독교인들은 주님을 바라보면서 신앙의 절개를 지켰습니다. 예수가 그리스도시요 그분만이 경배를 받으실 수 있다는 믿음 하나 때문에 어떤 이들은 사자 굴에서, 어떤 이는 화형대에서, 또 어떤 이들은 단두대에서 목숨을 잃게 되었습니다. 그러나 순교를 당하는 이들의 얼굴에는 언제나 두려움보다는 천국에 대한 소망과 기쁨이 넘쳐 났고 이들의 용기와 확신에 감동한 사람들이 복음을 받아들이면서 주님의 교회는 박해와 핍박 속에서도 더욱 확장되어 역사의 새로운 장이 열리게 되었습니다.

예수님보다 6개월 먼저 태어났던 세례 요한은 하나님이 맡기신 사명을 위하여 자기의 모든 것을 바치고 간 위대한 믿음의 사람입니다. 세례 요한이 요단강에서 세례를 베풀고 있을 때 예수께서 그곳에 오셔서 세례를 받으시고 공생애를 시작하셨습니다. 예수의 공생애의 시작은 세례 요한의 사역이 마무리되는 시기였습니다. 세례 요한은 오직 예수를 위한 삶을 살았습니다. 오늘 우리는 오직 주의 길을 곧게 하라는 사명을 받들어 끝까지 충성을 다하는 세례 요한의 사역을 통하여 하나님의 은혜를 나누고자 합니다.

(1) 우리는 예수를 구세주로 확실하게 고백해야 합니다.

공생애를 위해 예수께서 등장하실 때에 세례 요한의 인기는 절정에 달해 있었습니다. 당시 이스라엘 최고의 권위를 자랑하는 바리새인들과 서기관들마저도 요한에게 세례를 받기 위해 요단강으로 나왔고 권력자들도 그를 두려워했습니다. 온 백성들은 그를 추앙했습니다. 세례 요한은 당시 이스라엘 민족의 최고의 선지자요 지도자로서 명성을 날리고 있었습니다. 이렇게 그때 사회에서 최고의 존경을 받는 지도자가 이제 막 새롭게 등장하는 예수를 위해 자신의 기득권을 포기한다는 것은 극히 어려운 일입니다. 세례 요한은 자기에게 세례를 받기 위해 나아오시는 예수를 바라보며 최고의 찬사를 아끼지 않았습니다. "보라, 세상 죄를 지고 가는 하나님의 어린양이로다!"(요 1:29).

성경에 보면 어린양에 대한 이야기가 많이 나옵니다. 그 당시 이스라엘에서는 아침, 저녁으로 상번제를 드릴 때 제물로 어린양을 사용하였습니다(민 28:4). 또한 출애굽의 결정적 계기가 되었던 유월절 저녁에도 어린양을 희생 제물로 하나님께 드림으로써 이스라엘 백성들은 애굽의 모든 장자와 첫 새끼가 죽는 재앙을 피할 수가 있었습니다(출 12:3). 그런가 하면 이사야 선지자는 장차 오실 메시아를 "고난받는 어린양"(사 53:7)이라고 하였습니다. 그런데 본문에서도 세례 요한이 예수를 보고 "세상 죄를 지고 가는 하나님의 어린양"이라고 하였습니다.

구약시대에 어린양을 잡아 하나님께 제사를 드리므로 그것을 드린 사람의 죄가 용서함을 받았듯이 예수께서는 아담 이후 인류의 모든 죄를 대속하러 오신 어린양이었습니다. 우리 주님은 이사야의 예언대로 십자가에서 고난을 받으며 고귀한 살이 찢기시고 보혈의 피를 흘리심으로써 우리의 죄를 대속해 주셨습니다. 이 어린양 예수님은 우리 하나님이 친히 준비해 주셨습니다. 구약의 어린양은 죄지은 사람들이 준비했습니다. 그러기에 죄를 지었을 때마다 준비해야 했습니다. 사람이 이 세상에 살려면 수많은 어린양의 제사를 드려야 했습니다. 그러므로 구약의 제사는 불완전한 제사였습니다. 그러나 어린양이신 예수님은 하나님이 준비하신 제물이었습니다. 그러기에 인간의 모든 죄를 완전하게 사하는 놀라운 능력이 있습니다.

2천년 전에 흘리신 십자가의 보혈은 그때뿐 아니라 오늘날 우리의 죄와, 아니, 오고 가는 세대의 모든 사람의 죄를 대속하기에 충분하신 제물입니다. 주님의 보혈의 공로는 우리가 이 세상을 떠나서 주님 앞에 설 때까지도 유효한 것입니다. 이런 놀라운 은혜를 우리에게 주시기 위해서 주님이 이 세상에 오셨습니다. 세례 요한이 이런 주님이 자기에게 세례를 받으러 오시는 것을 보고는 감격하면서 "보라, 세상 죄를 지고 가는 하나님의 어린양이로다"라고 했습니다.

본문에 보면 세례 요한은 "나도 그를 알지 못하였다"(33절)고 고백합니다. 그는 예수를 만나본 적이 없고 누가 하나님의 어린양인줄 몰랐습니다만 세례를 받으러 오시는 예수의 머리 위에 성령이 충만히 거하시는 것을 보고는 그가 바로 주님이심을 깨닫게 된 것입니다. 세례 요한은 예수 위에 성령이 머무는 것을 본 후 그를 증거하기 시작했습니다. 그는 예수를 세상 죄를 지고 가는 하나님의 어린양이라고 분명히 전했습니다. 우리도 이 예수를 분명히 나의 구주로 고백해야 됩니다. 베드로는 "나의 주 나의 하나님"이라고 고백했고 예수와 함께 십자가에서 죽은 한편 강도는 "주여 당신의 나라에 임하실 때에 나를 생각하소서" 하였으며, 예수를 죽인 백부장도 "이 사람은 참으로 하나님의 아들이로다"고 고백했습니다. 인류 역사 가운데 수많은 사람들이 예수를 하나님의 아들 구세주로 고백하였습니다. 오늘 우리들도 예수를 하나님의 아들로 고백해야 하겠습니다.

(2) 우리는 우리의 모든 것을 예수께 드려야 합니다.

당시 세례 요한은 유대 민족의 최고의 존경을 받는 사람으로서 좋은 제자들을 많이 거느리고 있었습니다. 그러나 헤롯왕이 대 지도자 세례 요한의 말에 불안을 느끼고 그를 어떻게 처치할까 고심하면서 기회를 엿보고 있었습니다. 이 때문에 민심은 뒤숭숭해졌고 세례 요한 주변에 있던 사람들은 하나 둘씩 사라지고 있을 때였습니다. 아마도 보통 사람 같으면 인간적으로 아주 서운함을 느꼈을 것입니다. 자기 주변에 모여들었던 많은 사람들이 점차 하나 둘 떠나게 되면 그렇게 외로울 수 없습니다. 세례 요한 주변에 있던 제자그룹들이 하나 하나 떠나고 안드레와 요한 만이 남았었는데 세례 요한은 그들에게 예수가 메시아라는 말을 확실하게 전하므로 그 제자들마저 예수를 좇아가게 된 것입니다.

이때 세례 요한의 심정이 어떠했을까를 생각하면 우리는 세례 요한에 대해 인간적인 동정심을 갖게 됩니다. 젊은 나이에 유대의 정신적인 최고의 지도자가 되어 좋은 제자들이 주변에 많이 모여들었었는데 무명의 예수를 보고는 자기의 제자들을 양보하였으니 얼마나 섭섭했겠습니까? 그러나 그는 슬프게 생각하지 않았습니다. 하나님의 아들 예수, 이 분의 전령으로 이 세상에 온 것을 그는 정확히 인식하고 있었습니다. 그래서 세례 요한은 "그는 흥하여야 하겠고 나는 쇠하여야 하리라"고 할 수 있었습니다. 그는 오직 예수만 위해서 살아가는 사람이었습니다.

그는 예수님이 오신 것으로 만족해했습니다. 그런데 오늘 우리들은 어떻습니까? "나는 흥하여야 하겠고, 너는 쇠하여야 하리라." 아니, "나는 흥하여야 하겠고, 예수는 쇠하여야 하리라"는 정도의 삶을 살고 있지는 않습니까? 이제 우리는 나 자신을 위해서가 아니라 주님의 영광을 위해서 자기를 낮추고 이웃에게 따뜻한 사랑을 전하고 주님의 몸된 교회를 위해 헌신하는 삶을 살아야 하겠습니다.

답십리 어느 장로님은 교회를 짓다가 건축 빚을 갚기 위하여 서울대병원에 눈을 팔러 갔다고 합니다. 병원 측에서 부인의 동의서를 받아오라는 것이었습니다. 장로님이 부인에게 그 말을 하니까 부인이 자기 눈을 빼야지 어찌 장로님의 눈이냐고 장로님은 눈을 떠야한다고 하더라는 것이었습니다. 결국은 모든 교회가 그 사실을 알고 전 성도가 다시 헌금을 하여 장로님 내외분의 눈을 빼지 않았다는 감동적인 이야기를 들은 적이 있습니다.

우리가 이 정도는 아니라고 할지라도 교회를 위해 자신을 희생할 줄 아는 마음의 자세를 가져야 합니다. 주님의 이익을 위해서라면 내 자신은 기꺼이 손해도 감수하겠다는 마음을 주님께서는 기뻐하십니다. 현대사회가 너무 이해관계에 밝고 예민한지라 교회에서도 손해보지 않고 주님을 따르려는 신자들이 많은 것은 실로 매우 안타까운 일입니다. 이런 신자들이 많은 교회는 절대로 부흥하지 않습니다. 영적인 성장이 있을 수 없습니다.

우리가 하나님 앞에서 만큼은 따지지 말아야 합니다. 계산하지 말아야 합니다. 보리떡 다섯 개와 물고기 두 마리로 오 천명을 먹이시고 우리의 죄 때문에 십자가에서 온갖 고난을 다 당하시고 생명까지 내어주신 주님 앞에서 우리가 어떻게 내 것의 경계를 지을 수가 있겠습니까? 어리석은 일입니다. 우리가 진정 하나님께 축복 받는 삶을 살기 원한다면 나의 모든 것을 주님께 드리면서 살면 됩니다. 그러면 주님의 모든 것이 곧 나의 것이 될 것입니다. 이것이 하나님의 축복을 받는 비결입니다.

금년에는 우리가 우리의 모든 것을 드려 주님을 위해 삽시다. 나의 물질도, 시간도, 생명도 주님 앞에 내어놓고 주님께서 원하시는 대로 쓰실 수 있도록 드려보십시다. 하나님의 놀라운 기적을 체험하실 것입니다. 주님께 바치면 바칠수록 풍성해지는 은혜를 맛보게 되실 것입니다. 이러한 감격이 있는 생활이 믿음의 삶입니다. 우리도 세례 요한처럼 주님은 흥해야 하겠고 나는 쇠하여야 하리라는 믿음을 가지고 삽시다. 그러면 하나님께서 반드시 우리를 더욱 풍성하게 인도하실 것입니다.

(3) 우리는 오직 주님으로 만족하면서 살아야 합니다.

세례 요한이 자기의 사랑하는 제자 안드레와 요한을 예수께 양보해 드려 그 두 제자가 예수를 좇아가니까 예수께서 "무엇을 구하느냐?"고 물으셨습니다. 사람들은 본래 어떤 사람을 따르든지 그에게 무엇인가 도움을 받을 것이 있을 때 따릅니다. 특히 권력이나 돈이나 명예가 있는 사람에게 사람들이 몰려듭니다. 그러나 그것이 사라지게 될 때 따르던 사람도 함께 사라집니다. 그러기에 예수께서는 자기를 좇는 세례요한의 두 제자에게 "(너희는) 무엇을 구하느냐?"고 물으셨습니다.

오늘 이 아침에 주님께서 우리에게도 이런 질문을 하신다면 여러분은 어떻게 답하시겠습니까? 여러분이 교회에 와서 구하는 것이 무엇입니까? 여러분은 과연 우리 주님 예수 한 분만으로 만족하십니까? 아니면 다른 목적을 충족시키기 위해 이 자리에 나와 계십니까? 하나님께로부터 은혜

받는 것을 최고로 생각하고 매주일 주님 앞에 나올 때마다 사모하는 마음으로 나오는 사람은 하나님의 은혜를 받습니다. 성경은 "보라, 지금은 은혜 받을 만한 때요, 보라 지금은 구원의 날이로다"(고후 6:2)라고 선포합니다.

예수의 이 질문을 받은 안드레와 요한은 "랍비여, 어디 계시오니이까?"라고 했습니다. 이 대답은 자기들이 찾아 왔던 참 진리를 가르쳐주는 스승이 어디에 있는지에 대한 물음입니다. 무엇을 찾느냐는 주님의 물음에 그들은 진리가 어디에 있는지를 묻습니다. 이는 곧 길과 진리가 되시는 주님 한 분으로 만족하겠다는 말씀입니다. 그들은 세상의 재물과 명예와 권세를 구하러 오지 않았습니다. 메시아를 찾아, 진리의 말씀을 찾아 예수께 나아온 것입니다. 그래서 그들은 결국 메시아를 만나게 되었습니다. 참 생명의 진리를 발견하게 되었습니다.

우리도 하나님의 전에 나올 때 진리를 구하는 마음으로, 주님의 낯을 구하는 심정으로 나와야 합니다. 그런 사람은 반드시 주님을 뵙게 될 것입니다. 진리를 구하는 요한의 제자들에게 주님께서는 "와 보라!" 말씀하시며 자신이 메시아이심을 나타내 보이셨습니다. 주님께서는 "구하라, 찾으라, 문을 두드리라"고 하시면서 "구하는 이마다 얻을 것이요, 찾는 이가 찾을 것이요, 두드리는 이에게 열릴 것이니라"(마 7:8)고 약속하셨습니다. 우리가 교회에 나올 때도 주님을 구해야 합니다. 진리를 찾고 은혜의 문을 두드려야 합니다. 그래야 우리가 주님을 만날 수 있는 것입니다. 하나님께서는 결코 은혜를 사모하고 진리를 구하는 자를 외면하시지 않습니다. 우리가 받지 못하는 것은 구하지 아니하였기 때문이요 만나지 못하는 것은 준비가 안되었기 때문입니다.

사랑하는 여러분! 우리가 주님을 만나야 합니다. 예배는 하나님께서 우리들을 만나 주시기로 약속한 공식적인 자리입니다. 우리도 요한과 그의 제자들처럼 오직 주님 한 분만으로 만족하며 주님의 영광을 위해 살겠다는 다짐을 가지고 주님 앞에 나아온다면 은혜를 체험하며 진리를 발견하게 될 것입니다. 우리는 주님만 있으면 그 외에는 구할 것이 아무 것도 없습니다 라고 고백할 수 있어야 하겠습니다. 우리 주님은 우리를 위하여 십자가에 죽으셨습니다. 우리는 이제 영원한 생명을 얻었습니다. 이제 우리는 우리 자신을 위해서 살 것이 아니라 죽으셨다가 부활하여 우리에게 영생을 주신 주님을 위하여 살아야 합니다. 주님을 위해서 사는 길은 주의 몸된 교회를 헌신적으로 섬기며 우리의 손을 펴 이웃을 돌보면서 사는 것입니다. 우리는 2002년 새해에 세례 요한처럼 예수가 구세주이신 것을 분명히 증거하고 나의 모든 것을 드려 주님께 헌신하는 삶을 살아야 하겠습니다.

9. 사람의 주인 되신 예수 그리스도 - 로마서 14 : 7-9

신앙의 사람들은 하나님께서 천지를 창조하신 창조주이시며 우리의 주인이심을 믿지만 우리의 삶을 살펴보건대 그렇치 못한 삶을 사는 경우가 대단히 많은 것 같습니다. 사람들은 인생을 살아가는데 누구를 자신의 주인으로 사는데 따라서 행복하기도 하고 불행하기도 하는 것입니다. 한 사람이 세상에 태어나면서 제일 먼저 부모를 만나게 됩니다. 부모님이 그 어린 생명의 주인이십니다. 그 어린 생명은 어떤 부모님을 만나느냐 행복하게 또는 불행하게 성장하게 되는 것입니다. 비록 가난하지만 인격적인 부모님의 슬하에서 성장하게 되면 그 어린이는 인격적으로 잘 자라게 되는 것입니다. 비록 그 부모님이 배운 것 없고 가진 것 없어도 정직하고 순수한 마음의 사람이면 그 어린이도 그렇게 성장하게 되는 것입니다.

그리고 성장하여서 한 여인이 출가를 할 때에 좋은 신랑을 만나 평생의 자신의 주인을 삼게 되면 그 여인은 평생토록 행복하게 살게 되는 것입니다. 그러나 불량배 깡패, 아주 형편없는 주인인 신랑을 만나게 되면 평생 고생하며 살게 되는 것입니다. 사람이 이 세상을 살아가는 데도 어떤 주인을 만나느냐 따라서 행불행이 좌우되는 것입니다. 사람의 주인이 누구인가 오늘의 성경을 통하여 생각하며 참된 주인이 누구인지 판단하고 우리의 삶에 새로운 이정표를 삼는 계기가 되시기를 바라는 것입니다.

(1) 예수 그리스도가 사람의 주인이십니다.

하나님께서 천지를 창조하셨습니다. 말씀으로 천지를 창조하셨습니다. 그리고 맨 마지막 날에 흙을 가지고 사람을 창조하셨습니다. 마치 도자기를 만드는 사람이 정성을 기울여 흙을 빚어서 도자기를 만드는 것 같이 우리 하나님께서 흙을 빚어서 사람을 만드셨습니다. 하나님은 다른 모든 피조물과는 비교가 되지 않을 정도로 특별한 사랑과 관심을 사람들에게 기울이셨습니다. 하나님께서 이렇게 사람을 창조하시고 특별한 사랑을 기울이시고 사람들로 하여금 만물을 다스리는 자로 세워주셨는데, 사람이 거기서부터 교만하여져서 하나님께 불순종하고, 반역 하고 하나님을 떠났습니다.

하나님을 불순종하는 순간부터 타락해서 죄 가운데에 빠지기 시작했습니다. 말이나 행동, 생각, 이 모든 것들이 죄에서 떠나지 못했습니다. 하나님께서 사람을 창조하시고 참으로 좋아하셨는데, 사람이 죄를 지음으로 하나님께서 후회하고 한탄하시는 것을 보시고 하나님의 아들 예수 그리스도께서 사람을 구원하시기 위해서 사람의 육체를 입고 이 땅에 오셨습니다. 그리고는 십자가에 달려 죽으셨습니다. 죄인들을 죄 가운데서 구원하시기 위해서 예수 그리스도께서 십자가에 달려 돌아가신 것입니다.

예수님이 십자가에 죽으심으로 우리의 주인이 되신 것입니다. 우리를 구원하신 주님이 되신 것입니다. 하나님은 그 아들이 하늘 보좌를 버리고 사람의 몸을 입고 이 땅에 오셔서 십자가에 죽기까지 하신 것을 보고 하나님은 대단히 기뻐하셨습니다. 그래서 그 아들을 높이셔서 만물이 예수 앞에 무릎 꿇게 하시고 모든 입으로 그리스도를 주로 부르게 하셨습니다. 예수님께서 십자가에 죽으심으로 죄인의 구주가 되시고 예수님께서 부활하심으로 온 우주만물이 그 앞에 무릎을 꿇고 복종하고 예수님을 주님이라고 부를 수 있게 하셨습니다.

사도 요한은 이 세상의 종말과 하나님 나라의 모습을 요한계시록에 밝히 썼습니다. 사람들은 세상의 종말에 대해 관심을 많이 기울이지만 요한계시록의 가장 중요한 주제는 하나님 나라의 모습이 어떠한가 입니다.

그런데 요한계시록에 나오는 하나님 나라는 보좌에 앉으신 어린 양에 게 그분에게 경배하고 찬양하는 것이 대주제입니다. 예수 그리스도께서 이 땅의 주인이실 뿐만 아니라 온 세상의 주인되셔서 보좌에 앉으셔서 모든 만물로부터 경배를 받고 찬양을 받으실 분이 되신 것입니다.

사랑하는 여러분들, 우리가 믿는 예수 그리스도는 이런 분이십니다. 예수 그리스도는 우리를 죄 가운데에서 구원하신 분이시고 죽음가운데서 부활하셔서 온 우주만물을 다스리시는 왕이신 분입니다. 사랑하는 여러 분들, 예수 그리스도를 여러분의 주님으로 영접하시길 바랍니다.

예수 그리스도는 온 우주만물의 주인이시지만 특별히 우리 성도들의 주인이십니다. 그래서 우리 성도들이 예수 그리스도께 소속되어 있습니다. 신앙생활이라는 것은 내가 예수 그리스도를 나의 주님으로 고백하고 영접해 드림으로부터 시작됩니다. 그때부터 우리를 그리스도인이라 이름 부르게 됩니다. 그리스도인이란 예수 그리스도를 따라가는 사람, 그리스 도를 닮은 사람, 그리스도께 순종하고 복종하는 사람, 그리스도의 소유 물, 그리스도께 소속된 사람이란 뜻입니다.

(2) 사람은 예수 그리스도의 소유물입니다.

오늘 본문말씀에 주인에 관한 말씀이 많이 나옵니다만 주인과 종의 관 계는 오늘날 우리가 찾아볼 수 없는 관계입니다. 옛날에 종은 주인의 재 산이었습니다. 주인이 자기 종을 내다 팔수도 있고 사올 수도 있었습니 다. 주인이 종을 죽일 수 도 있고 살릴 수도 있었습니다. 그리스도인은 예 수 그리스도의 종으로서 주인 되신 예수 그리스도께 결속 되어 있는 사람 이며 주인의 소유물이요 주인께 전적으로 매여 있는 사람이 그리스도인 입니다.

오늘 본문말씀 8절 하반 절에는 '우리가 사나 죽으나 주의 것이라' 고 말씀하고 있는데 그 말씀은 우리가 예수 그리스도의 종으로서 그분께 소속되어 있는데 그것은 살아있는 동안뿐만 아니라 죽어서도 주의 것이라는 말씀입니다. 이 세상에도 여러 가지 다양한 소속이 있습니다. 그러나 그 소속은 모두 제한이 있습니다. 내가 회사에 소속되어 있어도 아침 출근시간부터 퇴근시간까지만 소속되어 있는 것이지 퇴근한 다음에도 소속되어 있는 것이 아닙니다. 회사로부터 내가 임금을 받고 일하는 때까지 회사에 소속된 것이지 죽고 난 이후에까지 회사에 소속되어 있는 것이 아닙니다. 그런데 예수 그리스도께 소속됐다는 것은 일반 회사에 소속되어 있다는 것과는 다릅니다. 나의 전 존재가 예수 그리스도께 소속된 것입니다. 지금의 삶과 죽음 이후의 삶까지 모두 소속되어 있는 것입니다.

예수 그리스도가 주인이고 우리는 종인데, 오늘 4절 말씀을 보면 주인은 자기에게 속한 종을 세우는 권능을 가지고 있다고 말씀하고 있습니다. 저는 조금 전까지 주인이 갖고 있는 권리에 대해 말씀드렸습니다. 오늘 4절 말씀은 주인이 종에게 지는 책임을 말씀하고 있습니다. 로마서 14장 말씀은 먹는 문제, 절기 지키는 문제로 다른 사람을 비판하지 말라는 말씀입니다. 다른 사람을 비판하는 것은 주인 되신 예수 그리스도께서 판단하든, 심판하시지 사람이 비판과 정죄를 할 수가 없는 것입니다. 그 말씀 중에 4절 말씀은 주인 되신 예수 그리스도께서 종인 성도들을 책임지시고 그 사람들을 세우신다는 말씀을 하고 있습니다.

언젠가 아버지가 자식의 손가락을 자른 뉴스를 보았습니다. 부모는 자기 자녀를 보호할 책임을 갖고 있습니다. 때로는 책망을 할 때도 있고 매를 들 때도 있지만 다른 사람이 자기 자녀에게 욕을 한다든지 폭력을 행사하면 부모는 적극적으로 나서서 그것을 막고 보호하는 책임을 가진 것이 부모입니다. 하다못해 우리가 회사에 소속되어 있어도 회사에서는 자기 회사의 사원을 보호하고자 노력합니다. 깡패 집단에 소속되어 있어도 다른 깡패 집단이 자기 집단의 사람을 해치려 고 하면 모두 달라붙어 보호하는 일 들을 합니다. 주인 되신 예수 그리스도께서 그의 백성들을 이와 같이 권능으로 보호하신다고 말씀하십니다. 그리스도인들이 이 땅에서 어려움과 고난을 당할 때에 우리 주님께서 그대로 내버려 두시지 아니하시고 그리스도인들을 보호하시고 능력으로 인도하십니다. 이 땅에서뿐만 아니라 하나님 나라에까지 하나님의 백성들을 보호하시고 인도하시는 것이 우리 주님이십니다.

사랑하는 여러분들, 우리가 주인으로 모시는 그 분이 어떤 분이십니까? 우리를 죄 가운데에서 구원하신 분이십니다. 부활하셔서 온 우주만물을 소유하시고 다스리시는 분이십니다. 그 분이 우리를 권능으로 보호하시고 인도하신다는 말씀입니다. 여러분, 우리가 예수 그리스도를 주님으로 모시고 그 앞에 복종 할 때에 주님께서는 그 권능으로 우리를 보호하시고 책임지심을 믿으시기 바랍니다.

(3) 주인이신 예수 그리스도를 위해서 살아야 합니다.

그러면 우리는 그 분을 위해서 무엇을 해야 합니까? 오늘 성경말씀은 헌신해야 한다고 말씀하고 있습니다. 7-8절 말씀에 "우리 중에 누구든지 자기를 위하여 사는 자가 없고 자기를 위하여 죽는 자도 없도다. 우리가 살아도 주를 위하여 살고 죽어도 주를 위하여 죽나니 그러므로 사나 죽으나 우리가 주의 것이로라" 라고 기록되어 있습니다. 오늘 성경말씀은 자기를 위한 삶을 먼저 이야기하고 있습니다.

"자기를 위한 삶"이 뭡니까? 자기를 사랑하고, 자기를 신뢰하고, 사람이 가지는 욕심을 따라서 사는 삶입니다. 세상의 대부분의 많은 사람들은 자기를 위한 삶을 살아가고 있습니다. 특별히 그렇지 않은 사람들도 있지만 대부분의 정치가들을 보면 국민을 위한다고 대의명분을 내 세우지만 그러나 그들의 활동들을 보면 자기의 권력을 위한 것이라는 것을 보게 됩니다.

상품을 선전할 때에 "이 상품을 사면 당신의 삶의 질이 향상됩니다" 라고 나를 위해 상품을 파는 것 같이 말하지만 그러나 실상은 상품을 만들고 판매하는 사람들의 이익을 위함이라는 것을 우리는 눈치 채고 있습니다. 이 세상의 대부분의 사람들은 자기를 위한 삶을 살아갑니다. 자기를 사랑해서 자기를 신뢰하고 자기 욕심을 채우기 위해서 이 땅의 삶을 살아갑니다. 그런데 자기를 위한 삶은 이 땅을 살아가는 때에만 그칩니다. 그래서 자기를 위한 삶은 허망하다고 이야기할 수 있습니다.

그런데 오늘 성경말씀은 성도들은 자기를 위한 삶을 살지 않고 주를 위한 삶을 산다고 말씀하고 있습니다. 성도들은 인간이 얼마나 타락하고 죄악된 존재인가를 스스로 잘 깨달아 아는 사람들입니다. 그래서 성도들은 우리 인생의 주인이신 예수 그리스도를 위해 사는 삶이 가장 가치 있고 존귀한 삶이란 것을 압니다.

종과 주인이 있습니다. 종이 주인을 위해서 삶을 살아가는 것은 너무나 당연한 것입니다. 그리스도인들이 예수 그리스도의 종이라면 예수 그리스도 주인을 위해서 삶을 살아가고 주인을 기쁘시게 하고 주인을 존귀하게 하는 삶을 살아가는 것은 너무나 당연한 일입니다. 사람들에게 주어진 은사와 재능과 물질과 시간과 건강을 사용해서 주인을 기쁘시게 하고 주인을 존귀케 하는 그런 삶을 살아야 마땅합니다.

제가 아는 젊은 선교사들이 몇 분 있습니다. 그 분들은 우리 사회에서 엘리트 과정을 걸은 사람들입니다. 아주 우수한 분들입니다. 자기가 속한 분야에서 얼마든지 성공을 거둘 수 있고 출세할 수 있는 사람들입니다. 그런데 그 사람들이 자기를 위한 삶을 거두고 주를 위한 삶을 살기로 다짐했습니다. 그리고 오지로, 미개한 지역으로 복음을 전하기 위해서 선교

사로 갔습니다. 그 사람들이 가고자 했을 때 모든 집안 식구들이 말렸습니다. 그 사람들이 가고자 했을 때 저도 선뜻 가라고 말하기 어려웠습니다. 그런데 그 분들은 주님을 위한 삶을 살기 위해서 복음을 들고 오지로 달려갔습니다. 그런 분을 볼 때, 저는 저 자신도 주를 위해 살기로 헌신했지만 그 분들을 볼 때 가슴이 찡하고 제 자신을 돌아볼 때 부끄러운 마음을 가지고 있습니다. 직장생활을 열심히 하는 분들 가운데 이런 이야기를 합니다. 직장생활에서 열심히 일하는 것은 '진급이나 출세의 목적이 아니라 열심히 일하면 인정을 받고 진급도 하겠지만 그런 도구를 통해서 내가 속한 직장을 복음화 하는 것이 목적입니다. 라고 말하는 분들이 있습니다. 얼마나 훌륭한 성도인지 마음이 찡합니다.

헌신하는 사람들이 그렇습니다. 주를 위한 삶을 살아가는 사람들이 그렇습니다. 자기에게 주어진 모든 것들을 다 동원해서 주님을 기쁘시게 하고 주님께 존귀를 돌리는 그런 삶을 살아가는 것이 주를 위한 삶을 살아가는 것입니다. 주를 위한 삶은 이 땅에 국한되어 있지 않습니다. 주를 위한 삶은 죽음을 넘어서서 영원토록 계속 되는 것입니다. 8절 상반절 말씀에 '우리가 살아도 주를 위하여 살고 죽어도 주를 위하여 죽나니' 라고 기록합니다. 주를 위하여 삶을 살고 주를 위하여 죽는다는 말씀입니다.

믿지 않는 사람들에게 죽음이라는 것은 모든 삶의 종말을 의미합니다. 그래서 죽음 이후의 삶에 대해서는 관심을 기울이지 않던지 혹은 애써 피하려고 작정합니다. 죽음 이후에 무엇이 전개될지 몰라서 두려워하는 것이 세상 사람들의 삶입니다. 예수 믿는 사람들은 어떻습니까? 죽음 이후에 또 다른 세계가 전개된 다는 사실을 믿는 사람들입니다. 죽음이 종착문이 아니라 새로운 세계를 여는 문이라고 생각하는 것입니다. 이 땅의 삶을 살아갈 때에 고통스럽게 갈등을 겪으며 살다가 죽은 다음에 하늘나라에서 영원한 안식을 누린다고 믿는 것이 우리 예수 믿는 사람들입니다.

그래서 예수 믿는 사람들은 소망을 가지는 것 입니다.

8절 말씀은 죽음 다음에도 주를 위한다는 말씀입니다. 죽음이 고통을 멈추고 안식으로 들어가는 정도로 끝나는 것이 아니라 더 나아가서 죽은 이후에 하나님 나라에서 더욱 더 우리 주님과 친밀하게 교제하며 더 많이 사랑하며 주께 더 많은 찬송을 올려서 주님을 더 기쁘시게 하는 기회를 가진다는 것이 죽음 이후의 삶입니다. 그러니까 이 땅에 살 때만 주를 위해 삶을 사는 것이 아니라 죽은 다음에도 하나님 나라에 가서 주를 위한 삶이 계속하게 되는 것입니다. 이러한 믿음을 가지고 있기 때문에 사도들이 믿음 때문에 기꺼이 죽을 수가 있었습니다. 기독교 역사를 통해서 많은 순교자들이 이 믿음을 가지고 있기에 순교할 수가 있었습니다. 우리 한국 교회 역사를 통해서 주기철 목사님과 같은 순교자들이 이러한 믿음을 가지고 나올 수가 있었습니다. 이 분들은 죽은 이후에 하나님 나라에서 주를 위하여 주를 더 기쁘시게 할 수 있다는 믿음을 가지고 있었기 때문에 기꺼이 죽을 수가 있었습니다.

여러분, 우리가 믿는 예수 그리스도는 온 우주 만물의 주인이십니다. 우리는 그 분께 소속되어 있고 그 분께서 우리를 책임지시고 보호하신다고 말씀하십니다. 사랑하는 성도 여러분들, 예수 그리스도를 여러분들의 주님으로 영접하시고 주인으로 붙드시길 바랍니다. 그리고 주인을 위한 삶이 이뤄질 수 있기를 바라는 것입니다. 자기를 위한 삶을 중단하시고 주인을 위한 삶을 살아가시는 여러분들이 되시기를 주의 이름으로 축원하는 것입니다.

10. 성결한 사람 - 베드로전서 1: 16

성결운동은 원래 19세기 중엽이래 미국의 성결부흥운동에서 그 기원을 찾을 수가 있습니다. 그 당시 미국은 유럽에서 불어 닥친 자유주의 신학사조에 교회가 오염되어 가고 있었습니다. 이런 자유주의적인 풍조에 대항하여 전통적 신앙을 강조하는 영적 각성운동이 크게 일어났는데 바로 그 운동이 성결부흥운동 또는 오순절 운동이었습니다. 이러한 성결운동의 영적 뿌리는 영국의 요한 웨슬레에 두고 있는 것입니다. 요한 웨슬레는 그리스도인의 완전, 완전한 사랑, 제2의 변화, 제2의 축복, 그리고 거룩이라고 말하는 성결의 개념을 가르켜 동기의 순수함, 온전한 사랑이라고 말했으며, 인간이 갖고 있는 자연적 욕망의 모든 부패성으로부터의 완전한 자유이며 이기적 자아로부터 완전한 해방 또는 모든 생각과 기질이 하나님의 성품을 닮아 변하는 것이라고 하였습니다. 성결은 성서에 나타난 하나님의 부르심의 궁극적인 목적이며 구원의 절정으로 성도들로 하여금 성별된 삶을 살게 하는 원동력이 되는 것입니다. 하나님은 거듭난 사람, 변화된 사람, 성결한 사람들을 들어 사용하셨음을 볼 수 있습니다. 성결한 사람에 대하여 은혜를 받고져 하는 것입니다.

(1) 성결의 성서적 근거

(가) 성결은 하나님의 뜻이요 명령입니다.

하나님의 백성이 거룩하게 되는 일은 하나님의 뜻입니다. 오늘 성경말씀 벧전1:16에 "내가 거룩하니 너희도 거룩할 찌어다", 마5:48에 "아버지의 온전하심과 같이 너희도 온전하라", 히12:14에 "모든 사람으로 더불어 화평함과 거룩함을 좇으라"말씀하셨습니다. 이렇게 하나님은 자기 백성이 거룩하기를 요구하시면서 깨끗하라고 명령하고 계십니다(창17:1; 마 5:48). 살전4:3에 보면 하나님의 뜻은 우리의 거룩함이다 라고 말씀하고 있습니다. 여기서 성결, 혹은 '그 거룩케 함'(the sanctification)은 육체의 오용(誤用)과 대비되는 것입니다. 하나님의 뜻은 영혼의 더러움이나 육체의 더러움이나 모든 더러움으로부터 '정결케 한다'는 의미입니다. 히 10:10에 "이 뜻을 좇아 예수 그리스도의 몸을 단번에 드리심으로 말미암아 우리가 거룩함을 얻었노라"하였습니다. 이와 같은 속죄(atonement)의 은총은 하나님 백성의 성결에서 그 최고의 목적을 찾을 수가 있는 것입니다. 예수 그리스도의 피는 우리의 칭의를 위한 근거를 줄 뿐만 아니라 우리들을 성결의 매개(媒介)가 되기도 한 것입니다.

(나) 성결은 하나님의 약속입니다.

하나님은 자기의 백성을 성결케 하신다고 약속하셨습니다. 사1:18에 "여호와께서 말씀하시되, 오라 우리가 서로 변론하자. 너희 죄가 주홍 같을 지라도 눈과 같이 희여질 것이요, 진홍같이 붉을지라도 양털 같이 되리라" 하였습니다. 죄와 허물로 죽었던 영혼을 예수 그리스도의 보혈에 의해서 정결케 되어질 수 있습니다. 겔36:25에 "맑은 물로 너희에게 뿌려서 너희로 정결케 하되 곧 너희 모든 더러운 것에서와 모든 우상을 섬김에서 너희를 정결케 할 것이며"라고 하였는데 성령의 역사가 여기에서는 정결케 하는 동인(動因)으로 물을 상징하는 것으로 말하고 있습니다. 그 밖에도 그리스도는 하나님의 백성을 정결케 하시는 위대하신 주님으로 묘사되어져 있고(말3:2,3), 그리고 성령에 의한 세례는 영적 정결(Cleansing)을 초래하는 것입니다(마3:11,12).

이와 같이 성결은 하나님의 명령이요 뜻이며, 하나님의 약속이니 오직 순종하여 이 은혜에 도달하는 것이 우리의 의무인 것입니다. 그러므로 성결의 은혜를 힘써 받을 의무는 있으되, 성결의 은혜를 물리칠 수는 없으니 만일 물리치면 성부, 성자, 성령의 언약과 감화를 물리침이니 그 죄가 커서 형벌 또한 클 것입니다. 그리고 하나님께서 요구하시는 성결은 전지전능하게 된다는 것이 아니요 인간으로서 하나님께 봉사하고 영광을 돌리기에 합당한 성결한 사람이 되는 것입니다.(롬12:1,2;고후7:11)

(2) 성결이란 무엇인가?

(가) 성결은 분리되는 것입니다.

시1:1에 "복 있는 사람은 악인의 꾀를 쫓지 아니하며 죄인의 길에 서지 아니하며 교만한 자의 자리에 앉지 아니하고"라고 하였습니다. 성결하려면 죄에서 분리되어야 합니다. 성결된 그리스도인은 죄와 악한 세상과 심지어 그 자신과 새로운 생애 가운데서 그와 그리스도를 분리시키는 모든 요인에서 분리되는 것입니다. 하나님은 아브라함을 선민의 조상으로 택하실 때에 그를 갈대아 우르에서 떠나라고 명령하셨습니다. "너는 너의 본토 친척 아비 집을 떠나 내가 네게 지시할 땅으로 가라. 내가 너로 큰 민족을 이루고 네게 복을 주어 네 이름을 창대케 하리니 너는 복의 근원이 될지라"(창 12:1-2)하였습니다. 아브라함은 하나님의 이 명령을 받고 나이 75세에 고향 친척을 떠났습니다. 그런데 아브라함과 함께 갈대아 우르를 떠났던 롯은 어떻게 했습니까? 벧엘에서 아브라함과 분가할 때에 사람의 안목에 좋아 보이는 기름진 땅 최악의 도시 소돔성으로 들어갔습니다. "롯은 평지 성읍들에 머무르며 그 장막을 옮겨 소돔까지 이르렀더라."(창 13:12)하였습니다. 그러나 아브라함은 롯이 떠난 다음 헤브론 산지로 옮겨 거기서 여호와를 위하여 단을 쌓고 하나님을 중심으로 하는 성결된 생활을 했습니다. 롯의 가족은 죄악의 소굴에 들어가 세상 향락에 취하여 살다가 소돔성이 유황불로 멸망당할 때 아내와 두 사위는 죽음을 당하고 롯과 두 딸만 그것도 겨우 몸만 살아 나왔습니다. 특히 롯의 아내는 소돔성에서 몸은 분리시켰는데 마음을 분리시키지 못해 소금 기둥이 되고 말았습니다. (창 19:26) 이처럼 성결은 죄와 세상과 욕심과 이기적인 것에서 분리하는 것입니다.

(나) 성결은 하나님께 바치는 것입니다.

롬 12:1에 "그러므로 형제들아 내가 하나님과 모든 자비하심으로 너희를 권하노니 너희 몸을 하나님이 기뻐하시는 거룩한 산 제사로 드리라"하였습니다. 성결은 죄로부터의 분리이며 하나님께 바치는 것입니다. 성결된 그리스도인은 모든 점에서 하나님을 기쁘게 하기 위하여 하나님께 전폭적으로 복종합니다. 이것은 이론이나 생각의 차원을 넘어 체험적 삶으로 증명되는 것입니다. 세상에 많은 건물가운데서 구별되어 드려진 집을 성전이라 합니다. 세상의 모든 날들을 구별되어 드려진 날을 성일이라 합니다. 그리고 수많은 물건 중에도 구별하여 드려진 물건을 성물이라고 말합니다. 구별하여 헌신된 사람을 성직자라고 부릅니다. 지구상에 모든 나라와 지역이 있지만 구별하여 정해진 땅을 성지라고 부르는 것입니다. 이처럼 성결은 하나님께 바치는 것을 말하는 것입니다. 하나님께 바치게 될 때 성결하게 되는 것입니다.

(3) 그러면 성결한 삶을 살려면 어떻게 하여야 합니까?

(가) 하나님께 순종해야 합니다.

우리는 우리 자신을 철저하고 명백하게 무조건 예수 그리스도에게 드려야 하고 하나님의 뜻에 순종해야 하는 것입니다. 순종하기 위해서는,

① 나의 권한을 포기해야 합니다.

삼상15:17에 "사무엘이 가로되 왕이 스스로 작게 여길 그 때에 이스라

엘 지파의 머리가 되지 아니하셨나이까?"라고 하였습니다. 하나님께서는 사울 왕이 스스로 자기 권위를 포기하고 스스로 작게 여기며 겸손할 때에는 머리가 되도록 높여 주셨습니다. 성도들이 하나님 앞에 겸손하여 낮아지고 자기 권한을 포기하고 순종할 때 성결한 삶을 살게 되는 것입니다.

② 맡겨 버려야 합니다.

믿기는 하는데 맡겨 버리지 못할 때가 많습니다. 벧전5:7에 "너희 염려를 다 주께 맡겨 버리라"하였습니다. 미국의 어느 선교사 부인이 폐병으로 위독하게 되었습니다. 몸이 병들자 마음과 정신까지 약해져 부인은 불안한 마음으로 잠을 잘 수 없게 되었습니다. 내가 죽으면 남편은 어떻게 하나? 이 자식들은 누가 키우나? 그러다 보니 불평이 생기고 하나님을 원망하기까지 이르게 되었습니다. 그러던 어느 날 방바닥에 떨어진 전도지 한 장을 우연히 읽게 되었습니다. "네 짐을 여호와께 맡겨 버리라 그리하면 저가 네 길을 지도하시리라"이 말씀을 보는 순간 마음에 뭉클하였습니다. 그 후 하나님께 기도하는데, 내 질병을 맡깁니다. 내 가정도 맡깁니다. 내가 죽은 다음에 내 남편과 내 자식도 하나님이 책임져 주실 줄로 믿고 모든 것을 맡깁니다. 이렇게 기도할 때 마음이 평안해 졌습니다. 잠도 잘 잤습니다. 어느 날 잠이 깊이 들었는데 예수님이 나타나셔서 수술하는 것 같이 치료를 하시더니 "네가 죽지 않고 살리라"하는 음성을 들었습니다. 잠을 깨고 나니 몸이 가분하고 병세가 점점 나아지기 시작하여 완치가 되었습니다. 맡겨 버리는 순간부터 병이 낫고 문제가 해결되었습니다. 맡길 때 성결한 삶을 살게 되는 것입니다.

(나) 하나님의 말씀에 귀를 기울여야 합니다.

시119:105에 "주의 말씀은 내 발에 등이요 내 길에 빛이니이다"하였습니다. 시인은 주의 말씀을 자기 삶의 참된 인도자, 안내자로 여겼기 때문에 주의 규례를 꼭 지킬 수 있게 된 것입니다. 주의 말씀을 준수하지 않고 인생을 살아가면 탈선하고 암흑과 같은 세상에서 죄를 지을 수밖에 없는 것입니다.

조지아 주 로움이라는 곳에서 시무하는 레이니어 목사는 세계 2차 대전 당시 공군 전투기 조종사로 복무하신 분인데 과거 군에서의 경험담을 말씀했습니다. "나는 샌 안토니오에 있는 켈리 비행장에서 훈련을 받았는데 처음으로 비행기 조종석에 앉았을 때 그 많은 계기들을 바라보고 있는 나에게 교관은 그 계기 한 개 한 개를 지목하며 그것들이 모두 무슨 역할을 하는지 천천히 설명을 해주는 것이었습니다", "이것이 동서남북을 알려주는 나침반이다", "이것은 비행기가 얼마나 높은 상공에 있는지 확인해주는 고도기이다", "이것은 네가 수평선과 평행인가 아닌지 가르쳐 주는 것이다", "이것은 네가 조종하는 비행기가 얼마의 빠른 속도로 나르는가 보여주는 속도계이다" 이렇게 한가지씩 가르쳐 준 교관은 엄숙한 표정으로 이렇게 말하는 것이었습니다. 내 말을 신중하게 들어라. 너는 이 계기들을 철저히 믿어야 한다. 그렇지 않으면 비행기가 너를 죽일 것이다. 교관은 "너를 죽일 것이다"라는 말을 나의 얼굴을 똑바로 바라보고 강조를 했는데도 또 다시 그 말을 다시 한번 반복해서 했습니다.

나는 그것이 무슨 뜻이냐고 교관에게 질문했습니다. 그러자 교관은 이제 네가 앞으로 비행기를 조종할 때에 어떤 때에 너의 느낌으로 비행기가 바른 방향으로 가고 있다고 믿어지지 않을 때가 있을 것이다. 그러나 그 때에도 너는 너의 느낌을 믿지 말고 방향계를 믿어야 한다. 너는 그것들을 철저하게 믿고 비행을 해야 한다. 그래야만 산다는 것이었습니다. 사람이 세상을 살아가는 것도 마찬가지 이치입니다. 인생의 기나긴 여정을 걸어 갈 때 우리는 하나님의 말씀을 철저하게 믿고 그 말씀의 범주 안에서 살 때에 성결성을 잃지 않고 거룩한 삶을 살게 되는 것입니다.

(다) 깨어 기도함으로 능력을 받아야 합니다.

벧전 5:8에 "근신하라 깨어라 너희 대적 마귀가 우는 사자같이 두루 다니며 삼킬 자를 찾나니"라고 하였습니다. 충동과 유혹과 시험이 닥쳐올 때마다 하나님께 가까이 나아가서 그 문제들을 하나님께 아뢰어야 합니다. 깨어 기도하는 생활로 하나님이 주시는 능력을 받아 승리하는 삶을 살아야 합니다. 기도는 신앙생활의 토대이며 근거입니다. 기도 없는 신앙생활은 허위이며 외식입니다. 신앙생활은 영적 생활이기 때문에 영이신 하나님과 깊이 관계하며 하나님의 영을 충만히 받아야만 합니다. "쉬지말고 기도하라"(살전 5:17) 이 말씀은 24시간 계속해서 기도만 하라는 뜻이 아니고 꾸준히 열심을 다해 항상 기도하는 생활을 하라는 뜻입니다.

성경을 연구하는 학자들이 모여 여러 가지를 이야기하던 중 "항상 쉬지 않고 기도한다는 것은 아주 어려운 일이다"는 이야기가 나왔습니다. 이때 마침 그 집 가정부가 이렇게 말했습니다. 나는 항상 쉬지 않고 기도하는 것이 조금도 어려운 일이 아니라고 생각합니다. 학자들은 흥미를 가지고 그 이유를 물었습니다. 나는 아침에 눈을 뜨면 "하나님 나의 마음의 눈까지 뜨게 해 주십시요"라고 기도합니다. 그리고 옷을 입을 때는 "속 사람도 믿음의 옷을 입게 하옵소서"라고 기도합니다. 세수를 할 때에는 "나의 마음도 언제나 깨끗하게 씻어 주옵소서"라고 기도합니다. 청소를 할 때에는 "내 마음 구석구석을 깨끗하게 씻어 죄가 잠시 동안이라도 마음속에 머물지 않게 하옵소서" 하고 기도합니다. 식사할 때에는 감사의 기도를 드리며, "속사람도 하나님 말씀으로 채워 주소서" 기도하고, 쉴 때에는 "영원한 안식도 허락하소서"라고 기도한다는 것이었습니다. 참으로 쉬지 않고 기도하는 사람이었습니다. 기도의 삶은 성결의 생활을 계속할 수 있는 줄로 믿습니다.

(4) 결론

부커 워싱턴은 어린시절 노예였습니다. 그가 주인의 집에서 맡은 일은 오막살이 청소였습니다. 그런데 열심히 청소를 했음에도 주인에게 세 번이나 퇴짜를 맞았습니다. 그래서 그는 자기가 청소를 아주 깨끗이 했다는 자신감이 생길 때까지 청소를 한 후에 주인에게 알렸습니다. 그러나 또 불합격이었습니다. 까닭은 유리창을 닦지 않았기 때문입니다. 그는 다른 것은 다 깨끗이 청소했으나 유리창을 닦아야 함을 미처 생각지 못했기 때문입니다. 부커가 깨끗이 유리창을 닦자 그 순간 찬란한 석양빛이 어두운 오막살이 방안을 환하게 만들었고 창밖의 세계가 그의 시야에 아름답게 들어왔습니다. 그때 부커는 이렇게 외쳤습니다. "창문을 닦읍시다. 창문을 닦읍시다. 미래도 보이고 현재도 밝아지도록 창문을 닦읍시다." 이는 부커 워싱턴이 남긴 유명한 말입니다. 우리의 마음의 창을 닦아야 합니다. 성결케 해야 합니다. 성결이란 세상과 죄로부터 분리하여 구별된 삶을 사는 것이며, 자신을 하나님께 드리는 것입니다. 그리고 성결의 생활을 지속하려면 주님께 순종하고, 말씀안에서 살고 그리고 깨어 기도함으로 하나님으로부터 능력을 받아 성결한 삶을 살 때 우리 심령이 밝아지고 새로운 미래가 보이게 되는 것입니다. 이것이 성결입니다. 성결은 신앙의 최고의 경지입니다. 하나님은 성결의 사람을 가장 기뻐하시고 시대 시대마다 성결한 사람을 들어 역사하시는 줄로 믿습니다.

11. 어떠한 사람이 되어야 마땅하뇨 - 베드로후서 3: 10-14

성경에는 장차 주님께서 이 땅에 재림하신다는 구절이 약 1500번이나 나오고 있습니다. 성경을 마감하는 마지막 절에도 장차 주님께서 이 땅에 다시 오실 것을 약속하고 있습니다. 주님께서 재림하실 그 날과 그 시는 아무도 모르지만, 하늘의 천사들도, 아들도 모르지만 주님께서는 반드시 하늘로 올라가심을 본 그대로 다시 오신다고 말씀하고 있습니다. 한때 시한부 종말론 자들은 주님께서 언제 어디에 몇 시에 온다고 외치기도 했습니다. 그러나 주님이 오실 날은 아무도 모릅니다. 다만 하나님 아버지만 아십니다. 단지 분명한 것은 그 날과 그 시는 알 수 없지만 하늘로 올라가심 본 그대로 다시 오신다고 하는 사실입니다.

그리고 주님께서 이 땅에 재림하실 날이 멀지 않았음을 시대적인 징조를 통해 깨달을 수 있습니다. 주님 오실 날이 가까우면 가까워질수록 도덕이 문란해지고, 신앙이 나태해 지며, 하나님을 부인하는 과학이 발전하며, 젊은 세대들의 반항적이며 방자한 태도가 극성을 부릴 것이라고 말씀하고 있습니다(딤후 3:1-5, 벧후 3:3-4, 딤후 3:1-3). 또 빈부차가 심해지며 이단과 미혹하는 자들이 교회로 침투할 것이며, 도처에서 전쟁이 일어나고, 복음이 온 세계에 전파될 것이라고 말씀하고 있습니다(약 5:1-7, 유 1:10-18, 마24:3-8, 마24:14).

그러므로 그리스도인은 장차 주님께서 이 땅에 재림하신다는 하나님의 약속의 말씀을 믿고 늘 준비하는 삶을 살아야 할 줄로 믿습니다.

그러나 오늘 성경 말씀에 보면 교회 속에 주님의 재림을 부인하는 사람들이 있습니다. 초대교회 그리스도인들 중에는 그들이 죽기 전에 그리스도가 재림하실 것이라고 믿는 자들이 있었습니다. 그러나 주님의 재림은 일어나지 않고 그들은 서서히 하나 둘씩 죽어 갔습니다. 그 후 오랜 세월이 흘러도 주님의 재림은 일어나지 않았습니다. 그러자 교회 속에는 주님의 재림은 일어나지 않을 것이라고 거짓 교사들이 생겨나게 되었습니다. 그들은 창조이후로 우주는 시종일관 규칙적으로 순환되기 때문에 재림과 같은 돌발 상황은 없을 것이며, 도덕적 자유와 방종한 생활을 일삼았습니다. 이러한 거짓된 가르침이 많은 성도들의 신앙에 나쁜 영향을 미치고 있었던 것입니다.

그래서 사도 베드로는 안타까운 마음으로 이 편지를 쓰게 되었던 것입니다. 사도 베드로가 오늘 말씀을 통해 강조하고 있는 것은 무엇입니까? 분명히 주님의 재림이 있다는 것입니다. 단지 주님의 재림이 지연되는 것은 우리의 시간 개념과 하나님의 시간 개념이 다르기 때문이요, 또 너희를 오래 참으사 아무도 멸망치 않고 다 회개하기에 이르기를 원하시기 때문이라고 말씀하고 있습니다. 우리 예수님은 지금이라도 재림할 수 있으나 지금 재림하신다면 구원받지 못할 사람들이 많이 있기에 아무도 멸망치 않고 다 회개하여 구원받게 하시기를 단지 재림을 지연하고 계실 뿐이다고 말씀하고 있는 것입니다.

그러나 주의 날이 도적같이 오리니 그 날에는 하늘이 큰 소리로 떠나가고 체질이 뜨거운 불에 풀어지고 땅과 그 중에 있는 모든 일이 드러나리로다 말씀하고 있습니다. 주님이 재림하시는 날에는 무서운 일들이 일어나게 될 것입니다. 그 이유가 무엇입니까? 주의 날은 심판의 날이기 때문입니다. 지금 우리 주님이 재림을 지연하고 계시지만 주님께서 재림하시는 날에는 죄악된 세상과 예수 믿지 않는 영혼들은 멸망과 재앙을 피할 수 없게 될 것입니다. 그러나 그리스도인에게는 모든 눈물과 고통과 고난을 벗기는 기쁨의 날이 될 것입니다.

그러므로 우리는 주의 심판의 날이 도적같이 임할 시대에 살고 있습니다. 그러므로 준비되지 않은 사람은 주님의 무서운 심판을 피할 수가 없을 것입니다. 그러므로 베드로 사도는 우리에게 도적같이 임할 그 날에 대비하여 "너희가 어떠한 사람이 되어야 마땅하느냐고 질문하고 있습니다. 오늘 본문의 말씀을 통해 세 가지로 정리해 보고자 합니다.

(1) 행실에 거룩한 사람이 되어야 합니다.

베드로후서 3:11에 보면 "거룩한 행실과 경건함으로 하나님의 날이 임하기를 바라보고 간절히 사모하라"라고 말씀하고 있습니다. 베드로가 편지를 쓸 그 당시의 소아시아의 교인들 중에는 주님의 재림은 일어나지 않는다고 말하는 사람이 있었습니다. 그래서 그들은 주의 날을 소망하며 사는 성도의 바람직한 삶인 근신과 절제보다는 이세상의 즐거움과 육체적인 쾌락을 더 강조했습니다. 그러나 오늘 성경말씀을 통해 사도 베드로는 도적같이 임할 주님의 심판의 날을 사는 성도들이 행실에 거룩한 자가 되어야 함을 말씀하고 있습니다.

베드로전서 1:15절에도 보니까 "오직 너희를 부르신 거룩한 자처럼 너희도 모든 행실에 거룩한 자가 되라"고 말씀하고 있습니다. 요한일서 3:3에도 보면 사도요한은 "주를 향하여 이 소망을 가진 자마다 그의 깨끗하심과 같이 자기를 깨끗케 하느니라"고 말씀하고 있습니다. 그리스도인은 행실에 거룩해야 합니다. 거룩하다는 것은 "구별되었다" 라는 의미가 있습니다. 다시 말하면 그리스도인은 세상 사람들과 구별된 삶을 살아야 한다는 것입니다.

큰 기업이나 기관에 제품을 공급하는 중소기업들의 가장 큰 어려움은 구매 담당자에게 개인적인 사례를 하지 않으면 계속해서 거래 관계를 유지할 수 없는 것이라고 합니다. 즉 기업이나 기관에 물품을 납품하는 경우 개인에게 판매하는 가격보다 최소한 20-30% 더 높은 가격을 받는 것이 통례가 되고 있습니다. 대개의 경우 납품업자가 구매 담당자에게 그 20-30%를 리베이트로 주지 않으면 거래가 성립되지 않거나 지속적인 거래 관계를 유지할 수 없는 풍토 때문이라고 말하고 있습니다.

일본에서 사업의 경영을 해 본적이 있는 어느 그리스도인이 한국기업의 국제 경쟁력을 좀먹는 가장 큰 이유중의 하나가 바로 리베이트에 있다고 말합니다. 일본에서 사업을 할 때에는 제품이 좋고 가격이 적절하기만 하면 납품하는데는 다른 신경을 쓸 필요가 없다는 것입니다. 우리나라 인구의 1/4이 기독교인이라고 합니다. 그러면 적어도 기업이나 기관의 1/4은 그리스도인이 경영하는 것이요, 이러한 조직의 구성원 중 1/4은 그리스도인 일 것입니다. 네 개의 기업이나 기관 중 하나에서부터 정직한 거래를 시작한다면 이 부정직한 사회 풍토를 바꿀 수 있을 것입니다.

이랜드의 박성수 사장이 사업을 시작할 초기에 세금을 정직하게 내기 위해서 노력한 일이 잘 알려진 사실입니다. 비슷한 규모의 다른 의류업체들이 내는 세금보다 훨씬 많은 세금을 내니까 다른 업체들이 못마땅하게 여기고 묘한 커넥션이 설정되어 있는 세무서 직원들도 난처했습니다. 결국 화가 난 세무서에서 세무 조사를 했지만 꼬투리를 잡을 수 없었습니다. 그리스도인은 행실에 거룩한 자가 되어야 합니다. 세상의 부조리에 타협하지 아니하고 하나님의 말씀대로 살아야 합니다. 그럴 때에 그리스도인들을 통해 이 세상이 변하게 될 것이며, 하나님께 영광을 돌리게 될 줄로 믿습니다.(마5:15-16)

세상 사람들은 그들이 소망을 세상의 썩어질 것에 두고 있기에 사람의 눈치 보느라고 신앙생활을 제대로 못하고, 어떤 성도는 돈을 더 벌려고 치사하게 깨끗지 않은 것에 손을 대기도 하고, 세상 사람들과 같이 부정과 불법을 행하기도 합니다. 육체적인 쾌락과 즐거움에 자신을 맡기며,

신앙을 더럽히고 거룩함을 간직하지 못하기도 합니다. 그러나 그리스도인은 소망을 이 세상의 썩어질 것에 두고 있는 것이 아니라, 도적같이 불현듯 이 땅에 오실 주님께 소망을 두며 살고 있습니다. 도적과 같이 올 주의 날, 심판의 날에 소망을 두며 살고 있는 우리들에게는 거룩한 행실을 가지는 것은 당연한 일이라고 믿습니다. 하나님이 거룩하시기에 하나님의 자녀들도 거룩한 삶을 살아야 하는 것입니다. 거룩하게 살지 않는 사람, 이세상의 쾌락과 즐거움에 빠져 사는 사람은 불현듯 도적같이 찾아오시는 주님을 영광 중에 맞이할 수 없을 것입니다. 주님의 무서운 심판을 면할 수 없을 것입니다. 그러나 죄를 멀리하며 자신을 깨끗케 하며 산 사람은 영광 중에 주님을 맞이하게 될 줄로 믿습니다. 그러므로 하나님의 자녀인 오늘 저와 여러분은 세상을 살면서 하나님의 거룩하심과 같이 우리도 정결하고 거룩한 삶을 살 수 있기를 바라는 것입니다.

어거스틴은 예수그리스도를 믿은 후 길을 걷고 있을 때, 같이 술마시며 즐기던 여자를 만났습니다. 그러나 어거스틴은 못 본 채 하고 지나갔습니다. 그 여자가 쫓아와서 '나야!' 라고 말했습니다. 어거스틴은 "난 너를 모른다" 라고 말했습니다. 그 여자는 이상하다는 듯이 반가워서 자꾸만 달려들었습니다. 어거스틴은 "난 이제 어제의 어거스틴이 아니야. 새로운 어거스틴이야" 라고 말하고 집으로 돌아왔다고 합니다.

사도바울은 예수 믿기 전엔 예수 믿는 사람들을 잡아 결박하기도 하고 감옥에 넣기도 했습니다. 그러나 그가 다메섹 도상에서 예수님을 만난 후 그의 삶은 온전히 변화되었습니다. 예전에는 예수 믿는 사람들을 핍박하고 잡아 감옥에 넣기도 하고 죽이기도 했지만 예수님을 만난 후엔 예수님을 증거하는 사람이 되었습니다. 자신에게 유익한 모든 것을 그리스도를 위하여 다 배설물로 여겼습니다. 예수 그리스도로 옷을 입은 사람은 어두움의 일을 벗어버리고 육신의 정욕을 위하여 육신의 일을 도모하며 살지 않고 성령을 좇아 하나님을 기쁘시게 하며 사는 줄로 믿습니다.

　　어떤 부인이 믿지 않는 남편을 간신히 이끌고 교회에 나왔습니다. 그 날 목사님이 설교를 하고 지금 예수 그리스도를 믿기로 작정하는 분은 손을 들라고 말하였습니다. 그 때 부인이 남편의 옆구리를 쿡 찌르면서 조용히 말했습니다. "여보 당신도 이 순간 손을 들고 예수 그리스도를 믿기로 약속했으면 좋겠어요" 라고 말하였습니다. 그러나 남편은 아무 반응이 없었습니다. 예배를 마치고 돌아오는 길에 부인은 슬픈 목소리로 남편에게 말하였습니다. "여보 나는 당신이 손을 들고 예수 믿기로 약속하실 줄 알았는데 왜 안 들었죠?" 그러자 남편은 다음과 같이 말하였습니다. "여보. 그동안 당신은 크리스찬으로 살아왔고 나는 불신자로 살아왔소. 그런데 그동안 당신의 생활을 보면 나와 다른 점이 하나도 없었소. 내가 화내면 당신도 화내고, 내가 술을 마시면 당신도 마셨고, 내가 춤추러 가면 당신도 가고, 내가 걱정하면 당신도 걱정하고, 내가 일요일 바다로 가면 당신도 따라나섰지 않았소. 이처럼 당신과 나의 생활이 다를 바가 없는데 내가 무엇 때문에 특별히 크리스찬이 되어야 하는지 전혀 필요성을 느끼지 못하고 있소" 라고 말하였다는 것입니다.

　　성도의 거룩하지 못한 행실은 자기는 물론 타인에게도 아무런 유익을 줄 수 없습니다. 하나님의 영광을 가리우게 되는 것입니다. 거룩하지 못한 모습으로 살아갈 때 불현듯 주의 심판의 날이 닥친다면 무서운 심판을 피할 수 없을 것입니다. 그러므로 우리는 하나님께서 거룩하심과 같이 우리 자신을 거룩하게 하며 살아야 할 줄로 믿습니다. 그래서 언제 어느 때에 주의 심판의 날이 닥친다 할지라도 영광 중에 주님을 맞이할 수 있는 주의 복된 성도들이 되시기를 바랍니다.

(2) 경건한 사람이 되어야 합니다.

베드로후서 3:11에 보면 "거룩한 행실과 경건함으로 하나님의 날이 임하기를 바라보고 간절히 사모하라"라고 말씀하고 있습니다. 주의 심판의 날을 바라보며 사는 성도들은 경건한 사람이 되어야 합니다. 경건이 무엇입니까? 야고보서 1:27에 보면 "하나님 아버지 앞에서 정결하고 더러움 없는 경건은 곧, 고아와 과부를 그 환난 중에 돌아보고 또 자기를 지켜 세속에 물들지 아니하는 이것이니라." 야고보 사도는 참된 경건을 두가지로 분류했습니다.

첫 번째, 자기를 지켜 세속에 물들지 아니하는 것입니다. 성도는 세속과 구별된 자들입니다. 진실로 성도답게 살고자 한다면 세속에 물들지 않고 하나님의 말씀대로 살아야 합니다. 정직하고 바르고 선하고 자비롭고 언어생활에서도 덕을 끼치며, 항상 하나님을 닮아가고자 노력해야 합니다.

두 번째, 참된 경건은 고아와 과부들에게 실제적인 도움을 주는 것입니다. 참된 경건은 나 자신이 주님을 사랑하고 주님의 말씀대로 살아가는 것뿐만 아니라, 이웃을 사랑하는 것으로 나타나야 합니다. 이웃이 어려움을 당하고 있는데도 도와줄 마음이 없으면 이미 그 사람의 경건은 헛된 것입니다. 경건의 모양은 있으나 참된 경건은 아닌 것입니다. 참된 경건은 주님을 사랑함이 이웃을 사랑하는 것으로 나타날 때 참된 경건인 것입니다.

사도행전 10:2에 보면 고넬료는 "경건하여 온 집으로 더불어 하나님을 경외하며 백성을 많이 구제하고 하나님께 항상 기도하더니"라고 말씀하고 있습니다. 고넬료는 하나님을 사랑했습니다. 그것이 바로 이웃을 사랑하는 것으로 나타났습니다. 이것이 바로 성경이 말하는 경건입니다. 이러한 경건은 금생과 내생에 큰 유익이 있습니다. 그래서 디모데전서 4:8에 보면 "육체의 연습은 약간의 유익이 있으나 경건은 범사에 유익하니 금생과 내생에 약속이 있느니라"라고 말씀하고 있습니다.

사랑하는 성도여러분

오늘 저와 여러분이 이 마지막 때에 경건한 삶을 살아서 주님 오실 그날까지 승리하며, 금생과 내생에 주님의 큰 은혜와 축복을 받는 저와 여러분 될 수 있기를 주님의 이름으로 축원합니다.

(3) 하나님의 날이 임하기를 바라보고 사모해야 합니다.

마지막으로 다가올 주님의 심판의 날을 대비하여 성도는 어떻게 살아야 하겠습니까? 오늘 성경말씀 12절에 보니까 "하나님의 날이 임하기를 바라보고 간절히 사모하라"라고 말씀하고 있습니다. 우리 성도들의 소망은 주님이 재림하시는 그날 하나님나라에 들어가 주님과 함께 영원히 사는 것입니다. 이 소망을 하나님은 우리에게 주셨습니다.

한 프랑스의 병사가 가슴에 총탄을 맞고 병원으로 실려 왔습니다. 총탄을 꺼내기 위하여 가슴을 째고 있을 때 이 병사는 신음 중에 의사에게 말하였습니다. "더 깊게 째 보십시오. 그러면 내 가슴깊이 묻혀 있는 조국 프랑스를 꺼낼 수 있을 것입니다." 여러분과 저의 가슴을 헤쳐 본다면 무슨 소망이 나오겠습니까? '잠시 있다' 가는 이생의 욕심과 이기적인 꿈만이 가득한 것은 아닙니까? 하나님이 우리에게 주신 비젼이 있다면 그것은 무엇보다도 영원한 천국에 대한 소망입니다.

빌2:13을 보십시오. "너희 안에서 행하시는 이는 하나님이시니 자기의 기쁘신 뜻을 위하여 너희로 소원을 두고 행하게 하시나니" 라고 했습니다. 그러므로 우리는 주의 재림의 날, 하나님의 나라를 소망하며 살아야 할줄로 믿습니다. 요한은 요한계시록의 마지막 부분을 아멘 주 예수여 어서 오시옵소서 라고 주의 재림을 간절히 사모하고 있는 것을 볼 수 있습니다. 사도바울도 주의 재림을 간절히 사모했습니다. 데살로니가전서 4:16-18에 보니까 "주께서 호령과 천사장의 소리와 하나님의 나팔로 친히 하늘로 좇아 강림하시리니 그리스도안에서 죽은 자들이 먼저 일어나고 그후에 우리 삼아 남은 자도 저희와 함께 구름속으로 끌어 올려 공중에서 주를 영접하게 하시리니 그리하여 우리가 항상 주와 함께 있으리라 그러므로 이 여러 말로 서로 위로하라"라고 데살로니가 교인들에게 말하고 있습니다.

영국의 빅토리아 여왕은 예수의 재림에 대한 설교를 듣고 이런 유명한 말을 했습니다. "그리스도가 내 생전에 오셔서 내 왕관을 그분의 발 앞에 바칠 수 있으면 좋겠다"고 말하였습니다. 하나님의 날을 바라보며 소망 중에 사는 사람의 고백인 것입니다. 초대 교회 성도들은 폭풍이나 번개가 몰아치게 되면 "주여! 이제 오십니까?"라고 말했다고 합니다. 밤에 아름다운 별들을 대할 때마다 "주님, 언제 오시려 하나이까?"라고 속삭였다고 합니다. 그들은 언제, 어디서 만나든지 "샬롬, 마라나타", "안녕하세요, 주님은 다시 오십니다"라고 인사를 주고받았다고 합니다.

이처럼 초대교회 성도들은 주님의 오심을 바라보며 간절히 사모하며 살았습니다. 그랬기에 그들의 삶에 항상 긴장감이 있었습니다. 신앙에 활력이 있었습니다. 책임감이 있고 열심히 있고, 자신을 주께 드리는 헌신이 있었습니다. 항상 적극적이요, 긍정적이요, 생산적인 삶이었습니다. 어떠한 고난이 닥쳐와도 낙망하지 아니하고 넉넉히 이기고 승리했습니다. 그러나 재림을 믿지 않고 살아가는 삶은 언제나 절망적이요, 부정적이요, 실패하는 삶입니다. 우리는 주의 재림을 의식하지 않으며 살아서도 안되지만 주의 재림을 두려워하거나 거기에 너무 집착하여 게으른 생활을 해서는 안 될 줄로 압니다. 우리가 항상 주어진 일에 최선을 다하고 열심히 신앙생활을 한다면 주님이 언제 오시던 무슨 문제가 되겠습니까?

중요한 것은 우리가 늘 깨어 준비하며 주님의 오심을 바라보고 사모하는 자가 되어야 할 줄로 믿습니다. 그렇습니다! 우리 주님은 분명히 다시 오십니다. 그리고 그 시간은 우리 앞으로 점점 더 가까이 다가오고 있습니다. 그날은 무서운 심판의 날이 될 것입니다. 예수 믿지 않는 사람에게는 최대의 재난이며, 비극적인 이별이며 믿을 수 없는 실망의 순간이 될 것입니다. 그러나 예수 믿는 우리에게는 구원의 날이요, 극히 영광스러운 날, 축복의 날이 될 것입니다.

그러므로 사랑하는 성도여러분

우리는 어떠한 사람이 되어야 하겠습니까? 이 세상에 소망을 두고 세상을 좇아 사는 사람이 아니라, 육신을 좇아 사는 사람이 아니라 하나님의 날을 바라보며 하나님 나라를 사모하며 사는 사람이 되어야 할 것입니다. 그래서 장차 다가올 주님의 날이 구원의 날, 부끄럼 없이 주님 앞에 설 수 있는 영광스러운 날, 축복의 날이 될 수 있기를 주님의 이름으로 축원합니다.

부록

1. 명사들의 마지막

• **공자** (孔子 : B.C. 551 ~ 479)(中)

동양의 박학(博學)이요, 성인인 공자는 죽어야 할 때 죽는다고 여겼다.

「이 왕국에는 나를 스승으로 받드는 사람이 하나도 없다. 나의 생애를 마칠 때가 닥쳤다.」

• **괴테** (Geothe, Johann Wolfgang von ; 1749~1832)(獨)

이 대문호는 많은 친구들과 친척들과 친척들에게 둘러싸여 안락의자에 누운 채 조용히 죽어갔다. 그가 마지막으로 남긴 뜻 깊은 말은 다음과 같다.

「더 많은 빛을」

• **나폴레옹 1세** (Napoleon Ⅰ ; 1769~1821)(佛)

세인트 헬레나의 고도에서 숨을 거둔 나폴레옹은 죽을 때 조국과 군대와 애인 이름을 불렀다고 에밀 루드비히는 전하고 있다.

「프랑스……! 군대……! 군대의 수령…… 조세핀」

• **녹스, 존** (Knox, John ; 1505~1572)(英)

이 믿음 깊은 사회 개혁자는 그가 마지막으로 공중 앞에 나선 지 2주일 후에 발작을 일으켜 운명했다.

「이제야 올 것이 왔군…」

• **다 · 빈치, 레오나르도** (Da Vinci, Leonardo ; 1452~1519)(伊)

이 르네상스의 거장(巨匠)은 왕의 아람 속에서 죽어가면서 이렇게 말했다.

「내가 해 온 일이 내가 해야 할 일에 못 이르렀기 때문에 나는 신과 인류에 죄를 졌나이다」

• **데미언** (Damien, Father ; 1840~1889)(白)

하와이 몰로카이에서 카톨릭 선교 25년후에 병들어 죽은 데미언은 그의 험하고 다난한 일생 때문에 널리 알려진 성직자다.

「신의 뜻이 이루어졌도다. 나의 일은 과오 그리고 실패까지라도 모두 신의 손 안에 있도다. 그리고 나는 부활절 이전에 나의 구주(救主)를 보리로다」

• **데카르트** (Descartes, Rene ; 1596~1650)(佛)

폐에 염증이 나 스웨덴에서 고요히 죽음을 기다리며, 데카르트는 다음과 같은 독백을 남겼다.

「오랫동안 포로가 되어 왔던 나의 영혼이여, 이제 너의 감옥으로부터 빠져 갈 때가 닥쳤으니, 이 육체의 속박으로부터 빠져 나가라. 기쁨과 용기로써 이 찢어져 나가는 아픔을 참으리라」

• **도스토예프스키**

(Dostoevsky, Fedor Mikhaklovich ; 1821~1881)(露)

간질병 · 도박 · 가난 · 유형과 중노동, 그리고 불행한 결혼을 참으면서 인간 상황을 예리하게 묘사해 낸 이 대가는 1881년 정월, 죽음의 침상에 누워 부인에게 성서를 읽어 달라고 당부했다.

부인은 신약성서를 펴들고 마태복음 3:15을 읽기 시작했다.

「예수께서 대답하여 가라사대 이제 허락하라. 우리가 이와 같이 하여 모든 의를 이루는 것이 합당하니라 하신대…」 여기까지 읽었을 때, 도스토예프스키는 다음과 같이 말했다. 「됐어. 〈이제 허락하라!〉는 말은 내 죽음을 뜻하는 거다」

• **디오게네스** (Diogenes ; 기원전 5세기)(希)
축제(祝祭)에 가는 도중, 숙병인 열이 올랐다. 그는 살아 날 수 없을 것 같은 예감이 들자, 병(病)으로부터 죽음을 당하느니보다 자기 스스로가 죽음을 택하고 싶어 나무에 목을 매었다. 동행하던 크세니아데스가 이를 발견하고, 「어떻게 묻어 줄까?」고 물었다. 「얼굴이 밑을 향하도록 묻어 달라」고 했다. 「뭣 때문이냐?」고 물으니까 다음과 같이 말했다.
「세상 만사가 곧 뒤엎어지기 때문이다」

• **디킨스, 에밀리** (Dickinson, Emily ; 1830~1886)(美)
이 뛰어난 정서의 규수 시인이 죽을 때, 「안개가 이는군. 그리로 들어가야지」라고 말했다고도 하고 또 다음과 같이 말했다고도 한다.
「오, 이것이 전부구나!」

• **디포우** (Defoe, Daniel ; 1660~1731)(英)
〈로빈슨 크루소우〉의 작가 디포우는 1731년 봄 무어피일드에서 죽었다. 임종에서의 말은 다음과 같다.
「한 기독교도에 있어 잘 사는 게 어렵냐, 잘 죽는게 어렵냐 하는 것을 나는 알 수가 없구나」

• **롱펠로우** (Longfellow, Henrry W. ; 1807~1882)(美)
병석에 누워있는 이 시인은, 포틀랜드에서 문병코자 찾아 온 누이를 붙들고 다음과 같이 말했다. 이것이 그의 마지막 말이었다. 「네가 온 것을 보니, 이제야 내가 중태라는 것을 알겠군」

• **루즈벨트** (Roosevelt, Theodore ; 1858~1919)(美)
미국의 대통령인 디오도오 루즈벨트는 급사에게 다음과 같은 마지막 말을 남겼다.
「불을 꺼달라」

• **피에르** (Renoir, Pierre ; 1841~1919)(佛)
연로한 인상파의 이 거장은 허무한 삶의 지속에 희망을 걸었던 것이다.
「나는 지금도 살아 있다」

• **릴케** (Rilke, Rainer Marie ; 1875~1926)(獨)
〈장미여, 오 청정한 모순이여!〉란 묘비명의 시인 릴케는 장미 가시에 찔려 그 여독으로 죽었다. 그는 다음과 같은 편지 한 통을 남겨 놓았다.
「내 사랑하는 수페르비일레, 혹심한 병환 속에서 아프고 불쌍하고 천한 이 병환 속, 살아날 수 없는 비인간의 광야, 그 광야에서도 나는 너의 소식과 너를 느낄 수 있는 흐뭇한 순간을 다시 누릴 수 있더구나. 지구의 존재들이 아물아물 기억에 살아난다. 난파선의 파편같이… 세상 일들… (하지만 그 세상은 우리의 감정을 얼만큼 모독했던 것인가!)」

• **링컨** (Lincoln, Abraham ; 1809~1865)(美)
수줍은 그의 아내가, 이렇게 손을 맞잡고 있는 것을 극장 관객들이 보면 어떻게 생각할지 모르겠다고 걱정하니까, 링컨은 이렇게 대답했다.

「아무렇게도 생각하지 않을 거야」

이것이 링컨의 마지막 말이었다. 이 말을 한 지 얼마 있지 않아서 총탄을 맞은 것이다.

• **멘델스존** (Mendelssohn, Felix ; 1809~1847)(獨)

〈바이얼린 협주곡 E단조〉등 달콤한 선율로 이름을 떨친 이 작곡가는 과로로 몸이 허약해져 끝내는 죽기 아까운 나이에 목숨을 거두었다. 병석에서 그의 사랑하는 누이의 부음(訃音)을 듣고 병세가 더욱 악화되었으며, 이것이 그로 하여금 살 의욕을 잃게 한 직접적인 동기가 되었던 것이다. 임종에서 기분이 어떠냐고 묻는 말에 다음과 같이 대꾸했다.

「지쳤다, 지칠 대로 지쳤다」

• **무디** (Moody, Dwight Lyman ; 1837~1899)(美)

미국의 저명한 이 복음전도사는 죽음의 잠자리에서 듣는 이 없는 일장의 전도 연설을 했다.

「땅은 물러가고 하늘이 열리도다. 나는 그 문을 통과하고 있다. 나를 다시 부르진 말라. 이것이 죽음이라면 달콤하다. 드와이트! 아이리인(그의 죽은 손자)! 애들의 얼굴들이 보이는구나!」

• **베토벤** (Beethoven, Ludwig van ; 1770~1827)(獨)

가져다가 달라는 술이 너무 늦으니까 다음과 같이 말했다고 한다. 「글렀다. 다 글렀다! 너무 늦었다!」 또 어떤 책에는 이 귀 어두운 작곡가가, 「하나님의 음성이 들린다」고 이야기했다고 쓰여 있고, 구전(口傳)에 의하면, 갑자기 침대에서 벌떡 일어나더니 신을 향해서인지 또는 인간을 향해서인지는 모르되 주먹을 내어 흔들더니 그대로 죽어 갔다고도 한다.

• **베이컨** (Bacon, Francis ; 1561~1626)(英)

정치가이기도 한 베이컨은 과학자이기도 했다. 그는 추위가 육류(肉類)의 한 부패를 얼마큼 막아낼 수 있는가의 실험을 하기 위해 눈 속에서 병아리를 잡다가 급성 폐렴에 걸려 그 길로 운명했다.

「나의 선하신 주님이여! 나는 베스비우스 산상에서 화산을 연구하다가 죽은 카이어스 플리니어스의 행운을 누렸나이다」일설에 의하면 다음과 같이 말했다고도 한다.「나의 이름과 기억을 다음 세대와 외국 사람들에게 남기고 가노라」

• **뷰캐넌** (Buchanan, George ; 1506~1582)(스코틀란드)

법원 서기를 지낸 그는 자기다운 유언을 남겼다.

「사람들이 어디 갔냐고 묻거든, 최고 심판부에 소환되어서 갔다고 알려 다오」

• **브룩스** (Brooks, Phillips ; 1835~1893)(美)

미국 교계(敎系)의 개척자로 〈베들레헴의 작은 마을〉을 작곡한 이 믿음 깊은 크리스찬은 죽는 마당에서 안식처(安息處)를 찾았다.

「집에 데려다 다오. 집에 돌아 가야만 한다니까!」

• **사보나롤라** (Savonarola, Girolamo ; 1452~1498)(伊)

교황이 이단자로 낙인을 찍자, 반기를 든 이 도미니크 수도승단(僧團)의 다른 두 동료와 함께 체포되어 화형을 당했다.

「나 때문에 주가 적지 아니 마음 아파하셨도다」

• **세르반테스** (Cervantes, Miguel de ; 1547~1616)(西)

그는 떨리는 손으로 이 세상에 고별의 편지를 썼다.

「기쁘던 일, 착한 일, 그리고 재치 있고 매력있는 온갖 것들이여, 안녕! 즐겁던 친구들이여, 안녕! 다른 세상에서 다시 만날 것을 바라며 나는 죽어 간다」

• **셰익스피어** (Shakespeare, William ; 1564~1616)(英)

이 문호는 벤 · 존슨, 그리고 미카엘 · 드레이턴과 더불어 외출해서 백포도주에 만취했다. 그길로 열이 올라 목숨을 거두었다. 그의 마지막 시간에 대해서는 아무 것도 알려진 것은 없으나 그가 즐겨 쓰던 물건을 유증했다는 사실만이 전해 내려오고 있다. 아내 안에게는, 「두번째로 좋은 침대를 남긴다」고 말했고, 딸 수산나에게는 은그릇을 준다면서, 「여자로서 몸가짐에 영리하라」고 타일렀으며, 그의 도검(刀劍) 가운데서 하나를 토머스 쿠움에게 유증했다.

• **소크라테스** (Socrates ; B.C. 469 ~ 399)(希)

이 저명한 그리스의 철학가는 지행일치(知行一致)를 말하면서 거리에 나서서 민중의 계발(啓發)과 감화에 힘썼으며 소피스트에 반대하여 진리의 절대성을 주장했으나, 젊은이들의 기개를 타락케 했다는 지로 독배를 마셔야만 했다. 그는 한 제자에게 다음과 같이 말했다.

「크리토, 산다는 것은 오래 앓는다는 것이다. 나는 의신(醫神) 아스클레피우스에 닭 한 마리의 빚이 있다. 이 부채를 갚아야 한다는 것을 잊지 않겠지?」

• **쇼, 버나드** (Shaw, George Bernard ; 1856~1950)(英)

시인이요, 비평가이며 소설가이기도 한 쇼는 간호원에게 「나를 마치 늙은 골동품처럼 살려 두려 애쓰는데 그럴 것 없다. 나는 다 됐고 끝났으며 죽어 가고 있는 것이다」 그가 마지막 쓴 글은 다음과 같은 것이다.

「삶에의 의지란 설명할 수 없는 것이다. 합리적이기 위해서는 스스로 숨을 끊는 것인데 나는 그리하지도 않을 것이고 또 그러하길 바라지도 않는다. 하이든은 자살했는데 그것은 신경통을 참을 수 없었기 때문이다. 이와 같은 경우는 합리화 할 수 있는 자발적인 극락왕생(極樂往生)이란 것이다. 그러나 사람들의 거의가 그의 마지막 순간까지 생명을 끌고 가서 자연사(自然死)를 한다. 즉 이것도 나이 아흔 넷에 사라져야만 했을 나의 경우를 뜻하는 것이다」

• **스콧** (Scott, Sir Walter ; 1771~1832)(英)

임종에서 이 작가는 그의 가족들에게 다음과 같이 말했다.

「그대들에게 신의 은총(恩寵)이 깃들기를…」

• **아우렐리우스, 마르쿠스** (Aurelius, Marcus ; 121~180)(羅)

이 위대한 황제의 임종에서 호민관(護民官)이 오늘밤 암호를 뭣으로 할까요 물었더니, 황제는 그의 후계자에게 가서 물으라고 일렀다.

「해뜨는 곳에 가라, 나는 저물고 있으니」

• **아퀴나스, 토마스** (Aquinas, Saint Thomas ; 1225~1274)(伊)

중세의 저명한 신학자요, 스콜라 철학자인 그는 최후의 성찬을 받고 다음과 같이 말하였다.

「내 영혼의 값으로 성찬을 받노라. 나는 성령을 두고 가르쳤고 설교해

왔도다. 이에 거역하는 일이 없었고, 또 이에 내 의견을 완강히 내세운 일도 없었느니라. 만약 내가 이 성령에 대해 잘못이 있다면, 이 세상을 떠나려 하고 있는 지금일지라도 성(聖)로마 교회의 심판을 받겠노라」

• **알렉산더** (Alexander ; B.C. ?~145)(猶)

그의 아내에게 다음과 같이 말했다.

「그들이 예루살렘으로 오거든 그들에게 내 시체를 맡겨라. 그들이 장례를 거절하면 또 내 시체를 모욕하건 상관하지 말지어다. 그리고 이 왕국의 국사는 그들과 상의 없이 처리하지 않겠다고 그들에게 약속해라」

• **헨리 4세** (Henry Ⅳ ; 1367~1413)(英)

웨스트민스터의 예루살렘 궁방 병석에 누워 있는 이 명군은 그 중방의 이름에서 죽음을 예감했다.

「하늘에 계신 아버님에게 찬양을 바치나이다. 예루살렘에서 이 생명을 하직하라고 나에게 내려 주신 예언 따라, 나 지금 이 방에서 죽어 가나이다」

• **엘리자베드 1세** (Elisabeth Ⅰ ; 1533~1603)(英)

여왕의 큰 업적을 낱낱이 열거하고 있던 캔터버리 대주교의 말을 멋게 한 이 여왕은 다음과 같이 말했다. 「경이여, 오래도록 써 온 왕관은 나의 생애를 허무하게 했소. 바라노니, 경이여, 지금 짐(朕)이 죽음에 다가와 있는 이 시간에까지 그 허무를 돋구게 하진 말아주오」 그리고서 숨이 넘어가기 직전에 다음 한 마디를 남겨 놓아 대 여왕다운 품위를 잃지 않았다.

「나의 온갖 것들을 한꺼번에 누리는 이 한 순간!」

• **웹스터** (Webster. Daniel ; 1782~1852)(美)

명 변호사요, 상원 의원이며 국무상을 역임한 바 있다. 이 정치가는 「나는 아직 시 속에 살고 있다」고 말했다는 설도 있고 다음과 같이 말했다는 사람도 있다.

「삶…삶! 죽음! 죽음! 참 신기하기도 하다」

• **위고** (Hugo, Victor ; 1802~1885)(佛)

〈레·미제라블〉의 이 작가는 폐충혈로 여든 세 살에 죽었다. 죽을 때, 「잘 있거라 자느, 잘 있거라!」고 말했다는 설도 있으나, 흔히들 다음과 같이 말한 것으로 알고 있다.

「검은 빛이 보인다」

• **쯔빙글리** (Zwingli, Ulrich ; 1484~1531)(瑞西)

카톨릭 교회로부터 신교를 개혁하려는 종교개혁의 이념적 선구자인 쯔빙글리는 당대의 정치와 루텔에게 막대한 영향을 끼쳤다. 그의 영향 때문에 나타난 정치적 분쟁에 뛰어 든 그는 카펠의 싸움에서 군목으로 종군했다가 붙들려 사지를 찢기워 비참한 죽음을 당했다.

「죽는다는 게 문제가 아니다. 놈들은 몸만은 죽일 수는 있어도 마음만은 죽일 수 없을 것이다」

• **카네기** (Carnegie, Andrew ; 1835~1919)(美)

편히 쉬라는 아내의 저녁 인사에 대꾸해서,

「그랬으면 좋겠어, 루우」

• **카알라일** (Carlyle, Thomas ; 1795∼1881)(英)

사가(史家)이기도 한 이 명문가(名文家)는 조용히 뇌까렸다.

「바로 이것이 죽음이군, 옳아……」

• **칸트** (Kant, Immanuel ; 1724∼1804)(獨)

여든 삶에 죽은 이 저명한 철학가는 여든이란 나이에 흡족해하더니 숨을 거두었다.

「이것으로 충분하다!」

• **칼빈** (Calvin, John ; 1509∼1564)(佛)

칼빈주의자의 창시자요, 종교 개혁의 선구자인 그의 마지막 말은 다음과 같다.

「주(主)여, 당신이 나를 아프도록 후려치는 군요! 허나 그대의 손으로 치기 때문에 나는 흡족하나이다」

• **크리스토퍼** (Christopher, Saint ; ?∼249)(羅)

여행자의 수호신(守護神)인 이 순례의 성도는 로마 제국의 데시우스에게 잡혀 순교했다. 그는 죽기 전에 다음과 같이 예언했고, 이 예언의 기적대로 죽었다고 전설로 전해있다.

「왕이여, 나는 내일이면 송장이 되어 있을 것이다. 내가 죽거든 그대 폭군이여, 나의 피로 풀을 쑤어 그대의 눈에 칠하면 그대의 시력은 밝아질 것이다」

• **톨스토이** (Tolstoy, Leo ; 1828∼1910)(露)

그이 마지막 일기는 다음과 같다. 「밤에는 괴로웠다. 열이 나 이틀간

잠만 잤다. 2일에는 체르토코프가 왔다. 소피아의 소문을 퍼뜨렸다. 내가 뜻하고 있는 것은 의무를 다하라는 것이다. 다만 끝에, 다른 사람에 대해서나 특히 나 자신에 있어 온갖 것이 행복해질 것이다」 톨스토이의 죽음을 회상하는 그의 아들 세리자의 기록을 인용하면 다음과 같다.

• **아시시** (Francis of Assisi, Saint ; 1182~1226)(伊)

그의 너른 사랑 때문에 전설적인 존재가 된 이 성자는 이집트 사막에서의 단식 고행으로 속세를 초탈했던 것이다. 소설의 소재로 널리 다루어진 이 성자의 마지막 말은 다음과 같다.

「어서 오시오, 누이인 죽음이여」

• **프랭클린** (Franklin, Benjamin ; 1706~1790)(美)

그 많은 격언을 만들어 낸 프랭클린이 마지막 격언을 남긴 것은, 숨을 보다 부드럽게 쉬게 하기 위해 그의 딸이 몸을 주무르고 있던 운명 직전이었다. 「죽어 가는 사람에겐 모든 일이 수월하지 않구나」 프랭클린은 그 전에 다음과 같은 글을 쓴 적이 있었다.

「출판업자, 벤저민 · 프랭클린의 몸은 한 낡은 책의 표지 같은 것, 속이 찢어지고 글씨며 금박이는 닳고 닳아 여기 누워 땅벌레의 밥이 되도다. 허나 할 일마저 잊진 않았다. 언젠가는 위대하신 저자(著者=神)에 의해 교정되고 수정되어 보다 새롭고 보다 아름다운 새 책으로 다시 나타나리라」

• **허버트** (Herbert, George ; 1593~1633)(英)

이 믿음 깊은 시인은 폐병을 앓다가, 자기가 죽어 간다는 것을 예감하고 죽음에 대한 준비에 분주했다. 이 시인은 〈천당에서 천사들이 부르는 찬미가와 같은 노래〉란 시를 짓기 시작했다. 시작(詩作)이 끝나자 그는 유언장을 넘겨 주면서 다음과 같이 말했다.

「나는 지금 죽을 준비를 하고 있다. 죽는 나를 버려 두지는 않을 것이다. 나의 기력이 다 사라진 지금에도 나의 예수가 베푸신 은혜의 혜택을 바랄 만한 기력은 있다. 그리고 지금 주여, 주여, 지금 바로 나의 영혼을 받아 주옵소서」

• **헤겔** (Hegel, Georg Wilhelm ; 1770~1831)(獨)

이 대철인은 임종에서, 「나를 이해해 준 이는 단 한 사람뿐이었다」고 깊은 한숨짓더니, 다음과 같이 말했다.

「그러나 그분도 나를 이해하지는 못했다」

• **히틀러** (Hitler, Adolf ; 1889~1945)(獨)

제 3제국의 마지막 날, 이 풍운아는 에바 브라운과 결혼을 했다. 이 결혼의 첫날밤은 복식 자살의 의식으로 새웠다. 에바는 신부답게 독을 마셨고 히틀러는 신랑답게 총을 쏘았다. 그들의 시체는 유언에 따라 개솔린으로 화장해 버렸다. 죽기 전에 사적인 유언과 「정치 유언서」를 푸에레르에게 남겼는데, 그 가운데 마지막 대목을 다음에 인용한다.

「결국, 나는 이 나라의 정사를 맡아서 국민들을 종족법으로 순수히 가리고 여러 나라에 독을 퍼뜨리는 국제 유태인을 무자비하게 해치웠다는 것이다. 1945년 4월 29일 새벽 4시에 베를린에서 아돌프 히틀러. 나의 아내와 나는 체포되거나 항복한다는 수치를 벗어나기 위해 죽음을 택한다. 우리 시체는 내가 지난 12년 동안을 우리 국민들을 위해 보냈던 그 장소에서 화장해 달라. 그것이 내 소원이다」

• **안토니** (Antony, Saint ; 251〜356)(羅)

「주님의 부르심을 받고 나는 성자들이 앞서 간 길을 다르겠다. 남 몰래 묻어 줄 것을 약속해 달라. 아무도 나 있은 곳을 모르게끔……. 나는 나의 구세주 곁에 썩지 않고 있다가 죽음으로부터 부활할 것이다. 그리고 내 옷들을 다른 성직자들에게 나누어 주어라. 아다나시우스 사교에게는 양털 옷을 주고, 너는 내 두법의(頭法衣)를 차지해라. 그리고 다른 분들에게는 안토니가 간다고 작별 인사를 골고루 전해 다오」

• **바클리** (Barkley, Albe William ; 1877〜1953)(美)

민주당의 중진이었던 그는 1948년 해리 트루만과 런닝메이트로서 부통령에 당선되었었다. 버지니아의 렉싱턴에서 열린 교회 교직자 대회 석상에서 연설 도중 급작스레 졸도한 그는 쓰러지기 직전 다음과 같은 성서의 한 구절을 인용하였던 것이다. 우연히도 그것이 그의 죽음을 상징하는 말이었다.

「나는 권세를 누리는 자리에 앉아 있느니보다 차라리 주님의 집의 종이 되겠나이다」

• **보니페이스** (Boniface, Saint ; 680〜755)(英)

그의 입에다 녹아 넘실거리는 뜨거운 납물을 퍼붓기 전에 이 순교의 성자(聖者)는 기도를 올렸다.

「주 예수, 살아 계신 하나님의 아들, 그대에게 감사하나이다」

• **뷰캐넌** (Buchanna, James ; 1791〜1868)(美)

제 15대 미국 대통령인 그는 고상한 성품과 애국심으로 숭앙을 받았다.

「오, 주, 전능하신 신이여! 그대 마음대로 하시옵소서」

• **컬럼버스** (Columbus, Christopher ; 1451~1506)(伊)
부유한 대륙을 찾아 낸 이 탐험가는 빈곤 속에서 죽었다. 죽을 때까지도 자기가 발견한 그 땅을 아시아의 동해안으로만 여기고 있었던 것이다.
「오 주! 나의 영혼을 그대의 손에 맡기나이다」

• **쿠움** (Combe, Andrew ; 1797~1847)(英)
당시의 생리학계에 가장 권위 있던 쿠움은 명의(名醫)로서도 그의 명성을 전 유럽에 떨쳤었다. 그는 행복했다. 그리고 죽을 때까지도 행복했다.
「행복하다, 행복하다」

• **겔러트** (Gellert, Christian F. ; 1715~1769)(獨)
눈을 지그시 감은 이 시인은 자기가 앞으로 얼마나 더 살겠느냐고 물었다. 한시간 남짓하다니까, 눈을 감은 채 다음과 같이 말했다.
「신이 찬양받기도 한 시간뿐이군!」

• **이사벨라** (Isabella ; 1451~1504)(西)
죽음의 침대 주위에 모여 든 사람들에게 다음과 같이 말했다.
「나 때문에 울지도 말 것이며, 나의 회복을 위해 쓸데없는 기도로 시간을 낭비하지 말지어다. 다만 이 영혼의 구원을 위해 기도해 다오」

2. 사람에 대한 격언과 명언

• 가장 높은 곳에 올라가려면, 가장 낮은 곳부터 시작하라.
  (푸블릴리우스 시루스)

• 눈물을 흘리면서 빵을 먹어보지 못한 사람은 인생의 참 맛을 알 수
  없다. (괴테)

• 말하자마자 행동하는 사람, 그것이 가치있는 사람이다. (서양 격언)

• 아름다움은 없어져도 덕은 없어지지 않는다. (서양 격언)

• 아무리 작은 일이라도 하지 않으면 이루지 못하고, 아무리 어진 자식
  이라도 가르치지 않으면 현명하지 못하다. (서양 격언)

• 아버지의 가치는 아버지가 사망한 뒤에 알 수 있고, 소금의 가치는
  그것이 떨어지면 알 수 있다. (타밀족의 속담)

• 아버지의 덕행은 최상의 유산이다. (서양 격언)

• 어떤 교육도 역경 만한 것은 없다. (서양 격언)

• 어린이가 가득한 집에서는 악마는 무력하다. (꾸르디스탄 속담)

• 어린이는 부모 사이에 융화를 이루는 단추 구멍이다. (아라비아 속담)

• 어린이에게 가르치는 것은 돌에 새기는 것과 같고, 어른에게 가르치
  는 것은 바다에 파도를 일으키는 것과 같다. (아랍 속담)

• 어진 아내는 늙을수록 좋다. (히브리 속담)

• 얼굴은 마음의 표시. (라틴 속담)

• 여가를 활용하지 못하는 사람은 항상 여가시간이 없다. (서양 속담)

• 여자는 남자와 결혼했으나, 남자는 일거리와 결혼했다. (팬잡 속담)

• 여자는 10세에 천사, 15세에 성녀, 40세에 악마, 80세엔 마귀할미.
  (서양 격언)

• 여자에게는 자기가 사랑하는 남자와 결혼하기보다는 자기를 사랑해
  주는 남자와 결혼하는 게 낫다. (아라비아 속담)

- 여자의 혓바닥은 그녀의 신체 중에서 가장 마지막으로 숨을 거두는 곳이다. (서양 속담)
- 오늘이라는 날은 지금부터의 인생에 있어서 첫날이다. (서양 속담)
- 우리의 고민이란 어떠한 일을 시작했기 때문에 생긴다기보다는 할까 말까 망설이는 데서 더 많이 생기는 것이다. 이것도 아니고 저것도 아니라고 하여 너무 오래 생각하는 것은 문제의 해결에 조금도 도움이 되지 않는다. 어떻게 하겠다고 결심하는 것이 필요하다. 미리 실패를 두려워할 것은 없다. 성공하고 못하고는 하늘에 맡기면 된다. 모든 일은 망설이는 것보다 불완전한 상태로 시작하는 것이 한 걸음 앞서는 것이 된다. (서양 격언)
- 위인이 될 수 있는 것은 많은 사상을 가진 자가 아니라, 하나의 확신을 가진 자이다. (서양 속담)
- 의지가 있는 곳에 길이 있다. (서양 속담)
- 인간은 자기 의지로 크게도 되고 작게도 된다. (서양 격언)
- 인생은 한 마리의 말이다. 경쾌하고 우람한 말이다. 우리들은 그것을 기수처럼 대담하게, 그리고 세심하게 취급하지 않으면 안 된다. (서양 격언)
- 일년지계(一年之計)는 곡식을 심는 일이고, 십년지계(十年之計)는 나무를 심는 일이며, 백년지계(百年之計)는 사람을 기르는 일이다. (동양 격언)
- 사내는 새 아내 보다 먼저 빵을 얻지 않으면 안 된다. (에레이 속담)
- 40세는 청춘의 노년이요, 50세는 노년의 청춘이다. (서양 속담)
- 싸우는 사람과는 싸우라. 그러나 화평을 좋아하는 사람은 화평하게 두어라. (힌두스탄 속담)
- 성실은 어디에서나 통용되는 유일한 화폐다. 성실은 곧 하늘에

이르는 길이다. 성실이야말로 가장 우수한 정책이다. 성실이 능력을 보충한다. 성실이 수단과 기회를 발견한다. 사랑은 성실을 구하고 성실은 불변을 구한다. (서양 격언)

• 상대가 눈앞에 있으면 사랑은 강해지고, 눈앞에 없으면 칼이 된다. (서양 속담)

• 세상살이는 계단 같은 것이다. 어떤 사람은 오르고, 어떤 사람은 내려간다. (집시 속담)

• 세상의 재물을 탐하는 일은 호두나 밤, 잣과 같은 열매를 탐하는 것과 같다. (서양 속담)

• 소금의 가치는 없어져 봐야 알고, 부친의 가치는 부친의 사후에 안다. (타미르 속담)

• 시간은 날아간다. 시간은 날개가 있나. 시간과 세월은 사람을 기다리지 않는다. (서양 속담)

• 신(神)은 잠시동안의 인생에서 낚시로 보낸 시간을 빼 주지 않는다. (바빌로니아 속담)

• 인생에게 종말이 없었다면 누가 자기 운명에 절망할 것인가. 죽음은 비운을 더없이 괴로운 것으로 만든다. (보브나르그)

• 인생에서 가장 쓸데없는 것이 탄식이다. 무엇을 얻을까 눈을 두리번 거리기 전에 먼저 탄식을 버려라. (루시우스 아나에우스 세네카)

• 인생에서 중요한 법칙은 만사에 중용을 지키는 일이다. (테렌티우스)

• 인생에 있어서 가장 중요한 것은 실패했다고 해서 낙심하지 않는 일이며, 성공했다고 해서 기쁨에 도취되지 않는 것이다. (도스토예프스키)

• 인생에 있어서 많은 고통을 면하는 최상의 방법은 자기의 이익을 아주 적게 생각하는 일이다. (쥬베르)

- 인생에 있어서 우리에게 일어난 일을 어떻게 받아들이느냐 하는 것은 현재 일어난 일 못지 않게 우리들의 행불행과 중요한 관련이 있다. 인생에 있어서 일어난 일을 어떻게 받아들이느냐 하는 것은 일어난 일 못지 않게 우리들의 행 불행과 중요한 관련이 있다. (칼 빌헬름 폰 훔볼트)

- 인생에 있어서 최고의 행복은 우리가 사랑받고 있다는 확신이다. (V. 위고)

- 인생은 그것을 느끼는 사람에게는 비극적인 것이고, 인생을 생각하는 사람에게는 희극인 것이다.(라 브뤼예르)

- 인생은 뒤를 향해야만 이해될 수 있다. 그러나 그것은 앞을 향해서 사라져야 한다.(키에르케고르)

- 인생은 불확실한 항해이다.(셰익스피어)

- 인생은 비극이라고 생각할때 우리는 비로소 살기 시작하는 것이다. (윌리엄 예이츠)

- 인생은 살 가치가 있다는 것, 그것이 모든 예술의 궁극적 내용이고 위안이다. (헤세)

- 인생은 여름방학처럼 빠르다. (서양 속담)

- 인생은 연극과 같다. 훌륭한 배우가 걸인도 되고, 삼류 배우가 대감이 될 수도 있다. 어쨌든 지나치게 인생을 거북하게 생각하지 말고 솔직하게 어떤 일이든지 열심히 하라. (후쿠자와 유키치)

- 인생은 왕복 차표를 발행하지 않는다. 일단 떠나면 다시는 돌아오지 못한다. (로맹 롤랑)

- 인생은 일방 통행의 길이다. (버너스 베렌스)

- 인생은 표를 사서 궤도 위를 달리는 차에 타는 사람에게는 알 수 없다. (윌리엄 서머싯 몸)

- 인생은 하나의 미래에 의해서 만들어지고 있다. 마치 육체가 공허에서 만들어지고 있는 것과 같이. (장 폴 사르트르)
- 인생은 학교다. 그리고 거기서의 실패는 성공보다도 훌륭한 교사다. (그라 나츠이)
- 인생은 한 권의 책과 같다. 어리석은 사람은 아무렇게나 책장을 넘기지만 현명한 사람은 공들여 읽는다. 왜냐하면 그들은 단 한번밖에 그것을 읽지 못함을 알고 있기 때문이다. (장 파울)
- 인생은 활동함으로써 값어치가 있으며, 빈곤한 휴식은 죽음을 의미한다. (볼테르)
- 인생은 흘러가는 것이 아니고 성실로써 이루어져 가는 것이라야 한다. 우리는 하루하루를 보내는 것이 아니고 내가 가진 것으로 채워 가는 것이라야 한다. (존 러스킨)
- 인생을 진실하게 그리고 전체로써 보아라. (에피쿠로스)
- 인생을 해롭게 하는 비애를 버리고 명랑한 기질을 간직하라. (세익스피어)
- 인생의 상대는 돈이 아니다. 우리들의 상대는 인간이다. (푸시킨)
- 인생의 어려움은 선택에 있다. (무어)
- 인생의 위대한 목표는 지식이 아니라 행동이다. (토머스 헨리 헉슬리)
- 인생의 참된 목적은 영원히 생명을 깨닫는데 있다. (톨스토이)
- 인생이란 느끼는 자에게는 비극, 생각하는 자에게는 희극이다. (라 브뤼에르)
- 인생이란 대단히 대단히, 대단히 중요한 것이다. 진지한 표정으로 거론할 수 있는 그런 하찮은 것이 아니다. (와일드)
- 사람은 고생을 면할 수가 없다. 그러나 잊을 수 있는 능력이 있다. 사람은 결코 죽음을 생각해서는 안된다. 오직 삶을 생각하라.

이것이 참된 신앙이다. (디즈레일리)

• 사람은 나이를 먹는 것이 아니라 좋은 포도주처럼 익는 것이다.
  (필립스)

• 사람은 돈지갑이 가난해도, 정신적으로는 긍지를 가질 수 있다.
  (메이슨)

• 사람은 명예와 지위의 즐거움은 알면서도, 이름 없고 평범하게
  지내는 참다운 즐거움은 알지 못한다. (채근담)

• 사람은 반드시 자기 자신을 아끼는 마음이 있어야만 비로소 자기를
  이겨낼 수 있고 자기 자신을 이겨낼 수 있어야 만 비로소 자신을
  완성할 수 있다.(왕양명)

• 사람은 사랑하도록 물건은 사용되도록 만들어졌다. (호위)

• 사람은 삶이 두려워서 사회를 만들었고 죽음이 두려워서 종교를
  만들었다. (스펜서)

• 사람은 성실할수록 자신감을 얻게 된다. 성실할수록 태도가 안정되어
  간다. 성실할수록 정신을 자각하게 된다. 성실할 때에만 자기가
  엄연히 이 세상에서 존재하고 있다고 생각을 갖게 된다.
  (아우렐리우스 아우구스티누스)

• 사람은 아니오를 자꾸 반복하도록 강제하는 어떤 것으로부터도
  이탈해야 한다. (니체)

• 사람은 여자로 태어나지 않는다. 여자로 자라는 것이다. (보봐르)

• 사람은 입이 하나이고 귀가 둘이다. (유태인의 탈무드)

• 사람은 자기의 탓이 아닌 외부에서 일어난 죄악이나 잘못에 대해서는
  크게 분개하면서도 자기의 책임하에 있는 자기 자신이 저지른
  죄악이나 잘못에 대해서는 분개하지도 않고 싸우려고도 하지 않는다.
  (블레즈 파스칼)

- 사람은 자기 일보다 남의 일을 더 잘 알고 더 잘 판단한다. (테런티우스)
- 사람은 출생에서 죽음에 이르기까지 법률상 자유 및 평등이다. (인권선언)
- 사람을 낚아 올리는 악마는 여러가지 맛있는 미끼를 보인다. (요한 볼프강 폰 괴테)
- 사람을 알려면 그의 지갑, 쾌락, 그리고 불평을 보라. (탈무드)
- 사람의 가치는 타인과의 관계로서만 측정될 수 있다. (니체)
- 사람의 얼굴은 하나의 풍경이다. 한권의 책이다. 얼굴은 결코 거짓말을 하지 않는다. (오노레 드 발자크)
- 사람의 잘못은 좀처럼 자신에게는 나타나지 않는다. (셰익스피어)
- 사람의 척도는 그가 불행을 얼마나 잘 이겨내는지에 달려있다. (프르다크)
- 사람의 천성과 직업이 맞을 때 행복하다. (베이컨)
- 사람이 마음으로 부터 사랑하는 것은 단 한번 밖에 없다. 그것이 첫 사랑이다.
  사람이 잘 지껄일 수 있는 재간을 지니지 못했으면 침묵을 지킬줄 아는 지각이라도 있어야 한다. 만약 이 두 가지를 갖고 있지 않으면 그 사람은 불행한 사람이다. (라 브뤼예르)
- 사람이 죽고 사는 것은 운명에 달려 있고, 부유하고 가난한 것은 천명에 달려 있으므로, 그 오는 것은 막아서는 안 되고, 가는 것은 좇아 가서 안 된다는데, 그대는 무엇을 근심하랴. (백결 선생)
- 죽은 자로 명예를 즐기게 하고 산 자로 사랑을 즐기게 하라 사랑은 끝없는 신비이다. (타고르)
- 죽을 때를 모르는 사람은 살아갈 때도 모른다. (러스킨)

• 죽음은 사람을 슬프게 한다. 삶의 3분의 1을 잠으로 보내는 주제에. (바이런)

• 죽음을 두려워하는 나머지 삶을 시작조차 못하는 사람이 많다. (벤다이크)

• 죽음이란, 우리에게 등을 돌린 빛이 비치지 않는 생의 한 측면이다. (라이너 마리아 릴케)

• 저녁을 하루가 거기서 죽어간다고 생각하고 바라보며, 아침을 모든 것이 거기서 태어난다고 생각하고 바라보아라. 그대의 시각이 한 순간마다 새로워지는 것처럼, 현명한 사람이란 모든 것에 경탄하는 사람을 말한다. (앙드레 폴 기욤 지드)

• 적당주의자가 되지 말라. 그것은 세상에서 가장 위험한 것이다. (휴그 왈폴)

• 적막한 달밤에 칼머리의 바람은 세찬데
칼끝에 찬서리가 고국생각을 돋구누나
삼천리 금수강산에 왜놈이 왠말인가
단장의 아픈 마음 쓰러버릴 길 없구나. (김좌진)

• 적을 만들지 못하는 자는 친구도 만들지 못한다. (앨프리드 테니슨)

• 전력을 다하여 자기 자신을 충실히 하기에 힘써라. 어찌 남이 내 비위를 맞추어 주지 않는다고 탓하면서 자신의 마음과 몸을 자기의 뜻대로 복종시키려고 하지 않는가. (마르쿠스 아우렐리우스)

• 절망적인 불행이 빠른 치료를 요구 할때 불신은 비겁이요, 신중은 어리석다. (새뮤얼 존슨)

• 집안에서는 늘 화목하게 지내라! 화목하면 자연히 즐거움이 있게 된다.
다른 사람의 즐거운 일은 함께 즐거워하라!

그리고 역경에 빠지더라도 양심과 도의를 힘으로 삼고 결코
낙망하지 말라!

잘못을 저지르는 사람이 있거든 반드시 부드러운 말로 타일러라.
현재 자기에게 주어진 환경을 늘 고맙게 생각해야 하며
결코 세상이나 고난을 원망하지 말라. (알랭)

• 절제와 근면은 인간에게 참다운 처방이다. 즉 일은 식욕을 돋구고
  절제는 그것을 통제하는 힘이 된다.
  절제와 노동은 인간에게 가장 진실한 두 의사다. (장 자크 루소)

• 젊게 보입니다. 하는 말은 늙었다는 증거이다. (어빙)

• 젊은이는 희망에 살고, 노인은 추억에 산다. (프랑스 격언)

• 접근하는 남자는 거절하고, 미워하는 남자를 사랑하는 것이 여자의
  일반적인 상식이다. (세르반테스)

• 정당하게 사는 자에게는 어느 곳이든 안전하다. (에픽테투스)

• 정사의 경험이 단 한번도 없다는 여인은 있지만 한번 밖에 없다는
  여인은 드물다. (라 로시푸코)

• 정직은 가장 확실한 자본이다. (에머슨)

• 정직한 노동은 사랑스런 얼굴을 낳는다. (대커)

• 정치에 있어서 실험은 혁명을 뜻한다. (벤자민 디즈렐리)

• 절제는 모두 미덕의 진주고리를 이어주는 비단의 실이다. (홀)

• 좋은 밤을 찾다가 좋은 낮을 잃어버리는 사람들이 많다.
  (네덜란드 격언)

• 좋은 일을 많이 해내려고 기다리는 사람은 하나의 좋은 일도 해낼
  수가 없다. (사무엘 존스)

• 좋은 친구는 건강에도 좋다. (시라손)

• 한 사람도 사랑해보지 않았던 사람이 인류를 사랑하기란 불가능한

것이다. (H. 입센)

- 사랑은 깨닫지 못하는 사이에 찾아 든다. 우리들은 다만 그것이
  사라져가는 것을 볼 뿐이다. (도브슨)
- 사랑은 행복을 죽이고, 행복은 사랑을 죽인다. (스페인 명언)
- 가장 훌륭한 인간은 모든 사람을 사랑하는 사람이다. 그 사람의 좋고
  나쁨을 가리지 않고 모든 사람에게 선을 베푸는 사람이다. (마호메트)
- 거짓말쟁이가 받는 가장 큰 형벌은 그가 다른 사람으로부터 신임을
  받지 못한다는 것보다 그 자신이 아무도 믿지 못한다는 슬픔에
  빠지는 데에 있다. (조지 버나드 쇼)
- 겸손이 없다면 당신은 인생의 가장 기본적인 교훈도 배울 수가 없다.
  (존 톰슨)
- 고난과 눈물이 나를 높은 예지로 이끌어 올렸다. 보석과 즐거움은
  이것을 이루어 주지 못했을 것이다. (하인리히 페스탈로치)
- 군자는 의리에 밝고, 소인은 이익에 밝다. (셰익스피어)
- 군자의 사귐은 담담함이 물과 같고, 소인의 사귐은 달콤함이 단술과
  같다. (장자)
- 나는 내 운명의 주인이요, 나는 내 마음의 선장이다.
  (윌리엄 어네스트 헨리)
- 나는 대단한 인간이 아니다. 노력하는 노인일 뿐이다. (넬슨 만델라)
- 남을 정면으로 비난하는 것은 좋지 않다. 그를 망신시키기 때문이다.
  보이지 않는 곳에서 비난하는 것은 불성실하다. 덕을 기만하는 것이
  되기 때문이다. (톨스토이)
- 남의 일을 잘 알고 있는 사람은 똑똑한 사람이다. 자기 자신을 잘
  알고 있는 사람은 더 총명한 사람이다. 그리고 자기 자신을 이겨 내는
  사람은 그 이상으로 강한 사람이다. (노자)

- 내 자신의 무식을 아는 것은 지식에로의 첫걸음이다. (바이런)
- 너의 의무를 다하라. 그리고 나머지는 하나님에게 맡겨라. (코니일)
- 너 자신을 다스려라. 그러면 당신은 세계를 다스릴 것이다.
  (중국 속담)
- 너 자신을 누구에겐가 필요한 존재로 만들라. 누구에게든 인생을 고되게 만들지 말라. (에머슨)
- 누구의 말에도 귀를 기울이고 누구를 위해서도 입을 열지 말라.
  (셰익스피어)
- 다른 사람들을 비난하려고 생각하기 전에 자기 자신을 충분히 살펴보아야 한다. (몰리에르)
- 당신은 모든 사람들을 잠시 동안 속일 수 있다. 그리고 어떤 사람들을 항상 속일 수는 있다. 그러나 모든 사람들을 항상 속일 수는 없다.
  (에이브러햄 링컨)
- 당신의 인생은 당신이 하루종일 무슨 생각을 하는지에 달려 있다.
  (에머슨)
- 두 사람의 머리는 한 사람의 머리보다 낫다. (헤이우드)
- 말만 하고 행동하지 않는 사람은 잡초로 가득 찬 정원과 같다.
  (하우얼)
- 빈부강약을 막론하고 일하지 않는 자를 배척하라. (루소)
- 산다는 것은 곧 고통을 치른다는 것과 같다. 그러므로 성실한 사람일수록 자신에게 이기려고 애를 쓰는 법이다. (나폴레옹)
- 실패한 사람이 다시 일어나지 못하는 것은 그 마음이 교만한 까닭이다. 성공한 사람이 그 성공을 유지하지 못하는 것도 역시 교만한 까닭이다. (석가모니)
- 언제나 겸손한 사람은 남에게 칭찬을 들었을 때나 험담을 들었을

때나 변함이 없다. (장 파울)

- 얼마나 오래 사느냐가 아니라 어떻게 사느냐가 문제. (베일리)
- 오늘이라는 날은 두번 다시 오지 않는다는 것을 잊지 말라. (단테)
- 오직 남들을 위하여 산 인생만이 가치 있는 것이다. (아인슈타인)
- 우리의 삶이 밝을 때도 어두울 때도, 나는 결코 인생을 욕하지 않겠다. (헤르만 헤세)
- 인간은 바르지 못하나 신은 공정하며 최후엔 반드시 정의가 승리한다. (헨리 워즈워스 롱펠로)
- 인간은 사회적 동물이다. (아리스토텔레스)
- 인간은 이성적 동물이다. (세네카)
- 인간은 패배하였을 때 끝나는 것이 아니다. 포기했을 때 끝나는 것이다. (닉슨)
- 인간은 아직까지도 모든 컴퓨터 중에서 가장 훌륭한 컴퓨터이다. (케네디)
- 인내는 쓰다. 그러나 그 열매는 달다. (루소)
- 백년을 살 것처럼 일하고 내일 죽을 것처럼 기도하라. (프랭클린)
- 가난한 사람은 덕행으로, 부자는 선행으로 이름을 떨쳐야 한다. (주베르)
- 누구나 오래 살기를 바란다. 그러나 누구를 막론하고 나이는 먹기 싫어한다. (스위프트)
- 충실한 삶의 깊이를 아는 자는 아름다운 죽음의 가치를 안다. (테오도르)
- 가장 최상의 길은 없다. 많은 사람이 가고 있다면 그 길이 최상이다. (루신)
- 일년의 계획은 정초에 있고, 하루의 계획은 아침에 있다. 봄에 곡식을

심지 않으면 가을에 거둘 것이 없고, 아침에 일찍 일어나서 서두르지 않으면 그날 할 일을 다하지 못한다. 젊은 시절은 일년으로 치면 봄이고 하루로 치면 아침이다. 그러나 봄은 꽃이 만발하고, 눈과 귀에 유혹이 많다. 보는 것과 듣는 것에 정신을 빼앗겨 놓고 보내느냐, 부지런히 열심히 일하느냐에 따라 사람의 한평생의 운명이 결정된다. (명심보감)

• 죽음을 두려워하는 나머지 삶을 시작조차 못하는 사람이 많다. (벤다이크)

• 남은 많이 용서하되 자신은 결코 용서하지 말라. (푸블릴리우스 시루스)

• 사람은 자기 일보다 남의 일을 더 잘 알고 더 잘 판단한다. (테렌티우스)

• 기대하지 않는 자는 실망하지도 않을 것이다. (울거터)

• 좋은 밤을 찾다가 좋은 낮을 잃어버리는 사람들이 많다. (네델란드 격언)

• 악은 쾌락 속에서도 고통을 주지만 덕은 고통 속에서도 위안을 준다. (콜튼)

• 환락은 망상 위에 세울 수 있으나, 행복은 진리 위에만 세워진다. (니꼬라)

• 어떤 사람을 똑똑한 사람이라고 하느냐? 모든 사물로부터 무엇인가를 배우는 사람이다. (탈무드)

• 운명이란 탓하는 사람에게는 짓궂게 굴고, 용기있는 사람에게는 길을 열어 준다. (루터)

• 실패는 성공을 가르친다. (외국 격언)

• 사람은 누구나 자기가 결심한 정도만큼은 행복해 질 수 있다. (링컨)

- 인생은 흘러가는 것이 아니고, 성실로써 내용을 이루어가는 것이라야 한다. 우리는 하루하루를 무의미하게 보내지 말고, 하루하루를 내가 가진 무엇인가로 채워가야만 한다. (러스킨)
- 어제를 보내고 오늘을 맞이하며, 오늘을 보내고 내일을 맞이한다. 인생백년, 이와 같을 뿐이다. 그러므로 모름지기 하루를 삼가해야 하리라. (격언)
- 사람은 누구나 '잠깐만' 하면서 연기하고 그리고 연기한 것을 후회한다. (히덴베르크)
- 참으로 무서운 것은 사람의 노력이다. (마르코니)
- 큰 그릇은 더디 이루어 진다. (노자)
- 하루의 생활을 다음과 같은 생각으로 시작하는 것은 좋은 일이다. 눈을 떴을 때, 오늘 단 한 사람에게도 그 사람이 기뻐할 만한 어떤 일을 할 수 없을까 하고. (니체)
- 산은 올라가는 자만이 정복하는 법이다. (알랭)
- 이 세상에서 행복 이상의 어떤 것을 구하는 사람은 행복이 그에게 오지 않았다고 해서 불평을 해서는 안된다. (에머슨)
- 모든 사람은 다른 사람 속에 자신의 거울을 가지고 있다. 그 거울로 말미암아 자기 자신의 결점과 여러 가지 약한 곳을 확실히 볼 수가 있는 것이다. (쇼펜하우어)
- 사람은 자기가 행복하다는 것을 모르기 때문에 불행하다. (도스토예프스키)
- 사람은 그 마음의 의복을 갈아입지 않으면 언제나 불행하다. (호라티우스)
- 사람의 가치와 능력은 그 사람이 무엇을 하려고 애쓰는가에 따라서 결정된다. (린트넬)

- 네 자신의 생활을 즐기라. 자신의 생활을 남과 견주어 보지 말라.
  (꽁드르셰)
- 땅 속에는 무진장한 금광이 들어 있듯이, 사람의 정신 속에도 파면
  팔수록 빛나는 재능이 들어 있다. (루즈벨트)
- 사람은 일생에 있어서 무엇보다도 먼저 자기가 무엇을 성취하려고
  하는가를 알아야 한다. 그리고 그것을 알고 나서는 그 목적을 이룰 수
  있는 수단을 찾아내야만 한다.(힐티)
- 행운은 소경이 아니다. 대개는 부지런한 사람을 찾아간다. (크레망소)
- 나의 성공은 나의 근면함에 있었다. 나는 평생 동안 단 한 조각의
  빵일지라도 결코 앉아서 먹지 않았다. (웹스터)
- 남을 아는 사람은 지혜 있는 자이지만 자기를 아는 사람은 더욱
  명철한 자다. 남을 이기는 사람은 힘이 있는 자이지만 자기 스스로를
  이기는 사람은 더욱 강한 사람이다. (노자)
- 만족하게 살고, 때때로 웃으며, 많이 사랑한 사람이 성공한다.
  (스텐리 부인)
- 만족하는 돼지가 되기보다는 불만족한 인간이 되는 편이 낫다.
  만족한 바보보다 불만족한 소크라테스가 되는 편이 좋다. (J.S.밀)
- 바쁘게 움직이는 꿀벌에게는 슬퍼할 여유가 없다. (블레이크)
- 백년을 살 것처럼 일하고 내일 죽을 것처럼 기도하라. (프랭클린)
- 위대한 포부가 위대한 사람을 만든다. (폴러)
- 예쁜 아내는 눈을 즐겁게 하고, 어진 아내는 마음을 기쁘게 한다.
  (나폴레옹)
- 인간이 이 세상에 존재하는 것은 부자가 되기 위함이 아니라
  행복하게 살기 위해서이다. (스탕달)
- 일이 즐거우면 인생은 낙원이다. 일이 의무에 불과하면 인생은

지옥이다. (고리키)

- 정다운 내 집이 없다면 온 세상이 커다란 감옥에 지나지 않는다.
  (카울리)
- 한 분의 아버지가 백 명의 스승보다 더 낫다. (허버트)
- 자기 시간에 최선을 다한 사람은 언제나 잘 살 것이다. (실러)
- 근면은 부유의 오른 손이요, 절약은 그 왼손이다. (J. 레이)
- 환경이 인간을 만드는 것이 아니라 인간이 환경을 만든다.
  (B. 디즈테일러)
- 인간은 오직 교육에 의해서만 인간이 될 수 있다. (I. 칸트)
- 인생을 소신껏 살 수 있는 것이야말로 단 하나의 성공이다. (C. 몰리)
- 행복해지려고 하는 마음의 소유자는 틀림없이 위대하다. (영국 속담)
- 인생의 기쁨은 다른 사람들이 할 수 없는 일을 하는 데에 있다.
  (버제트)
- 사람은 적에게도 슬기를 배울 수 있다. (아리스토파네스)
- 인간의 교육에 관한 시험과 효용은 자기 정신의 수련에서 기쁨을
  찾는다. (J. 바르쥔)
- 바른 예절과 지식이 인간을 만든다. (브래드쇼)
- 만족하게 살고 때때로 웃으며 많은 사람을 사랑한 사람이 성공한다.
  (A.J. 스탠리)
- 나는 큰 소리로 칭찬하고, 부드럽게 나무란다. (카테리나 2세)
- 자기 자신의 마음속에서 싸움을 시작한 사람만이 가치 있는
  사람이다. (R. 브라우닝)
- 교육은 인격의 형성을 목적으로 한다. (H. 스펜서)
- 자기의 사명을 발견하고 하는 일에 신념을 가진 사람은 행복하다.
  (T. 칼라일)

- 기쁘게 일하고 해 놓은 일을 기뻐하는 사람은 행복하다. (괴테)
- 인생의 위대한 목표는 지식이 아니라 행동이다. (T.H. 헉슬리)
- 사람을 높여 주는 것은 무엇을 하느냐가 아니라, 무엇을 하려고 하느냐이다. (R. 브라우닝)
- 시간은 우리가 갖고 있는 것 중의 가장 적은 것이다. (E. 헤밍웨이)
- 말하자마자 행동하는 사람, 그것이 가치 있는 사람이다.(Q. 엔니우스)
- 자기 자신에게 결여되어 있는 것이 자식에게서 실현되는 것을 보고자 하는 것은 모든 아버지의 경건한 소원이다. (괴테)
- 희망은 항상 우리를 속이는 사기꾼이다. 나의 경우, 희망을 잃었을 때 비로소 행복이 찾아왔다. (S.R.N.샹포르)
- 사람의 희망은 절망보다 강하고, 사람의 기쁨은 슬픔보다 강하며, 또한 영속적이다. (R.S.브리지스)
- 희망은 사람을 성공으로 이끄는 신앙이다. 희망이 없으면 아무 것도 성취할 수 없다. (헬렌 켈러)
- 희망은 인간이 소유하는 땅과 같다. 해마다 수확이 늘어나고 결코 다 써 버릴 수 없는 확실한 재산이다. (스티븐슨)
- 지금부터 새롭게 꿈을 키우기 시작하라. 그리고 그 꿈을 되도록 크게 생각하라. 크고 위대한 일은 그런 생각을 갖고 있는 사람만이 이루어 낼 수 있다. (쉴러)
- 인생은 한 권의 책과 같다. 어리석은 이는 그것을 마구 넘겨 버리지만, 현명한 인간은 열심히 읽는다. 단 한 번밖에 인생을 읽지 못한다는 것을 알고 있기 때문이다. (상 파울)
- 인생은 하나의 실험이다. 실험이 많아질수록 당신은 더 좋은 사람이 된다. (에머슨)
- 인생은 반복된 생활이다. 좋은 일을 반복하면 좋은 인생을, 나쁜 일을

반복하면 불행한 인생을 보내는 것이다. (W.NL. 영안)

• 남의 생활과 비교하지 말고 네 자신의 생활을 즐겨라. (콩도르세)

• 사랑하며 가난한 것이 애정 없는 부유함보다 훨씬 낫다. (L.모리스)

• 그 사람됨을 알고자 하면 그의 친구가 누구인가를 알아보라.
  (터키 속담)

• 우정을 위한 최대의 노력은 벗에게 그의 결점을 스스로 깨닫게 하는
  일이다. (라 로쉐호크)

• 물이 너무 맑으면 물고기가 없고, 사람이 너무 살피면 친구가 없다.
  (명심보감)

• 인생의 낙은 과욕에서보다 절욕에서 찾아야 한다. 올바른 마음을
  가지고 욕심을 제어하면 그 속에 절로 낙이 있으며 봉변을 면하게
  되리라. 허욕을 버리면 심신이 상쾌해진다. (예기)

• 지독히 화가 날 때에는 인생이 얼마나 덧없는가를 생각해 보라.
  (마르쿠스 아우렐리우스)

• 사랑은 홍역과 같다. 그것은 인생에서 늦게 올수록 더 나쁘다.
  (D.W. 제럴드)

• 조금 포기하면 당신은 많이 잃게 된다. 나는 지금까지 자기의 욕구를
  충족시키려고 노력하기 보다는 오히려 그것을 억제하려 함으로써
  행복을 얻을 수 있음을 알게 되었다. (J.S 밀)

• 그 사람을 모르거든 그 벗을 보라. (에난드로스)

• 최고의 행복이란, 나의 결함을 고치고 나의 잘못을 잡아주는 일이다.
  (괴테)

• 당신이 할 일은 당신이 찾아 하라. 그렇지 않으면 당신이 할 일은
  끝내 당신만 찾아 다닐 것이다. (프랭크린)

• 인생은 한 권의 책과 같다. 어리석은 이는 그것을 마구 넘겨

버리지만, 현명한 인간은 열심히 읽는다. 단 한 번밖에 인생을 읽지 못한다는 것을 알고 있기 때문이다. (상 파울)

- 시간을 지배할 줄 아는 사람은 인생을 지배할 줄 아는 사람이다. (에센 바흐)
- 인생에서 무엇보다 어려운 것은 거짓말을 하지 않고 사는 것이다. (도스토에프스키)
- 자기 자신을 희생하는 것처럼 행복한 일은 없다. (도스토에프스키)
- 인생은 행복한 자에게는 너무나 짧고, 불행한 자에게는 너무나 길다. (영국 격언)
- 너 자신을 최대로 활용하라. 왜냐하면 그것이 너에게 주어진 전부이기 때문이다. (에머슨)
- 힘은 희망을 가지는 사람들에게 있고, 용기는 속에 있는 의지에서 일어나는 것이다. (펄벅)
- 인간의 위대함은 자기 자신의 보잘 것 없음을 깨닫는 점에 있다. (파스칼)
- 논리의 체계는 존재할 수 있다. 그러나 인생의 체계는 존재할 수 없다. (키에로케고오르)
- 인생은 짧은 이야기와 같다. 중요한 것은 그 길이가 아니라 값어치이다. (세네카)
- 오늘을 붙들어라! 되도록 내일에 의지하지 말라! 그 날이 일 년 중에서 최선의 날이다. (에머슨)
- 인생의 커다란 목적은 지식이 아니라 행동이다. (헉슬리)
- 사람은 이 세상에서 한번밖에 살지 않는다. (괴테)
- 사람은 항상 일해야 한다. 사람이 일함으로써 인간이 살아간다는 의의도, 행복도 모두 찾아낼 수 있다. (체홉)

- 한 개의 거짓말을 한 사람은 이것을 유지하기 위해 다시 스무개의 거짓말을 생각해 내지 않을 수 없다. (포우프)
- 세상이란 사람이 생각하고 있는 것처럼 그렇게 즐거운 것이 아니다. 즐거운 것도 나쁜 것도 오직 자기에게 달렸기 때문이다. (모파상)
- 인생은 괴로움도 아니고 향락도 아니다. 인생이란 우리들이 완수하지 않으면 안 될 의무적인 과업이다. (토크빌)
- 인생이란 일정하게 궤도위를 달리는 전차나 기차를 타고 다니는 사람에겐 이해가 가지 않는다. (모을)
- 인생은 흘러가는 것이 아니고 성실로써 내용을•이루어 가는 것이다. (러스킨)
- 사람들은 행복을 찾아 세상을 헤맨다. 그런데 행복은 누구의 손에든지 잡힐만한 곳에 있다. 그러나 마음속에 만족을 얻지 않으면 행복을 얻을 수 없다. (호라티우스)
- 인생은 반복된 생활이다. 좋은 일을 반복하면 좋은 인생을, 나쁜 일을 반복하면 불행한 인생을 보내는 것이다. (W.NL.영안)
- 인생의 최고 불행은 인간이면서 인간을 모르는 것이다. (파스칼)
- 인생의 위대한 목표는 지식이 아니라 행동이다. (헉슬리)
- 삶은 호흡하는 것이 아니라 행위를 하는 것이다. (루소)
- 우리의 인생은 우리가 노력한 만큼 가치가 있다. (모리악)
- 남의 생활과 비교하지 말고 네 자신의 생활을 즐겨라. (콩도르세)
- 인생은 선을 실행하기 위하여 만들어졌다. (칸트)
- 이 세상에 죽음만큼 확실한 것은 없다. 그런데 사람들은 겨우살이 준비하면서도 죽음은 준비하지 않는다. (톨스토이)
- 인간의 본성은 착한 것이다. (맹자)
- 인간의 본성은 악한 것이다. (순자)

- 열 길 물속은 알아도 한 길 사람 마음은 모른다. (속담)
- 호랑이는 그리되 뼈는 그리기 어렵고, 사람을 알되 마음은 알지 못한다. (명심보감)
- 사람과 쪽박은 있는 대로 쓴다. (속담)
- 사람 살 곳은 골골이 있다. (속담)
- 사람은 열 번 된다. (속담)
- 사람을 의심하거든 쓰지 말고, 사람을 썼거든 의심하지 말라. (명심보감)
- 나는 자신을 발견했을 때 졸도할 뻔했다. (M.루터)
- 사람은 절반은 짐승이요, 절반은 마귀인 것이다. (휘필드)
- 인간은 반항하는 존재다. (까뮈)
- 우리는 사람을 알려고 할 때, 그 사람의 손이나 발을 보지 않고 머리를 본다. (캘빈)
- 인간은 목표를 추구하도록 만들어 놓은 존재다. (M.말쯔)
- 인간의 행실은 각자가 자기의 이미지를 보여주는 거울이다. (괴테)
- 죽을 때를 모르는 사람은 살 때도 모르는 사람이다. (러스킨)
- 나는 죽음을 겁내지 않는다. 다만 의무를 다하지 않고 사는 것을 겁낸다. (하운드)
- 우환에 살며 안락에 죽는다. (맹자)
- 고결하게 죽는 것이 목숨을 건지는 것보다 더 좋으련만. (에스킬루스)
- 창백한 죽음은 가난한 자의 오막살이도 왕후의 궁전도 두드린다. (호라티우스)
- 죽을 때에 죽지 않도록 죽기 전에 죽어두어라. 그렇지 않으면 정말 죽어버린다. (엥겔스)
- 죽음이 다가오는 것을 그처럼 두려워한다는 것은 바로 생전의 사악한

생활의 증거이다. (셰익스피어)

- 죽음은 때로는 태산보다 무겁고 때로는 새털보다 가볍다. (사마천)
- 인간에게 가장 고통스러운 죽음은 그가 미리 아는 죽음이다.
  (바킬리데스)
- 바다가 마르면 밑바닥이 나타나나, 사람은 죽어도 마음을 알지
  못한다. (두순학)
- 삶은 짧지만 죽음은 결국 인생을 영원하고 신성하게 만든다.
  (A.A.프록터)
- 잘 보낸 하루가 행복한 잠을 가져오듯이, 잘 쓰여진 인생은 행복한
  죽음을 가져온다. (레오나르도 다빈치)
- 죽음을 찾지 말라. 죽음이 당신을 찾을 것이다. 그러나 죽음을
  완성으로 만드는 길을 찾으라. (함마슐트)
- 훌륭한 죽음은 전 생애의 명예가 된다. (페트라르카)
- 인생은 왕복 차표를 발행하고 있지 않습니다. 한번 떠나면 두번 다시
  돌아오지 않습니다 (롤랑)
- 인간의 가치는 그 소유물에 의하는 것이 아니라 그 인격에 있다.
  (와일드)
- 이 세상에서 가장 친절한 선생은 자기 자신이다. 가장 진실한 책도
  자기 자신이다. 또한 가장 훌륭한 교육도 자기 자신이다.
  (법구 비유경)
- 인간은 너무 강할 때나 또는 너무 만족을 느낄 때나 스스로 경계를
  해야 되지만 지쳤을 때에도 역시 스스로의 소극성에 대해 경계해야
  한다. (대망경세어록)
- 절대적으로 완전한 것은 하늘의 법칙이다. 그러므로 하늘의 법칙을
  깨우치기 위해서 모든 노력을 기울이는 것이 인간의 도리이다.

끊임없이 자기 완성을 위하여 노력하는 사람을 일컬어 성인이라
한다. 성인은 선과 악을 구별할 줄 아는 사람이다. 그는 선을 추구하는
선하게 살고 노력한다. (공자)

• 쉽게 허락한 것은 반드시 신뢰성이 희박하고, 쉽게 하는 일이 많으면
어려움이 많이 따른다. (노자)

• 인생은 혼자서 태어나서 혼자서 살다가 혼자서 죽는 영원한
고아이다. 그러므로 따스한 정을 찾고 광명을 찾는다. (법구경)

• 인생을 자신의 뜻대로 살 수 있는 것이야 말로 단 하나의 성공이다.
(몰리)

• 램프가 타고 있는 동안 인생을 즐겨라. 시들기 전에 장미를 꺾어라.
(우스테리)

• 사는 것이 힘들다고 낙망하지 마라. 어깨에 짊어진 무거운 짐이
스스로의 사명을 완수하도록 강요한다. 이 짐에서 벗어나는 길은
자기의 사명을 완수하는 길뿐이다. 당신에게 맡겨진 일에 책임을
다했을 때 무거운 짐에서 벗어날 수 있다. (에머슨)

• 인생은 한권의 책과 같다. 어리석은 사람은 대충 책장을 넘기지만
현명한 사람은 공들여서 읽는다. 그들은 단 한번밖에 읽지 못하는
것을 알기 때문이다. (장 파울)

도움이 된 책들

1 철학적 인간학 일반
· 성염 외,『인간이라는 심연』, 철학과 현실사, 1998.
· 남기영 외,『인간이란 무엇인가?』, 민음사, 1997.
· 손보기 외,『도대체 사람이란 무엇일까?』, 뿌리깊은 나무, 1980.
· 하두봉 외,『인간이란 무엇인가?』, 민음사, 1991.
· 강영계 편저,『종교와 인간의 삶』, 철학과 현실사, 1999.
· 이효범,『끝없는 물음, 인간』, 소나무, 2001
· 이석호,『인간의 이해 : 철학적 인간학 입문』, 철학과 현실사, 2001.
· 이규호,『사람됨의 뜻 : 철학적 인간학』, 좋은날, 2000.
· 김용준,『사람의 과학』, 통나무, 1994.
· 김영일,『사람과 삶』, 강남대학교 출판부, 2000.
· 한자경,『동서양의 인간이해 : 희랍 · 기독교 · 불교 · 유가의
  인간관 비교연구』, 서광사, 2001.
· 종교교재편찬위원회,『성서와 기독교』, 연세대학교 출판부, 1985 .
· 강대석,『새 시대의 철학노트』, 문예미학사, 2000.
· 선우현,『우리 시대의 북한철학』, 책세상, 2000.

· 양적 / 노승현 역,『동서 인간론의 충돌』, 백의, 1997.
· 마크 트웨인 / 심일섭 역,『사람이란』, 한글, 1992.
· 휴스톤 스미스 / 이상호 외 역,『세계의 종교들』, 연세대학교 출판부, 1973.
· 프레드릭 스트랭 / 정진홍 역,『종교학 입문』, 대한기독교서회, 1973.
· 베르제즈 · 위즈망 / 이재형 역,『철학강의』, 정하, 1987.
· 루번 아벨 / 박정순 역,『인간은 만물의 척도인가?』, 고려원, 1995.
· 미하일 일리인 / 황진우 역,『인간의 역사 (1,2,3)』, 청년사, 1986.

· 하워드 P. 카인즈 / 정연교 역,『철학적 인간학』, 철학과 현실사, 1996.
· G. 헤프너 / 김의수 역,『철학적 인간학』, 서광사, 1996.
· M. J. 아들러 / 장건익 역,『10가지 철학적 오류』, 서광사, 1990.

· R. 샤하트 / 정영기 · 최희봉 역,『근대철학사 : 데카르트에서 칸트까지』,
  서광사, 1993.
· N. 하르트만 / 강성위 역,『철학의 흐름과 문제들』, 서광사, 1987.
· 스털링 P. 램프레히트 / 김태길 · 윤명노 · 최명관 역,『서양철학사』,
  을유문화사, 1992.
· A. J. 헤셸 / 이현주 역,『누가 사람이냐?』, 종로서적, 1982.

· Max Weber / 박성수 역,『프로테스탄티즘의 윤리와 자본주의 정신』,
  문예출판사, 1988.
· Roger Trigg / 정철호 역,『인간이란 무엇인가?』, 이론과 실천, 1993.
· ──────── / 최용철 역,『인간본성에 관한 10가지 철학적 성찰』,
  자작나무, 1996.
· Emerich Coreth / 안명옥 역,『인간이란 무엇인가』, 성바오로출판사, 1994.
· Battista Mondin / 허재윤 역,『인간 : 철학적 인간학 입문』, 서광사, 1996.
· Desmond Morris / 김석희 역,『털 없는 원숭이』, 정신세계사, 1991.
· Marvin Harris / 김찬호 역,『작은 인간』, 민음사, 1995.

2 종교적 인간학 일반

① 기독교
· 김균진,『생태학의 위기와 신학』, 대한기독교서회, 1991.
· ──,『하나님은 어디에 계신가?』, 대한기독교서회, 1990.
· ──,『기독교 조직신학 Ⅰ』, 연세대학교 출판부, 1984.
· ──,『기독교 조직신학 Ⅱ』, 연세대학교 출판부, 1987.
· ──,『기독교 조직신학 Ⅴ』, 연세대학교 출판부, 2001.
· 서중석,『복음서 해석』, 대한기독교서회, 1991.
· 이상훈,『해석학적 성서이해』, 대한기독교서회, 1992.
· 김중기,『참가치의 발견』, 예능, 1995.
· 김광식,『현대의 신학사상』, 대한기독교서회, 1975.
· 박명수,『근대 복음주의의 주요흐름』, 대한기독교서회, 1998.
· 박준서,『십계명 새로 보기』, 한들출판사, 2001.
· 심상태,『인간 : 신학적 인간학 입문』, 서광사, 1989.
· 강남순,『현대여성신학』, 대한기독교서회, 1994.
· 이우정,『여성들을 위한 신학』, 한국신학연구소, 1985.
· 송기득,『인간 : 그리스도교 인간관에 대한 인간학적 이해』,
  한국신학연구소, 1984.
· 서경석 · 최일도 · 이문식,『새로운 푯대를 향하여』, 좁은문, 1994.

· 윌리스턴 워커 / 송인설 역,『기독교회사 (上/下)』, 크리스챤
  다이제스트, 1993.
· 제럴드 크랙 · 일렉 비들러 / 송인설 역,『근현대교회사』, 크리스챤
  다이제스트, 1999.
· 마르틴 부버 / 남정길 역,『인간이란 무엇인가』, 대한기독교서회, 1974.
· ────── / 장익 역,『인간의 길』, 분도출판사, 1997.
· 위르겐 몰트만 / 김균진 역,『창조 안에 계신 하나님』, 한국신학연구소, 1986.
· ────── / 김균진 역,『십자가에 달린 하나님』, 한국신학연구소, 1979.
· ────── / 차옥숭 역,『오늘의 신학 무엇인가』, 한국신학연구소, 1989.

· 제럴드 크랙 · 알렉 비들러 / 송인설 역,『근현대교회사』, 크리스챤 다이제스트, 1999.

· H. 발터 볼프 / 문희석 역,『구약성서의 인간학』, 분도출판사, 1976.
· A. M. 헌터 / 박창환 역,『신약성서개론』, 컨콜디아사, 1992.
· H. C. 키이 / 서중석 역,『신약성서이해』, 한국신학연구소, 1990.
· 버나드 W. 앤더슨 / 노희원 역,『시편의 깊은 세계』, 대한기독교서회, 1997.
· 윌리엄 A. 스코트 / 김쾌상 역,『개신교 신학 사상사』, 대한기독교출사, 1988.
· A. E. 맥그래스 / 박종숙 역,『종교개혁 사상입문』, 성광문화사, 1992.
· 후스토 L. 곤잘레스/ 서영일 역,『중세교회사』, 은성, 1995.
· ─────── ,『종교개혁사』, 은성, 1987.
· B. A. 게리쉬 / 목창균 역,『현대신학의 태동』, 대한기독교서회, 1995.
· 도날드 G. 플러쉬 / 유태주 · 정원범 역,『그리스도인의 삶과 구원』, 한국장로교출판사, 1995.
· 로버트 G. 터틀 2세 / 김석천 역,『존 웨슬리 : 그의 생애와 신학』, 세복, 2001.

· Perry Le Fevre / 이종성 역,『현대의 인간이해』, 대한기독교서회, 1971
· John Wesley / 정행덕 역,『그리스도인의 완전』, 전망사, 1990.
· William Baker / 김성웅 역,『인간, 하나님의 형상』, 생명의 말씀사, 1994.
· Gustavo Gutierez / 성염 역,『해방신학』, 분도출판사, 1977
· ─────── / 김문호 역,『우리의 우물에서 생수를 마시련다』, 한국신학연구소, 1986
· Francis Nigel Lee / 이승구 역,『성경에서 본 인간』, 1983.
· Albert Gelin / 이성배 역,『성서의 인간』, 분도출판사, 1984.
· Jose Comblin / 김수복 역,『그리스도교 인간학』, 분도출판사, 1988.

② 불교
· 고익진 외,『불교의 진리관』, 경서원, 1982.
· 길희성,『인도철학사』, 민음사, 1984.
· 이기영,『한국불교연구』, 한국불교연구원, 1983.

③ 유교
· 금장태,『유학사상의 이해』, 집문당, 1996.
· 김태길,『공자사상과 현대사회』, 철학과현실사, 1998.
· 김형효,『맹자와 순자의 철학사상』, 삼지원, 1990.
· H. G. 크릴 / 이동준 역,『중국사상의 이해』, 경문사, 1981.

④ 도교
· 윤천근 외,『노자철학의 현대적 조명』, 외계출판사, 1989.
· 김용옥,『노자와 21세기 (1,2,3)』, 통나무, 2000.
· 이강수,『노자와 장자』, 길, 1998.

3 자연과학적 인간학 일반
· 김창환,『몸과 마음의 생물학』, 지성사, 1995.
· 이영록,『생명의 기원과 진화』, 고려대출판부, 1989.
· 송준만,『마음과 두뇌』, 교문사, 1992.
· 서유헌 공저,『인간은 유전자로 결정되는가』, 명경, 1995.

· C. R. Darwin / 박만규 역,『종의 기원』, 삼성출판사, 1982.
· J. B. S. Haldane / 이정수 역,『인간의 과학』, 삼성미술문화재단, 1983.
· Edward O. Wilson / 이한음 역,『인간 본성에 대하여』,
  사이언스북스, 2000.

왜 사람인가

초판 인쇄 2002년 7월 15일
초판 발행 2002년 7월 17일
저자 류용성
발행인 김정열
영 업 최진호

(주)엔북
121-840 서울 마포구 서교동 405-15 2층
http://www.nbook.seoul.kr
전화 02-334-2862
팩스 02-335-7014
메일 goodbook@nbook.seoul.kr

등록 제10-2110호
ISBN 89-89683-12-2 03230

값 12,000원